신황정통기

Jinnō Shōtōki

A Chronicle of Gods and Sovereigns

지은이 **기타바타케 지카후사**(北畠親房, 1293~1354)는 가마쿠라鎌倉 시대 후기에서 남북조南北朝 동란기에 활약했던 일본 중세의 대표적인 귀족 정치가·사상가이다. 학식이 깊은 현재賢才였으며 요시다 사다후사吉田定房·마데노코지 노부후사万里小路宣房와 함께 고다이고後醍醐 천황을 보필했던 충신의 하나로 평가받는다. 그가 남긴『신황정통기』는 신국사상神國思想의 요체로서 근세 에도江戶 시대의 국체론國体論에 영향을 미쳤던 명저이다. 그 외의 저술로는 관직 해설서인『직원초職原抄』, 신대사神代史의 체계를 집성한『원원집元元集』등이 있다.

옮긴이 **남기학**(南基鶴)은 서울대학교 동양사학과에서 학사·석사학위를 받았으며 일본 교토京都대학 사학과에서 박사학위를 받았다. 현재 한림대학교 일본학과 교수로 재직중이다. 가마쿠라 시대를 중심으로 일본 중세의 정치사·사상사·대외관계사를 전공하고 있다. 저서로는『蒙古襲來と鎌倉幕府』(1996)가 있고, 역서로는『일본사상과 중국사상』(1996),『일본사회의 역사(중)』(2001)이 있다. 논문은「중세 일본의 외교와 전쟁」(2002),「鎌倉時代의 '武威'에 대한 일고찰」(2003),「'武威'를 통해서 본 鎌倉幕府의 성립과 발전」(2005) 등이 있다.

신황정통기 神皇正統記

1판 1쇄 인쇄 2008년 12월 20일
1판 1쇄 발행 2008년 12월 30일

지은이 / 기타바타케 지카후사
옮긴이 / 남기학
펴낸이 / 박성모
펴낸곳 / 소명출판
등록 / 제13-522호
주소 / 137-878 서울시 서초구 서초동 1621-18 (란빌딩 1층)
대표전화 / (02) 585-7840
팩시밀리 / (02) 585-7848
somyong@korea.com / www.somyong.co.kr

ⓒ 2008, 한국학술진흥재단

값 24,000원

ISBN 978-89-5626-353-3 93910

신황
정통기

기타바타케 지카후사 지음 | 남기학 옮김

神皇正統記

◆ **일러두기**

1. 저본으로는 岩佐正 校注 『神皇正統記 · 增鏡』(『日本古典文學大系』 87, 岩波書店, 1965)을 사용하였다.
2. 가급적 원문에 충실하게 번역하는 것을 방침으로 하였지만, 독자의 이해를 위해 의역하거나 보충한 부분도 있다.
3. 내용을 구분하는 각 장의 제목은 역자가 편의상 붙였다.
4. 단락은 원문에 따르지 않고 문맥에 따라 역자가 임의로 나누었다.
5. 신의 이름, 인명, 지명, 관직 등 고유명사의 명칭은 일본어 발음을 표기하였다.
6. 우리에게 통용될 수 있는 한자용어, 불교용어, 서명은 한자어 발음을 표기하였다.
7. 보충해서 설명하거나 원문의 용어를 제시할 경우에는 [ ] 안에 표기하였다.
8. 각주는 역자가 독자의 이해를 위해 달아 놓은 것이다.
9. 〈 〉 안에 덧붙여진 말은 원문에서 저자가 밝혀 놓은 것이다.
10. 약호는 다음과 같이 사용하였다. " "는 인용문, ' '는 강조나 인용문 안의 인용, 『 』는 서명.

『신황정통기神皇正統記』는『우관초愚管抄』『독사여론讀史余論』과 함께 일본의 3대 사론서史論書의 하나로 꼽힌다. 저자인 기타바타케 지카후사北畠親房, 1293~1354는 남북조 동란기南北朝動亂期에 활약했던 남조南朝를 대표하는 귀족 정치가이자 사상가였다. 역사의 현장에 몸담았던 그의 확고한 정치적 입장과 자신의 시대에 대한 날카로운 비판의식을 바탕으로 일본 역사를 통시적으로 서술한 것이 바로『신황정통기』이다. 그 빼어난 문체와 함께『신황정통기』는 전통시대 이래 일본에서 가장 널리 알려진 역사서의 하나가 되어 있다.

또한『신황정통기』는 일본의 중세에 이르러 체계화되는 신도론神道論, 유교적 덕치주의德治主義, 불교적 말세관末世觀 등 중세 일본인의 세계관과 정치사상 및 국가의식을 이해하는 데 빼놓을 수 없는 저작이라고 할 수 있다. 이것을 통하여 중세 일본인의 사상과 관념, 종교와 정치이념 혹은 역사의식의 구체적인 양상을 살필 수 있다. 당대 일본의 최고 지식인이 총체적으로 어떠한 사유를 하였는지, 시간과 공간을 달리하는 우리가 음미해 볼 만한 충분히 가치 있는 동양의 고전이라고 생각된다.

『신황정통기』는 일본의 사학사에서 나아가 사상사 내지 정신사에 큰 족적을 남겼다. 후대의 『대일본사大日本史』 『독사여론』 『일본외사日本外史』 등의 역사서가 『신황정통기』의 신기론神器論・정통론正統論의 영향을 받았음은 주지하는 사실이다. 특히 『신황정통기』는 천황 통치의 국가가 타국과 구별되는 일본의 고유한 국가체제라는 것을 주장한 사서인 점에서 이른바 근세의 국체론國体論에 직접적인 영향을 미쳤다. 일본의 특유한 국체사상의 흐름과 성격을 파악하는 데 본서가 필독서가 되는 이유이다.

이렇듯 『신황정통기』는 일본의 역사・사상・종교・문학 등 여러 방면에서 매우 중요한 위치를 차지하고 있는 명저로서 일본은 물론, 서양에서도 그 번역서가 출간된 지 오래이다. 늦게나마 이를 한국의 독자에게 번역, 소개하게 된 것은 다행스러운 일이다.

본 역서는 岩佐正 校注, 『神皇正統記・增鏡』(『日本古典文學大系』 87, 岩波書店, 1965)에 수록된 이노쿠마 본猪熊本에 의거하였다. 지카후사는 1339년에 『신황정통기』를 저술하였고 1343년에 그것을 수정하였다. 하지만 어느 쪽도 원전은 전해지지 않는다. 현존하는 가장 오래된 전본은 1438년에 서사된 시라야마 본白山本이다. 그 원전은 지카후사 사후 2년 후인 1356년에 작성된 것으로 이것 역시 현존하지 않는다. 이노쿠마 본은 시라야마 본과 거의 같은 무렵에 서사된 선본善本으로 평가되고 있다.

역자는 번역을 하면서 다음의 문헌들을 참조하였다. 일본의 번역서로는 山田孝雄, 『神皇正統記述義』(民友社, 1932) 및 永原慶二・大隅和雄, 『日本の名著』 9 慈圓・北畠親房(中央公論社, 1971)를 참조하였다. 전자는 『신황정통기』의 주석으로서 권위 있는 연구이며, 후자는 일반 대중을 위해 현대어로 쉽게 풀어쓴 것이다. 또한 원문에 인용된 기사의 전거와 내용을 상세하게 제시한 주해로서 御橋慈言, 『神皇正統記注解』 上・下

(續群書類從完成會, 2001)도 이용하였다. 한편, 서양의 번역서로는 H. Paul Varley, *A Chronicle of Gods and Sovereigns : Jinnō Shōtōki of Kitabatake Chikafusa* (Columbia Univ. Press, 1980)가 있다. 이것은 의역 중심의 영역으로 역주가 빈약하지만, 애매한 표현의 의미를 분명하게 전달하는 장점이 있어서 때때로 유용하게 참조하였다.

본 역서는 일본 고·중세사에 대한 지식이 거의 전무한 일반 독자를 염두에 두고 인물·사건·제도 등에 대한 충실한 보충설명을 하였다. 용어나 개념에 대한 해설은『日本國語大事典』(小學館)·『國史大辭典』(吉川弘文館)·『新版日本史辭典』(角川書店)·『岩波佛教辭典』(岩波書店) 등을 참조하였다. 또한 독자로 하여금 저서의 성격이나 전체적인 맥락을 파악할 수 있도록 저자의 견해와 서술방식에 대한 역자 나름의 평가를 역주에 기술하였다. 그를 위해서『신황정통기』에 대한 종래의 연구성과를 최대한 흡수하여 반영하려고 했다. 아울러 「해제」에서는 기타바타케 지카후사와『신황정통기』전반에 대한 이해를 돕고자 종합적인 고찰을 하였다.

일본의 대표적 사론서의 하나인『신황정통기』의 번역은 무엇보다도 한국에서의 일본사학사에 대한 이해와 연구에 크게 기여할 것이다. 사학사 분야는 한국의 일본사 연구에서 가장 취약한 부분으로 남아 있다. 미력하나마 역자의 번역이 그 공백을 메꾸는 데 조그만 초석이 되었으면 한다. 아울러 이 번역은 크게 보아 전근대 일본의 사상 나아가 동양사상의 이해에도 일조할 수 있을 것으로 기대된다. 고대의 신화, 중세의 신도론, 유교적 덕치주의, 불교적 말세관 등 전통시대 일본인의 세계관과 정치사상 및 국가의식 등이 농축되어 있기 때문이다. 일본의 사상에 관심을 가진 독자라면 이것을 흥미 있는 텍스트로서 활용할 수 있을 것이다. 일본의 고전에 대한 이해가 박약한 한국사회에 이 번역이 신선한 자극이 되기를 바라마지 않는다.

역자는『신황정통기』를 번역하면서 많은 어려움을 겪었다. 특히 일본의 신화와 동양의 고전에 대한 지식이 턱없이 부족함을 실감해야만

했다. 역주 작업을 하면서 관련 연구서와 사전류 등 참고문헌을 몇 차
례나 뒤적였다. 관련 연구자들에게도 가르침을 구하였다. 당대의 빼어
난 문장가로 알려진 저자의 문의_{文意}를 정확히 전달하는 일도 결코 용이
하지 않았다. 어수선한 초고를 외우_{畏友} 서각수 동학이 몇 차례나 읽고
바로잡아 주었다. 이 자리를 빌어 감사를 표하고 싶다. 이제 고심의 결
과물을 내놓으면서 성취감보다는 두려움이 앞선다. 오류가 있다면 전적
으로 역자에게 책임이 있다. 독자 여러분의 기탄 없는 질정_{叱正}을 바랄
따름이다.

좋은 책을 번역하도록 기회를 마련해 준 한국학술진흥재단에 감사한다.

2008년 12월
역자 남기학

신황정통기 (중)

신황정통기 (하)

신황정통기 (상)

서론序論

오야마토大日本는 신국神國이다.[1] 아마쓰미오야天祖[2]가 처음 나라의 근

---

1) 원문에서는 '신국'을 '가미노쿠니'라고 읽고 있다. 일본을 '신국'이라 칭한 최초의 예
는 『일본서기日本書紀』 권9, 진구 황후神功皇后 섭정攝政 전기前紀 주아이仲哀 천황 9
년 10월조, "동쪽에 신국이 있다. 오야마토大日本라고 한다"라는 기록이다. 이것은 진
구 황후가 신의 뜻에 따라 군선을 이끌고 신라에 출정했을 때 그 위세에 눌려 항복한
신라왕이 말한 내용으로 인용되어 있다. 또한 『일본삼대실록日本三代實錄』 조간貞觀
11년869 12월 14일조에는 신라의 선박 2척이 지쿠젠 국筑前國 나카 군那珂郡을 침범했
을 때 이세 대신궁伊勢大神宮에 올린 기원문[告文]이 실려 있는데, 거기에는 "우리 일
본은 이른바 신명神明의 나라이다. 신명이 가호해 주시니 어떤 외적이 접근할 수 있겠
는가. (…중략…) 병선이 경내境內에 들어오지 못하도록 쫓아내어 침몰시켜 주십시오
그리하여 고실故實대로 다른 나라로 하여금 우리나라[일본]를 신국이라고 두려워하게
하소서"라고 기술되어 있다. 이처럼 '신국'은 '신명이 가호하는 나라'의 의미이고, 따
라서 일본이 외국보다 강하다 혹은 우월하다는 의식이 담겨 있었다. 하지만 『신황정통

본을 세우고 태양의 신[日神][3)이 오랫동안 자신의 계통을 후세에 전하고 있다. 이것은 우리나라[일본]에만 있는 일이다. 다른 나라에는 이와 같은 예가 없다. 그러므로 우리나라[일본]를 신국이라 하는 것이다.

신대神代에는 나라의 이름을 도요아시하라노 지이호노아키노 미즈호노쿠니豊葦原千五百秋瑞穂國[4)라고 하였다. 천지 개벽의 시초부터 이 이름이 있었다. 그것은 아마쓰미오야인 구니노토코타치노 미코토國常立尊가 양신陽神·음신陰神에게 내린 칙勅[5)에 보인다. 아마테라스 오미카미天照大神

기』의 신국관은 단순히 '신명이 가호하는 나라'가 아니라, 태양의 신[日神] 즉 아마테라스 오미카미天照大神의 직계인 '신손神孫이 통치하는 나라'라는 의미에 중점이 놓여 있다. 한편, 이러한 '신손 군림' 사상은 이미 1270년 몽골의 일본 침략 위기에 처하여 조정이 작성한 반첩문에 "아마테라스 오미카미가 천통天統을 빛낸 이래 일본의 지금 황제에 이르기까지 그 후손이 계승되고 있다. (…중략…) 따라서 황토皇土를 영원히 신국이라 부른다. 지혜로써 경쟁할 수 없고 힘으로써 다툴 수 없다(『본조문집本朝文集』 67권)"라는 기술에 보인다. 『신황정통기』의 신국관은 이후 일본 중세 외교사인 『선린국보기善隣國寶記』(1466년)에 그대로 이어져 신손이 군림하는 신국이란 점에서 일본이 외국과 다른 특성을 가졌다는 국가의식으로 정착된다.
2) 구니노토코타치노 미코토國立常尊. 아메노미나카누시노 가미天之御中主神라고도 한다. 『일본서기』 권1, 신대神代 상 서두에 "하늘과 땅 사이에 한 물체가 태어났다. 그 모습이 갈대의 싹과 같았다. 그대로 신으로 화하였다"라고 기술되어 있는 신이다. 천지天地 생성의 중심적인 신으로서 중시되어 왔는데, 특히 『신황정통기』는 이것을 모든 신들의 주재신主宰神 격으로 자리매김하고 있는 점이 주목된다. 이에 대해서는 본문의 신대 부분에서 다시 상술한다.
3) '히노카미'라고 읽는다. 태양의 신 아마테라스 오미카미로 여신女神이다. 『일본서기』 『고사기古事記』에 보이는 이 신은 태양의 신과 천황가天皇家의 조상신 즉 스메미오야노카미皇祖神라는 2중의 성격을 갖고 있지만, 후자의 측면에 중점이 놓여 있다. 『신황정통기』에서도 동일하다.
4) '도요豊'는 풍작을 의미한다. '아시하라葦原'는 습지에 갈대가 많이 자라 있는 국토이다. 즉 '도요아시하라'는 갈대가 풍성하게 자라 있는 비옥한 국토를 말한다. '지이호노아키千五百秋'는 영구하다는 뜻이다. '미즈호瑞穂'는 벼이삭이 휠 정도로 곡식이 풍성하게 여무는 것을 말한다. 따라서 전체적으로는 일본의 현재와 미래가 농본국가로서 무한히 개척되고 영원한 풍작과 번영이 신에 의해 약속되어 있는 훌륭한 나라라는 의미가 담겨 있다.
5) 구니노토코타치노 미코토가 양신 이자나기노 미코토伊奘諾尊와 음신 이자나미노 미코토伊奘冊尊에게 내린 칙. 『일본서기』 권1, 신대 상의 일서一書에 "아마쓰카미天神가 이자나기노 미코토와 이자나미노 미코토에게 말하기를, '도요아시하라노 지이호노아키노 미즈호노쿠니가 있다. 네가 가서 그곳을 다스려라'고 했다"라고 기술되어 있다.

가 아메미야天孫인 니니기노 미코토瓊瓊杵尊에게 나라를 넘겨줄 때6)에도 이 이름이 있었으니, 이것이 근본적인 호칭임을 알 수 있다.

또한 [일본을] 오야시마노쿠니大八洲國라고도 한다.7) 이것은 양신·음신이 창조한 국토가 8개의 섬이었기 때문에 붙여진 이름이다.

또한 [일본을] 야마토耶麻土라고도 한다. 이것은 오야시마大八洲의 중앙에 있던 국國8)의 이름이다. [양신·음신이 국토를 창조할 때] 여덟 번째에 아메노미소라 도요아키즈네와케天御虛空豐秋津根別9)라는 신을 낳았다. 이것을 오야마토 도요아키즈시마大日本豐秋津洲라고 이름붙였다. 지금 이곳[혼슈本州]은 48개의 국으로 나뉘어 있다.10) 야마토는 그 중앙에 있는 국이며, 또한 진무神武 천황天皇의 동정東征11) 이래 대대로 황도皇都가 있었던 곳이다. 따라서 그 이름을 따서 다른 일곱 주州도 모두 야마토라고 하는 것이다. 중국中國의 경우 주周나라에서 나왔기 때문에 천하를 주周12)라

여기에서 '아마쓰카미'는 원래 다카마노하라高天原에 있는 신이라는 뜻이다. 기타바타케 지카후사는 와타라이度會 신도설神道說에 입각하여 '아마쓰카미'를 '아마쓰미오야'로 바꾸어 이것을 구니노토코타치노 미코토로 특정하고 있다.

6) 『일본서기』 권2, 신대 하下의 일서一書에 "[아마테라스 오미카미가] 스메미야皇孫에게 명하여 말하기를, '아시하라노 지이호노아키노 미즈호노쿠니는 나의 자손이 왕이 될 땅이다. 황손인 네가 가서 다스려라. 자 가거라. 보위寶位가 융성하여 하늘과 땅과 더불어 무궁할 것이다'고 했다"라고 기술되어 있다.

7) 『일본서기』 권1, 신대 상上 제4단 본문 및 일서一書, 『고사기』 상권上卷, 오야시마노쿠니大八島國 생성의 단段에 보인다.

8) 일본어로 '구니'라고 읽는다. 국은 고대 이래 일본 전前근대의 지방행정 구획이다. 일본 전국[五畿內·七道]에 걸쳐 66개 국과 이키壹岐·쓰시마對馬의 두 개 섬이 있었다.

9) 『고사기』 상권, 오야시마노쿠니 생성의 단에 "오야마토 도요아키즈노시마大倭虛空秋津島를 낳았다. 또 다른 이름은 아메노미소라 도요아키즈네와케天御虛空豐秋津根別라고 한다"라고 기술되어 있다.

10) 오야마토 도요아키즈시마는 규슈九州·시코쿠四國·아와지淡路·오키隱岐·사도佐渡·이키·쓰시마를 제외한 지역으로, 여기에서는 48개 국으로 간주하고 있으나 50개 국이 옳다.

11) 진무 천황이 휴가日向로부터 바닷길로 동천東遷하여 야마토大和:奈良縣 지방을 정복하고 가시하라 궁橿原宮에서 즉위한 것을 말한다. 자세한 내용은 본문의 진무 천황 조에 기술되어 있다.

12) 주周는 섬서성陝西省 봉상부鳳翔府의 지명. 은殷을 멸하고 종주宗周의 수도를 본거로 하여 천하를 통일한 후 주周라고 칭하였다.

고 하고, 한漢의 땅에서 일어났기 때문에 해내海內를 한漢13)이라 이름붙인 것과 같다.

야마토라는 것은 야마아토山迹에서 나온 말이다. 옛날 하늘과 땅이 처음 나뉘어졌을 때 진흙의 물기가 아직 마르지 않아 산 이외에는 왕래할 수 없었다. 그래서 산에 발자국이 많이 찍혔기 때문에 야마아토라고 하는 것이다. 혹은 고어古語에서 거주하는 것을 '토止'라고 하는데, 산에 거주했기 때문에 야마토山止라고도 했다고 한다.14)

대일본大日本이나 대왜大倭로 적는 것은 이 나라에 한자漢字가 전해진 후 나라의 이름을 적을 때, 문자로는 대일본大日本이라 정하고 [음으로는] 야마토耶麻土라고 읽게 했기 때문이다. 오히루메大日靈15)가 다스리는 나라이기 때문에 태양의 신[日神]의 본국本國이란 의미로 이 문자를 사용했거나,16) 그렇지 않으면 해 뜨는 곳에 가깝기 때문에 사용했을 것이다. 일본日本이라는 문자의 의미는 이러한 것이지만, 문자 그대로 히노모토日ノ本라고는 읽지 않고 야마토라고 읽고 있다. 우리나라[일본]에서 한자를 훈訓으로 읽는 방식은 대체로 이와 같다. 간혹 히노모토 등으로 읽는 일도 있지만, 이것은 문자에 의한 것이지 나라의 칭호로 삼았던 것은 아니다.

이서裏書17)에는 히노모토라고 읽는 예를 『만엽집萬葉集』에서 다음과 같이

---

13) 한漢은 섬서성陝西省 한중부漢中府의 지명. 유방劉邦이 이곳에서 일어나 천하를 통일하고 한漢이라 칭하였다.

14) 이상의 내용은 『석일본기釋日本紀』 권1 「개제開題」에 보인다.

15) 아마테라스 오미카미의 별칭. 『일본서기』 권1, 신대 상上에 "여기에서 함께 태양의 신을 낳았다. 이를 오히루메노무치大日靈貴라고 한다"라고 기술되어 있다. '무치貴'는 신인神人에 대한 존칭.

16) 지카후사의 저작인 『원원집元元集』 권5 신기전수편神器傳受篇에, "지금 세간에서 팔주八州를 모두 합쳐 야마토大日本라고 부르는 것은 오히루메노무치의 강령降靈에 연유하여 이렇게 부르는 것이다"라고 기술되어 있다.

17) 뒷면에 쓰인 주석. 이하 본서에 있는 이서의 주석이 지카후사가 직접 적은 것인지 혹은 후세에 서사할 때 적은 것인지 불확실하다.

인용하고 있다.

　아, 그대들이여. 빨리 히노모토에 돌아가자.

　오토모大件의 미쓰御津 해안에 있는 소나무도 우리들을 고대하고 있을 것이다.18)

　또한 예부터 대일본大日本으로, 혹은 대大의 글자를 붙이지 않고 일본 日本으로도 적었다. 나라의 이름을 오야마토 도요아키즈大日本豐秋津라고 한다. 이토쿠懿德19)·[고레이孝靈]20)·고겐孝元21) 등의 시호諡號에는 모두 대일본大日本의 글자가 붙어 있다. 스이닌垂仁 천황의 딸은 야마토히메大 日本姬라고 했다. 이것들은 모두 대大의 글자가 붙어 있다. [한편] 아마쓰 카미天神 니기노하야히노 미코토饒速日尊는 아메노이와후네天磐船22)를 타고 넓은 하늘을 날면서 "소라미쓰 야마토노쿠니虛空見日本國"라고 말했다.23) 진무神武 천황의 이름을 간야마토이와레히코神日本磐余彦라고 하고, 고안孝安 천황을 야마토타라시日本足, 가이카開化 천황을 와카야마토稚日本 라고도 하고, 게이코景行 천황의 아들 오우스小碓 황자를 야마토타케노 미코토日本武尊라고 이름붙였다. 이들 경우는 모두 대大의 글자를 붙이고 있지 않다. 모두 동일하게 야마토라고 읽지만, 오히루메大日靈의 나라라는 의미를 따르면 오야마토라고 읽어도 무방할 것이다.

　그 후 중국으로부터 한자로 쓰인 서적들이 전해졌을 때 그것들이 우리나라[일본]의 이름을 왜倭로 적고 있는 것을 그대로 받아들이고, 또한 이글자를 야마토耶麻土라고 훈독하였다. 그리고 일본日本의 경우와 같이 대大 의 글자를 붙이든 빼든 [야마토라고] 동일한 훈으로 통용하였다.

---

　18)『만엽집』권1, 63. 야마노우에노오미 오쿠라山上臣憶良가 당唐나라에 있을 때 고향을 그리며 지은 노래라고 설명되어 있다.

　19) 이토쿠 천황을 야마토히코스키토모노 미코토大日本彦耜友尊라고 한다.

　20) 고레이 천황을 야마토네코히코후토니노 미코토大日本根子彦太瓊尊라고 한다.

　21) 고겐 천황을 야마토네코히코쿠니쿠루노 미코토大日本銀子彦國牽尊라고 한다.

　22) 천공天空을 자유롭게 비행하는 견고한 배.『일본서기』에서는 다카마노하라高天原에서 하계下界로 내려올 때 사용한 배로 알려지고 있다 .

　23)『일본서기』권3, 진무神武 천황 31년 4월 1일조 "소라미쓰 야마토노쿠니"는 "하늘에서 보고 내려왔다. 이 야마토노쿠니에"라는 뜻이다.

중국에서 왜倭라고 불린 것에 대해서는, 옛날 우리나라[일본] 사람이 처음 중국에 건너가 "당신 나라의 이름은 무엇이라 하는가"라는 질문을 받고서 "와가쿠니吾國는"이라 말한 것을 듣고 그대로 '와倭'로 부르게 되었다는 기록이 보인다.[24]

『한서漢書』에 "낙랑樂浪〈그 나라의 동북에 낙랑군樂浪郡이 있다〉의 바다 가운데에 왜인倭人이 있다. 백여 국國으로 나뉘어 있다"라고 쓰여 있다.[25] 어쩌면 전한前漢의 시대에 이미 우리나라[일본]는 중국과 통교하고 있었을지도 모른다〈일서一書에는 진秦나라 시대에 이미 통교하고 있었다고도 기술되어 있다〉.[26] 『후한서後漢書』에는 "대왜왕大倭王은 야마퇴邪麻堆에 살고 있다"라고 기술되어 있다[27]〈야마퇴는 야마토山ト이다〉. 이것은 어쩌면 일본의 사신이 본국에서 사용하고 있는 예에 따라 야마토大倭라고 칭했기 때문일지도 모른다〈진구神功 황후가 신라新羅・백제百濟・고구려[高麗][28]를 복속시킨 것은 후한 시대 말에 해당한다.[29] 이때

---

24) 『석일본기釋日本紀』권1「개제開題」에, "왜국倭國에 대해서 홍인사기弘仁私記 서序에서는 다음과 같이 말하고 있다. '일본국日本國은 대당大唐에서 동쪽으로 만여 리에 있으며, 해가 동방東方에서 떠서 부상扶桑에 오르기 때문에 일본日本이라 한다. 옛날에는 왜국倭國이라 했지만, 왜倭의 의미는 상세하지 않다. 어떤 사람은 와我라고 부르는 소리를 따서 중국인[漢人]들이 이름지은 글자라고 한다'"라고 기술되어 있다. 또한 "당나라가 우리나라를 와누쿠니倭奴國라고 부르는 바 그 뜻은 무엇인가라고 묻자 다음과 같이 답하였다. 사설師說에 의하면, 이 나라[일본] 사람이 옛날에 그 나라[중국]에 이르렀을 때, 당나라 사람[唐人]이 너의 나라의 명칭은 무엇인가라고 물었다. 이에 스스로 동방을 가리키며 답하기를, 와누쿠니야和奴國耶라고 운운하였다. 와누和奴는 와가쿠니我國라고 하는 것과 같다. 그 후 나라의 명칭을 와누쿠니和奴國라고 부른다"라고 기술되어 있다.
25) 『한서漢書』지리지地理志 연지燕地 조에 보인다.
26) 『사기史記』시황본기始皇本紀 제6에 진秦의 시황제가 방사方士 서복徐福을 봉래도蓬萊島 등에 보내 불로불사의 약초를 구하게 했다는 것을 가리킨다.『신황정통기』제7대 고레이孝靈 천황조에 이에 관한 기술이 보인다.
27) 『후한서』동이전東夷傳에는 "왜倭는 한韓의 동남 대해大海 가운데 산과 섬에 의거해 살고 있다. 대략 100여 국國이다. 무제武帝가 조선朝鮮:古朝鮮을 멸망시킨 이래 한나라에 사신을 보낸 나라가 30국이다. 이 나라들은 모두 왕을 칭하고 대대로 왕 통을 전하고 있다. 그 대왜왕大倭王은 야마대국邪麻臺國, 야마타이코쿠에 살고 있다"라고 기술되어 있다.

황후는 후한과도 통교했다고 보이므로 아마 문자도 전해졌을 것이다. 다만 일설에는 진나라 시대부터 서적이 전해졌다고도 한다〉.[30] 대왜大倭라는 칭호는 중국에서도 인정하여 서전書傳에도 실려 있으므로 우리나라[일본]만이 스스로 칭송하여 칭하는 것은 아니다〈중국에서 대한大漢·대당大唐 등이라 말하는 것은 대국大國으로 칭송하는 의미이다〉.

『당서唐書』[정확하게는 『신당서新唐書』][31]는 "고종高宗 함형咸亨 연간에 왜국倭國의 사신이 처음 새롭게 일본日本이라 칭했다. 그 나라는 동쪽에 있어서 해 뜨는 곳에 가깝기 때문이다"라고 기록하고 있다.[32] 이 일에 대해서는 우리나라[일본]의 고기록에 분명하게 나와 있지 않다. 스이코推古천황의 치세에 중국 수隋나라의 사신이 가져온 국서에는 왜황倭皇이라적었다.[33] 쇼토쿠聖德 태자가 몸소 붓을 잡고 쓴 반첩返牒[34]에는 "동쪽의

---

28) 원문에서는 고구려를 가리켜 모두 '고려'라고 표기하고 있다. 이하 번역문에서는 고구려로 통일하여 표기하도록 한다.

29) 『일본서기』 권9, 진구神功 황후조에 보이는 이른바 삼한정벌三韓征伐 설화를 『신황정통기』에서는 하나의 역사사실로서 기술하고 있다. 본문의 제15대 진구 황후조에 상세한 관련 기술이 보인다.

30) 진시황이 분서갱유焚書坑儒를 했기 때문에 중국에서는 공자의 경전이 없어졌지만 일본에는 남아 있다고 한다. 『신황정통기』 제7대 고레이 천황조에서도 동일한 지적을 하고 있다.

31) 『당서唐書』는 송宋나라 구양수歐陽脩·송기宋祁 등이 편찬한 것으로, 『구당서舊唐書』와 구별하여 『신당서新唐書』라고 한다. 본기本紀 10권, 지志 50권, 표표表表 15권, 열전列傳 150권으로 모두 225권이다.

32) 『신당서新唐書』 동이전東夷傳에 "함형 원년, 사신을 파견하여 고구려를 평정한 것을 경하했다. 또한 조금씩 중국어[夏音]를 익혔다. 왜倭의 명칭을 꺼려하여 일본日本이라 바꾸어 칭하였다. 사자 자신이 말하기를, '해 뜨는 곳에 가깝기 때문에 [일본이라] 칭하였다'고 한다"라고 기술되어 있다. 함형 원년670은 일본의 덴지天智 천황 9년에 해당한다.

33) 『성덕태자전력聖德太子傳曆』 하下에 의하면, 스이코 천황 15년607 7월, 오노노 이모코小野妹子가 수나라에 건너가 다음해 수나라의 사신 배세청裴世淸을 데리고 귀국하였는데, 그때 지참한 국서에 "황제가 왜황倭皇에게 안부를 묻다"라고 기술되어 있었다고 한다. 그러나 실제로는 '왜황倭皇'이 아니라 '왜왕倭王'이라 적혀 있었다. 한편, 오노노 이모코가 처음으로 수나라에 지참했던 국서에는 "해 뜨는 곳의 천자가 해 지는 곳의 천자에게 글을 보낸다日出處天子 致書日沒處天子"라는 유명한 구절이 있었다.

34) 『일본서기』 권22, 스이코 천황 16년608 9월 5일조에는 "당나라의 빈객인 배세청이

천황東天皇이 서쪽의 황제西皇帝에게 삼가 사뢴다"라고 적혀 있다. 그 나라의 국서에는 왜倭라고 적고 있지만, 반첩에는 일본日本이라고도 왜倭라고도 적지 않았던 것이다. [스이코 천황 치세] 이전에 일본에서 중국에 보낸 첩장이 있다고는 생각되지 않는다. 당나라의 함형 연간은 우리나라[일본]에서는 덴지天智 천황의 치세에 해당하기 때문에 실제로는 이 무렵부터 일본日本이라 적어 보냈을 것이다.35)

또한 [일본을] 아키즈시마秋津洲라고도 한다. 진무神武 천황이 나라를 둘러보고, "잠자리[아키즈蜻蛉]가 자기 꼬리를 물고 있는 것과 같은 모습이다"라고 말한 데에서 이 이름이 생겨났다는 것이다. 하지만 신대에 이미 도요아키즈네豐秋津根라는 이름이 있었기 때문에 이것은 진무의 치세에 시작된 것은 아닐 것이다.

그 밖에도 많은 이름이 있다. 구와시호코노 지타루노쿠니細戈千足國, 시와카미노 호쓰마노쿠니磯輪上秀眞ノ國, 혹은 다마카키노 우치쓰쿠니玉垣內國라고도 한다.36) 또한 부상국扶桑國이라는 이름도 있었던 듯하다. "동

돌아갔다. (…중략…) 이에 천황은 당나라의 황제에게 방문의 인사를 표하였다. 그 말에 이르기를 '동쪽의 천황이 서쪽의 황제에게 삼가 사뢴다'고 했다고 한다(…하략…)" 라고 기술되어 있지만, 쇼토쿠 태자 자신이 썼다고는 적혀 있지 않다.
35) 『신황정통기』에는 일본의 국호에 대해서 국내외의 전거를 검토하면서 실증적으로 접근하고 있는 태도가 엿보인다. 일본의 국호의 유래에 대해서 중국의 『한서』『후한서』『당서』정확하게는 『신당서』 등 중국측 사서의 기록과 일본측 기록과의 비교검증을 하는 등 합리적이고 객관적인 입장에서 서술하고 있다. 그 외에도 『신황정통기』의 본문에서는 중국측 사서에 기술된 일본에 관한 기록과 일본측의 기록을 비교하면서 그 내용의 신빙성 여부를 확정하려고 한다. 예를 들어 제16대 오진應神 천황조에는, "『후한서』이후의 중국의 사서는 일본에 대해서 대략 기술하게 되었다. 그 기술이 일본측 기록과 합치하는 것도 있고, 또한 납득할 수 없는 것도 있다. 『당서』『신당서』 동이전東夷傳에는 일본의 황대기皇代記를 신대神代로부터 고코光孝 천황의 치세까지 명확하게 싣고 있다'고 기술되어 있다.
36) 『일본서기』 권3, 진무神武 천황 31년 4월 1일조에 "옛날 이자나기노 미코토가 이 나라를 보고 말하기를 '야마토日本는 우라야스노쿠니浦安國, 구와시호코노 지타루노쿠니細戈千足國, 시와카미노 호쓰마노쿠니磯輪上秀眞ノ國'라고 하였다. 또한 오아나무치노 오카미大己貴大神가 보고 말하기를 '다마카키노 우치쓰쿠니玉牆內國'라고 했다"는 기록에 의한다. 구와시호코노 지타루노쿠니는 좋은 무기가 많이 있다는 의미. 시와카미의 의미는 미상. 호쓰마노쿠니는 매우 잘 정비되어 있는 나라라는 의미. 다마카키노 우치쓰쿠니는 아

쪽 바다 가운데에 부상목扶桑木[37])이 있다. 이곳이 해 뜨는 곳이다"라고 중국의 문헌에 보인다.[38]) 일본도 동쪽에 있기 때문에 그것에 견주어 말했을 것이다. 그러나 우리나라[일본]에 그 나무가 있다고 들은 바가 없기 때문에 확실한 이름이라 할 수 없다.

내전內典 : 佛書의 설에 수미산須彌山[39])이란 산이 있다. 이 산을 둘러싸고 일곱 개의 금산金山[40])이 있다. 그 중간은 모두 향해香海[41])이다. 금산의 외부에 사대해四大海가 있고 이 바다 가운데에 사대주四大州가 있다. 각 주州마다 또한 두 개의 중주中州가 있다. 남주南州를 첨부膽部라고 한다〈또는 염부제閻浮提[42])라고 한다. 동일한 말이 전화된 것이다〉. 이것은 나무의 이름이다. 남주南州의 중심에 아누달阿耨達이란 산이 있고 그 정상에 연못[43])이 있다〈아누달은 무열無熱[44])이라 한다. 외서外書[45])에 곤륜崑

름다운 울타리와 같은 산들에 둘러싸인 나라라는 의미이다.

37) 동쪽 바다의 해 돋는 곳에 있다는 신목神木.

38) 『남사南史』에 "부상扶桑은 대한국大漢國의 동쪽 2만여 리 북쪽에 있다. 중국의 동쪽에 있다. 그 국토에는 부상목扶桑木이 많기 때문에 그것을 나라의 명칭으로 하고 있다"라고 기술되어 있다. 또한 『원원집元元集』 권1 본조조화편本朝造化篇에, "어떤 책에서 다음과 같이 말하고 있다. 일본국은 대당大唐으로부터 부르는 명칭이다. 이 나라는 대당으로부터 동방東方 만여 리 동쪽 끝에 있다. 해가 동방에서 떠서 부상扶桑에 오른다. 해 뜨는 곳에 가깝기 때문에 일본이라 한다. 이에 또한 부상국이라 한다"라고 기술되어 있다. 인용문에서 '어떤 책'이 무엇을 가리키는지는 미상.

39) 일본어로 '슈미센'으로 읽는다. 불교의 세계관에서 말하는 세계의 중심에 있는 높은 산. 대해大海 가운데에 있으며, 높이 8만 유순, 물에 잠겨 있는 부분도 8만 유순, 종·횡도 이와 동일하다. 금·은·유리·수정의 4보四寶로 이루어지고 정상에는 제석천帝釋天, 산중턱에는 사천왕四天王이 산다. 해와 달이 그 주위를 돌고 7개의 향해와 7개의 금산이 에워싸고 있다. 7개의 금산의 밖에 함해鹹海를 사이에 두고 철위산鐵圍山이 이 세계의 외곽을 이루며, 함해의 사방에 첨부주膽部洲 등의 사대주四大洲가 있어 중생은 이곳에 산다고 한다.

40) 수미산 주위에 있는 7층의 산으로 산이 모두 금색광명金色光明이 있어서 붙여진 이름이다.

41) 향기가 떠도는 바다.

42) 일본어로 '엔부다이'로 읽는다. 수미산의 사주四洲의 하나로 남방 해상에 있다. 남첨부주南膽部洲라고도 한다. 본래 인도를 상정한 것으로 후에는 인간세계와 현세를 의미하게 되었다.

43) 무열지無熱池. 아누달 용왕阿耨達龍王이 산다고 하는 염열炎熱 : 炎署의 고통이 없는

崙이라 하는 것이 바로 이 산이다〉. 연못 옆에 이 나무가 있는데, 주위가 7유순由旬이고 높이가 100유순이다〈1유순은 40리里이다. 6척尺을 1보步라 한다. 360보步를 1리里라 한다. 이 리를 가지고 유순을 가늠하는 것이다〉. 이 나무는 주州의 중심에 있으며 가장 높기 때문에 이것을 주의 이름으로 하였다.

아누달산의 남쪽은 대설산大雪山[46]이고 북쪽은 총령葱嶺[47]이다. 총령의 북쪽은 호국胡國,[48] 설산雪山의 남쪽은 오천축五天竺,[49] 동북에는 진단국震旦國,[50] 서북쪽에 해당하는 것이 파사국波斯國[51]이다. 이 첨부주瞻部州는 종횡 7천 유순, 리로 셈하면 28만 리, 동해에서 서해에 이르기까지 9만 리, 남해에서 북해에 이르기까지도 9만 리이고 천축은 그 중앙에 있다. 따라서 이것을 첨부의 중국中國이라 하는 것이다. 그 지역의 주위가 또한 9만 리가 되니, 진단국[중국]이 넓다고 해도 오천축[인도]에 비하면 한쪽 구석의 소국小國에 지나지 않는다.

일본은 이 지역에서 떨어져 바다 가운데에 있다. 호쿠레이北嶺[52]의 덴교 대사傳敎大師,[53] 난토南都[54]의 고묘 승정護命僧正[55]은 "일본은 중주中

연못. 여기에서 내뿜는 청량수가 첨부주瞻部洲에 흘러 들어가 사대하四大河의 근원을 이룬다고 한다.
44) 염서炎暑의 고통이 없음.
45) 불서 이외의 유교, 도교 등의 서적.
46) 히말라야.
47) 파미르 고원.
48) 북적北狄인 흉노匈奴.
49) 인도.
50) 중국.
51) 페르시아.
52) 교토의 북쪽에 위치한 히에이 산比叡山의 엔랴쿠지延曆寺를 가리킨다. 지카후사가 생존한 시기를 포함하여 중세에 가장 영향력 있는 사찰의 하나였다.
53) 사이초最澄 : 767~822. 천태종天台宗의 개조開祖이다. 덴교 대사는 그의 시호諡號. 에이잔 대사叡山大師라고도 한다.
54) 교토의 남쪽에 위치한 나라奈良. 옛지명은 헤이조쿄平城京로 710년부터 784년까지 일본의 수도였다. 고후쿠지興福寺·도다이지東大寺·간고지元興寺 등 유력한 사찰이 많았다.

州이다"라고 적었다. 그렇다면 일본은 남주南州와 동주東州 사이의 차마라遮摩羅라는 주州에 해당할 것이다. 화엄경華嚴經에 "동북의 바다 가운데에 산이 있다. 이것을 금강산金剛山이라 한다"라고 적혀 있는 것은 야마토大倭의 곤고 산金剛山[56]을 가리킨다고 한다. 그렇다면 우리나라[일본]는 천축으로부터도 중국으로부터도 떨어져 동북 저편의 큰 바다 가운데에 있는 것이다. [일본은] 별개의 주州로서 신명神明에 의해 황통皇統이 계승되는 나라이다.

같은 세계世界[57] 안에 있기 때문에 천지개벽의 시초는 어디든 다를 리가 없겠지만, 삼국三國[58]의 설은 각각 다르다.

천축의 설에서는 세상의 시작을 겁초劫初라고 한다〈겁劫에는 성成 · 주住 · 괴壞 · 공空의 네 가지가 있다. 그 각각 20의 증감增減이 있고 1증 1감을 1소겁小劫이라 한다. 20의 증감을 1중겁中劫이라 하고 40겁劫을 합쳐 1대겁大劫이라 한다〉. 광음光音이라는 천중天衆[59]이 공중에 금색 구름을 일으켜 범천梵天[60]을 널리 뒤덮고 큰 비를 내리게 하였다. 그 비가 풍륜

---

55) 나라 간고지의 승려750~834. 「대승법상연신장大乘法相研神章」을 저술하여 법상종法相宗 교리를 선양하고, 사이초와 대립하였다.

56) 오사카 부大阪府 동부와 나라 현奈良縣의 경계에 있는 가쓰라기 산계葛城山系의 주봉主峰.

57) 과거 · 현재 · 미래를 '세世', 상하만방上下萬方을 '계界'라고 한다. '같은 세계'란 시 · 공 전체의 칭호로서 중생이 살고 있는 산천국토山川國土를 총칭한다.

58) 일본 불교계의 전통적인 발상은 세계를 천축天竺:인도 · 진단震旦:중국 · 본조本朝: 일본의 세 가지 구성요소로 파악하고, 이 삼국을 불교가 창시되어 전수된 역사적 공간으로 생각하는 것이었다. 대표적인 예로, 도다이지東大寺의 교넨凝然이 저술한 『삼국불법전통연기三國佛法傳統緣起』1311년에는 나라 시대 이후의 한반도 불교가 시야에 들어 있지 않다. 이렇듯 이른바 '삼국사관三國史觀'은 일본 불교의 모태가 되었던 한반도를 누락시키고 있는 것이 커다란 맹점이다.

59) 천중은 욕계육천欲界六天 및 색계제천色界諸天 등에 살고 있는 존재. 광음천光音天은 무량광천無量光天의 위, 소정천少淨天의 아래에 있으며, 이 세계에 있는 중생은 언어가 아니라 단지 유심唯心에서 발하는 광음光音을 가지고 의사를 통한다고 한다.

60) 색계色界의 초선천初禪天의 총칭. 대범천大梵天 · 범보천梵輔天 · 범중천梵衆天의 삼천三天이 있는데, 대범천은 초선천의 왕, 범보천은 가신, 범중천은 일반서민에 해당한

風輪[61] 위에 쌓여 수륜水輪[62]이 되고 더욱 커져 천상天上에까지 도달하였다. 또한 큰 바람이 휘몰아쳐 물거품을 공중에 날려 보내니 그것이 대범천大梵天의 궁전이 되었다. 그 물이 점차 빠지면서 욕계欲界의 여러 궁전 내지 수미산須彌山·사대주四大洲·철위산鐵圍山[63]이 만들어졌다. 이리하여 만억의 세계가 동시에 생성되었다. 이것을 성겁成劫이라 하는 것이다〈이 만억의 세계를 삼천대천세계三千大千世界라고 한다〉.

광음의 천중이 이 세계에 내려와 차츰 거주하게 되었다. 이것을 주겁住劫이라 한다. 이 주겁 동안에 20의 증감이 있다고 한다. 처음에는 사람의 몸이 멀리까지 광명을 발하며 자유자재로 날아다닐 수 있었다. 환희歡喜를 식료로 하며 남녀의 구별이 없었다. 그 후 대지에서 감천甘泉이 뿜어 나왔는데 그 맛은 연유와 꿀[酥蜜]처럼 달콤하였다〈혹은 지미地味[64]라고도 한다〉. 이것을 핥기 위해서 사람은 맛에 집착하는 마음이 생겼다. 그 때문에 신통력을 잃고 광명도 사라져 세상은 암흑이 되었다. 이는 중생의 업보에 의한 것이다. 검은 바람이 바다를 휘몰아쳐 해[日輪]와 달[月輪]을 공중에 떠돌게 하였다. 그것들이 수미산의 중턱에 걸려 사천하四天下를 비추었다. 그리하여 처음으로 낮과 밤, 달의 끝과 시작, 봄과 가을이 생겼다.

인간은 달콤한 맛[地味]에 빠져 얼굴색도 초췌해졌다. [이윽고] 달콤한

다. 다른 뜻으로 범천왕梵天王을 가리키기도 하며, 이는 고대 인도의 사상에서 우주의 근원으로 여겨진 부라흐만을 신격화한 것이다.

61) 수미산 설에서 이 세계를 지탱한다는 삼륜三輪 또는 사륜四輪의 하나. 공륜空輪의 위, 수륜水輪의 아래에 위치한다.

62) 사륜四輪의 하나. 대지의 아래에서 세계를 지탱하고 있다는 4개의 대륜大輪의 하나. 세계 지층의 기저이다. 광음천에서 내리는 비가 모이는 수층水層으로 금륜金輪과 풍륜風輪의 중간에 있다.

63) 일본어로 '데치이센' 혹은 '뎃치센'으로 읽는다. 수미산을 에워싼 구산팔해九山八海의 하나로 가장 외측에 있으며 철鐵로 이루어진 산.

64) 지상에 자연히 생겨난 것의 맛.『구사론俱舍論』12 분별세품分別世品에 "지미地味가 점차 생기니 그 맛이 감미롭고 향이 좋았다",『구사론광기俱舍論光記』12에는 "지미는 땅 속에서 나는 것을 말하며, 엿과 같이 달콤하였다"라고 기술되어 있다.

맛이 사라지고 조잡한 푸성귀[林藤]65)가 생겨났다〈혹은 지피地皮라고도
한다〉.66) 중생이 또한 이것을 양식으로 하였다. 푸성귀가 없어지자 자
연의 멥쌀이 생겼는데, 이것은 여러 가지 좋은 맛이 있었다. 이 멥쌀은
아침에 수확하면 저녁에 다시 익었다. 이것을 먹었기 때문에 체내에 불
필요한 찌꺼기가 남게 되었다. 그 찌꺼기를 배설하기 위하여 [신체의 대
변·소변을 내보내는] 두 개의 길이 생겼다. 남녀의 형상에 구별이 생기고
마침내 서로 욕정을 나누게 되었으며, 부부가 되어 집을 짓고 함께 살
았다. 광음의 천중들도 이 세상에 내려와 태어나는 자는 여성의 체내에
들어가 태생胎生67)의 중생이 되었다.

　그 후 멥쌀이 나지 않게 되었기 때문에 중생은 굶주려 탄식하였고,
제각기 경계를 짓고 논에 쌀을 재배하여 양식으로 삼게 되었다. 다른
사람이 심은 벼를 훔쳐 서로 싸우는 자들도 나타났는데, 이 분쟁을 재
판할 사람이 없었기 때문에 중생들은 함께 의논하여 한 사람의 평등왕
平等王68)을 세웠다. 이것을 찰제리刹帝利69)라고 한다〈경지의 주인[田主]이
란 뜻이다〉. 그 최초의 왕을 민주왕民主王이라 불렀다. 그는 십선十善70)의

---

65) 세계의 시초에 사람이 차츰 먹는 것을 알게 되는 가운데 지병地餅이란 것에 이어서
　 나타난 식료. 조잡한 푸성귀. 『구사론』 12 분별세품에 "지미地味가 사라지고 이것으로
　 부터 다시 지피병地皮餅이 생겨나 이것을 다투어 탐식하였다", "지병地餅이 다시 사라
　 지고 이때 또한 임등林藤이 출현하였다"라고 기술되어 있다. 또한 『불조통기佛祖統紀』
　 에는 "지미가 사라지고 이어서 임등이 생겨났다"고 기술되어 있다.
66) 본문의 이 주는 오류이다.
67) 불교에서 말하는 4생生의 하나. 4생이란 태생胎生·난생卵生·습생濕生·화생化生이
　 다. 화생이 신체가 완전한 형태로 홀연히 탄생하는 것에 대해서, 태생은 일정 기간 모
　 태 속에 있다가 영아嬰兒로 탄생한다.
68) 공평무사하게 경지를 나누고 상벌을 주관하는 왕.
69) 인도의 카스트 제도인 4성姓의 하나로서 범어로는 쿠샤트리아. 4성은 승려인 바라몬
　 婆羅門, 왕족이나 무인武人인 찰제리刹帝利:쿠샤트리아, 평민인 폐사吠舍:바이샤, 노예
　 인 수다라首陀羅:슈드라의 네 신분을 가리킨다. 찰제리는 무력으로 경지와 민중을 지
　 배하고 정치를 행하는 왕통이다. 『서역기西域記』 2에 "찰제리는 왕종王種이다. 구역舊
　 譯에 찰리라고 하는 것은 약칭이다"라고 기술되어 있다. 또한 『현응음의玄應音義』 18
　 에 "찰리는 찰제리라고 해야 한다. 번역하면 경지의 주인[田主]이란 뜻이다. 이것은 왕
　 족, 귀종貴種을 말한다"라고 기술되어 있다.

정법正法을 행하여 나라를 다스렸기 때문에 백성들이 경애하였다. 염부제閻浮提의 천하는 풍요롭고 안온하며 병환과 대한열大寒熱 같은 재해가 없고 수명도 극히 길어 무량세無量歲였다.

　그 후 민주왕의 자손이 오랫동안 왕위를 이어왔지만, 점차 정법도 쇠퇴하고 수명도 줄어들어 8만 4천세가 되었다. 당시 신장은 8장丈[71]이었다.

　그 시기에 왕이 있었는데 전륜轉輪[72]의 과보果報[73]를 갖고 있었다. 우선 하늘에서 금륜보金輪寶[74]가 내려와 왕 앞에 나타나, 왕이 행차할 때 앞서 굴러가 땅을 고르게 다졌다. 이에 여러 소왕小王들이 모두 나아가 경배하며 거역하는 자가 없어 왕은 사대주에 군림하였다. 또한 백상白象·감마紺馬·신주神珠·옥녀玉女·거사居士·주병主兵 등의 보물이 있었는데,[75] [금륜보와 이들 여섯 개의 보물을 합친] 7보寶를 성취한 자를 금륜왕金輪王[76]이라 이름하였다. 그 뒤를 이어서 은銀·동銅·철鐵의 전륜왕轉輪王이 있었다. 이들이 가진 복력福力은 모두 달라서[77] 과보도 차츰 뒤떨어지게

70) 십악十惡을 행하지 않는 것. 즉 불살생不殺生 : 살생하지 않는다·불투도不偸盜 : 도둑질하지 않는다·불사음不邪淫 : 부정하고 음탕한 짓을 하지 않는다·불망어不妄語 : 거짓말하지 않는다·불기어不綺語 : 교묘하게 꾸며 말하지 않는다·불악구不惡口 : 욕하지 않는다·불양설不兩舌 : 양자를 이간시켜 싸움하도록 만들지 않는다·불탐욕不貪慾 : 탐욕하지 않는다·부진에不瞋恚 : 성내지 않는다·불사견不邪見 : 인과의 도리를 무시하는 그릇된 생각을 하지 않는다 등 열 가지의 선善을 말한다.
71) 1장丈은 10척尺으로 약 3미터.
72) 전륜왕轉輪王이 즉위시에 하늘에서 얻었다는 신성한 수레바퀴로 항상 돌고 있다. 그 윤보輪寶는 왕을 선도하는 동시에, 스스로 앞서 나아가 땅을 평탄하게 함으로써 일체의 장애를 없애고 항복시키는 힘을 갖고 있다고 한다. 전륜왕의 약칭이기도 함.
73) 전생에서의 선악 여러 가지 행위가 원인이 되어 현세에서 그 결과로서 받는 여러 가지 보답. 여기에서는 선업善業에 따른 좋은 보답을 뜻한다.
74) 전륜왕의 가지고 있는 금·은·동·철 4종의 윤보의 하나.
75) 전륜왕이 가지고 있는 7종의 옥보玉寶. 금윤보金輪寶·백상보白象寶·감마보紺馬寶·신주보神珠寶·옥녀보玉女寶·거사보居士寶·주병보主兵寶의 7보이다.
76) 7보를 성취하고 4덕德을 갖추어 수미須彌 사주四洲를 통일하였으며, 정법을 가지고 천하를 통치하는 성왕聖王.
77) 4종의 전륜왕이 가진 선업의 공덕력功德力의 차이에 따라 과보에 차이가 생기는 것.

되어 수명은 100년마다 1년씩 줄고 신장도 1척尺78)씩 줄어들었다. 그리고 사람의 수명이 120세로 줄어들었을 때 석가불釋迦佛이 출현하였다〈혹은 수명이 100세 때라고도 한다. 이보다 앞서 삼불三佛79)이 나타났다〉.

사람의 수명이 줄어들어 10세에 이를 무렵에는 소삼재小三災80)라는 재해가 나타날 것이다. 그리하여 인류의 다수가 죽어 불과 1만 명을 남기게 된다. 그 남은 이들이 선행을 하여 또 다시 수명도 늘고 과보도 개선되어 2만세에 이르렀을 때 철륜왕鐵輪王이 나타나 남주南洲 한 주를 다스리고, 4만세 때에는 동륜왕銅輪王이 나타나 동·남 두 주를 다스리며, 6만세 때에는 은륜왕銀輪王이 나타나 동·서·남 세 주를 다스리고 8만 4천세 때에 금륜왕이 나타나 사천하를 통령한다. 그 과보는 앞서 말한 바와 같다.

그때부터 다시 줄어들기 시작하여 미륵불彌勒佛이 출현한다〈8만세 때라고도 한다〉. 이후 18번의 증감이 있다. 그래서 대화재大火災가 발생하여 색계色界81)의 초선初禪82) 범천梵天까지 소실되고 삼천대천세계三千大千世界가 동시에 멸망하는데, 이것을 괴겁壞劫이라 한다. 이리하여 세계가 허공흑혈虛空黑穴83)과 같이 되는 것을 공겁空劫이라 한다. 이와 같은 것을 반복하여 일곱 번의 화재火災를 거쳐 대수재大水災가 발생하며 이때는 제2선禪84)까지 괴멸한다. 마침내 49번의 화재, 49번의 수재를 거쳐 대풍

---

78) 1촌寸이 옳다.
79) 수명 6만세 때의 구류손불拘留孫佛, 4만세 때의 구나사모니불俱那舍牟尼佛, 2만세 때의 가섭불迦葉佛.
80) 기근재饑饉災·병역재病疫災·도병재刀兵災.
81) 색계色界는 욕계欲界의 위, 무색계無色界의 아래에 있으며, 이것들을 모두 합쳐 삼계三界라고 한다. 색계는 욕계와 같은 여러 욕망에서 벗어나 있지만, 아직 색色으로서의 물질로부터 해방되어 있지 않은 세계이다. 깨끗한 물질로 이루어진 세계로 4선禪을 수행한 자가 태어나는 천계天界. 색계의 천인天人은 항상 선나禪那:마음을 조용히 가라앉히고 진리를 직관하는 것 속에 살기 때문에 선천禪天이라 한다.
82) 4선禪의 하나. 색계에 있어서 선정禪定의 최초 단계로, 아직 희喜·락樂 등의 5종의 마음의 작용이 수반되는 상태. 이것을 수행하여 색계의 초선천初禪天에 태어난다.
83) 텅 빈 검은 구멍과 같은 상태.

재大風災가 발생하여 제3선禪85)까지 괴멸한다. 이것을 대삼재大三災라고 한다. 제4선禪86) 이상은 내외의 과환過患87)이 없다. 이 4선禪 속에 5천天이 있는데, 그 중 네 곳88)은 범부凡夫가 사는 곳, 다른 한 곳은 정거천淨居天89)이라 하여 증과證果의 성자聖者90)가 사는 곳이다. 이 정거淨居를 지나면 마혜수라 천왕摩醯首羅天王의 궁전이 있다〈대자재천大自在天이라고도 한다〉. 이 왕은 색계의 최고 정상에 있으며 대천세계大千世界를 통령하고 있다. 그 하늘의 넓이는 대천세계에 펼쳐 있다〈그 아래에 있는 하늘도 각각 넓이가 다르다. 초선의 범천은 일사천하一四天下의 넓이이다〉.91) 이 위에 무색계無色界의 하늘이 있어 4지地92)로 나뉘어 있다고 한다. 이들 하늘은 소재小災·대재大災는 당하지 않으나 업력業力에는 한계가 있어서 과보가 다하면 쇠퇴하여 하계下界로 사라질 것이라고 적혀 있다.

중국은 특히 문자와 서적을 존중하는 나라이지만 세계의 창생에 대해서는 분명하게 기술하고 있지 않다. 유서儒書에는 복회씨伏羲氏93)라는

---

84) 색계 제2선천禪天에서 행해지는 선. 초선에서의 마음의 작용 중 심尋·사伺의 두개가 줄고 희喜·락樂·정정定의 세 개에 새롭게 내등정內等淨의 작용이 더해진다고 한다.

85) 제2선에 있었던 희喜·락樂·정정定·내등정內等淨이라는 네 개의 마음의 작용 가운데, 제3선으로 나아가면 회가 줄고 마음의 작용은 행사行捨·정념正念·정혜正慧·수락受樂·정정定의 다섯 개가 된다고 한다.

86) 제3선에서 얻어진 락樂을 줄이고 행사行捨·염청정念淸淨·비고비락非苦非樂·정정定의 네 요소가 얻어진다고 하며, 이 선정禪定：禪那을 얻은 자는 색계 제4선천에 태어난다고 한다. 색계의 최상층.

87) 깨달음의 방해가 되는 번뇌.

88) 무상천無想天·광과천廣果天·복생천福生天·무운천無雲天.

89) 성자가 조용히 법락法樂으로 사는 세계로, 무번천無煩天·무열천無熱天·무현천無現天·선견천善見天·색구경천色究竟天의 총칭이다.

90) 증과는 수행의 결과 지혜에 의해 얻어진 깨달음. 증과의 성인은 수행을 쌓아 부처가 깨달은 경지를 증득證得하는 성자를 말한다. 범부凡夫에 대응하는 말.

91) 제4선천은 대천세계, 제3선천은 중천세계中千世界, 제2선천은 소천세계小千世界, 초선천은 일소세계一小世界. 사천하四天下는 사대주를 가리킨다.

92) 선정의 우열에 따라 식무변처識無邊處·공무변처空無邊處·무소유처無所有處·비상비비상처非想非非想處의 4지로 나뉘어진다.

93) 삼황三皇의 하나. 전설의 제왕으로 역易의 팔괘八卦를 만들고 어로漁撈를 가르쳤다. 몸은 뱀이고 얼굴은 사람이라 한다.

왕 이전의 일은 언급되어 있지 않다. 다만 이단의 서적⁹⁴⁾에서 혼돈미분 混沌未分의 형태, 천天·지地·인人의 시초를 말하고 있는 것은 [일본] 신 대의 기원과 유사하다. 또한 반고盤古⁹⁵⁾라는 왕이 있었는데, "그 눈은 해 와 달이 되고 모발은 초목이 되었다"는 설도 있다. 그에 따르면, 반고왕 이후 천황天皇·지황地皇·[인황人皇]·오룡五龍 등 여러 씨氏⁹⁶⁾가 잇달아 왕이 되었고 그 동안에 수만 년이 지났다고 한다.

우리나라[일본]의 시초가 아마쓰카미天神의 혈통을 이어받아 세계를 건립했던 모습은 천축의 설과 다소 유사한 면도 있는 것 같다. 그러나 우리나라[일본]는 아마쓰미오야天祖 이래 황위의 계승에 어지러움이 없 이 단지 하나의 혈통이 황위에 있으며, 이와 같은 예는 천축에도 없다. 천축 최초의 민주왕도 민중에게 옹립된 이래 그 자손이 왕위를 상속했 지만 시대가 내려오면서 그 종성種姓⁹⁷⁾도 대부분 멸망하였다. 그리고 힘 만 있으면 열등한 혈통도 국주國主가 되고 심지어 오천축을 통령하는 자 마저 나타났다.

중국은 특히 난역亂逆으로 인해 질서가 없는 나라이다. 옛날 세상이 정직하고 도道가 올바르던 시대에도 현자賢者를 옹립하여 왕위에 오르게 했기 때문에⁹⁸⁾ 황통의 혈통을 하나로 정하는 일은 없었다. 난세가 되어

---

94) 유서와 대비하여 도가道家의 서적을 말한다. 『원원집元元集』에 노자老子·장자莊 子·회남자淮南子 등의 인용이 많이 보인다.

95) 중국의 천지개벽의 시초에 이 세상에 군림했던 옛날 천자의 명칭. 『술이기述異記』에 는 "옛날 반고씨盤古氏가 죽었을 때, 머리는 사악四嶽이 되고 눈은 해와 달이 되고 기 름은 홍해紅海가 되고 모발은 초목이 되었다"고 기술되어 있다.

96) 천황·지황·인황을 삼황三皇이라 한다. 인황 이후에 오룡씨五龍氏가 나타났다. 오 룡씨는 형제 5인이 나란히 용을 타고 이동하였기 때문에 오룡씨라 칭하게 되었다고 한다.

97) 가문·가계·카스트 등을 가리키는 용어. 불전佛典에서는 바라몬波羅門 : 사제자·쿠 샤트리아殺帝利 : 왕족·바이샤吠舍 : 서민·슈드라首陀羅 : 예속민의 4성姓을 종성이라 한 다. 여기에서는 고대 인도의 왕의 혈통을 가리킨다.

98) 요순堯舜 시대에 그 자식이 불초不肖했기 때문에 혈통에 의하지 않고 현자를 선발하 여 양위했던 것을 가리킨다.

힘을 가지고 나라를 다투니 민간 출신으로 왕위에 오르는 자99)도 있었다. 또한 융이戎夷로부터 일어나 나라를 빼앗는 자100)도 있고, 혹은 대대의 신하로서 자신의 왕을 능가하여 마침내 왕위를 물려받는 자101)도 있었다. 복희씨 이후 중국에서는 천자의 씨성이 36번 바뀌었으니 황위계승의 어지러움이 극심했음은 말할 나위도 없다.

오직 우리나래[일본]만이 천지개벽 이래 오늘날에 이르기까지 [아마테라스 오미카미의 뜻에 따라] 황위[日嗣]102)를 계승하는 데 어지러움이 없다. 한 종성 중에서 때때로 방류[傍]에 황위가 전해지는 일이 있어도 또한 저절로 본류[正]에 돌아와 연면히 이어지고 있다.103) 이것은 모두 신명神明의 서약104)이 명확하기 때문이며 일본이 다른 나라와 다른 까닭이기

---

99) 한漢나라의 고조高祖 유방劉邦 등.
100) 융戎은 서방의 오랑캐, 이夷는 동방의 오랑캐. 몽골족이 세운 원元나라의 세조世祖 쿠빌라이 같은 사람을 가리킨다.
101) 중국 최초의 통일왕조인 진秦나라는 주대周代의 제후국諸侯國에서 출발하였다. 또한 삼국시대 위魏나라의 시조인 조조曹操는 후한後漢 헌제獻帝를 옹립하였으나 그의 아들 조비曹丕가 헌제를 폐하고 위魏나라를 세웠다. 후에 위나라는 신하 사마씨司馬氏의 진晉나라로 교체되었다.
102) 히쓰기日嗣는 본래 태양의 신[日神] 아마테라스 오미카미의 대를 잇는 자[世嗣]라는 뜻으로 황위를 가리킨다.
103) 본류'正'의 개념은 무엇보다도 방계傍系에 대한 정계正系라는 혈통상의 정적正嫡을 의미한다고 보인다. 본서의 제27대 게이타이繼體 천황조에서 "황통에 직계 자손이 있을 경우는 방계의 황자, 황손이 아무리 현명하더라도 결코 황위를 바래서는 안 된다. 황윤皇胤이 끊어진 경우는 현명한 사람이 황위에 오르는 것도 하늘이 허락하는 일이다"라고 기술하고 있는 것도 같은 맥락이다. 또한 제95대 고다이고後醍醐 천황조의 말미에 "지금 황위를 계승한 천황도 또한 아마테라스 오미카미 이래의 정통正統을 이어받고 있으므로 이 황위皇威에 따르지 않는 자가 결코 있을 리 없다. 일시적인 세상의 혼란도 이윽고 시운時運의 도래를 기다려 태평으로 돌아갈 것이다"라고 기술되어 있는 것은, 결국 새로 천황의 자리에 오른 정통한 고무라카미後村上의 치세가 아직은 혼란의 와중에 있으나 이 일시적인 상태는 곧 끝나고 이윽고 태평으로 돌아갈 것이라는 자기확신을 피력하고 있는 것이다. 본문의 문장도 황위계승의 원리에 대해 정통이 일시 침륜하는 일이 생기더라도 최후에는 정통한 자[고무라카미 천황]가 일본을 통치하게 될 것이라는 지카후사의 강한 확신과 바람이 담겨 있는 말이라 할 수 있다.
104) 아마테라스 오미카미가 아메미야天孫 니니기노 미코토瓊瓊杵尊에게 나라를 넘겨줄 때 내린 천양무궁天壤無窮의 신칙神勅.

도 하다.

　무릇 신도神道105)는 [경외스럽고 신비한 것으로] 이것에 대하여 쉽사리 기술해서는 안 된다고 하지만, [일본의 국가의 근원이 담긴 신도의] 근원을 알지 못하면 그로 인해 세상이 혼란해질 것이다. 그 악폐를 구제하기 위하여 신도에 관해서 조금 기술하려고 한다. 신대 이래 정리正理에 의해 황통이 계승되는 이치를 서술하려고 하며 늘상 주변에서 듣는 것은 여기에 기록하지 않겠다. 따라서 이 글을 신황神皇의 정통기正統記라고 이름짓고자 한다.

신대神代

　무릇 하늘과 땅이 아직 나뉘지 않았을 때 세계는 혼돈된 상태로 달걀과 같이 둥그런 형태였다. 주위는 어두침침하였으며 만물이 생성될 조짐이 그 안에 싹트고 있었다. 이것은 음陰과 양陽의 원소元素가 미분화되어 하나의 기氣의 상태로 있었던 것이다. 그 기가 비로소 나뉘어 깨끗하고 밝은 것은 길게 뻗쳐 하늘이 되고, 무겁고 탁한 것은 이어져 땅이 되었다. 그 안에서 한 물체가 탄생하였는데, 그 모습이 갈대의 싹과 같았다. 그것은 곧바로 신神으로 화化하였다. 이것을 구니노토코타치노 미코토國常立尊라고 한다. 또는 아메노미나카누시노 가미天御中主神라고도 부른다.

　이 신에는 목木·화火·토土·금金·수水의 오행五行의 덕德이 갖추어져

---

105) 신도는 일본 고유의 도 한편, 『주역周易』 관괘觀卦에는 "하늘의 신도神道에 의하여 사시四時가 어긋남이 없으며, 성인이 신도를 가지고 가르침을 펴니 천하가 이에 따른다"는 기술이 보인다.

있었다. 먼저 수덕水德이 신으로 화하여 나타난 것을 구니노사쓰치노 미코토國狹槌尊106)라고 한다. 다음으로 화덕火德의 신을 도요쿠무누노 미코토豐斟渟尊107)라고 한다. 이들 신은 하늘의 도[天道]에 의해 혼자서 저절로 탄생하였다. 따라서 순남純男108)이다〈순남이라 해도 남자의 형상이 있었다고 하기 어렵다〉. 다음으로 목덕木德의 신을 우히지니노 미코토泥土瓊尊·스히지니노 미코토沙土瓊尊109)라고 한다. 다음으로 금덕金德의 신을 오토노지노 미코토大戶之道尊·오토마베노 미코토大苫邊尊110)라고 한다. 다음으로 토덕土德의 신을 오모타루노 미코토面足尊·가시코네노 미코토惶根尊111)라고 한다. [목덕·금덕·토덕의 신들은] 하늘과 땅의 도가 서로 뒤섞여 각각 음양의 형태를 취했지만 부부간의 행위는 없었다고 한다.

이러한 여러 신들은 실제는 구니노토코타치國常立와 한 몸을 이루는 신이다. 오행의 덕이 각각 신으로 나타난 것을 합쳐 6대代112)로 센다. [그리고 이 중에서] 2대째, 3대째라는 식으로 순서를 정해서는 안될 것이다. 그 다음으로 화생한 신을 이자나기노 미코토伊奘諾尊·이자나미노 미코토伊奘冊尊라고 한다. 이 신들은 바로 음양의 두 개로 나뉘어져 만물 창조의 근원이 되었다. 위의 오행은 아직 하나씩의 덕이었는데, 오덕이 이자나기·이자나미 두 신과 합쳐져 비로소 만물을 생성하게 되었다.

---

106) 토지 혹은 흙의 신이다.
107) 원야原野의 신격화라고도 하고 혼돈부표混沌浮漂의 상태를 나타낸다고도 한다.
108) 남자로만 홀로 있는 신. 건곤乾坤의 도가 서로 합쳐 한쌍의 신으로서 출현한 남녀신과 달리, 곤坤을 결여하여 건乾만의 작용으로 자연히 화생한 존재라고 한다.
109) 전자는 진흙의 신격화, 후자는 모래의 신격화.
110) '지도'는 남성, '베邊'는 여성을 나타낸다. '토戶'와 '토苫'는 장소의 의미로서 거처의 신격화로 이해되고 있다. 혹은 '토戶'와 '토苫'를 남성·여성을 상징하는 기관의 의미로 파악하여 두 신은 각각 커다란 '토戶'와 '토苫'를 가진 남녀를 나타낸다는 설도 있다.
111) "얼굴이 빼어난 여인이여", "참으로 황공합니다"라는 남녀의 대화를 신격화한 것이라 한다.
112) 『고사기』『일본서기』에서는 구니노토코타치노 미코토부터 이자나기·이자나미까지 '신세神世 7대'로 기술하고 있지만, 『신황정통기』에서는 와타라이度會 신도설에 따라 이자나기·이자나미를 제외하고 6대로 하고 있다.

이에 아마쓰미오야天祖 구니노토코타치노 미코토가 이자나기·이자
나미 두 신에게 칙을 내려 "도요아시하라노 지이호노아키노 미즈호노
쿠니豊葦原千五百秋瑞穂地가 있다. 너희가 가서 그곳을 다스려라"고 하며
아마노누 창天瓊矛[113])을 하사하였다.[114]) 이 창은 또한 아마노사카 창天逆
戈 혹은 아마노사카 창天魔返戈이라고도 한다. 이자나기·이자나미 두 신
은 이 창을 받고 아마노우키 다리天浮橋[115]) 위에 서서 창을 아래로 향해
찌르며 찾아 보았지만 창해滄海만 있을 뿐이었다. 하지만 그 창 끝에서
떨어진 물방울이 굳어 하나의 섬이 되었다. 이것을 오노코로 섬磤馭盧嶋
이라고 한다. 이 이름에 대해서는 비설秘説이 있다. ['온코로코로'[116])라는]
범어梵語가 있었는데, 이것과 신대의 '오노코로'가 통한다는 설이다. 이

---

113) 아름답게 옥으로 장식한 창.
114) 『신황정통기』의 신국에 대한 기술에서 『일본서기』 및 『고사기』와 다른 특징의 하나
는 구니노토코타치노 미코토에 대한 자리매김이다. 『일본서기』 및 『고사기』에서는 우
주생성 신화에 등장하는 원초신의 계열이 애매하여 일신교적一神教的인 초월신 개념
이 보이지 않고 있으나, 『신황정통기』에서는 구니노토코타치노 미코토에 우주의 초발
신初發神 내지 주재신主宰神의 지위를 부여하고 있다. 『일본서기』의 본문에서는 국토
생성의 작업을 이자나기·이자나미의 두 신의 의사로 설명하고 있고, 본문이 아닌 일
서一書 중의 단 한 곳 및 『고사기』에서도 불특정의 아마쓰카미天神가 이자나기·이자
나미에게 명했다고 기술하고 있는 데에 불과하다. 이렇듯 『일본서기』와 『고사기』에서
는 구니노토코타치노 미코토가 별다른 활동을 하지 않고 있고, 게다가 여러 복수의 신
들 가운데 하나이며 제1신이 아닌 경우도 있다. 그러나 『신황정통기』에서는 목·화·
토·금·수 오행의 덕의 신이 "실제는 구니노토코타치와 일체의 신이다"고 하여, 구니
노토코타치노 미코토의 단순한 발현형태로서 여러 초발신들을 처리하고 있으며, 구니
노토코타치노 미코토가 이자나기·이자나미의 두 신에게 칙을 내려 "도요아시하라노
지이호노아키노 미즈호노쿠니가 있다. 네가 가서 그곳을 다스려라"고 하고 아마노누
창을 하사하였다고 기술하고 있는 것이다. 구니노토코타치노 미코토를 일신교적인 색
채를 띤 우주의 주재신으로 간주하고 있는 것을 알 수 있다. 『신황정통기』의 신국관도
이와 관련하여 이해할 수 있다. 즉 『신황정통기』는 아마쓰미오야天祖 구니노토코타치
노 미코토에서 스메미오야노카미皇祖神인 아마테라스 오미카미, 더 나아가 인황人皇의
정통으로 연결되는 하나의 계통을 세우고 있으며, 이 점에서 일본은 다른 나라와 구별
되는 신국이라는 것이다. 즉 '신국' 일본을 타국과 구별짓는 요소로서 구니노토코타치
노 미코토―아마테라스 오미카미―인황이라는 신대 이래의 일계성一系性을 강조하
고 있는 것이 주목된다.
115) 하늘과 땅을 연결하는 통로로 신들이 다니는 길.
116) 약사여래薬師如來의 기도 주문.

섬의 소재가 어디인지 확실히 알고 있는 사람은 없다. 혹자는 야마토大
日本의 호 산嫗山117)이라 한다〈이것에 대해서는 구전口傳이 있다〉. 두 신
은 이 섬에 내려와 중앙에 기둥을 세우고 8심尋이 되는 궁전118)을 지어
함께 살았다. 그리하여 음양의 두 신은 화합하여 부부의 관계를 가졌다.

[그런데 혹자는] 이 아마노사카 창을 아메미야天孫 니니기노 미코토瓊瓊
杵尊가 지참하고 강림하였다고도 한다. 스이닌垂仁 천황 치세에 야마토
히메大和姬 황녀가 아마테라스 오미카미의 가르침을 따라 여러 지역을
돌고 이세 국伊勢國: 三重縣 동부에 미야도코로宮所119)를 정하였다. 그때 오
타노 미코토大田命120)라는 신이 나타나 이스즈 강五十鈴川121) 상류에 영
물靈物이 있는 곳을 가리켰는데, 그곳에 아마노사카 창과 이스즈五十鈴
방울,122) 아메노미야天宮123)의 도형圖形이 있었다. 그래서 야마토히메는
기뻐하며 그곳에 신궁을 세웠다고 한다.

영물은 이스즈 궁五十鈴宮124)의 사카도노酒殿125)에 넣어졌다고도 하고,
혹은 용신龍神 다키노마쓰리노 가미瀧祭神가 맡아 땅 속에 넣었다고도 한
다. 또한 일설에는 야마토大和: 奈良縣의 다쓰타노 가미龍田神는 다키노마쓰
리노 가미와 동체同體이고, 그 신이 영물을 맡았기 때문에 아메노미하시
라天柱·구니노미하시라國柱라는 명칭이 생겼다고도 한다.126)

---

117) 야마토 국大和國 가쓰라기 산葛城山을 가리킨다.
118) 1심尋은 두 손을 좌우로 벌린 길이로 약 6척尺. 광대하고 아름다운 신의 궁전.
119) 신이 진좌鎭坐하는 곳.
120) 사루타히코노 가미猿田彦神의 자손. 『왜희명세기倭姬命世記』에 "사루타히코노 가미
　　의 후예로 우지宇治 도코土公의 시조인 오타노 미코토太田公", 혹은 "거리의 신 사루타
　　히코노 가미이다. 일서一書에 말하기를, 거리의 신의 자손인 오타노 미코토로서 이는
　　도코 씨土公氏의 원조신遠祖神이라 한다"라고 기술되어 있다.
121) 미에 현三重縣 이세 시伊勢市 가미지 산神路山을 원류로 하여 이세 신궁伊勢神宮의
　　내궁內宮 신역神域을 지나 두 갈래로 나뉘어 후타미우라二見浦와 유아이汐合에서 이세
　　만伊勢灣으로 흘러드는 강.
122) 크고 작은 50개의 금속 방울로서 신보神寶의 하나. 정확하게는 '五十金鈴'.
123) 다카마노하라高天原에 있는 아마테라스 오미카미의 궁전, 즉 히노와카 궁日小宮.
124) 이세 신궁의 내궁의 별칭.
125) 신에게 바칠 술을 만들기 위하여 세운 신궁의 부속 건물.

어쨌든 옛날 [이자나기와 이자나미가 아마노사카 창을] 오노코로 섬에 가지고 내려갔던 것은 명백하지만, 그것이 그 후 어떻게 세상에 전해졌는지는 확실하지 않다. 만약 아메미야 니니기노 미코토가 가지고 있었다면 신대부터 전해지는 삼종三種의 신기神器[127]와 같이 후세에 전해졌겠지만, 그렇지 않고 멀리 떨어져 이스즈 강 상류에 있다는 것도 믿기 어려운 일이다. 아메미야도 구슬과 창을 몸소 지니고 있었다는 기록이 보인다(『고어습유古語拾遺』[128]의 설이다).[129] 하지만 오난지노 가미大汝神[130]가 나라를 평정하는 데 사용했던 것을 [아메미야에게] 바쳤던 창도 있기 때문에 [고어습유에서 말하는 창이] 어느 쪽을 가리키는지 확실하지 않다. [내 생각으로는] 아마노사카 창이 호 산寶山에 남아 부동不動 : 不動尊의 영험이 되었다[131]는 설이 옳은 것 같다. 다쓰타龍田도 호 산에 가까운 곳이

---

126) 『유취신기본원類聚神祇本源』 10에 "혹자가 말하기를, 다키노마쓰리노 가미와 다쓰타노 가미는 같은 신의 다른 이름이다. 수분[水氣]의 신이다. 그 때문에 히로세廣瀬 다쓰타노 가미의 이름을 아메노미하시라天御柱 · 구니노미하시라國御柱라고 한다. 아마노사카 창을 수호하는 인연을 갖고 있다"라고 기술되어 있다.

127) 『일본서기』 권2, 신대 하下의 일서一書에 "아마테라스 오미카미는 아마쓰히코히코 호노 니니기노 미코토天津彦彦火瓊瓊杵尊에게 야사카니 곡옥八坂瓊曲玉과 야타 거울八咫鏡 · 구사나기 검草薙劍의 삼종의 신기를 하사하였다"라고 기술되어 있다. 『고사기』 상권에도 '야사카 곡옥八尺勾璁, 거울 및 구사나기 검草那藝劍'을 하사한 전승을 싣고 있다.

128) 인베 씨忌部氏의 고전승古傳承. 인베 히로시게齋部廣成의 찬술. 1권. 807년에 주진奏進. 신화의 부분과, 궁정제사의 역할을 둘러싸고 대립하고 있던 나카토미 씨中臣氏에 대한 원한의 부분으로 구성되어 있다.

129) 『고어습유』에 "야타 거울八咫鏡 및 구사나기 검草薙劍의 이종二種의 신보神寶를 스메미야皇孫에게 하사하여 영원히 천새天璽로 삼았다. 창과 구슬을 몸소 지녔다"라고 기술되어 있다.

130) 오쿠니누시노 가미大國主神. 이즈모出雲 신화의 주신主神으로 스사노오노 미코토素戔嗚尊의 아들 혹은 6세世의 손孫이라 한다. 천손강림天孫降臨 때에 나라를 넘겨주고 은퇴했다. 오쿠니누시노 가미가 후쓰누시노 가미經津主神와 다케미카즈치노 가미武甕槌神에게 준 창에 대해서는, 『고어습유』에 "나라를 평정한 창을 두 신에게 주며 말하기를, '내가 이 창을 가지고 마침내 나라를 다스린 공을 세웠다. 아메미야가 이 창을 사용하여 나라를 다스린다면 반드시 평안할 것이다'고 했다"라고 기술되어 있다. 또한 『일본서기』 권2, 신대 하下 본문에도 동일한 내용이 기술되어 있다.

131) 『갈성보산기葛城寶山記』에는 아마노사카 창이 독고금강보저獨古金剛寶杵라 하며 부

므로 용신龍神을 아메노미하시라 · 구니노미하시라라고 칭하는 것도 신의 깊은 뜻일 것이다〈무릇 신도의 서적에는 여러 가지 이설이 있다〉.

『일본서기日本書紀』『구사본기舊事本紀』[132]『고어습유』 등에 실리지 않은 것에 대해서는 학문의 길에 어두운 후학들은 무턱대고 믿어서는 안 될 것이다. 그 서적들 속에서도 일치하지 않는 것이 많다. 하물며 그 이외의 서적에 기록되어 있는 것은 옳다고 할 수 없다.

한편, 이자나기 · 이자나미 두 신은 서로 상의하여 여덟 개의 섬을 낳았다.[133] 먼저 아와지노시마淡路洲를 낳았는데 이것을 아와지호노사와케淡路穂之狹別라고 한다.[134] 다음으로 이요노후타나노시마伊與二名洲 : 四國를 낳았는데 몸 하나에 네 개의 얼굴이 있었다.[135] 첫 번째를 에히메愛比賣라고 하며 이요伊予 : 愛媛縣가 그것이다. 두 번째는 이요리히메飯依比賣라고 하며 사누키讃岐 : 香川縣가 그것이다. 세 번째는 오게쓰히메大宜都比賣라고 하며 아와阿波 : 德島縣가 그것이다. 네 번째를 하야요리와케速別라고 하며 도사土佐 : 高知縣가 그것이다. 다음으로 쓰쿠시노시마筑紫洲 : 九州를 낳았는데, 또한 몸 하나에 네 개의 얼굴이 있었다. 첫 번째를 시라히노와케白日別라고 하며 쓰쿠시筑紫가 그것이다. 후에 지쿠젠筑前 : 福岡縣 중앙부 ·

동不動의 영험이 되어 호 산에 남았다고 기술되어 있다. 부동은 부동존不動尊 즉 부동명왕不動明王을 가리킨다. 부동명왕은 대일여래大日如來가 일체의 악마 · 번뇌를 항복시키기 위하여 변화하여 분노한 모습을 나타낸 것으로 오대 명왕五大明王의 하나이다. 왼쪽 눈을 가늘게 감고 오른쪽 윗입술을 물고 있다. 무기로서 오른손에 항마검降魔劍을 들고 왼손에 오라羂索를 가진 것이 보통인데, 금강저金剛杵나 보륜寶輪을 가진 형상도 있다.

132) 『선대구사본기先代舊事本紀』라고도 함. 저자 불명. 쇼토쿠 태자聖德太子, 574~622가 편찬한 것으로 알려졌지만, 사실은 헤이안平安 초기에 편찬된 것. 전 10권. 신대부터 스이코 천황에 이르는 사적을 기술한 부분은 대부분 『일본서기』에 입각하고 있다. 다만 권5 「천손본기天孫本紀」, 권10 「국조본기國造本紀」 등은 다른 곳에 보이지 않는 소전을 싣고 있다.

133) 이하의 기사는 『고사기』 상권, 오야시마노쿠니大八島國 생성의 단에 의한다.

134) 이와 같은 지명의 의인화 즉 신명화神名化는 여러 지방에 황자皇子를 '와케別'로서 분봉分封했다는 사고에 입각한다.

135) 섬의 지세가 자연적으로 네 개의 부분으로 나뉘어 있는 것.

지쿠고筑後：福岡縣 서남부라고 한다. 두 번째를 도요히와케豐日別라고 하며 도요쿠니豐國가 그것이다. 후에 부젠豐前：福岡縣 동부와 大分縣 북부・분고豐後：大分縣라고 한다. 세 번째를 히루히와케晝日別라고 하며 히노쿠니肥國가 그것이다. 후에 히젠肥前：佐賀縣과 長崎縣 일부・히고肥後：熊本縣라고 한다. 네 번째를 도요쿠지히네와케豐久士比泥別라고 하며 휴가日向가 그것이다. 후에 휴가日向：宮崎縣과 長崎縣 일부・오스미大隅：鹿兒島縣 동부・사쓰마薩摩：鹿兒島縣 서부라고 한다〈쓰쿠시・도요쿠니・히노쿠니・휴가라고 하지만 그것들은 이자나기・이자나미 두 신의 시대 이래의 본래 이름은 아닐 것이다〉. 다음으로 이키 국壹岐國：長崎縣 壹岐을 낳았는데 아메히토쓰하시라天比登都柱라고 한다. 다음으로 쓰시마노시마對馬洲：長崎縣 對馬를 낳았는데 아마노사테요리히메天之狹手依比賣라고 한다. 다음으로 오키노시마隱岐洲：島根縣 隱岐群島를 낳았는데 아마노오시코로와케天之忍許呂別라고 한다. 다음으로 사도노시마佐渡洲：新潟縣佐渡島를 낳았는데 다케히와케建日別라고 한다. 다음으로 오야마토 도요아키즈시마大日本豐秋津洲를 낳았는데 아메노미소라 도요아키즈네와케天御虛空豐秋津根別라고 한다. 이것들을 모두 오야시마大八洲라고 한다.

[이자나기와 이자나미는] 그 이외에 더 많은 섬들을 낳았다. 후에 바다의 신,136) 산의 신,137) 나무의 조상신,138) 풀의 조상신139)에 이르기까지 빠짐없이 낳았다. 모두 신이기 때문에 태어난 신이 섬도 산도 만들 수 있던 것일까. 혹은 섬과 산을 낳았는데 신이 나타난 것일까. 이는 신의 세계[神世]의 일이기 때문에 실로 헤아리기 어렵다.140)

---

136) 오와타즈미노 가미大綿津見神.
137) 오야마즈미노 가미大山津見神.
138) 구쿠노치노 가미久久能智神.
139) 구사노히메노 가미草野姬神.
140) 『신황정통기』에는 "신의 세계의 일이기 때문에 실로 헤아리기 어렵다"든가 "신도는 미루어 짐작하기 어렵다"는 등 신대의 세계에 관해서는 인간의 지혜를 가지고 가볍게 판단할 수 없다는 불가지론不可知論이 반복해서 언급되어 있다.

이자나기·이자나미 두 신은 또한 상의하여 말하기를, "우리들은 이미 오야시마의 국토와 산천초목을 낳았다. 앞으로는 천하의 주인이 될 자를 낳지 않으면 안 된다"고 하여 먼저 태양의 신[日神]을 낳았다. 이 자식은 아름답게 빛났고 그 빛이 온 나라를 비추었다. 두 신은 기뻐하며 이를 하늘에 올려보내 천상의 일을 맡겼다. 이때 하늘과 땅과의 거리는 그리 멀지 않았기 때문에 아메노미하시라天柱141)를 이용하여 하늘에 올려 보냈다. 이것을 오히루메노 미코토大日靈尊라고 한다〈음기陰氣를 영靈이라고도 한다. 여신女神이기 때문에 이 글자를 이름으로 사용한 것은 매우 타당하다〉. 또는 아마테라스 오미카미天照大神라고 한다. 이는 여신이다.

다음으로 [이자나기와 이자나미는] 달의 신[月神]을 낳았다. 그 빛은 해의 다음으로 밝았다. 하늘에 올려 보내 밤의 정사政事를 맡게 하였다.142) 다음으로 히루코蛭子143)를 낳았다. 그는 세 살이 되도록 일어서지 못하였기 때문에 아메노이와쿠스天磐樟라는 배144)에 태워서 바람에 맡겨 떠내려 보냈다. 다음으로 스사노오노 미코토素戔烏尊를 낳았다. 그는 사납고 화를 잘 내어 부모의 마음에 들지 않았기 때문에 [이자나기·이자나미 두 신은] "지하의 세계[네노쿠니根國]145)에 가라"고 명하였다. 이 세 신은 모두 남신男神이다. 따라서 일녀삼남一女三男이라 한다. 모든 신을 이자나기·이자나미 두 신이 낳았지만, 위의 네 신은 나라의 왕으로 삼으려고 낳았기 때문에 특별히 구전되고 있는 것이다.

그 후 불의 신[火神] 가쿠쓰치軻俱突智를 낳았을 때 음신陰神 이자나미

---

141) 하늘이 무너지지 않도록 지탱하는 기둥.
142) 달은 밤에 빛나기 때문에 월계月界의 지배를 '밤의 정사'라고 표현한 것이다.
143) 히루코노 가미蛭子神. 손발이 자유롭지 못한 기형아로 태어났다.
144) 장목樟木 : 녹나무로 만들어 풍랑에 잘 견디는 견고하고 빠른 배.
145) 일본 고대의 타계관他界觀의 하나. 사자死者의 영靈이 간다고 생각한 지하의 세계 즉 황천. '네根'는 선조가 거주하는 세계. 해상海上 저편에 조령祖靈이 있는 세계라고 생각되고 있었다.

가 불타 죽었다. 양신陽神 이자나기는 이것을 원망하고 노여워하여 불의 신을 세 토막으로 절단했는데, 그 세 부분은 각각 신이 되었고 피방울도 흘러 신이 되었다. 이것이 후쓰누시노 가미經津主神〈이와이누시노 가미齋主神146)라고도 하며 지금의 가토리노 가미香取神이다〉, 다케미카즈치노 가미健甕搥神〈다케이카즈치노 가미武雷神147)라고도 한다. 지금의 가시마노 가미鹿嶋神〉의 조상이다. 양신 이자나기는 음신 이자나미를 사모하여 황천黃泉까지 갔는데 그곳에서 여러 가지 약속을 위반하였다.148) 음신이 그것을 원망하며 "이 나라의 사람들을 하루에 천 명씩 죽이겠다"고 말하자, 양신은 "그러면 나는 하루에 천 오백 명씩 낳겠다"고 되받았다. 그래서 백성百姓을 아메노마스비토天益人149)라고도 한다. 즉 죽는 자보다도 태어나는 자가 많다는 뜻이다.

양신 이자나기가 황천에서 돌아와서 휴가日向의 오도 강小戶川 아하기가하라檍ケ原라는 곳에서 목욕 재계하여 부정不淨을 씻었다. 이때 많은 신들이 화생하였다. 태양의 신, 달의 신도 여기에서 탄생했다는 설이 있다. 이자나기노 미코토는 국토 생성의 공업功業이 이미 충분했기 때문에 천상에 올라 아마쓰미오야天祖에게 보고하고 그곳에 머물렀다고 한다. 어떤 설에서는 이자나기·이자나미는 범어梵語이며 이사나천伊舍那天·이사나후伊舍那后를 가리킨다고 한다.150)

---

146) 신에게 봉사하여 제사지내는 신. '이와이齋'는 부정不淨을 피하고 심신을 청결히 하여 신을 제사지내는 것을 말한다. 이와이누시노 가미를 이와이노우시齋大人라고도 한다.
147) 아마테라스 오미카미의 명을 받고 이즈모出雲에 내려가 오쿠니누시노 가미大國主神로 하여금 국토를 니니기노 미코토에게 넘기도록 한 신. 또한 진무 천황의 동정 때 영검靈劍을 천황에게 헌상했다고도 한다.
148) 『일본서기』 권1, 신대 상上의 일서에는, 이자나기노 미코토가 약속을 어기고 이자나미노 미코토의 잠든 모습을 들여다 보았기 때문에 자신의 추한 모습을 보여 수치심을 느낀 이자나미노 미코토가 이를 크게 원망했다는 내용의 기사가 실려 있다.
149) 세월과 함께 번창하고 증가해 가는 백성. 신의 의지의 발현을 칭송하여 '아메天'라고 한다.
150) 『신황계도神皇系圖』에 의한다. 이사나伊舍那는 지배자의 의미로 호세팔방천護世八方天의 하나. 대자재천왕大自在天王. 이사나천·이사나후는 그 권속이다.

지신地神 제1대 오히루메노 미코토大日靈尊

이것을 아마테라스 오미카미天照大神라고 한다. 또한 태양의 신[日神] 혹은 스메미오야皇祖라고도 한다. 이 신의 출생에 대해서는 세 가지 설이 있다. 하나는 이자나기·이자나미가 천하의 주인을 낳자고 함께 상의하여 먼저 태양의 신을 낳고, 다음으로 달의 신, 그 다음으로 히루코, 그 다음으로 스사노오노 미코토를 낳았다고 한다. 또는 이자나기노 미코토가 왼손으로 마스미 거울白銅鏡을 잡고 오히루메노 미코토를 낳고, 오른손으로 거울을 잡고 쓰키유미노 미코토月弓尊를 낳았으며, 목을 돌려 뒤를 보는 사이에 스사노오노 미코토를 낳았다고도 한다. 또는 이자나기노 미코토가 휴가日向의 오도 강에서 목욕 재계하고 부정을 씻었을 때, 왼쪽 눈을 씻어 아마테라스 오미카미가 화생하고, 오른쪽 눈을 씻어 쓰키요미노 미코토月讀尊를 낳고, 코를 씻어 스사노오노 미코토를 낳았다고도 한다.

태양의 신, 달의 신의 이름도 세 가지가 있고 화생의 장소도 세 곳이 있기 때문에 후세 보통 사람들[凡人]의 생각으로는 어느 것이 옳은지 헤아릴 수 없다. 또한 신이 있는 장소도 첫째는 다카마노하라高天原[151]라고 하고, 둘째는 히노와카 궁日小宮[152]이라 하고, 셋째는 우리나라[일본] 야마토노쿠니日本國라고도 한다. [아마테라스 오미카미가] 야타 거울八咫御鏡을 하사하며 "나를 보는 것처럼 이것을 대하라"[153]고 명한 것은 화광和光[154]의 서약대로 세상을 구하겠다는 뜻으로, 특별히 심오한 도리가 있

---

151) 일본 신화의 성지聖地로서 신들이 살고 있는 천상계天上界. 아마테라스 오미카미가 지배하는 천상계로서, 이것은 아시하라노 나카쓰노쿠니葦原ノ中國:地上界와 네노쿠니根國:地下界에 대응한다.
152) 다카마노하라에 있는 아마테라스 오미카미의 궁전.
153) 『일본서기』 권2 신대 하下의 일서에 "아마테라스 오미카미는 손에 보경寶鏡을 들고 아마노오시호미미노 미코토天忍穗耳尊에게 하사하며 말하기를, '나의 자식이여. 바로 나를 보는 것처럼 이 보경을 보아야 할 것이다. [이 보경과] 침상을 함께 사용하고 한 지붕 아래에 살면서 이와이 거울齋鏡로 삼아야 할 것이다'고 했다"라고 기술되어 있다.

기 때문에 이 세 곳의 어느 쪽이 옳은지 우열을 가릴 일이 아닐 것이다.

한편, 스사노오노 미코토는 부모의 두 신에게 쫓겨나 지하의 세계[根國]에 내려갔다. 그러나 그는 천상에 가서 누이를 [마지막으로] 만나게 해 줄 것을 간청하면서 "이제 영원히 천상계에서 자취를 감추겠습니다"라고 말하였다. 그리하여 허가를 받고서 스사노오노 미코토는 다시 천상에 올랐다. 이때 대해大海가 고동치고 산악山岳이 크게 울부짖었다. 이 신의 사나운 성질이 그렇게 만들었을 것이다. 아마테라스 오미카미는 놀라서 병사들을 갖추고 기다렸지만, 스사노오노 미코토는 사악한 마음이 없다고 말하며 사죄하였다. 아마테라스 오미카미는 "그렇다면 신의 뜻에 맡겨 점을 쳐서 정말로 깨끗한 마음인지 아닌지 확인해 보겠다. 점치는 동안에 여자가 태어나면 사악한 마음이 있는 증표이고 남자가 태어나면 깨끗한 마음이 있는 증표일 것이다"고 하며 스사노오노 미코토가 바친 야사카니 구슬八坂瓊玉[155]을 받았다. 그러자 그 구슬에 신의 뜻이 감응하여 남신이 화생하였다. 스사노오노 미코토는 크게 기뻐하며 "확실히 내가 이겼다('마사야아레카치누')"라고 말하였다. 그래서 이 신의 이름을 마사야아카쓰카쓰노 하야히아메노 오시호미미노 미코토正哉吾勝勝/速日天/忍穗耳/尊라고 한다〈이것은 『고어습유』의 설이다〉.

또 다른 설은 다음과 같다. 스사노오노 미코토가 아마테라스 오미카미의 목에 걸친 미스마루노니 구슬御統瓊玉[156]을 빌려 아메노마나 우물天眞名井[157]에서 깨끗이 닦아 이것을 깨물자, 먼저 아카쓰노 미코토吾勝尊가 태어나고 그 다음으로 네 남신[158]들이 태어났다. 그래서 아마테라스

---

154) 화광동진和光同塵, 즉 부처·보살이 본래의 지혜의 위광을 감추어 나타내지 않고 번뇌하는 속진俗塵 속에 섞여 중생을 구제하는 것을 말한다.
155) '야사카八坂'는 '야사카八尺'와 같은 의미로 길이가 긴 것을 뜻한다. 즉 곡옥曲玉을 꿴 끈의 길이가 매우 긴 것을 나타내고 있다. 이것을 목에 걸기도 하고 가슴이나 팔목에 걸쳐 장식으로 삼았다.
156) 야사카니 구슬을 가리킴.
157) 다카마노하라의 야스가와安河 주위에 있는 신성한 우물.
158) 아마노호히노 미코토天穗日命, 아마즈히코네노 미코토天津彦根命, 이쿠메쓰히코네노

오미카미는 "이 신들은 내가 가진 것에서 태어났기 때문에 나의 자식이다"고 하여 자기 자식으로 삼았다는 것이다〈이것은 『일본서기』의 일설이다〉. 오미카미는 아카쓰노 미코토를 총애하여 항상 옆['와키腋']에 두었기 때문에 와키코腋子라 부르게 되었다. 오늘날 어린 자식을 '와카코'라 하는 것은 잘못이다.

이리하여 스사노오노 미코토는 계속 천상에 있게 되었지만 여러 가지 죄를 많이 저질렀다.[159] 아마테라스 오미카미가 이에 분노하여 천상의 석굴石窟[160]에 들어가 버렸다. 그 때문에 온 나라가 어두워져 낮과 밤의 구별이 없어졌으므로 여러 신들이 한탄하였다. 그때 여러 신들 가운데 최상석[161]을 차지하는 다카미무스히노 미코토高皇産靈尊라는 신이 있었다. 옛날 아메노미나카누시노 미코토天御中主尊에게 세 자식이 있었는데, 첫 번째를 다카미무스히高皇産靈, 다음을 가미무스히神皇産靈, 그 다음을 쓰하야무스히津速産靈라고 했다고 전해진다. 음양의 두 신이 있어야 비로소 여러 신이 태어날 수 있는데도 단지 아메노미나카누시의 자식이라는 것은 믿기 어렵다〈이 세 신을 아메노미나카누시의 자식이라 하는 것은 『일본서기』에는 보이지 않으며 『고어습유』에 기술되어 있다〉.[162]

미코토活目津彦根命, 구마노노오스미노 미코토熊野大角命.

159) 『일본서기』 권1 신대 상上 정문正文에 의하면, 스사노오노 미코토는 아마테라스 오미카미가 소유한 토지의 경작을 방해하고, 오미카미가 햇곡식을 먹는 니나메노마쓰리新嘗祭를 위한 신전神殿에 방분放糞을 하였으며, 오미카미가 옷을 짜고 있는 전사殿舍 안으로 말을 산 채로 가죽을 벗겨 내던지는 등의 악행을 하였다.

160) 다카마노하라에 있었다는 석굴. 석굴문에 가둔다는 것은 귀인貴人의 죽음을 의미하기도 한다.

161) 물론 아마테라스 오미카미를 제외한 신들 중에서 최고 상위를 가리킨다.

162) 실제로는 『고어습유』에 기록되어 있지 않다. 지차후사가 저술한 『원원집元元集』 권2에, "고어습유에서 말하기를, 또한 천지가 갈라지는 시초에 천중天中에 태어난 신의 이름을 아메노미나카누시노 가미天御中主神라고 하며 그 자식이 삼남三男 있었다고 한다"고 하여 세 신의 이름을 들고 있다. 이것은 『고어습유』의 한 판본인 이세 본伊勢本에 보이는 것으로, 와타라이 이에유키度會家行가 이세 신궁伊勢神宮의 신앙을 중심으로 완성한 와타라이度會 신도설에 따르고 있다.

다카미무스히노 미코토가 아메노야스天八瀨 강가에 수많은 신들을 모아놓고 상의하였다. 그리고 이 신의 자식인 오모이카네思兼163)라는 신의 제안으로 이시코리도메石凝姥164)라는 신에게 명하여 태양의 신의 신체神体165)로서 거울을 주조하게 하였다. 처음 만들어진 거울은 신들의 마음에 들지 않았다〈이것은 기노쿠니히노쿠마노 가미紀伊國日前神166)이다〉. 그 다음으로 주조한 거울은 훌륭하고 아름다웠기 때문에 여러 신들이 기뻐하였다〈당초에는 황거皇居에 놓여 있었지만, 지금은 이세 국伊勢國: 三重縣의 이스즈 궁五十鈴宮에 모셔져 있는 것이 이것이다〉. 또한 [다카미무스히노 미코토는] 아메노아카루타마노 가미天明玉神167)에게 명하여 야사카니 구슬을 만들게 하고, 아메노히와시노 가미天日鷲神168)에게 푸른색 마포麻布[아오니기테靑和幣]와 흰색 면포棉布[시라니기테白和幣]를 만들게 하였으며, 다오키호오이手置帆負·히코사시리彦狹知169)의 두 신에게 크고 작은 협곡에 있는 재목을 벌채하여 장려한 궁전[瑞殿]을 짓게 하였다〈그 외에 여러 가지 있지만 생략한다〉.

이 물건들이 완성되자 [다카미무스히노 미코토는] 아메노카고 산天香山170)

---

163) 사려깊고 지혜로운 신으로, 천상의 이와야도岩屋戶에 숨은 아마테라스 오미카미를 위로하여 불러내는 일을 하였다. 천손강림 때에 니니기노 미코토를 따라서 내려왔다.

164) 천손강림 때에 따라온 이쓰토모노오 가미五部神의 하나. 천상의 이와야도에 숨은 아마테라스 오미카미의 분노를 누그러뜨리기 위하여 거울을 만들어 제사지냈다.

165) 제사 때에 신체의 대용으로 사용하는 것. 일본어로는 가타시로形代라고 한다. 여기에서는 오미카미의 형상形象으로서 제사지내는 물건을 가리킴.

166) 현재 와카야마 시和歌山市 아키즈키秋月에 있고 히노쿠마노 오카미日前大神를 모신다. 이시코리도메와 오모이카네는 상전相殿: 두 개 이상의 신을 모신 社殿에 모셔져 있다.

167) 천상계의 밝은 구슬. 『일본서기』 권1, 신대 상上의 일서에 '이자나기노 미코토의 자식 아마노아카루타마가 만든 야사카니 곡옥'이라는 기술이 보인다.

168) 아와阿波의 인베 씨齋部氏의 조상신. 아마테라스 오미카미가 천상의 이와야도岩屋戶에 숨었을 때 기도하는 데 사용할 폐물幣物을 목면木棉으로 만들었다. 그 자손은 목면, 마麻를 재배하였다. 오에노 가미麻植神.

169) 히노쿠마 신궁日前神宮의 동방에 나루 신사鳴神社가 있다. 제신祭神은 다오키호오이手置帆負·히코사시리彦狹知의 두 신으로, 모두 기이 국紀伊國의 구니노미얏코[國造: 다이카 개신大化改新 이전 시대에 설치되어 있던 지방행정조직인 국國의 장관]의 조상신이라 한다. 공장工匠의 수호신이다.

의 가지·잎이 무성한 사카키榊171)를 뿌리 채 뽑아서 윗가지에는 야사카니 구슬을 걸고, 가운데 가지에는 야타 거울八咫鏡을 걸고, 아랫가지에는 푸른색 마포와 흰색 면포를 걸고서 아메노후토타마노 미코토天太玉命172)〈다카미무스히노 가미高皇産靈神의 자식이다〉로 하여금 [아마테라스 오미카미에게] 바치게 했다. [그리고] 아메노코야네노 미코토天兒屋命173)〈쓰하야무스히津速産靈의 자식, 혹은 손자라고도 한다. 고코토무스히노 가미興臺産靈ノ神의 자식이다〉에게 기도하게 했다. 아메노우즈메노 미코토天鈿目命174)는 사철나무 덩굴풀로 머리장식을 만들고, 석송石松 덩굴175)로 멜빵을 하고, 대나무 잎과 어괄목飫鵠木176) 잎으로 다쿠사子草177)를 만들고, 방울 단 창을 가지고 석굴 앞에서 여러 가지 재미있는 연기를 해보였고, 여러 신들이 모두 함께 노래하고 춤췄다. 또한 화톳불을 피우고 목소리가 우렁찬 닭들을 모아 울도록 하였다〈이것은 모두 가구라神樂178)의 기

---

170) 다카마노하라에 있는 산의 이름.
171) 신사의 경내에 심는 상록수의 총칭. 예부터 신성한 나무로서 그 가지는 신전에 바침.
172) 인베 씨齋部氏의 조상신. 천상의 이와야도에 숨은 아마테라스 오미카미의 분노를 누그러뜨리기 위하여 사카키·구슬·폐물을 걸고 기도를 하였다.
173) 천상의 석굴 문 앞에서 축사祝詞를 연주하여 아마테라스 오미카미의 출현을 빌고, 후에 아메미야를 따라서 내려온 이쓰토모노오노 가미五部神의 하나. 나카토미中臣·후지와라藤原 씨의 조상신. 대대로 제사를 관장하는 가문이 된다.
174) 이쓰토모노노 가미의 하나. 사루메노키미猿女君의 조상신. 사루메노키미는 진기칸神祇官에 소속되어 다이조사이大嘗祭나 진콘사이鎭魂祭 등의 신도神道 행사 때 가구라神樂의 춤을 담당했던 여관女官의 일족.
175) 진녹색으로 아름답고 변색하지 않는다고 한다.
176) 미상. 『고사기전古事記傳』8에 "『고어습유』에는 대나무 잎과 어괄목飫鵠木 잎으로 다쿠사를 만든다고 하고, 오케飫鵠는 그 잎을 흔들 때 나는 소리라고 한다"는 인용을 하고, 이어서 "이 오케라는 말은 매우 의심쩍다. 우선 가구라神樂의 노래 고본古本에서 오케於介라고 부르는 것은 여러 곳에 보이는데, 이 말은 옛날의 구전이다. 하지만 이것을 나무의 이름으로 한 것은 납득할 수 없다. 그러한 나무는 예나 지금이나 들어본 적이 없다. 혹자의 설에서는 현목賢木이나 노송나무[檜]라고 하지만 모두 추측의 망설妄說로서 증거가 없다. 또한 나무의 잎을 흔들 때 '오케'라는 소리가 날 까닭이 없다. (…중략…) 생각건대 오케於介란 다음에 보이는 우케汗氣를 두고서 가구라에서 이렇게 부르는 것을 나무의 이름으로 잘못 이해한 것이다"라고 주석을 달고 있다. 한편, '오케노키飫鵠木'는 일본 단가短歌의 계어季語의 하나로 분류된다.
177) 대나무나 나뭇잎을 엮어 만든 것으로 가무歌舞할 때 손에 든다.

원이다〉.

아마테라스 오미카미는 이것을 듣고 자기는 지금 석굴에 숨어 있기 때문에 아시하라노 나가쓰쿠니葦原ノ中國[179]는 암흑세상일 텐데 어째서 아메노우즈메노 미코토가 저렇게 기뻐하며 웃고 있는 것일까 하여 석굴문을 손으로 조금 열고 바깥을 살펴보았다. 이때 문 옆에 서 있던 아메노타지카라오노 미코토天手力雄命〈오모이카네노 가미思兼神의 자식〉라는 신이 그 문을 열고 아마테라스 오미카미를 새 신전으로 안내하였다. 나카토미노 가미中臣神〈아메노코야네노 미코토〉와 인베노 가미忌部神〈아메노후토타마노 미코토〉가 [석굴 앞에] 금줄〈『일본서기』에서는 '하시이다노나와端出之繩'라고 적고, 주注에서 왼쪽으로 꼰 새끼줄의 끝을 자르지 않은 형태[히다리나와노하시이다左繩端出]라고 설명하고 있다. 『고어습유』에는 히노미나와日御繩라고 적고 있다. 이것은 햇빛의 형상이라 한다〉을 둘러치고 오미카미에게 "두 번 다시 석굴에 들어가지 마십시오"라고 말했다.

이때 천상天上이 갑자기 밝아지고 모든 것이 뚜렷하게 보이게 되었다. 신들은 매우 기뻐하며 손을 잡고 노래하고 춤추었다. "얼마나 아름다운가"〈'아와레' : 천상이 밝은 것을 말한다〉, "아, 얼마나 멋진가"〈'아나, 오모시로' : 고어古語에서 매우 절실한 것을 모두 '아나'라고 한다. '오모시로面白'란 여러 가지 얼굴이 뚜렷하고 하얀 것이다〉, "아, 얼마나 즐거운가"〈'아나, 다노시'〉, "아, 대나무 잎 소리여"〈'아나, 사야케' : 대나무 잎이 스치는 소리〉, "아, 어괄목 잎 소리여"〈'오케' : 나무 이름. 그 잎이 흔들리는 소리. 아메노우즈메天鈿目가 가진 다쿠사이다〉라고 합창하였다. 그리고 스사노오노 미코토에게 죄를 물어 그 속죄를 위해 머리카락과 손발톱을 뽑아 지쿠라노 오키도千座ノ置戶[180]에 놓게 하고 추방해 버렸다.

---

178) 신에게 제사지낼 때 연주하는 무악舞樂. 궁중·이세 신궁 등에서 행하는 미카구라御神樂와 그 외의 여러 신사·민간에서 행하는 사토카구라里神樂로 나뉘어진다.
179) 지상계地上界.

스사노오노 미코토는 천상에서 내려와 이즈모出雲의 히簸 강181) 상류에 당도하였다. 그곳에는 한쌍의 노옹과 노파가 딸을 앞에 두고서 애처롭게 위로하면서 눈물을 흘리고 있었다. 스사노오노 미코토가 "너희는 누군인가"라고 묻자, "우리들은 구니쓰카미國神182)입니다. 아시나쓰치脚摩乳・다나쓰치手摩乳라고 합니다. 이 여자 아이는 저희 딸로 구시이나다히메奇稻田姬라고 합니다. 이 아이 위로 여덟 명의 딸이 있었습니다만, 매년 야마타 이무기八岐大蛇183)에게 먹혀 버렸고 지금 이 딸도 곧 먹힐 것입니다"라고 대답하였다. "그러면 나에게 그 딸을 주지 않겠는가"라고 미코토가 말하자, 노부부는 "말씀하신 대로 바치겠습니다"라고 대답하였다. 그래서 미코토는 이 딸을 살이 가는 촘촘한 참빗의 모습으로 바꾸어 자신의 머리에 꼽고, 독한 술을 여덟 개의 술통에 가득 넣고서 기다렸다.

그러자 과연 야마타 이무기가 나타났다. 이무기는 여덟 개의 머리를 각각의 술통에 처박고 금새 남김없이 마시고는 잠들어 버렸다. 미코토는 이것을 보고 허리에 찬 큰 검을 뽑아 이무기를 갈기갈기 잘라 버렸다. 그러나 이무기의 꼬리 부분을 잘랐을 때 검의 날이 조금 빠져서 꼬리를 찢어보니 한 자루의 검이 있었다. 그 검 위에 운기雲氣가 떠돌고 있었기 때문에 아메노무라쿠모 검天叢雲劍이라 이름지었다〈후에 야마토 타케노 미코토日本武尊 때에 이름을 고쳐 구사나기 검草ナギノ劍이라 한다. 그 이래 아쓰타노야시로熱田社184)에 수납되어 있다〉. 미코토는 "이것은

---

180) 불제祓除 : 신에게 기원해서 죄나 부정을 없애고 몸을 깨끗이 하는 일를 위한 물건을 놓는 수 많은 대臺.

181) '히簸'는 이즈모 국出雲國 오하라 군大原郡 일대의 지방 명칭. 히이簸伊. 그곳에 흐르는 강을 '히노카와簸川'라고 한다.

182) 『고사기전古事記傳』9에 "다카마노하라高天原에 있는 신을 아마쓰카미天神라고 하며, 그것에 대응하여 구니쓰카미란 이 지방에 있는 신을 가리킨다"라고 기술되어 있다. 즉 천상의 신에 대응하여 지방의 국토에 토착해 있는 신을 말한다.

183) 여덟 개의 머리를 가진 큰 뱀.

184) 아쓰타 신궁熱田神宮. 나고야 시名古屋市 아쓰타 구熱田區에 있는 이전 관폐대사官幣

실로 신비로운 영검靈劍이다. 내가 혼자 가질 것이 아니다"고 하여 아마테라스 오미카미에게 바쳤다.

스사노오노 미코토는 그 후 이즈모의 스가清185) 땅에 궁전을 세우고 이나다노히메稲田姫와 함께 지냈다. 그리고 오아나무치노 가미大己貴神186) 〈오나무치大汝라고도 한다〉를 낳고서 마침내 지하의 세계[根國]로 가 버렸다.

오나무치노 가미大汝神는 이 이즈모 국出雲國에 머물러〈지금의 이즈모 다이진出雲大神이다〉 천하를 경영하고 아시하라葦原 지역을 다스렸다. 그래서 이를 오쿠니누시노 가미大國主神 혹은 오모노누시大物主라고도 한다. 그 영혼[사키타마쿠시타마幸魂奇魂]187)은 야마토大和의 미와노 가미三輪神188)이다.

제2대 마사야아카쓰카쓰노 하야히아마노 오시호미미노 미코토 正哉吾勝勝速日天忍穂耳尊

이 미코토는 다카미무스히노 미코토高皇産靈尊의 딸 다쿠하타치지히메栲幡千千姫189)를 만나 니기하야히노 미코토饒速日尊・니니기노 미코토瓊瓊杵尊를 낳았기 때문에 자신이 아시하라노 나카쓰쿠니葦原中州에 내려와야

___

大社. 아쓰타 오미카미熱田大神를 주신主神으로 하고, 상전相殿에 아마테라스 오미카미, 스사노오노 미코토, 야마토타케노 미코토, 미야스히메노 미코토宮簀媛命, 다케이나타네노 미코토建稻種命를 제사지낸다. 그 신체神体가 구사나기 검이다.

185) 스가須賀. 이즈모 국, 오하라 군. 스가 신사須賀神社가 있다.
186) 오쿠니누시노 가미大國主神. 이즈모 국의 주신主神. 스사노오노 미코토의 자식 혹은 6세世의 후손이라고도 한다. '오아나무치大己貴'는 광대한 지역을 영유하는 존귀한 혈통이란 뜻. 오아나무치노 가미를 비롯하여 모두 다섯 개의 명칭이 전해지는데, 이 지방신들을『고사기』가 오쿠니누시노 가미로 통일하였다.
187) 오쿠니누시노 가미의 영혼. 사람에게 행복을 주고 영묘한 덕을 갖추게 하는 작용을 한다.
188) 나라 현奈良縣 이소시로 군磯城郡 오미와 신사大神神社.
189) 다쿠하타栲幡는 닥나무 껍질로 짠 베. '치지千千'는『일본서기』에는 '지하타千幡'라고 적고 있다. 고대에는 베짜는 일이 여자의 직능으로 이 히메의 이름은 그 기술이 우수함을 보여주는 것으로 추측된다.

했지만, 이를 변경하여 "이 아이를 내려보내자"고 하고 자신은 천상에 머물렀다. 그리고 먼저 니기하야히노 미코토를 내려보낼 때 외조부인 다카미무스히노 미코토는 10종의 서보瑞寶를 하사하였다.190) 즉 오키쓰 거울瀛都鏡 한 개, 헤쓰 거울邊津鏡 한 개, 야쓰카 검八握劍 한 자루, 이쿠 구슬生玉 한 개, 시니카에리 구슬死反玉 한 개, 다루 구슬足玉 한 개, 미치가에시 구슬道反玉 한 개, 헤미 히레蛇比禮191) 한 포, 하치 히레蜂比禮 한 포, 구사구사노모노 히레品物比禮 한 포이다. 그러나 니기하야히노 미코토는 일찍 죽었다. [이것을 보아 니기하야히노 미코토는] 아무래도 국주國主로서 내려온 것 같지 않다.

아카쓰노 미코토吾勝尊가 내려와야 했을 때 아마테라스 오미카미는 삼종의 신기를 전하였다. 신기는 후에 니니기노 미코토에게도 하사되었지만 니기하야히노 미코토는 이것을 받지 않았다. 따라서 니기하야히노 미코토는 황위를 계승할 신이 아닌 것이다⟨이것은 『구사본기』의 설이고 『일본서기』에는 보이지 않는다⟩.192) 아마테라스 오미카미·아카쓰노 미코토는 천상에 머물렀지만, 이것을 지신地神의 제1대, 제2대로 세는 것은 원래 천하의 주인이 될 예정으로 탄생했기 때문일 것이다.193)

---

190) 이 조는 『구사본기舊事本紀』에 의한다. 『고사기』와 『일본서기』에는 보이지 않는다. 와타라이 신도 관계의 서적에서 자주 인용하고 있다.

191) 히레領巾·肩巾. 고대, 파도를 일으키거나 해충·독사 등을 쫓는 주력呪力이 있다고 믿었던 베[布] 모양의 것. 혹은 나라·헤이안 시대에 사용된 여자 복식구服飾具로서 머리에 걸치고 좌우로 길게 늘어뜨린 포백布帛.

192) 지카후사의 이 주는 앞부분에 나오는 '10종의 서보瑞寶'에 해당하는 것으로 잘못 표기된 것이다.

193) 이것의 본래 설은 미상. 『신궁비전문답神宮秘傳問答』에 "천신天神 7대 지신地神 5대란 무슨 연유인가라고 묻자 다음과 같이 답하였다. 아마테라스 오미카미 이래 천하의 군주가 시작되었기 때문에 그 이전 구니노토코타치노 미코토國常立尊부터 이자나기·이자나미노 미코토까지 7대를 천신 7대라고 한다. 아마테라스 오미카미는 천하의 군주의 시초로서 출현했으므로 그 이후 5대를 지신 5대라고 하는 것이다"라고 기술되어 있다.

제3대 아마쓰히코히코호 니니기노 미코토 天津彦彦火瓊瓊杵尊

아메미야天孫 혹은 스메미야皇孫라고도 한다.[194] 스메미오야皇祖 아마
테라스 오미카미와 다카미무스히노 미코토가 특별히 사랑하고 양육하
여 아시하라노 나카쓰쿠니의 주인으로서 천상에서 내려보내려 하였다.
그러나 그 나라에는 사악한 신[邪神]들이 있어서[195] 쉽게 내려갈 수 없
었기 때문에 먼저 아메노와카히코天稚彦[196]라는 신을 내려보내 모습을
살피게 하였다. 그런데 이 신은 오나무치노 가미大汝神의 딸인 시타테루
히메下照姬와 결혼해 버리고 3년이 지나도록 천상에 돌아오지 않았다.
그래서 나나시 꿩無名雉[197]을 보내 모습을 살피게 하였는데, 아메노와카
히코는 이 나나시 꿩을 쏘아 죽였다. 그 화살[198]이 천상에 날아가 아마
테라스 오미카미 앞에 떨어졌다. 화살이 피에 젖어 있었기 때문에 오미
카미는 이상히 여겨 이것을 아래로 내던졌다. 그것이 니나메노마쓰리新
嘗祭[199]를 하고 잠들어 있던 아메노와카히코의 가슴을 찔러 그는 죽고
말았다. 우리나라[일본]의 풍습에서 화살을 쏜 쪽으로 되돌려 쏘는 것을
꺼리는 것은 이 일 때문일 것이다.

그리하여 [아마테라스 오미카미와 다카미무스히노 미코토가] 다시 천상에서

---

194) '아메미야'는 아마테라스 오미카미의 손孫. '스메미야'는 동일하게 스메미오야노카
　　미皇祖神의 손孫. 협의로는 니니기노 미코토이고, 광의로는 역대 천황을 가리킨다.
195) 무질서한 혼란상태를 말함. 『일본서기』 권2 신대 하下에는 "그 땅에는 반딧불과 같
　　이 요상하게 빛나는 신과, 5월 무렵의 파리와 같이 시끄럽게 떠드는 사악한 신이 있었
　　다"라고 기술되어 있다.
196) 아메와카히코天若日子. 사자의 이름. 복명復命하지 않은 햇수에 여러 설이 있다. 아
　　마노호히노 미코토天穗日命는 3년, 아메와카히코는 8년설 등.
197) 『고사기』에는 '기기시나나키메雉名鳴女'[꿩으로 그 이름은 나키메鳴女라는 뜻], 『일
　　본서기』 권2 신대 하下의 일서에는 '나나시노 오키기시無名雄雉'[이름 없는 수꿩] '나
　　나시노 메키기시無名雌雉'[이름 없는 암꿩]으로 나온다. 우는 소리로 맡은 사명을 잘
　　수행하는 꿩이라는 뜻일 것이다.
198) 아마쓰카미天神로부터 받은 화살. 『고사기』에는 '아메노카쿠야天之加久矢', 『일본서
　　기』 신대 하下 일서에는 '아마노하하야天之羽羽矢'로 나온다.
199) 그 해의 햇곡식을 신에게 바치며 감사하고 자신도 먹는 제사.

내려보낼 신을 선정한 끝에, 후쓰누시노 미코토經津主命〈가토리노 가미香取神〉, 다케미카즈치노 가미武甕槌神〈가시마노 가미鹿嶋神〉가 명을 받게 되었다. 이 두 신은 이즈모 국에 도착하자 허리에 찬 검을 뽑아 땅에 꼽고 그 위에 올라 오나무치노 가미를 향하여 아마테라스 오미카미의 칙勅을 소리 높이 읽었다. 오나무치노 가미는 아들 쓰미와야에코토시로누시노 가미都波八重事代主神200)〈지금 가즈라키노카모葛木の鴨201)에 모셔져 있다〉와 함께 오미카미의 명령에 따랐다. [그러나] 둘째 아들인 다케미나카타토미노 가미健御名方刀美神202)〈지금의 스와노 가미諏訪神〉는 따르지 않고 달아났지만, 스와 호諏訪湖까지 공격을 받고 쫓기다가 마침내 항복하였다. 이리하여 두 신은 여러 악신惡神들을 처벌하고 귀순한 자에게 상을 주고서 천상에 돌아가 이것을 보고하였다.

오모노누시노 가미大物主神〈오나무치노 가미는 이 나라를 떠나 얼마 뒤에 죽었다고 한다. 이 오모노누시노 가미는 앞서 말한 미와노 가미인 것 같다〉는 고토시로누시노 가미事代主神와 함께 모든 신들을 이끌고 천상에 올라 아마테라스 오미카미를 알현했다.203) 아마테라스 오미카미는 매우 기뻐하며 "모든 신들을 통령하여 스메미야를 보호하도록 하라"고 명하고 오모노누시노 가미와 고토시로누시노 가미 두 신을 먼저 내려보냈다.204) 그 후 아마테라스 오미카미와 다카미무스히노 미코토는 상담하여 스메미야를 내려보냈다. 모든 신들은 오미카미의 칙을 받들어 스메미야와 함께 따라갔다. 여러 신들 중에서 상석에 속하는 32신이 있고, 그 가운데 이쓰토모노오노 가미五部神205)라 불리는 신은 아메노코야

---

200) 이 신의 이름은 『일본서기』에는 고토시로누시노 가미事代主神로, 『고사기』에는 야에코토시로누시노 가미八重事代主神로, 『구사본기』에는 양쪽 다 나온다.
201) 나라 현奈良縣 미나미카쓰라기 군南葛城郡의 가모쓰미와 신사鴨津波神社
202) 『일본서기』『고어습유』에는 보이지 않는다. 『고사기』에서도 오쿠니누시노 가미 자손의 계보 조에는 보이지 않는다. 또한 '도미刀美'의 두 글자는 『고사기』『구사본기』에는 없다.
203) 천상에 오른 것은 충성심에 변함이 없음을 서약하기 위한 것.
204) 충성심에 탄복하여 그 장래를 보증한 것.

네노 미코토天兒屋命〈나카토미中臣의 시조〉, 아메노후토타마노 미코토天太玉命〈인베忌部의 시조〉, 아메노우즈메노 미코토天鈿女命〈사루메猿女의 시조〉, 이시코리도메노 미코토石凝姥命〈가가미쓰쿠리鏡作206)의 시조〉, 다마노야노 미코토玉屋命〈다마쓰쿠리玉作207)의 시조〉이다. 특히 나카토미・인베 두 신은 특별한 명208)을 받고 스메미야를 도와 보살폈다.

아마테라스 오미카미는 스메미야에게 삼종의 신보神寶209)를 하사하기에 앞서, "아시하라노 지이호노아키노 미즈호노쿠니葦原千五百秋瑞穗國는 나의 자손이 왕이 될 땅이다. 황손인 네가 가서 다스려라. 자, 가거라. 보위寶位가 융성하여 하늘과 땅과 더불어 무궁할 것이다"라고 칙을 내렸다. 또한 오미카미는 손에 보경寶鏡을 들고 스메미야에게 하사하며, "나의 자식이여. 바로 나를 보는 것처럼 이 보경을 보아야 할 것이다. [이 보경과] 침상을 함께 사용하고 한 지붕 아래에 살면서 이와이 거울齋鏡210)로 삼아야 할 것이다"고 말하였다.

이 거울에 야사카니 곡옥八坂瓊曲玉・아메노무라쿠모 검天叢雲劍을 덧붙여 삼종이라 하는 것이다. 또한 "이 거울과 같이 밝게 천하를 비추고, 야사카니 곡옥의 구부러진 모습과 같이 정교하게 천하를 다스리며, 신검을 들어 복종하지 않는 자를 평정하라"211)는 칙을 내렸다고 한다. 이

---

205) '이쓰토모노오五部'는 『고서기』에는 '이쓰토모노오五伴緒'로 나온다. '도모伴'는 '베部'와 동일하게 같은 직업에 종사하는 부족의 의미이다. '오緒'는 '오사長'의 뜻으로, 베민部民을 통솔하여 조정에 봉사하는 집단의 수장을 가리킨다.

206) 야마토 조정에서 거울을 만드는 기술을 세습하고 있던 예속민[品部].

207) 야마토 조정에서 구슬을 만드는 기술을 세습하고 있던 예속민.

208) 『일본서기』 권2, 신대 하下 일서에는 "또한 아메노코야네노 미코토・후토타마노 미코토에게 명하여, '너희 두 신도 함께 저택 안에서 스메미야를 가까이 모시며 잘 보호하라'고 하였다"라고 기술되어 있다.

209) 삼종의 신기와 동일.

210) 심신의 부정을 씻고 신을 받들며 신을 제사지내는 거울.

211) 이 칙은 『일본서기』 권8, 주아이仲哀 천황 8년 정월 4일조에 "제가 감히 이 물건을 바치는 이유는 천황이 야사카니八尺瓊가 아름답게 굽어 있는 것과 같이 정교하게 천하를 다스려 주시고, 또한 마스미 거울白銅鏡과 같이 밝게 산천山川과 해원海原을 살펴보시며, 그리고 또 이 도쓰카 검十握劍을 빼어 천하를 평정해 주시도록 하기 위함입

나라의 신령神靈으로서 황통이 한 혈통으로 올바르게 이어지는 것은 실로 이들 신칙에 제시된 대로 명백하다. 삼종의 신기가 이 세상에 전해지고 있는 것은 해·달·별이 천공天空에 있는 것과 같다. 거울은 해의 몸, 구슬은 달의 정기, 검은 별의 기운이다.212) 심오한 의미가 있는 것이다.

무릇 이 보경은 앞에서 기술한 이시코리도메노 미코토가 만든 야타 거울八咫御鏡〈야타八咫에 대해서는 구전이 있다〉이다.

이서裏書에는 다음과 같이 쓰여 있다.
『설문해자說文解字』213)에 의하면, 지咫는 중간 크기 여성의 손바닥 한 뼘인 팔촌八寸이라 한다. 이것은 중국 주나라에서 사용한 척도인 주척周尺이다. 다만 야타의 거울에 대해서는 다른 구전이 있다.

구슬은 야사카니 곡옥을 가리키는데 다마노야노 미코토玉屋命〈아메노 아카루타마天明玉라고도 한다〉가 만든 것〈야사카八坂에 대해서도 구전이 있다〉이고, 검은 스사노오노 미코토가 손에 넣어 오미카미에게 바친 무라쿠모 검이다. 이 삼종의 신기에 관한 신칙은 나라를 올바르게 보전해나가야 할 도를 제시한 것이다.214)

────────────

니다"라는 이토노아가타누시伊視縣主의 선조 이토테五十迹手의 상주와 유사하다.
212) 『원원집』 권5 신리건립편神離建立篇에는 "무릇 신기가 천하에 있는 것은 삼신三辰이 천상에 있는 것과 다르지 않다. 거울은 곧 해의 정기[日精]이고, 구슬은 곧 달의 정기[月精]이고, 검은 곧 숱한 별의 정기[衆星之精]이다"라고 기술되어 있다. 지카후사의 신기전수편神器傳受篇의 결론에 해당하는 말로, 여기에서는 몸·정기·기운으로 바꿔 표현하고 있다.
213) 간략히 『설문說文』이라고도 한다. 후한後漢의 유자儒者 허신許愼이 편찬한 것으로 전 15권. 서력 100~121년에 성립. 중국에서 가장 오래 된 부수별部首別 자서字書이자 형形·음音·의義를 설명한 획기적인 자서로 높게 평가된다.
214) 여기에서는 거울·구슬·검의 덕을 정직·자비·지혜의 세 가지로 들고 있지만, 『원원집』의 인용문에서는 구슬·거울·검의 순서로 되어 있다. 정직이란 말은 '왕도정직王道正直'[『서경書經』 홍범洪範], 「신총명정직이일자야神聰明正直而壹者也」[『춘추좌씨전春秋左氏傳』, 장공莊公 32] 등의 한어漢語에서 나온 말일 것이다. 『속일본기續日本紀』 권1, 몬무文武 천황 원년(697) 8월 17일자의 선명宣命에 보이는 "밝고明 깨끗하고淨 곧고直 정

거울은 아무것도 모으지 않고 사심私心을 버리고 만상萬象을 비추니 시비선악是非善惡의 모습이 그대로 드러나게 마련이다. 사물의 모습 그대로 감응하는 것이 거울의 덕이기 때문에 이것은 정직의 본원이다. 구슬은 유화선순柔和善順을 덕으로 하는 자비의 본원이다. 검은 강리결단剛利決斷을 덕으로 하는 지혜의 본원이다. 이 세 가지 덕을 함께 갖추지 않으면 천하는 좀체 다스려지지 않을 것이다. 신칙이 말하는 바는 실로 분명하며 말은 간결하지만 의미하는 바는 심원하다. 또한 그 마음이 신기에 가탁되어 나타나 있다. 실로 황공한 일이 아닌가.

특히 거울이 신기의 근본으로, 종묘宗廟인 이세 신궁伊勢神宮의 정체正體로서 받들어 모셔지고 있는 것이다. 거울은 밝음[明]을 형태로 한다. 심성이 밝으면 자비·결단은 그 속에 저절로 포함된다. 또한 이 거울은 아마테라스 오미카미가 자신의 모습을 비춘 것이기 때문에 오미카미의 깊은 생각이 담겼을 것이다. 천공에 있는 것으로 해·달보다 밝은 것은 없다. 그래서 문자를 만들 때에도 "해[日]와 달[月]을 밝음[明]이라 한다"215)고 하는 것이다. 우리 오미카미는 다이니치노 미타마大日靈216)이기 때문에 명덕明德을 가지고 천하를 비춘다. 이것은 음양의 도리에 대해서 생각해도 헤아릴 수 없으며, [오로지] 유계幽界·현계顯界217)에 대해서 깊게 믿어야 할 일이다.

성스런 마음誠心"과 같은 뜻으로서, 본래는 신도심神道心이고 일본 고래의 덕목으로 아마테라스 오미카미의 마음이라 하는 것이다. 지카후사는 화신[權化]인 오진 천황과 쇼토쿠 태자의 유교·불교 두 개의 도道의 보익을 얻어 그 본래의 것이 순화, 지양되어 신국의 대도大道가 되었다고 본다. 정직은 원래 신도심에서 발한 것이지만, 이윽고 불교의 자비 및 유교의 지혜를 그 안에 포섭한다는 것이 지카후사의 생각이다.

215) 「明. 謂日月」, 『순자荀子』 권학편勸學篇 주注].
216) 일반적으로 '다이니치大日'는 대일여래大日如來의 약칭으로, 와타라이 신도에서는 신불神佛을 습합習合하여 다이니치와 아마테라스 오미카미가 일체라는 사상을 주장해 왔다. 혹은 다이니치는 해[日輪]의 뜻이고 아마테라스 오미카미는 달[月輪]의 화현化現이기 때문에, '다이니치노 미타마'는 태양의 신령을 가리킨다고도 볼 수 있을 것이다.
217) 보이는 것을 현顯이라 하고 보이지 않는 것을 명冥이라 한다. 명현冥顯의 가호를 오로지 믿어야 한다는 뜻.

군주도 신하도 신명의 혈통을 받거나 혹은 [아마테라스 오미카미의] 신칙을 받들어 강하한 신들의 자손이다. 누가 이를 받들지 않을 수 있겠는가. 이 이치를 깨닫고 그 도에 어긋나는 일이 없으면 [도를 안다고 할 것이니], 내전內典 : 佛書・외전外典 : 儒書 등의 모든 학문의 목적도 궁극적으로는 여기에 있다. 다만 이 도218)가 세상에 퍼지는 것은 내전・외전의 유포에 힘입는 바가 크다고 하겠다. 물고기가 잡히는 것은 그물의 어느한 곳에 걸리기 때문인데, 그물에 많은 눈이 없으면 물고기도 잡을 수없는 것과 매우 흡사하다. 오진應神 천황의 치세부터 유서儒書가 보급되고 쇼토쿠聖德 태자 때부터 불교佛教가 장려되었다. 이들[오진 천황과 쇼토쿠 태자]은 모두 신성한 신불의 화신으로, 아마테라스 오미카미의 뜻에따라 우리나라[일본]의 도를 널리 알리고 깊게 이해시켰다고 생각된다.

이리하여 니니기노 미코토瓊瓊杵尊가 천상에서 내려왔는데, 그때 사루타히코猿田彦라는 신이 나타났다〈이것은 거리[巷]의 신219)이다〉. 사루타히코의 눈은 번쩍번쩍 빛나 눈을 마주칠 수 있는 신이 없었지만, 아메노우즈메노 가미天鈿女神가 나서서 "스메미야는 어디로 가시는 게 좋겠는가?"라고 물었다. 그러자 사루타히코는 "쓰쿠시筑紫 : 九州의 휴가日向의다카치호高千穂에 있는 구시후루 봉우리槵觸峰로 가시는 게 좋습니다. 나는 이세伊勢의 이스즈 강五十鈴川 상류로 가겠습니다"라고 답하였다. 이신이 말한 대로 니니기노 미코토는 구시후루 봉우리로 내려가서 정착할 곳을 찾았다. 그런데 거기에 고토카쓰事勝・구니카쓰國勝라는 신〈이것도 이자나기노 미코토伊奘諾尊의 자식이다. 또는 시오쓰치노 오키나塩

---

218) 일본 고유의 신도神道. 석씨釋氏・노장老莊・유가儒家의 말도 그 나타난 모습은 다르지만 궁극적으로는 신도를 드러내는 데에 도움이 된다.

219) 길이 갈리는 곳을 지켜 사령邪靈의 침입을 막는 신. 거리를 수호하여 여행자의 안전을 지켜주는 신을 가리킨다. 거리의 조상신. 『일본서기』 권2, 신대 하下의 일서에 "한신이 있습니다. 아마네야치마타天八達之衢에 있습니다. 그 코의 길이는 7지咫, 앉은 키는 7척尺 남짓입니다. (…중략…) 지마타노 가미衢神가 답하기를 '아마테라스 오미카미의 자식이 지금 강림하신다고 들었다. 그래서 맞이하려고 기다리고 있는 것이다. 나의이름은 사루타히코노 오카미猿田彦大神이다'"라고 기술되어 있다.

土翁라고 한다〉이 와서 "내가 있던 아타吾田의 나가사 산부리長狹御崎[220]가 좋을 것입니다"라고 말했기 때문에 미코토는 그곳에 살기로 하였다.

한편 이 산의 신 오야마쓰미大山祇에게는 두 명의 딸이 있었다. 언니를 이와나가히메磐長姬라 하고〈반석磐石의 신〉, 동생을 고노하나노사쿠야히메木花開耶姬라 하였다〈화목花木의 신〉. 니니기노 미코토는 이 두 명을 불러냈지만, 언니는 얼굴 모습이 흉했기 때문에 돌려보내고 동생만을 처소에 머물게 하였다. 이와나가히메는 이것을 원망하고 분개하여 "나도 불러주면 세상 사람의 생명이 반석과 같이 장수할 텐데 동생만을 불렀기 때문에 태어나는 아이들의 생명은 나무의 꽃과 같이 곧바로 시들어 떨어질 것이다"라고 저주하였다. 그래서 사람의 생명은 그때부터 짧아졌다고 한다.

고노하나노사쿠야히메는 니니기노 미토코의 부름을 받고 단 하룻밤 부부의 인연으로 임신을 하였다. 미코토가 이것을 괴이하게 여겨 묻자, 히메는 화를 내고 우쓰무로無戶室[221]를 만들어 그곳에 틀어박혀 스스로 불을 질렀다. 이때 세 명의 아이가 태어났다. 화염이 일어났을 때 태어난 아이를 호노스세리노 미코토火闌降命라 하고, 불길이 거세졌을 때 태어난 아이를 호노아카리노 미코토火明命라 한다. 가장 늦게 태어난 아이를 호호데미노 미코토火火出見尊라 한다. 불길은 이 세 명의 아이를 태워 죽이지 않았고 엄마 신도 무사했기 때문에 아버지 신은 매우 기뻐하였다.

스메미야皇孫 니니기노 미코토가 천하를 다스린 것은 30만 8천 5백 33년이라 한다. 그 이전 천상에 머물러 있던 신들의 일은 연수를 헤아릴 수 없기 때문인지, 하늘과 땅이 나뉜 이래 몇 해가 지났는지도 분명히 쓰여 있는 책이 없다.

---

220) 나가사長狹는 나가야長屋 가사사笠狹의 오기誤記이다. 『일본서기』 신대 하下 일서에는, "아타의 나가야 가사사 산부리" 혹은 "아타의 가사사 산부리에 이르러 마침내 나가야長屋의 다케시마竹島에 올랐다"라고 기술되어 있다.
221) 흙으로 사방을 칠해서 출입구가 없이 막힌 방.

무릇 천축의 설에 의하면, 사람의 생명은 무한했지만 8만 4천세가 되어 그때부터 100년마다 1세씩 줄어 120세가 되었을 때〈혹은 100세라고도 한다〉석가불이 출현했다고 한다. 이 부처의 출현은 우가야후키아에즈노 미코토鸕鶿草葺不合尊의 말기의 일이기 때문에〈진무神武 천황 원년 신유辛酉가 부처 입멸 후 290년에 해당한다. 이때부터 역산해서〉, 100년에 1세씩 늘려 이것을 계산하면 니니기노 미코토의 초기는 가섭불迦葉佛222)이 세상에 나온 때에 해당할 것이다. 사람의 수명이 2만세 때 이 부처가 출현한 셈이 된다.

제4대 히코호호데미노 미코토 彦火火出見尊

형 호노스세리노 미코토火闌降命는 바다에서 어로를 하고 동생 히코호호데미노 미코토는 산야에서 수렵을 하였다. 어느 날 시험삼아 일을 바꿔 보았지만 어느 쪽도 수확은 없었다. 형 미코토는 동생 미코토와 바꾸었던 활과 화살을 돌려주고 물고기 낚싯바늘을 돌려달라고 하였다. 그러나 동생 미코토는 낚싯바늘을 물고기에게 삼켜 잃어 버렸다. 이것을 형 미코토가 엄하게 책망했기 때문에 동생 미코토는 어쩔 줄 몰라 해변에 나가 헤매었다. 그곳에 시오쓰치노 오키나〈이 신에 대해서는 앞서 언급했다〉가 나타나 동생을 동정하였다. 이 신은 계책을 세워 동생을 바다의 신 와타쓰미노 미코토綿積命〈와타쓰미小童라고도 쓴다〉가 있는 곳으로 보냈다. 이 바다의 신의 딸을 도요타마히메豊玉姫라 했다. 히메는 동생 신이 아마쓰카미天神의 손자라고 하니 한눈에 반해 아버지 신에게 부탁하여 미코토와 함께 살게 되었다. 3년223) 정도 지나 미코토가

---

222) 석가모니 이전에 출현한 부처로 과거 7불佛의 여섯 번째. 범어로 가샤파迦葉波라고 읽는다. 한역漢譯으로 가샤는 광光, 파는 음飮이며 이를 합쳐서 음광飮光이라 한다.
223) '3년'이란 세월은 설화에 자주 보이는 것으로 상당히 긴 세월을 가리킨다.

고향을 그리워하는 기색이 보이자 히메는 아버지와 상의하여 미코토를 고향에 돌려보내기로 하였다.

　바다의 신은 크고 작은 여러 가지 물고기들을 모아 물어 보았다. 그런데 구치메口女라는 물고기가 병에 걸려 오지 않았기 때문에 억지로 불러내 보니 그 입이 부어 있었다. 이것을 살펴보자 없어졌던 낚싯바늘이 나왔다〈일설에는 아카메赤女라고 한다. 또한 이 물고기는 '나요시'라는 물고기로도 쓰여 있다〉.

　그래서 바다의 신은 "구치메여, 앞으로는 절대로 낚시 미끼를 먹지 말거라. 다시 잡혀서 아메미야天孫의 밥상에 오르지 않도록 하라"고 깨우쳤다. 또한 바다의 신은 히루타마干珠·미쓰타마滿珠224)를 동생에게 주고 형 미코토를 복종시킬 방법을 가르쳐 주었다. 그래서 동생은 고향으로 돌아가 낚시를 형 미코토에게 돌려주고 미쓰타마를 꺼내 기도하니 순식간에 바닷물이 밀려와 형 미코토가 물에 빠져 버렸다. 형 미코토는 괴롭게 몸부림치며 "지금부터는 광대가 되겠다"[그래서 사람들에게 위안을 줄 테니 살려 달라]고 맹세했기 때문에 동생 신은 히루타마를 가지고 바닷물을 빠지게 하였다. 이후 동생 신이 황위[天日嗣]를 계승하게 되었다.

　한편 바닷속에서는 도요타마히메가 미코토의 자식을 임신했기 때문에, "산기産期가 오면 해변에 산실産室을 만들고 기다려 주십시오"라고 미코토에게 말하였다. 이윽고 말한 대로 도요타마히메는 동생인 다마요리히메玉依姬를 데리고 해변으로 와서 미코토와 만났다. 미코토는 곧바로 산실을 만들고 바다가마우지['우'鸕鷀]의 깃['하'羽]으로 지붕을 덮었는데, 다 덮을 새도 없이 아이가 태어나 버렸기 때문에 우가야후키아에즈노 미코토鸕鷀草葺不合尊라고 한다. 또한 산실을 '우부야'라 하는 것도 바다가마우지의 깃['우노하鸕鷀羽']으로 덮었기 때문이라 한다.

---

224) 바닷물의 만조·간조를 자유롭게 할 수 있는 주옥珠玉.

그런데 도요타마히메는 "출산할 때는 보지 말아 주십시오"라고 미코 토에게 간곡히 부탁하였으나, 미코토가 들여다 보았기 때문에 몸이 변 하여 용龍이 되었다. 히메는 미코토를 원망하여 "나에게 창피를 주지 않 았다면, 바다와 육지로 떨어져서 왕래하지 못하는 일도 없었을 텐 데"225)라는 말을 남기고 태어난 아이를 두고서 바닷속으로 돌아가 버렸 다. 후에 아이의 용모가 단정하고 눈부시게 아름답다는 것을 들은 도요 타마히메는 연민을 느끼고 동생 다마요리히메를 바쳐 곁에서 모시게 했다고 한다.

이 미토코는 천하를 다스린 지 63만 7천 8백 92년에 미쳤다고 한다.

중국의 천지개벽설에서는 세상의 시초는 만물이 혼연일체로 분리되 지 않은 상태에 있어 이것을 혼돈混沌이라 했다.226) 그 후 가볍고 깨끗 한 것은 하늘이 되었고, 무겁고 탁한 것은 땅이 되었으며, 치우침이 없 는 중화中和의 기운227)이 사람으로 되었다. 이 천天·지地·인人을 삼재三 才라고 한다〈여기까지는 우리나라[일본]의 개벽설과 다르지 않다〉.

그 최초의 군주인 반고씨盤古氏는 천하를 다스린 지 1만 8천 년. 그 후 천황天皇·지황地皇·인황人皇이라는 왕이 이어져 91대 108만 2천 7백 60 년에 미쳤다. 따라서 반고씨의 시대와 합쳐 110만 7백 60년이다〈이것은 일설이고 진실은 명확하지 않다. 『광아廣雅』228)라는 책에는 개벽에서 획

---

225) 바다의 신의 궁전과 미코토의 나라 사이에 자유로운 교통이 가능하게 할 수 있었을 것이다.
226) 『원원집元元集』 권1에 혼돈에 관한 인용이 많이 보인다. 그 하나로 "오기五氣의 운 통運通이 천지天地의 두 영靈이 되어 맑은 것은 양陽을 발하여 올라 하늘이 되었고, 탁 한 것은 음陰을 응결하여 내려 땅이 되었다. 천지의 형태가 다른 것을 이의二儀라고 한다. 사람은 그 사이에 태어났다. 이것을 삼재三才라고 한다"는 『고금제왕연대력古今 帝王年代曆』의 기사가 실려 있다.
227) 음양 중화의 기운. 어느 쪽에도 치우치지 않고 바른 기운. 그 기를 받아 사람이 생겨 났다고 본다.
228) 위魏나라의 장읍張揖이 편찬한 자서字書, 10권.

린獲麟까지 2백 76만 년이라고도 한다. 획린이란 공자孔子가 살아 있던 노魯나라의 애공哀公 때229)이다. 일본의 이토쿠 천황 치세에 해당한다〉. 따라서 반고의 초기는 우리나래[일본]에서는 히코호호데미노 미코토 치세의 말기에 해당할 것이다.

제5대 히코나기사타케 우가야후키아에즈노 미코토 彦波瀲武鸕鶿草葺不合尊

이 이름은 생모인 도요타마히메가 붙인 것이다. 숙모인 다마요리히메와 결혼하여 네 명의 아이를 두었다. 히코이쓰세노 미코토彦五瀬命, 이나이노 미코토稲飯命, 미케이리노노 미코토三毛入野命, 야마토이와레히코노 미코토日本磐余彦尊라고 한다. 이 중 이와레히코노 미코토를 태자로 세워 황위를 계승하게 하였다.

이 신의 치세는 77만여 년 정도였던 것 같다. 중국의 삼황三皇의 최초에 복희伏犧라는 왕이 있었고, 다음으로 신농씨神農氏,230) 그 다음으로 헌원씨軒轅氏,231) 3대 합쳐 5만 8천 4백 40년에 미쳤다〈일설에는 1만 6천 8백 27년이라 한다. 그렇다면 이 미코토의 80만여 년에 해당하는 것이다. 히노 지카쓰네日野親經 주나곤中納言232)이 『신고금집新古今集』233)의 서문

---

229) 애공 14년B.C. 481 봄, 서방西方에 사냥을 나가 기린麒麟을 얻었다는 고사. 공자가 『춘추春秋』의 집필을 여기에서 멈추었기 때문에 이것을 1기期로 삼았다. 이해는 주周나라의 경왕敬王 39년으로 이토쿠懿德 천황 즉위 30년에 해당한다.

230) 삼황의 하나로서 염제炎帝라고도 한다. 사람의 몸에 소의 머리를 하고 있고, 백성에게 농사를 가르쳤기 때문에 신농씨神農氏라고 한다.

231) 황제黃帝의 이름. 하남성河南省 헌원軒轅의 언덕에 있었기 때문에 붙여진 명칭.

232) 히노 도시쓰네日野俊經의 아들. 겐에建永 1년1206 곤노추나곤權中納言에 임명되었다.

233) 『신고금화가집新古今和歌集』. 1201년에 미나모토노 미치토모源通具·후지와라노 아리이에藤原有家 등이 고토바後鳥羽 상황上皇의 원선院宣을 받들어 와카도코로和歌所를 설치하고 1205년에 찬집한 칙찬勅撰 화가집和歌集. 20권으로 1980수가 수록되어 있으며, 마나眞名·가나仮名 양 서序가 있다. 마나는 일본어인 가나와 대비하여 한자漢字를 가리키는 용어이다.

를 썼을 때, 복희가 황덕皇德의 기초를 쌓은 지 40만 년이라 말하고 있다.234) 어느 설에 따른 것인지 확실하지 않다〉. 그 후 소호씨小昊氏,235) 전욱씨顓頊氏,236) 고신씨高辛氏,237) 도당씨陶唐氏238)〈요堯〉, 유우씨有虞氏239) 〈순舜〉라는 오제五帝가 있어 합쳐 4백 32년에 미쳤다. 그 다음으로 하夏·은殷·주周의 3대가 있다. 하나라는 17명의 군주 432년, 은나라는 30명의 군주 629년, 이것을 거쳐 주나라 시대가 되어 그 네 번째 군주를 소왕昭王이라 한다.

소왕 26년 갑인년甲寅年까지가 주나라가 일어난 지 120년이다. 이해는 후키아에즈노 미코토의 83만 5천 6백 67년에 해당한다. 이해에 천축에서 석가釋迦가 출생하였다. 같은 83만 5천 7백 53년에 석가불이 80세로 입멸하였다.240) 중국에서는 소왕의 아들 목왕穆王 53년, 임신년壬申年에 해당한다. 그 후 2백 89년을 거쳐 경신년庚申年241)에 후키아에즈노 미코토는 사망하였다.

후키아에즈노 미코토의 치세는 통산 83만 6천 43년에 미쳤다. 이 이전을 지신地神 5대라고 하는데, 2대는 천상에 머물고 이후의 3대는 서쪽 지방[洲]의 궁전242)에서 많은 세월을 보냈다. 그러나 신대의 일이기 때

---

234) 『신고금화가집』「마나 서眞名序」에서 히노 지카쓰네는 "복희가 황덕의 기초를 쌓은 지 40만 년을 지나 중국에서는 황제가 만든 서적을 보게 되었지만, 진무 천황이 제업帝業을 연 지 82대를 거쳐 지금까지 일본에는 아직 천황 자신이 계획한 찬집撰集이 있다는 것을 들은 바가 없다"라고 기술하고 있다.

235) 황제의 아들. 곡부曲阜에 도읍을 정했다. 태호太昊 복희씨의 법을 잘 닦았기 때문에 붙여진 명칭이다.

236) 황제의 손자.

237) 황제의 증손.

238) 요제堯帝의 씨. 요는 처음에 도陶에 봉해지고, 후에 당唐에 도읍을 정했다고 한다.

239) 순舜. 산서성山西省 평륙현平陸縣의 우虞에 도읍을 정했기 때문에 붙여진 명칭.

240) 석가의 출생·입멸에 대해서 전후 3회에 걸쳐서 기술한 것, 또한 중국왕조의 역대를 반복하여 기술하고 있는 것은 모두 지카후사가 일본을 외국과 비교·대조하면서, 일본이 역사적으로도 한층 오래되고 우수한 국가체제를 가진 것을 강조하려는 의도이다.

241) 이해는 진무 천황이 즉위하기 전 해이다.

242) 니니기노 미코토는 가사사 궁笠沙宮, 히코호호데미노 미코토彦火火出見尊와 후키아에즈노 미코토는 다카치호 궁高千穂宮. '서쪽 지방'이란 후의 야마토大和를 중심으로

문에 그 행적은 확실하지 않다. 후키아에즈노 미코토는 83만여 년을 살았는데도, 그 아들 이와레히코노 미코토 때부터 갑자기 인황人皇의 시대가 되어 명수命數[243]도 급속히 짧아진 것을 이상하게 생각하는 사람도 있을 것이다. 하지만 신도神道의 일은 미루어 짐작하기 어렵고, 이와나가히메의 저주로 인해 수명도 짧아졌기 때문에 신의 시대로부터 인간의 시대로 바뀐 것으로 생각된다. 천축의 설과 같이 정해진 순서가 있어서 명수가 짧아진 것은 아닐 것이다.

또한 백왕설百王說이 있지만, 이것은 [문자 그대로] 실수實數의 백百은 아닐 것이다.[244] 무궁無窮함을 가리켜 백이라고도 하는 것은 백관百官·백성百姓 등의 예로 보아도 명백하다. 옛날 스메미오야皇祖 아마테라스 오미카미가 아메미야天孫 니니기노 미코토에게 칙을 내렸을 때, "보위가 융성하여 하늘과 땅과 더불어 무궁할 것이다"라고 하였다. 오늘날에 이

한 호칭.

243) 천황이 오미카미의 뜻에 의해 즉위하는 운. 뜻이 바뀌어 그 연수도 의미한다.

244) 중세의 사상계를 암흑으로 만들었던 것의 하나로 백왕설이 있다. 백왕은 본래 수많은 왕을 의미했지만, 그것을 시간적으로 백대百代의 왕으로 보는 사상이 헤이안 시대에 나타나 그 말기부터 불교의 말법사상末法思想의 유행과 함께 널리 퍼졌다. 천황의 권력과 권위가 한층 쇠퇴하는 가마쿠라鎌倉 시대에는 이러한 종말론적 백왕설이 더욱 확산되었다. 예를 들어 지엔慈圓은 『우관초愚管抄』 권3에서 "신의 시대는 알지 못한다. 인간의 시대가 되어 진무 천황 이후 백왕이라 한다. 이미 84대나 되었으니 남은 대가 많지 않다"고 기술하였고, 니치렌日蓮은 『신국왕어서神國王御書』에서 "인왕人王은 대략 백대일 것이다"라고 기술하고 있듯이, 대체로 말법사상과 함께 국가의 장래에 대해서 비관적이었다. 한편, 가마쿠라 후기에 성립한 『석일본기釋日本紀』 권8에는 "보위寶位의 융성 운운"에 대하여, "이 문장에 의하면 백왕의 진호鎭護에 한정되지 않는 것 같다. 선사先師가 말하기를 '백왕은 단지 수가 많다는 뜻일 것이다. 또한 백왕진호百王鎭護라는 말은 『일본서기』에 실려 있지 않다.' (…중략…) 거듭 말하기를 '백왕은 실로 수가 많다는 것이다"고 기술되어 있다. 이처럼 지카후사 이전에도 '백왕'을 한정수로 보지 않고 '수가 많다'고 해석하고 있지만, 그는 더 나아가 '신명神明의 본서本誓: 본래의 염원'에 거슬러 올라 신기神器의 영위靈威에 감동하고 신황神皇 계승의 무궁론無窮論을 전개했던 것이다. 『원원집』 권5 신국요도편神國要道篇에 "스메미오야皇祖 아마테라스 오미카미가 삼종의 보기寶器를 손에 들고 삼구요도三句要道를 구전口傳하였다. 해와 달과 함께 걸리고 하늘과 땅과 더불어 사라지지 않는 것이다"라고 기술하고 있듯이, 지카후사는 황위 계승의 무궁론을 주장하고 있다.

르기까지 하늘과 땅도 옛날과 다름없고, 해와 달도 빛이 변하지 않았다. 하물며 삼종의 신기가 이 세상에 현존해 있으므로 보위에 끝이 있을 리가 없는 것이니 황위를 계승하고 있는 천황을 높게 받들어야 할 것이다.

인황人皇의 시대

인황 제1대 간야마토이와레히코노 스메라미코토 神日本磐余彦天皇

후에245) 진무神武라고 이름지었다. 지신地神 우가야후키아에즈노 미코토의 넷째 아들. 생모는 다마요리히메로 그녀는 바다의 신 와타쓰미의 둘째 딸이다. 이자나기노 미코토에게는 6세世, 오히루메노 미코토에게는 5세의 손자에 해당한다. 간야마토이와레히코라는 것은 신대 이래의 야마토 말이다. 진무는 중고中古246)가 되어 중국풍의 말로 정한 명칭이다. 또한 이 치세부터 [천황의] 대代마다 궁거宮居를 옮겼기 때문에 그 장소의 이름을 따서 천황의 명칭으로 삼는다. 이 천황을 가시하라 궁橿原宮이라고 하는 것이 그것이다.

또한 신대 이래 가장 존귀한 분을 미코토尊라 하고, 그에 버금가는 것을 미코토命라 하고 있는데,247) 인간의 시대가 되어서는 스메라미코토天

---

245) 죽은 자의 생전의 행적에 따라 사후 붙이는 이름. 추호追號.
246) 『신황정통기』의 본문에서는 제58대 고코光孝 천황 이후를 중고中古라고 본다.
247) 『일본서기』 권1, 신대 상上의 첫머리에는 구니노토코타치노 미코토國常立尊에 대하여 "지극히 존귀한 분은 '尊'이라 하고 그 이외는 '命'이라 한다. 모두 '미코토'라고 읽는다"라는 주를 달고 있다. 이 두 가지 칭호는 『일본서기』를 찬수할 때 지위의 높고 낮음을 정한 것일 것이다. 『고사기』에는 대체로 '命'의 용례가 많다. 『신황정통기』에서는 명확한 용법의 차이가 보이지 않는다.

皇라고도 하고 있다. 신하에도 아손朝臣·스쿠네宿祢·오미臣 등의 호칭248)이 나타났는데 이것은 신대부터 시작한 것이다.249) 상고上古에서는 '미코토尊' 혹은 '미코토命'라고도 병칭했다고 한다. 시대가 내려와서는 천황을 '미코토尊'라고도 신하를 '미코토命'라고도 하지 않게 되었다. 고어古語가 이미 귀에 익숙하지 않게 되어 버렸기 때문일 것이다.

진무 천황은 15세에 태자가 되고 51세에 부친을 대신하여 황위에 올랐다. 그것은 신유년辛酉年: B.C. 660의 일이다. [천황은] 쓰쿠시筑紫: 九州의 휴가日向의 미야자키 궁宮崎宮250)에 있었는데, 형兄 신들251)과 황자皇子·군신群臣에게 칙을 내려 동정東征252)하였다. 원래 이 오야시마大八洲는 모두 천황이 통치하는 국토253)이지만, 신대에는 지방의 사정이 잘 알려져 있지 않았기 때문에 서쪽 지역에서 많은 세월을 보냈던 것 같다.

천황은 선박을 갖추고 무기·병사를 모아 오야마토노쿠니大日本洲254)로 향하였다. 그 동안에 여러 국國들을 평정하고 바야흐로 오야마토노쿠니에 들어가려고 하였다. 그런데 그 국에는 아마쓰카미天神 니기하야히노 미코토饒速日尊의 후예로 우마시마미노 미코토宇麻志間見命라는 신이

---

248) 가바네姓. 고대의 우지氏: 공통의 선조를 가진 정치조직에 대하여 그 지위나 정치적 서열을 나타내는 호칭. 우지의 성립 이전부터 사용되어 온 존칭이 우지의 성립 이후 우지 사이의 서열을 정하기 위하여 가바네로 새로 만들어졌다고 한다. 야마토 정권으로부터 주어졌고 그 변경도 정권 고유의 권한이었다. 주어지는 가바네의 종류는 우지의 출신이나 직무에 따라 정해졌다. 이같은 가바네의 성립은 우지가 성립한 5세기 말~6세기 전반 이후이다. 645년 다이카大化 개신 이전에는 오미臣·무라지連 등 각종 가바네가 존재하였는데, 덴무天武 13년685에 마히토眞人·아손朝臣·스쿠네宿祢·이미키忌寸·미치노시道師·오미臣·무라지連·이나키稻置로 구성된 야쿠사八色의 가바네가 제정되어 관료제 질서의 기초가 되는 씨족 재편성이 이루어졌다.

249) 실제로는 아손·스쿠네의 가바네는 덴무 13년에 제정되었다. 오미의 가바네는 오래되었지만 제도화된 것은 5, 6세기 이후의 일이다.

250) 다카치호 궁高千穗宮일 것이다. 『일본서기』 『고사기』에 이 명칭은 보이지 않는다.

251) 히코이쓰세노 미코토彦五瀨命, 이나이노 미코토稻飯命, 미케이리노노 미코토三毛入野命.

252) 서쪽의 규슈를 나와 동방의 야마토 지역을 정벌하는 것.

253) 『일본서기』 권2, 신대 하下에 의하면, 오미카미의 신칙에 "아시하라노 지이호노아키노 미즈호노쿠니는 나의 자손이 왕이 될 땅이다"라고 기술되어 있다.

254) 야마토大和: 奈良縣.

있었다. 그리고 그 외삼촌에 해당하는 나가스네히코長髓彦255)라는 신이 "아마쓰카미의 아들은 우마시마미노 미코토뿐이다. 그 외에 아마쓰카미의 혈통이 있을 리가 없다"256)고 하면서 항전하였다. 그 군사는 매우 강력했기 때문에 천황의 군사는 곳곳에서 패배를 당하였다.257) 또한 사악한 신[邪神]이 독기를 뿜었기 때문에 사졸들은 모두 병에 걸려 쓰러지고 말았다. 그때 천상의 아마테라스 오미카미는 다케미카즈치노 가미武甕槌神를 불러 "아시하라노 나카쓰쿠니葦原中州258)가 소란스럽다. 곧바로 내려가 평정하라"고 명하였다. 다케미카즈치노 가미는 "옛날에 나라를 평정했을 때의 검이 있습니다. 이것을 내리면 지절로 평정될 것입니다"라고 답하고, 기이 국紀伊國 나구사노무라名草村의 다카쿠라지노 미코토高倉下命라는 신에게 명하여 이 검을 진무 천황에게 바치도록 하였다.

천황은 매우 기뻐하였고 병들어 누워 있던 사졸도 모두 기운을 회복하였다. 또한 가미무스히노 미코토神魂命의 손자인 다케쓰노미노 미코토武津之身命가 큰 까마귀가 되어 천황의 군사를 선도하였다. 천황은 그 공을 상찬하여 야타 까마귀八咫鳥259)라고 이름지었다.

또한 금색 올빼미가 춤추며 내려와 천황의 활 끝에 머물렀다. 그 금색 빛에 의하여 천황의 군사는 크게 승리하였다. 우마시마미노 미코토는 외삼촌인 나가스네히코의 마음이 사악한 것을 알고 있었기 때문에 계략을 써서 죽여 버리고 병사를 데리고 천황에 복속하였다. 천황은 기

---

255) 야마토 국大和國 이코마 군生駒郡 도미鳥見 지방에 할거한 토호.

256) 『일본서기』 권9, 진무 천황조에 "그래서 나는 니기하야히노 미코토를 군주로 모시는 것입니다. 아마쓰카미의 아들이 두 분 계실 리는 없습니다. 그런데 어째서 또 아마쓰카미의 아들이라 칭하며 다른 사람의 지역을 빼앗으려고 하는 것입니까?"라고 기술되어 있다.

257) 천황의 형 신들 3인이 격전 끝에 전사한 일.

258) 일본의 옛 칭호. '나카쓰쿠니中つ國'로도 쓴다. 사방에 갈대가 무성한 그 중앙에 열려 있는 나라. 가미쓰쿠니上つ國 · 시모쓰쿠니下つ國와 구별된다. 상대上代 사람이 세계를 3층식으로 이해하고, 위에 있는 다카마노하라高天原, 아래에 있는 지하의 세계[네노쿠니根國]와 대비하여 이 지상의 나라를 가리켜 부른 것이라고도 한다.

259) 손바닥 여덟 뼘 길이64寸의 까마귀라는 뜻.

뻐하며 천상에서 내려온 신검을 주고, "너의 훈공을 치하한다"고 말하였다. 이 검을 도요후쓰노 가미豊布都神라고 칭한다. 이것은 처음에는 야마토의 이소노카미石上에 보관되어 있었지만, 후에는 히타치常陸 : 茨城縣의 가시마 신궁鹿島神宮으로 옮겨졌다.

우마시마미노 미코토는 또한, 니기하야히노 미코토가 천상에서 내려올 때 그 외조부 다카미무스히노 미코토에게 전수받았던 10종의 서보瑞寶를 가지고 있었는데, 이것을 천황에게 헌상하였다. 천황은 그것이 미타마시즈메鎭魂[260]의 보물이었으므로 소중하게 제사지내고, 보물을 우마시마미노에게 맡겨 야마토의 이소노카미에 안치시켰다. 이소노카미샤石上社[261]는 또한 후루노샤布瑠社라고도 칭한다. '후루'라는 것은 [흔든다는 뜻으로] 이 보물의 이름을 하나씩 부르며 주문을 외면서 흔드는 신사神事를 행한 데에서 [이름이] 붙여진 것 같다.

이리하여 천하가 평정되었기 때문에 천황은 야마토 국大和國 가시하라橿原[262]에 도읍을 정하고 궁전을 지었다. 궁전의 제도는 천상의 제도와 동일하였다. 즉 아마테라스 오미카미에게 받은 삼종의 신기를 정전正殿에 안치하고 천황의 침상 주변에 보관하였다. 이때는 황거와 신궁이 일체一體였기 때문에 여러 지방에서 오는 공물도 모두 이미쿠라齋藏[263]에 수납하여 관물官物・신물神物[264]의 구별도 두지 않았다.

---

260) 신체에서 유리된 혼을 불러 몸속에 안치시키는 것. 다마시즈메노마쓰리鎭魂祭는 음력 11월중의 인일寅日 : 新嘗祭의 전날에 천황・황후・황태자 등의 혼을 진정시켜 치세의 장구를 빌기 위하여 궁내성宮內省에서 행하는 제사이다.

261) 나라 현奈良縣 덴리 시天理市 후루초布留町에 있다. 후쓰노미타마 검布都御魂劍을 제사지낸다. 『고사기』『일본서기』의 진무 천황 동정 전승에 이 검이 보이며, 『일본서기』 권6 스이닌垂仁 천황조에 검 1천 개를 이소노카미샤에 수납했다는 기록 이외에 무기에 관한 전승이 많다. 이소노카미 씨石上氏의 우지가미氏神이고, 후루 씨布留氏도 제사에 관여했다. 명문銘文으로 유명한 칠지도七支刀가 전래되고 있다.

262) 우네비 산畝傍山의 동남쪽의 고대 지명. 나라 현 가시하라 시橿原市 우네비초畝傍町 구메초久米町 부근으로 비정되고 있다. 진무 천황의 궁이 있어 건국의 땅이라 하는 전승은 지토持統 천황대로 거슬러 오른다.

263) 신물・관물을 수납하는 신성한 창고

아메노코야네노 미코토天兒屋根命의 손자 아메노타네코노 미코토天種子命와 아메노후토타마노 미코토天太玉命의 손자 아메노토미노 미코토天富命가 오로지 신사神事를 관장하였다. 이것도 신대의 예와 다르지 않았다. 또한 마쓰리노니와靈時265)를 도미 산鳥見山에 세우고 아마쓰카미天神 · 구니쓰카미地祇를 제사지냈다.

이 진무 천황대의 시작은 신유년辛酉年 : B.C. 660으로, 중국에서는 주나라 시대 17대 군주인 혜왕惠王 17년에 해당한다. 천황의 57년 정사년丁巳年은 주나라 21대 군주인 정왕定王 3년에 해당하며, 이해에 노자老子266)가 탄생하였다. 노자는 도교道敎의 시조이다. 천축의 석가여래가 입멸한 후 천황의 원년元年 신유년까지는 290년이 된다.

이 천황은 천하를 다스린 지 76년, 127세로 사망하였다.

제2대 스이제이綏靖 천황〈지금부터 야마토 말의 존호尊號를 적지 않는다〉

진무의 둘째 아들. 모친은 다타라이스즈히메媛五十鈴姬267)로 고토시로누시노 가미事代主神268)의 딸이다. 부친인 천황이 사망하고 3년 후에 즉위하니 이는 경진년庚辰年 : B.C. 581의 일이다. 야마토의 가즈라키葛城 다카오카 궁高岡宮에 있었다.

천황의 31년 경술년庚戌年은 중국의 주나라 23대의 군주, 영왕靈王 21년에 해당한다. 이해에 공자269)가 탄생하였다. 공자는 73세까지 살았고

---

264) 조정에 사용할 비용과 신을 제사지내는 비용을 병칭한 것.
265) 제사 터. 신령이 머무는 곳.
266) 주대周代의 철학자로 도가의 시조 『노자』 2권의 저술이 있다. 도교는 황제黃帝 · 노자를 교조로 받드는 종교 무위無爲 · 자연自然을 주지로 하며 음양오행陰陽五行 · 신선사상神仙思想을 역설한다.
267) 『수경水鏡』에서는 단순히 이스즈히메五十鈴姬라고 한다.
268) 이 계보는 『일본서기』에 의한다. 『고사기』에서는 오쿠니누시노 가미大國主神라고 한다.

유교儒教를 보급하였다. 이 가르침은 옛날 현왕賢王인 당요唐堯, 우순虞舜, 하夏나라 시초의 우禹, 은殷나라 시초의 탕湯, 주나라 시초의 문왕文王 · 무왕武王 · 주공周公이 나라를 다스리고 백성을 사랑한 도로서, 마음을 바르게 하고 몸을 곧게 하여 집안과 나라를 다스려 그것을 천하에 미치게 하는 것을 주지主旨로 하고 있다. 따라서 이것은 원래 사람이 지켜야 할 당연한 도이지 특별히 다른 가르침이 아니다. 하지만 말대末代가 되어 사람들이 과거처럼 올바르지 않게 되었기 때문에 공자가 이 선왕先王의 도를 집성하여 유교라는 가르침을 세웠던 것이다.

스이제이 천황은 천하를 다스린 지 33년, 84세로 사망하였다.

제3대 안네이安寧 천황

스이제이 천황의 둘째 아들.270) 모친은 이스즈요리히메五十鈴依姫로 고토시로누시노 가미의 딸이다. 계축년癸丑年 : B.C. 548에 즉위하여 야마토의 가타시오片鹽 우키아나 궁浮穴宮에 있었다.

안네이 천황은 천하를 다스린 지 38년, 57세로 사망하였다.271)

---

269) 노魯나라 창평향昌平鄉 사람. 유가의 시조 선왕先王의 도를 집대성하여 유교를 펼쳤다.

270) 『고사기』 『일본서기』에 의하면, 스이제이 천황의 아들은 안네이 천황 한 사람밖에 없다. 따라서 스이제이의 태자라고 기술해야 할 곳이다. 한편, 『원원집』 권1에는 '둘째 아들 태자'라고 적혀 있다. 『신황정통기』와 『원원집』에서도 이러한 몇째 아들, 통치년, 생몰 등에 다소간 차이가 있다. 지카후가사 참조했다고 생각되는 『황대기』의 기록 때문이거나 혹은 전사傳寫 중에 생긴 오기誤記 때문일 것이다.

271) 이 연령은 『일본서기』에 의한다. 『고사기』에서는 49세. 즉위 전기前紀에 스이제이 25년, 21세에 태자가 되었던 것을 역산하면 67세가 되어야 된다.

제4대 이토쿠懿德 천황

안네이의 둘째 아들. 모친은 누나소코나카쓰히메淳名底中媛로 고토시로누시노 가미의 손자이다. 신묘년辛卯年 : B.C. 510에 즉위하여 야마토의 가루輕 마가리오 궁曲峽宮에 있었다.

이토쿠 천황은 천하를 다스린 지 34년, 77세로 사망하였다.272)

제5대 고쇼孝昭 천황

이토쿠 천황의 첫째 아들. 모친은 아마노토요쓰히메天豊津姫로 오키시미미노 미코토息石耳命의 딸이다. 부친인 천황이 사망하고 1년 지난 병인년丙寅年 : B.C. 475에 즉위하여 야마토의 와키노카미掖上 이케노코코로 궁池心宮에 있었다.

고쇼 천황은 천하를 다스린 지 83년, 114세로 사망하였다.273)

제6대 고안孝安 천황

고쇼孝昭 천황의 둘째 아들. 모친은 요소타라시노히메世襲足姫로 오와리노 무라지尾長連의 선조에 해당하는 오키쓰요소瀛津世襲의 딸이다.274) 을

---

272) 『일본서기』 권4, 이토쿠 천황 34년 9월조에서는 향년享年을 적지 않고 있다. 다만 즉위 전기에 안네이 11년, 16세에 태자가 되었다고 기술되어 있으므로 77세가 된다. 『고사기』는 45세로 적고 있다.

273) 『일본서기』 권4, 고쇼 천황 83년 8월조에서는 향년을 적지 않고 있다. 이토쿠 천황 22년조에 18세에 태자가 되었다고 적혀 있으므로 113세가 된다. 『고사기』는 93세로 적고 있다.

274) 『일본서기』 권4, 고안 천황 즉위 전기에는 '오와리노 무라지의 원조遠祖 아키쓰요소瀛津世襲의 여동생'으로 적혀 있다. 『고사기』에도 '아키쓰요소奧津余曾의 여동생'으로

축년乙丑年 : B.C. 392에 즉위하여 야마토의 아키쓰시마 궁秋津島宮에 있었다. 고안 천황은 천하를 다스린 지 102년, 120세로 사망하였다.275)

제7대 고레이孝靈 천황

고안 천황의 태자. 모친은 오시히메押姫로 아메타라시히코쿠니오시히토노 미코토天足彦國押人命의 딸이다. 신묘년辛卯年 : B.C. 290에 즉위하여 야마토의 구로다黒田 이오토 궁廬戶宮에 있었다.

이 천황의 36년 병오丙午 : B.C. 255에 해당하는 해, 중국의 주나라가 멸망하고 진秦나라로 바뀌었다.276) 45년 을묘乙卯 : B.C. 246, 진나라의 시황제始皇帝277)가 즉위하였다. 이 시황제는 선인仙人의 방술方術을 좋아하여 불로불사不老不死의 약을 일본에 구하였다.278) 일본에서는 오제 삼황의 유서遺書279)라 일컬어지는 고전을 요구했는데 시황제는 이것을 전부 보내왔다.

시황제 35년, 진나라가 분서갱유焚書坑儒280)를 했기 때문에 중국에서는 사라진 공자의 모든 경전이 일본에 남아 있다고 한다. 이것은 중국

적혀 있으므로 여동생이 옳다.

275) 『일본서기』 권4, 고안 천황 102년 정월조에는 향년을 적지 않고 있다. 권4, 고쇼 천황 68년조에 20세에 태자가 되었다고 적혀 있으므로 137세가 된다. 『고사기』는 123세로 적고 있다.

276) 주나라의 란왕赧王이 진나라의 소왕昭王에게 항복한 것이 천황 35년B.C. 256 을사乙巳, 그 소왕이 천하에 호령한 것이 36년B.C. 255 병오丙午. 그 후 혜공惠公이 동주東周라고 칭했지만, 42년B.C. 249 임자王子에 주나라는 멸망하였다.

277) 진나라 제1대 황제. 14세로 즉위. 6국國을 통일하였다. 덕德은 삼황三皇을 겸하고 오제五帝를 뛰어넘는다고 자신하여 시황제始皇帝라고 칭하였다. 이해는 천황 즉위 70년B.C. 221에 해당한다. 시황제는 그 해 10월을 세수歲首로 삼았다.

278) 『사기史記』 시황본기始皇本紀 제6에 방사方士 서복徐福으로 하여금 불로불사의 약을 구하게 했다는 기사가 있다. 바닷속의 삼신산三神山의 하나인 봉래도蓬萊島를 일본으로 비정하는 설도 있다.

279) 중국 고대의 서적을 막연히 지칭한 것.

280) 법가法家를 제외한 유학 각 학파를 탄압하여 의醫·농農·복卜 이외의 서적을 불태우고, 또한 자신을 비난한 학자 4백여 명을 매장해 죽인 고사.

의 서적에 보인다.281)

우리나라[일본]에서는 진구 황후神功皇后가 삼한三韓을 정벌한 이래 외국과 국교를 맺고,282) 오진應神 천황 시대에 경사經史의 학문이 건너왔다고 전해지고 있다.283) [그 이전 시대인] 고레이 천황의 시대부터 일본에 문자가 있었다는 것은 들은 바가 없지만, [그것은] 상고上古의 일이 정확히 기록되어 있지 않기 때문일 것이다. 오진 천황의 시대에 도래한 경사의 서적조차 남아 있지 않으며, 지금 유포되어 있는 책은 쇼무聖武 천황 때 기비노 다이진吉備大臣284)이 당나라에 갔다가 전한 책이다. [이것으로 미루어 보면], 고레이 천황의 시대에 전해졌다는 설도 굳이 의심할 필요는 없을지도 모른다.

[중국에서는] 일본에 대해서 군자불사君子不死의 나라285)라고도 말하고 있다. 공자는 세상이 어지러워진 것을 한탄하여 "구이九夷에서 살고 싶다"286)고 했는데, 일본은 그 구이의 하나일 것이다. 외국에서는 일본을

---

281) 송나라 구양수歐陽修의 「일본도가日本刀歌」,『구양수전집歐陽修全集』上, 中國書店, 1986에, "서복이 갔을 때 서적이 아직 불타지 않았다. 일서逸書 100편이 지금도 여전히 남아 있다"라는 기술이 있다.
282)『일본서기』권9, 진구 황후조에 보이는 이른바 삼한정벌 설화는『신황정통기』제15대 진구 황후조에 상세히 기술되어 있다.
283)『일본서기』권10, 오진 천황 15년 8월 6일조에 "아직기阿直岐는 또한 경전을 잘 읽었다. 그래서 태자 우지노와키이라쓰코菟道稚郎子는 아직기를 스승으로 삼았다. 천황은 아직기에게 묻기를 '혹시 그대보다도 뛰어난 학자가 달리 있는가?'라고 물으셨다. 아직기는 답하여 '왕인王仁, 와니이라는 사람이 있습니다. 그는 우수한 사람입니다'라고 하였다"는 기술이 보인다. 또한 동16년 2월조에 "왕인이 왔다. 그래서 태자 우지노와키이라쓰코는 왕인을 스승으로 삼아 여러 전적을 왕인에게 배웠다"는 기술이 있다.『고사기』오진 천황의 단段에는 "[백제국왕이] 와니和邇 길사吉師와 함께 논어 10권, 천자문 1권 모두 11권을 공진貢進하였다"라고 기술되어 있다.
284) 695~775. 기비노 마키비吉備眞備. 나라 시대의 학자이자 공경公卿. 기비吉備 지방의 호족출신으로, 717년 유학생으로서 당나라에 들어가 735년에 귀국했다. 유학·천문·병학 등 각종 학문에 능통하였다. 후지와라노 나카마로藤原仲麻呂 정권하에서 좌천되어 재차 당나라에 들어갔으며, 귀국후 다자이노다이니大宰大貳가 되었고 쇼토쿠稱德 천황과 도쿄道鏡 정권하에서 우다이진右大臣이 되었다.
285)『후한서後漢書』권75 동이전東夷傳에 "천성이 유순하여 도로써 다스리니 군자가 죽지 않은 나라이다"고 기술되어 있다.

동이東夷라 하고 있는데, 이것은 우리나라[일본]가 외국을 서번西蕃이라 부르는 것287)과 동일한 방식이다.

또한 중국에서 사해四海라는 것은 동이東夷·남만南蠻·서강西羌·북적北狄을 의미한다.288) 남쪽은 뱀의 종족이므로 벌레[蟲]의 부수에 속한 만蠻이라는 글자를 사용하고, 서쪽은 양을 키우는 나라이므로 양羊의 부수에 속한 강羌이라는 글자를 사용하며, 북쪽은 개의 종족이므로 개[犬]의 부수에 속한 적狄이라는 글자를 사용하고 있다. 다만 동쪽만은 인덕仁德이 있고 수명이 긴 나라이므로 대大와 궁弓으로 이루어진 이夷라는 글자를 사용하고 있다고 한다.

이서裏書에는 다음과 같이 쓰여 있다.
『설문해자』에 의하면, 이夷는 동방東方의 사람들을 가리키며 그 글자는 대大와 궁弓으로 이루어져 있다고 한다.289) 서씨徐氏290)가 말하기를, 오로지 동이東夷만 대와 궁으로 이루어진 글자를 사용하며, 인덕이 있고 장수하니 그곳에 군자불사의 나라가 있다고 하였다. 그러나 인덕이 있고 장수한다는 것은 궁의 글자의 뜻과 합치하지 않는다. 궁은 가까운 곳에 있는 것을 가지고 먼 곳에 있는 것을 꿰뚫는 것을 말한다. 아마도 이夷는 이러한 뜻이었을 것이다.

---

286) 『논어』 자한子罕에 "공자가 구이九夷에서 살고 싶다고 하였다. 어떤 자가 '누추할 텐데 어찌 하시렵니까'라고 말했다. 공자가 말씀하시기를, '군자가 사는 곳에 무슨 누추함이 있겠는가'라고 하였다"는 기술이 있다.

287) 『일본서기』 권19, 긴메이欽明 천황 13년552 10월조에 "그리하여 [긴메이 천황이] 군신들 각각에게 '서번에서 바친 불상의 용모가 아름답고 장엄하여 지금까지 전혀 본 적이 없는 것이다. 예배해야 할 것인가 아닌가'라고 물었다. 소가노오미 이나메노스쿠네蘇我大臣稻目宿禰가 상주하여 말하기를, '서번의 여러 국가들은 모두 이것을 예배하고 있습니다'라고 했다"는 기술이 보인다. 일본으로부터 중국·한국을 번蕃이라 하고 서쪽에 있기 때문에 서번이라 하였다.

288) 『이아爾雅』 석지편釋地篇에 "구이九夷 팔적八狄 칠융七戎 육만六蠻을 사해라 한다"라고 기술되어 있다.

289) 『설문해자』 권10하에는 "이夷는 평平의 뜻이다. 대와 궁의 글자로 이루어져 있다. 동방의 사람이다"라고 설명되어 있다.

290) 남당南唐의 서개徐鍇가 『설문해자』의 주석서인 『설문해자계전說文解字繫傳』을 편찬하였고, 그의 형 북송北宋의 서현徐鉉이 986년에 그것을 교정·간행하였다.

공자의 시대마저도 우리 일본에 대하여 알고 있었으므로 진나라 시대에 우리나라[일본]와 통하고 있던 것을 이상하게 여길 필요는 없지 아닐까?

이 천황은 천하를 다스린 지 76년, 110세로 사망하였다.[291]

제8대 고겐孝元 천황

고레이 천황의 태차. 모친은 구와시히메細媛로 시키노아가타누시磯城縣主의 딸이다. 정해년丁亥年:B.C. 214에 즉위하여 야마토의 가루輕 사카이하라 궁境原宮에 있었다. 이 천황의 9년 을미년乙未年, 중국의 진나라가 멸망하고 한漢나라로 바뀌었다.

이 천황은 천하를 다스린 지 57년, 117세로 사망하였다.[292]

제9대 가이카開化 천황

고겐 천황의 둘째 아들. 모친은 우쓰시코메히메鬱色謎姫로 호즈미노 오미穗積臣의 선조인 우쓰시코오노 미코토鬱色雄命의 여동생이다. 갑신년甲申年:B.C. 157에 즉위하여 야마토의 가스가春日 이사가와 궁率川宮에 있었다.

가이카 천황은 천하를 다스린 지 60년, 115세로 사망하였다.[293]

---

291) 『일본서기』 권4, 고레이 천황 76년 2월조에 향년은 적혀 있지 않다. 권4, 고안 천황기 76년조에 26세에 태자가 되었다고 적혀 있으므로 128세가 된다. 『고사기』에서는 106세로 적고 있다.
292) 『일본서기』 권4, 고겐 천황 57년 9월조에 향년은 적혀 있지 않다. 즉위 전기에 고레이 천황 36년에 19세에 태자가 되었다고 적혀 있으므로 116세가 된다. 『고사기』에서는 57세로 적고 있다.
293) 『일본서기』 권4, 가이카 천황 60년 10월조의 일서一書에 이 향년이 기재되어 있다. 다만 즉위 전기에 고겐 천황 22년에 16세에 태자가 되었다고 적혀 있으므로 향년 111

제10대 스진崇神 천황

가이카 천황의 둘째 아들. 모친은 이카가시코메히메伊香色謎姫〈애초 고 겐 천황의 비妃로서 히코후토오시마코토노 미코토彦太忍信命를 낳았다〉로 오헤소키노 미코토太綜麻杵命의 딸이다. 갑신년甲申年 : B.C. 97에 즉위하여 야마토의 시키磯城 미즈가키 궁瑞籬宮에 있었다.

이 천황의 치세는 신대를 지난 지 10대, 600여 년이 된 때였다.294) 차츰 인간이 신위神威를 두려워하게 되었기 때문에, 천황은 즉위 6년인 기축년己丑年〈진무 천황 원년 신유辛酉로부터 이 기축년까지는 629년〉,295) 신대에 거울 만드는 일을 했던 이시코리도메노 가미石凝姥神의 자손에게 거울을, 아메노마히토쓰노 가미天目一個神의 자손에게 검을 만들게 하였다. 그리고 야마토의 우다 군宇陀郡에서 이 거울과 검을 개조하여 호신護身의 표시로 황거에 두기로 하였다. 또한 신대로부터 전해진 보경寶鏡과 영검靈劍을 야마토의 가사누이노무라笠縫邑에 옮기고, 신목神木을 심어 황녀 도요스키이리히메노 미코토豊鋤入姫命에게 제사지내게 하였다. 이로부터 신궁과 황거가 분리되었다. 그 후 도요스키이리히메노 미코토는 아마테라스 오미카미의 신탁에 의하여 신체神体를 받들고 여러 지방을 순회하였다.296)

세가 된다. 『고사기』에서는 63세로 적고 있다.

294) 이 연수를 스진 천황의 즉위 때까지로 한다면 연수가 맞지 않는다. 스진 천황의 치세 말까지를 가리킨다고 하면 스진 천황 68년은 진무 천황 즉위년을 원년으로 하여[皇紀] 631년이므로 일단 합치한다. 다만 『왜희명세기倭姫命世記』 등 와타라이 신도 관계의 서적에서는 진무 천황에서 가이카 천황까지를 9제帝, 630여 년으로 잡는다. 지카후사는 아마도 그것에 따랐을 것이다.

295) 스진 천황 6년 기축은 진무 천황 즉위년으로부터 529년이므로 629년과 합치되지 않는다. 스진 천황 66년 기축이라 하면 629년과 맞기 때문에 6년은 66년의 오기誤記라고 하는 설과, 629년을 지카후사의 오기라고 하는 설이 있다. 기사에 입각해서 보면 후자의 설이 옳다.

296) 신체를 받들고 지방을 순회하며 신위를 보이고 신앙과 경제적인 지원을 구하는 것을 의미함.

즉위 10년 가을, 오히코노 미코토大彦命를 호쿠리쿠도北陸道에, 다케누나카와와케노 미코토武渟川別命를 도카이도東海道에, 기비쓰히코노 미코토吉備津彦命를 사이카이도西海道에, 다니와노미치누시노 미코토丹波道主命를 단바丹波 : 京都府 중부와 兵庫縣 동북부에 파견하였다. 모두 인수印綬297)를 주어 장군將軍으로 삼았지만〈장군의 직명은 이때 처음 나타났다〉, 천황의 숙부 다케하니야스히코노 미토코武埴安彦命298)가 조정을 전복하려 했기 때문에 장군 일행의 출발을 중지하고 먼저 이를 토벌하였다. 그 후 장군들은 겨울 10월이 되어서 출발하였다.

즉위 11년 여름, 4도道에 파견된 장군 일행은 [황위皇威에 복종하지 않는] 융이戎夷들을 토벌했다고 복명하였다. 즉위 65년 가을에는 미마나 국任那國이 사신을 보내와 공물貢物을 바쳤다〈미마나는 쓰쿠시筑紫에서 2천여 리 떨어진 곳에 있다고 한다〉.299)

이 천황은 천하를 다스린 지 68년, 120세로 사망하였다.300)

---

297) 인印은 관리의 신분을 증명하는 도장. 수綬는 인을 묶는 인끈. 임명과 동시에 천자로부터 받는다. 중국에서 장군을 파견할 때 수여했고, 일본에서는 창이나 검 등을 하사했다.

298) 가이카 천황의 동생.

299) 『일본서기』 권5, 스진崇神 천황 65년B.C. 33 7월조에 "미마나 국, 소나카시치蘇那曷叱知를 보내어 조공朝貢을 하였다. 미마나는 쓰쿠시 국에서 2천여 리 떨어져 있고, 북으로 바다 건너 계림鷄林, 시라기의 서남쪽에 있다"고 기술되어 있다. 『일본서기』의 대외관계 기사는 이것이 최초이다. 권6, 스이닌垂仁 천황 2년B.C. 28조 일서一書에 미마나의 국명의 기원은 스진 천황의 이름인 미마키노 스메라미코토御間城天皇에서 유래한다는 기사가 있다. 『일본서기』에는 이른바 임나일본부任那日本府가 6세기에 가야伽倻에 설치되었던 기관으로 기술되어 있다. 일찍이 일본학계에서는 이것이 미마나에 설치된 고대 일본의 지배기관으로서 4세기 후반부터 562년에 멸망할 때까지 한반도 지배의 군사적 거점이었다는 학설이 통용된 적이 있었다. 즉 가야伽倻 지방에 대한 고대 일본의 식민지 지배경영설이다. 그러나 최근에는 임나任那는 가야 제국諸國의 하나인 금관국金官國을 가리킨다고 보며, 출장기관의 존재는 의문시되고 있다. 그 밖에 백제 혹은 가야 제국이 설치한 기관이라는 설도 제기되어 있다. 최근 일본학계의 가장 유력한 학설은 임나일본부의 실태가 왜倭로부터 가야 제국 중의 안라安羅에 파견된 사신使臣 집단이라고 보는 설이다.

300) 이 향년은 『일본서기』에 의한다. 다만 가이카 천황 28년 정월조에 19세에 태자가 되었다고 적혀 있으므로 119세가 된다. 『고사기』에서는 168세로 적고 있다.

제11대 스이닌崇仁 천황

스진 천황의 셋째 아들. 모친은 미마키히메御間城姫로 오히코노 미코토〈고겐 천황의 아들〉의 딸이다. 임신년壬辰年：B.C. 29에 즉위하여 야마토의 마키무쿠卷向 다마키 궁珠城宮에 있었다.

이 천황 치세에 황녀 야마토히메노 미코토大和姫命가 도요스키이리히메를 대신하여 아마테라스 오미카미의 제사를 맡게 되었다. 야마토히메도 또한 신의 탁선에 의해 도요스키이리히메에 이어서 여러 지방을 순회하고, 26년B.C. 4 정사丁巳 겨울 갑자甲子에 이세 국伊勢國 와타라이 군度會郡 이스즈 강五十鈴川 상류에 높고 견고한 미야도코로宮所를 세웠다. 이곳은 옛날 아메미야天孫가 강림했을 때 사루타히코노 가미猿田彦神가 때마침 와서 "나는 이세의 사나가타狹長田301)의 이스즈 강 상류로 가겠습니다"라고 말한 그 장소이다. 야마토히메노 미코토가 미야도코로를 찾고 있었는데, 오타노 미코토大田命라는 자〈혹은 오키타마興玉라고도 한다〉가 와서 이곳을 가르쳐 주었다. 이 미코토는 옛날 사루타히코노 가미의 자손이라 한다. 그 강 상류에 이스즈[방울]·천상의 도형 등이 있었다〈아마노사카호코天逆戈도 이곳에 있었다는 일설이 있다〉. [오타노 미코토는] "8만 년이나 되는 동안 숭상하여 지켜 왔습니다"라고 말하였다. 그래서 나카토미 씨中臣氏의 선조인 오카시마노 미코토大鹿島命를 제주祭主로 삼고,302) 오하타누시大幡主라는 사람을 오칸누시大神主에 임명하였다. 이후 [아마테라스 오미카미를] 스메오미카미皇太神303)로서 받들어 모셨기 때문에 이곳은 천하 제일의 종묘가 되었다.

이 천황은 천하를 다스린 지 99년, 140세로 사망하였다.304)

---

301) 이세 국伊勢國 다키 군多氣郡 사나아가타佐那縣.
302) 지카후사의 『직원초職原抄』 상上에는, "아마테라스 오미카미가 이세 국과 와타라이 군 이스즈 강 상류에 진좌했을 때 나카토미의 선조 오카시마노 가미大鹿島神에게 명하여 제주로 삼았다"고 기술되어 있다.
303) 황실의 조상신의 경칭.

제12대 게이코景行 천황

스이닌 천황의 셋째 아들. 모친은 히하스히메日葉洲媛로 다니와노미치누시丹波道主의 왕녀이다. 신미년辛未年 : A.D. 7에 즉위하여 야마토의 마키무쿠纒向 히시로 궁日代宮에 있었다.

즉위 12년 가을, 구마소熊襲[305]〈휴가日向에 있었다〉가 반란을 일으켜 공물을 바치지 않았기 때문에, 8월에 천황은 쓰쿠시筑紫 : 九州에 가서 구마소를 토벌하였다. 13년 여름에 구마소를 완전히 평정하였다. 천황은 원정중에 다카야 궁高屋宮에 있었는데, 19년 가을에 쓰쿠시에서 야마토로 돌아왔다.

27년 가을, 구마소가 또 반란을 일으켜 변경을 침범하였다. 황자인 오우스노 미코토小碓尊[306]는 16세였지만 어릴 때부터 용기가 있고 용모도 빼어나게 훌륭하였다. 신장은 한 장丈이나 되고 솥[307]도 들어올릴 정도로 힘이 셌기 때문에 천황은 이 황자에게 구마소를 토벌케 하였다. 오우스노 미코토는 겨울 10월, 은밀히 휴가에 가서 기발한 책략을 써서[308] 다케루히토코노 가미 도리이시카야梟帥取石鹿父[309]라는 구마소의 두목을 죽였다. 다케루히토코노 가미는 황자를 칭송하여 야마토타케日本武[310]라는 이름을 바쳤다. 야마토타케노 미코토[오우스노 미코토]는 구마소에 편드는 자를 모두 평정하고 개선하였다. 그 후에도 또한 여러 지

---

304) 이 향년은 『일본서기』에 의한다. 『고사기』에서는 153세로 적고 있다.

305) 남규슈南九州의 총칭. 그곳에 사는 종족.

306) 『일본서기』 권7, 게이코 천황조에 "이 오우스노 미코토는 또한 야마토오구나日本童男라고 한다. 또한 야마토타케노 미코토日本武尊라고 한다. 어릴 때부터 씩씩한 성격으로 성년이 되어서는 모습도 건장하고 빼어났으며 신장은 1장丈이나 되어 힘차게 솥을 들어올릴 수 있을 정도였다"라고 기술되어 있다.

307) 삼족양이三足兩耳의 솥으로 종묘에 두는 보기寶器.

308) 술 취한 척하고 여장女裝한 미코토가 검으로 가슴을 찌른 것.

309) 용맹한 종족의 두목.

310) 구마소 제일의 다케루히토코노 가미 이상으로 위력을 가진 야마토 국의 용자勇者.

역의 악신惡神들을 토벌하고, 28년 봄 천황에게 복명하였다. 천황은 그 공을 상찬하여 다른 황자들보다도 특별히 사랑하였다.

40년 여름, 동이東夷가 자주 반란을 일으켜 변경이 소란스러웠기 때문에 또 다시 야마토타케 황자를 파견하고, 기비노 다케히코吉備武彦・오토모노 다케히大伴武日를 좌우의 장군으로 삼아 이에 동행케 하였다. 10월에 야마토타케는 길을 돌아서 이세 신궁에 참배하고 야마토히메노 미코토에게 작별 인사를 하였다. 야마토히메노 미코토는 신검을 황자에게 주며 "조심하여 방심하는 일이 없도록" 당부하였다.

야마토타케 황자가 스루가駿河: 靜岡縣 중부〈스루가는 『일본서기』의 설이고, 『고어습유』에서는 사가미相模: 神奈川縣311)라 한다〉에 들어가자 적도賊徒가 들에 불을 질러 황자를 태워죽이려고 하였다. 불의 기세가 거세어 피할 수 없을 정도가 되자 야마토타케는 허리에 찬 무라쿠모 검叢雲劍을 빼내어 주위의 풀을 베어 버렸다. [그래서] 이후 이 검의 이름을 구사나기 검草薙劍이라 하게 되었다. 또한 부싯돌로 풀에 불을 붙여 맞불을 놓아 적도들을 태워죽여 버렸다. 이후 배를 타고 가즈사上總: 千葉縣 중부로 가서, 거기에서 다시 방향을 바꾸어 무쓰 국陸奧國: 福島・宮城・岩手・靑森縣에 들어가 히타카미 국日高見國312)〈그 소재에 대해서는 다른 설이 있다〉에 이르러 에비스蝦夷313)를 완전히 평정하였다.

---

311) 『고사기』에서도 사가미 국相武國이라고 한다.

312) 태양이 높게 빛나는 나라를 가리키는 것으로 보인다. 여기에서는 동쪽의 히타카미 국. 무쓰陸奧, 히타치常陸: 茨城縣의 두 가지 설이 있다.

313) '에미시'라고도 한다. 고대 도호쿠東北 지방의 주민에 대하여 율령국가가 사용한 호칭. 율령제 이전에는 '모인毛人'으로 표기했는데, 중화사상中華思想의 동이東夷 개념과 결부되어 에미시蝦夷가 된다. 2차대전 이전에는 아이누의 선조와 연결되는 이민족으로 생각되었지만, 그 증거는 없으며 최근에는 부정되고 있다. 그러나 잔존하는 지명이나 토기에는 당시의 일본인이 사용하고 있던 것과는 다른 요소가 포함되어 있어, 에미시 중에는 이異종족도 존재하고 있었다고 보인다. 율령국가의 중화사상 아래에서 왕의 교화에 복종하지 않는 화외化外의 민民으로 간주되어 정벌 대상이 되었다. 국가의 지배하에 들어간 에미시는 그대로 공민公民 신분에 편입된 것이 아니라, 후슈俘囚나 덴이田夷・산이山夷 등의 다양한 중간신분으로 편성되었다. 그 후 도호쿠 지방의 내국

[야마토타케 황자는] 그곳으로부터 귀로에 올라 히타치常陸: 茨城縣에서 가이甲斐: 山梨縣로 들어갔다. 황자는 무사시武藏: 東京都·埼玉·神奈川縣 동부·고즈케上野: 群馬縣를 거쳐 우스히 고개碓日坂314)에 이르렀는데, 그곳에서 오토타치바나히메弟橘媛라는 자신의 처를 애도하였다〈가즈사로 건너갈 때 풍파가 거칠었는데, [오토타치바나히메는] 황자의 목숨을 구하려고 바다에 몸을 던진 사람이다〉. 야마토타케는 동남쪽을 바라보고 "아즈마하야吾嬬者耶"315)라고 말했기 때문에 이후 산토山東316) 지역을 '아즈마'라고 부르게 되었던 것이다. [이후 황자는] 여기에서 진로를 두 개로 나누어 기비노 다케히코吉備武彦를 에치고越後: 新潟縣로 보내 복종하지 않는 자를 평정케 하였다. 황자는 시나노信濃: 長野縣에서 오와리尾張: 愛知縣 서부로 나왔다. 이·지방에 미야스히메宮簀媛317)라는 여성이 있었다. 오와리의 이네타네노 스쿠네稻種宿禰의 여동생이다. 야마토타케는 이 여성을 옆에 두고 오래 체재하였다.

그런데 이부키 산五十葺山에 포악한 신[荒神]이 있다는 말을 듣고서, 야마토타케는 검을 미야스히메의 집에 두고서 그 산으로 걸어갔다. 산신山神은 작은 뱀318)으로 화하여 길에 또아리를 틀고 있었다. 야마토타케가 그것을 넘어 가자 산신 뱀이 독기를 내뿜었다. 이것을 맞자 그의 몸 상태가 나빠졌다.

화內國化가 진행되어 10세기 후반 헤이안平安 중기 이후 도호쿠로부터 홋카이도北海道에 걸친 주민에 대한 호칭은 '에조'로 바뀐다. 여기에는 후의 아이누의 일부와 연결되는 종족이 포함되어 있었다.

314) 우스히 고개碓氷峠. 『고사기』에 의하면 아시가라 고개足柄峠. 가나가와 현神奈縣과 시즈오카 현靜岡縣의 경계인 아시가라 산足柄山으로부터 북단의 고개. 고대 이래 동서東西 교통의 요지였다.

315) 아아, 나의 사랑스런 아내여.

316) 우스히 고개, 즉 아시가라 고개의 동쪽.

317) 『일본서기』에는 오와리 씨尾張氏의 여성으로, 『고사기』에는 오와리 구니노미야쓰코國造의 선조로 기술되어 있다.

318) 『일본서기』는 큰 뱀으로 기술하고 있다. 『고사기』에는 큰 소만 한 흰 멧돼지로 나온다.

야마토타케는 이세伊勢 : 三重縣 동부로 옮겼지만 노보노能褒野라는 곳에서 위독해졌기 때문에 다케히코노 미코토武彦命를 천황에게 보내 일의 자초지종을 보고케 하고는 마침내 여기에서 죽었다. 향년 30세였다.[319]

천황은 이것을 듣고서 매우 슬퍼하며 관리들에게 명하여 [야마토타케를] 이세 국 노보노에 묻게 하였다. 야마토타케의 영혼은 백조가 되어[320] 야마토 국을 향해 날아가 고토히키노하라琴彈原에 내려앉았다. 그곳에 또 능陵을 만들자 백조는 다시 날아서 가와치河內 : 大阪府 동부의 후루이치古市에 내렸다. 또 그곳에 능을 만들자 백조는 다시 날아서 하늘로 올라갔다. 그 때문에 세 개의 능이 있는 것이다.

야마토타케 황자가 남긴 구사나기 검은 미야스히메가 받들고 오와리에 보관해 두었다. 이것이 지금의 아쓰타노 가미熱田神의 신체이다.

51년 가을 8월, 게이코 천황은 다케우치노 스쿠네武內宿禰를 국가의 중신으로 등용하여 정치를 담당케 하였다. 53년 가을, 천황은 오우스노 미코토[야마토타케노 미코토]가 평정한 지방을 시찰하려고 동국東國을 순회하였다. 12월, 아즈마에서 돌아와 이세의 가무바타 궁綺宮에 머물렀다. 54년 가을, 천황은 야마토의 마키무쿠 궁으로 돌아왔다.

게이코 천황은 천하를 다스린 지 60년, 140세로 사망하였다.[321]

---

319) 『일본서기』에 의거하여 나이 30세로 기술하고 있지만, 게이코 천황 27년 10월 13일조에 나이 26세로 적고 있으므로 미코토가 죽은 게이코 천황 43년에는 32세가 되어야 한다.
320) 『일본서기』 권8, 주아이仲哀 천황 원년 11월 1일조에는 "나의 부왕父王 야마토타케노 미코토는 이미 붕어하셨다. 그리고 그 영혼은 백조가 되어 하늘로 승천하셨다"고 기술되어 있다. 미코토의 영혼이 천상에 올라 자유롭게 날아다닌다는 상대上代의 신앙을 보여준다.
321) 『일본서기』 권7, 게이코 천황 60년 11월 7일조는 106세로 적고 있다. 여기에서 역산하면 즉위했을 때에는 47세가 되고, 태자가 된 스이닌 천황 37년에는 아직 탄생하지 않은 셈이 된다. 또한 즉위 전기前紀에 따라 태자가 된 때를 21세로 하면 즉위했을 때는 84세, 사망했을 때는 143세가 된다. 한편 『고사기』는 137세로 적고 있다. 이초 본鴨脚本 『황대기』는 140세로 적고 있다.

제13대 세이무成務 천황

게이코 천황의 셋째 아들. 모친은 야사카이리히메八坂入姬로 야사카이리히코八坂入彦 황자〈스진 천황의 아들〉의 딸이다. 야마토타케노 미코토가 황위를 계승할 것이었지만 일찍 세상을 떠났기 때문에 이 황자가 황위에 올랐다. 신미년辛未年：131에 즉위하여 오미近江：滋賀縣의 시가志賀 다카아나호 궁高穴穗宮에 있었다.

진무 천황으로부터 12대 동안은 야마토 국에 있었는데〈게이코 천황 치세의 말기에 이 다카아나호에 있었지만 정식 황도皇都는 아니다〉,322) 이 천황 때 처음으로 다른 지방으로 옮겼다. 즉위 3년 봄, 다케우치노 스쿠네를 오오미大臣323)에 임명하였다〈오오미의 칭호는 이때부터 시작하였다〉. 48년 봄, 조카인 나카타라시히코노 미코토仲足彦尊〈야마토타케노 미코토의 아들〉를 황태자로 삼았다.

세이무 천황은 천하를 다스린 지 61년, 107세로 사망하였다.324)

제14대 제14세世 주아이仲哀 천황

야마토타케노 미코토의 둘째 아들로 게이코 천황의 손자이다. 모친은 후타지이리히메兩道入姬로 스이닌 천황의 딸이다. 대조大祖325) 진무 천황에서 제12대 게이코 천황까지는 대代의 순서로 황위를 계승해 왔지만, 야마토타케노 미코토가 일찍 세상을 떠났기 때문에 세이무 천황이

---

322) 1대代 1도都의 정신에 따른 주기注記로 보인다.
323) 여기에서는 궁정에 출사하는 정신廷臣의 의미로, 고정된 직명의 '오오미'는 아니다. 따라서 '오오미'의 칭호는 이때부터 시작되었다고는 할 수 없다.
324) 『일본서기』에 의한다. 『고사기』에서는 95세로 적고 있다. 즉위 전기에 게이코 천황 46년, 29세에 태자가 되었다고 적혀 있으므로 향년은 98세가 되어야 한다.
325) 태조太祖. 초대 제왕의 묘호廟號. 여기에서는 인황 제1대의 시조.

황위를 계승하고 주아이 천황을 황태자로 삼아 양위하고 나서는 대代와 세世가 별개로 되었던 것이다. 이 이후는 '세'를 기초로 해서 기술해야 할 것이다〈'대'와 '세'는 보통의 의미로는 차이가 없다. 그러나 여기에서는 통상의 왕위 계승[承運]326)과 진정한 [부자간의] 계승을 구별하기 위하여 구분해서 사용했다. 다만 자서字書에서 두 용어의 의미가 전혀 구별되지 않는 것은 아니다. '대'는 바뀐다[更]는 의미이다. '세'는 『주례周禮』의 주註에 "아버지가 죽고 아들이 서는 것을 세世라 한다"327)라고 쓰여 있다〉.328)

주아이 천황은 용모가 단정하고 신장이 한 장丈이나 되었다.329) 임신년壬申年 : 192에 즉위하였다. 치세 중에 구마소가 다시 반란을 일으켜 조공朝貢330)하지 않았다. 천황은 병력을 이끌고 몸소 정벌하기 위해 쓰쿠시로 향하였다. 황후 오키나가타라시히메노 미코토息長足姬尊는 에치젠 국越前國 : 福井縣 북부 게이노 가미笥飯神331)를 참배하고 그곳으로부터 북쪽 바다를 돌아서 천황의 행선지로 향하였다. 그때 신이 나타나 황후에게 "이곳으로부터 서쪽에 보물의 나라가 있으니 그곳을 토벌하라. 구마소는 소국小國이다. 또한 [구마소는] 이자나기·이자나미의 신이 낳은 나라이므로 정벌하지 않아도 결국 복종할 것이다"332)라고 말하였다. [그러나]

---

326) 선왕先王의 대업을 계승하는 것.

327) 『주례』추관사구편秋官司寇篇 정현鄭玄 주注.

328) 이 기술은 고무라카미後村上 천황재위 1339~68이 정통의 천황이고 신칙神勅에 따라서 장래 반드시 정통의 대를 열 것이라는 지카후사의 주장의 복선이 되고 있다. 주아이 천황을 '제14대·제14세'로 기술하고 있는데, 이후의 천황 가운데 대代만을 기술한 것과 대와 세를 함께 기술한 것을 구분하여 쓰고 있는 것에 주의할 필요가 있다. 지카후사는 당시의 천황의 직계에는 '세'를 붙이고, 다른 것은 '대'만을 표시하려 했던 것이다.

329) 『일본서기』권8, 주아이 천황 즉위 전기에서는 '신장 10척', 게이코 천황 2년 3월 3일조에는 야마토타케노 미코토를 '신장 1장'으로 기술하고 있다.

330) 제후諸侯·속국屬國 등이 내조하여 천자에게 공물을 바치는 것. 구마소를 왕화王化에 따르지 않는 이민족으로 보고 표현한 용어이다.

331) 후쿠이 현福井縣 쓰루가 시敦賀市의 기비 신궁氣比神宮. 제신祭神은 이자사와케노 미코토伊奢沙別命, 야마토타케노 미코토, 후에는 진구 황후神功后 등 일곱 신이다.

천황은 이 신의 계시를 믿지 않았다. 구마소 정벌은 성공하지 못하고 천황은 가시히樞日의 행궁行宮에서 사망하였다. 유해는 나가토長門: 山口縣에 묻혔다. 이곳을 아나토노토요라 궁穴戸豊浦宮333)이라고 한다.

주아이 천황은 천하를 다스린 지 9년, 52세로 사망하였다.

제15대 진구神功 황후

오키나가노 스쿠네息長宿禰의 딸로 가이카 천황 4세世의 손孫334)이다. 오키나가타라시히메노 미코토息長足姫尊라고 한다. 주아이 천황이 황후로 삼았다.

주아이 천황이 신의 계시에 따르지 않아서 일찍 세상을 떠났기 때문에 화가 난 황후는 7일335) 후 별전別殿336)을 만들어 그곳에 틀어박혔다. 이때 황후는 오진應神 천황을 회임하고 있었는데, 황후에 신이 들려 여러 가지 계시가 있었다. 이 신은 "우와쓰쓰노오表筒男·나카쓰쓰노오中筒男·소코쓰쓰노오底筒男이다"337)라고 자기 이름을 대었다. 이것은 이자

---

332) 『일본서기』 권8, 주아이 천황 8년 9월 5일조에 "그때 신이 황후에 옮겨와 신탁을 내려서 '천황은 어찌 구마소가 복종하지 않을 것을 우려하는가? 그 나라는 척박한 불모의 땅이다. 어찌 거병하여 토벌할 필요가 있겠는가? 이 나라보다도 뛰어난 보물이 있는 나라, 예컨대 처녀의 눈썹 같은 건너편 나라가 있다. 눈부신 금은과 아름다운 색의 보물이 그 나라에 많이 있다. 이것을 다쿠부스마 시라기노쿠니栲衾新羅國라 한다(…하략…)'라고 말하였다"는 기술이 있다.

333) 나카토 국長門國 도요라 군豊浦郡 소재.

334) 『일본서기』 권9, 진구 황후 섭정攝政 전기前紀에는 "오키나가타라시히메노 미코 토氣長足姫尊는 와카야마토 네코히코오비비노 스메라미코토稚日本根子彦大日日天皇, 開化天皇의 증손, 오키나가노 스쿠네노 오키미氣長宿禰王의 딸이다"라고 기술되어 있다. 이에 따르면, 4세의 손은 오키나가노氣長, 息長 스쿠네로 진구 황후는 5세의 손이 되어야 한다. 『원원집』 권1의 계도系圖에서는 '오진의 생모, 5세손'으로서 가이카 천황에 이어지고 있다. 이런 점에서 4세의 손은 잘못이라는 설이 있다. 그러나 고대에는 증손을 3세의 손으로 세는 경우도 있기 때문에 진구 황후를 4세의 손으로 해도 잘못은 아니다.

335) 고대에서는 짧은 일수를 2일, 상당히 긴 일수를 7일로 표현하였다.

336) 재전齋殿. 제사를 행하는 전사殿舍.

나기노 미코토가 휴가日向의 오도 강小戸川 아하기가하라憶ヶ原에서 목욕 재계했을 때 화생한 신으로, 후에 셋쓰 국攝津國 : 大阪府 서북부와 兵庫縣 동남부 스미요시住吉에 모셔졌다.

이리하여 황후는 신의 계시에 인도되어 신라新羅 · 백제百濟 · 고구려 [高麗]338)〈이 삼국을 삼한三韓339)이라 한다. [하지만] 정확하게는 신라에만 한정해야 할 것이다. 진한辰韓 · 마한馬韓 · 변한弁韓을 합하여 신라라고 한다.340) 그러나 예부터 백제 · 고구려를 추가하여 삼한이라 부르는 관습이 있다〉를 정복하였다.341) 그때 바다의 신이 나타나 황후의 배를

---

337) 『일본서기』권9, 진구 황후 섭정 전기 주아이 천황 9년 3월 1일조에는 다음과 같은 내용이 기술되어 있다. 황후는 재궁齋宮에 들어가 몸소 간누시神主가 되어 신의 뜻을 들었다. 그리고 일전에 주아이 천황에게 가르친 신의 이름을 물었다. 그로부터 7일 밤낮이 지난 후 대답이 있었는데, 그 마지막 대답에 등장하는 세 신의 이름이 '우와쓰쓰노오 · 나카쓰쓰노오 · 소코쓰쓰노오'라는 신이다.

338) 본문에서는 '고라이'라고 읽고 있지만, 『일본서기』에서는 '고마'라고 읽는다. 고구려를 가리킨다. 신라는 '시라기', 백제는 '구다라'라고 읽는다.

339) 원래는 『후한서後漢書』 『위서魏書』등에 보이는 진한辰韓 · 마한馬韓 · 변한弁韓 : 弁辰을 가리키지만, 『일본서기』권9, 진구 황후 섭정 전기 주아이 천황 9년 10월 3일조에는 '이것[고마高麗 · 구다라百濟 · 시라기新羅]이 이른바 미쓰노카라쿠니三韓이다'라 하여 고구려 · 백제 · 신라에 해당하는 것으로 보고 있다.

340) 이것은 명백한 사실 오류이다. 신라는 진한의 사로국斯盧國을 중심으로 성립하였다. 마한은 백제를 형성하며, 변한은 가야伽倻로 총칭된다. 참고로, 『후한서』동이전東夷傳에는 "한韓에는 세 종족이 있어 첫째를 마한馬韓, 둘째를 진한辰韓, 셋째를 변진弁辰이라 한다. 마한은 서쪽에 있으며 54개 국이다. 북으로 낙랑樂浪과 접하고, 남으로는 왜倭와 접한다. 진한은 동쪽에 있으며 12개 국이다. 북으로 예맥濊貊과 접한다. 변진변한은 진한의 남쪽에 있으며 역시 12개 국 있다. 남으로 또한 왜와 접한다. 모두 78개 국이다(…하략…)"라고 기술되어 있다. 또한 『위서』동이전에서는 신라를 변한의 후예로서 변진한弁辰韓 24개 국 중의 사로국斯盧國이라 하고, 『당서』동이전에도 신라가 변한의 후예라고 기술하고 있다. 한편, 『북사北史』에는 신라의 선조가 본래 진한의 종족이라고 기술하고 있다.

341) 『일본서기』권9, 진구 황후조에 보이는 이른바 삼한정벌의 설화를 『신황정통기』에서는 역사적 사실로서 기술하고 있다. 진구 황후의 정벌 설화는 7세기 후반 신라와의 감정적인 대립관계와 일본의 소중화의식小中華意識의 고양에 의해 발생, 발전하였다. 한반도 국가를 일본의 '번국화藩國化'하는 삼한정벌 설화의 허구성과 조작성에 대해서는 이미 많은 연구가 지적하고 있다. 전쟁의 이유와 의의도 불명확하고 장군도 군대도 전쟁터도 나와 있지 않은 이 신화적 · 종교적인 침략 설화는 사료상으로 일본의 야마토 정권과 고구려 · 백제와의 최초의 만남이며, 이후 한반도 국가에 대한 인식의 출발

품어 지켜 주었기 때문에 뜻대로 손쉽게 삼한을 토벌할 수 있었다. 신 대로부터 세월이 오래 지났는데도 이처럼 신위神威가 나타난 것은 황후로서도 생각지도 않은 일이었을 것이다.

[진구 황후는] 바닷속에서 여의주如意珠342)를 얻었기 때문에 개선하는 날까지 출산을 미룰 수 있었으며, 쓰쿠시에 막 돌아오는 참에 황자를 출산하였다. 이것이 오진 천황이다. 신의 계시가 있었던 분이므로 태중胎中 천황이라고도 한다.343) 황후가 섭정攝政344)이 되어 신사辛巳년201부터 천하를 다스렸다.

황후가 아직 쓰쿠시에 있었을 때 황자의 배 다른 형인 오시쿠마 왕忍熊王이 모반을 일으켜 황자가 황위에 오르는 것을 방해하려 했다. 그래서 황자를 다케우치노 스쿠네에게 안겨 기노미나토紀伊水門에 보내고, 황후는 곧바로 나니와難波에 가서 얼마 지나지 않아 그 난을 평정하였다. 황자가 성장하자 이를 황태자로 삼았고 다케우치노 스쿠네가 오로지 정치를 보좌하였다. 이 황후는 야마토의 이와레磐余 와카사쿠라 궁稚櫻宮에 있었다.

이때부터 삼한은 매년 조공하였고345) 일본으로부터도 삼한에 관

점이 되었다. 『신황정통기』의 관련 기술은 그 하나의 예에 불과하다.

342) 『일본서기』 권8, 주아이 천황 2년 7월 5일조에 "황후는 도유라노쓰豊浦津에 정박하였다. 이날 황후는 여의주를 바닷속에서 얻었다"고 기술되어 있다. 여의주는 불교 용어로 부처의 사리舍利에서 나온 보옥이며, 이것을 가지면 모든 희망이 이루어진다고 한다.

343) 『일본서기』 권8, 주아이 천황 8년 9월 5일조에 "지금 황후는 처음으로 임신을 하였다. 아이를 얻게 될 것이다"고 기술되어 있다.

344) 천자를 보좌하고 대신 정치를 행하는 것.

345) 『일본서기』 권9, 진구 황후 섭정 전기 주아이 천황 9년 10월 3일조에 "이러한 연유로 신라왕이 항상 80척의 미쓰기모노調物를 일본국에 바치게 된 것이다. 그런데 고구려·백제 두 나라의 왕은 신라가 토지대장[地圖]과 호적戶籍을 바치고 일본국에 항복했다는 소식을 듣고 은밀히 일본의 군세를 정찰케 하고는 도저히 이길 수 없다는 것을 알았다. 그래서 스스로 군영 밖에까지 나와 머리를 조아리고 사죄하며 '앞으로는 영원히 서번西藩이라 칭하고 조공을 그치지 않겠습니다'라고 말했다. 그로 인하여 우치쓰미야케內官家를 정하였다. 이것이 이른바 삼한이다. 황후는 신라에서 돌아왔다"라

청346)을 두었기 때문에 서번西藩은 모두 복속하여 국가[일본]는 급속하게 번영하였다.

또한 [진구 황후는] 중국에도 사신을 보냈던 것 같다. 『후한서後漢書』에는 "왜국倭國의 여왕이 사신을 보내 내조來朝하였다"라고 쓰여 있다.347) 황후 섭정 원년 신사辛巳년201은 한漢나라의 효헌제孝獻帝 23년에 해당한다.348) 한나라의 치세가 되어 14대349) 때 왕망王莽이란 신하가 제위帝位를 빼앗아 14년간 제위에 있었다.350) 그 후 제위는 한漢351)에 돌아갔다가 13대째인 효헌제 때 한나라는 멸망하였다. 진구 황후 19년 기해己亥년220에 헌제는 제위를 물러나 위魏나라의 문제文帝에게 양위하였다. 이때부터 천하는 세 개로 나뉘어져 위魏·촉蜀·오吳가 성립되었다. 오나라는 동쪽에 있던 나라이므로 일본의 사신도 우선 이곳과 통교했을 것이다. 오나라로부터 기예에 뛰어난 많은 공인工人들도 보내왔다. 또한 위나라와도 통교했던 것 같다. 진구 황후 49년 을유乙酉년 위나라가 멸망하고352) 진晋나라로 바뀌었다〈촉나라는 진구 황후 30년 계미癸未353)

고 기술되어 있다. 물론 이것은 역사적 사실이 아니다.

346) 우치쓰미야케內官家. 『일본서기』에 의하면, 우치쓰미야케의 장관은 진수장군鎭守將軍이다.

347) 『후한서』에는 여왕 히미코卑彌呼에 대해서 기술하고 있지만, "왜국의 여왕이 사신를 보내 내조하였다"는 것은 보이지 않는다. 지카후사는 『일본서기』 권9, 진구 황후 섭정 39년조에 주기注記되어 있는 『위지魏志』 왜인전倭人傳의 기사, 즉 "명제明帝의 경초景初 3년 6월 왜의 여왕은 대부大夫 난두미難斗米, 난토마이 등을 대방군帶方郡에 파견하여, 천자를 알현하고 조헌朝獻할 것을 청했다"는 기사를 『후한서』의 것으로 오해한 것으로 보인다.

348) 201년 10월 황후 섭정. 신사辛巳년 후한의 헌제 건안建安 6년. '23년'은 '12년'이 옳다.

349) 12대가 옳다.

350) 원시元始 5년5 한나라의 평제平帝를 죽이고 선제宣帝의 현손玄孫 영嬰을 세웠다가 3년 후 몸소 신황제新皇帝라 칭하며 국호를 '신新'이라 하였다. 경시更始 원년23 한나라의 유슈劉秀가 장안長安에 들어갔을 때 패사하였다.

351) 후한後漢. 효헌제·효헌·헌제獻帝는 모두 동일 인물.

352) 위나라는 265년에 멸망하였다. 이해는 진구 황후 65년 을유乙酉에 해당한다. 진구 황후 49년은 잘못이다.

353) 촉나라는 263년에 멸망하였다. 이해는 황후 63년263 계미癸未에 해당한다. 진구 황후 30년230은 잘못이다.

에 위나라에 멸망되었고 오나라는 위나라 이후까지 계속되었지만, 오진
천황 17년 신축辛丑년에 진나라에 멸망당했다).354)

이 황후는 천하를 다스린 지 69년, 100세로 사망하였다.

제16대 제15세 오진應神 천황

주아이 천황의 넷째 아들. 모친은 진구 황후이다. 태중 천황 혹은 혼
다譽田 천황355)이라고도 한다. 경인庚寅년270에 즉위하여 야마토의 가루
시마輕嶋 도요아카리 궁豊明宮에 있었다.

이 천황 때 백제로부터 박사를 불러356) 경사經史의 서적을 전래받았
고, 황태자 이하의 사람들이 이것을 배웠다. 일본에서 경사 및 문자를
사용하게 된 것은 이때가 처음이라 한다.

외국의 어떤 책 속에 "일본은 오나라 태백太伯의 후예이다"라고 쓰여
있다. 그러나 이것은 전혀 사실과 맞지 않는다.357) 옛날 일본은 삼한과
동종同種의 나라라고 쓰여 있던 서적을 간무桓武 천황 때 불태워 버렸
다358)고 한다. 천지개벽 이후 스사노오노 미코토가 한韓 지역에 갔다

---

354) 오나라는 280년에 멸망하였다. 이해는 오진 천황 11년280 경자庚子에 해당한다. 오진
    천황 17년286 신축辛丑은 잘못이다.
355) 천황은 태어나면서부터 팔에 팔찌와 같은 근육이 있었기 때문에 그것을 비유해서
    말한다고도 하며, 가와치 국河內國 후루이치 군古市郡 혼다譽田의 능陵이 있는 지명에
    서 유래한다고도 한다.
356) 『일본서기』 권10, 오진 천황 15년284 8월 6일조에 의하면, 이해 8월에 아직기阿直岐
    가 왔고, 다음해 2월에는 왕인王仁이 도래하였다.
357) 『진서晉書』 사이전四夷傳 왜인조倭人條에 "스스로 태백의 후손이라 한다", 『양서梁書』
    제이전諸夷傳 왜조倭條에 "왜는 스스로 태백의 후손이라 한다"고 기술되어 있다. 지카후
    사는 태백 후예설을 "전혀 사실과 맞지 않는다"고 주장하고 있다. 지 카후사와 동시대인
    인 주간 엔게쓰中巖圓月 : 1300~75는 겐무建武 연간1334~35 무렵에 『일본기日本紀』라는
    주석서를 저술하여 조정에 바쳤는데, 그 속에서 태백 후예설을 지지했기 때문에 처벌당
    했다고 한다. 엔게쓰에게 압박을 가한 것은 지카후사를 중심으로 하는 사람들이었을 것
    이다.

는 기록359)도 있기 때문에, 그 나라들도 신의 자손이라는 것은 그다지 잘못된 해석은 아닐지도 모른다. [하지만] 그것도 예부터 받아들여지지 않는 설이다. 일본은 아메쓰치노카미天地神의 후손이니, 어찌 그 보다 후의 시대인 오나라 태백의 후손일 수 있겠는가?

삼한·중국과 통교한 이래 그 나라 사람들도 다수 일본에 귀화하였다. 진秦나라와 한나라의 후예, 고구려·백제의 사람들, 그 외 번인蕃人의 자손들도 와서 일본의 신神·황皇의 자손과 섞였기 때문에 [후에 그 유래를 명확히 하기 위하여] 『성씨록姓氏錄』360)이란 서적이 만들어졌다. 그러나 그것도 인민의 혈통에 관한 것이다. [황실의 혈통과는 전혀 관련이 없는 것이다.] 외국에서도 사람의 생각은 가지각색이므로 이단의 설을 주창하는 사람들이 말했던 것일지도 모른다. 『후한서』이후 중국의 사서史書는 일본에 대해서 기술하게 되었다. 그 기술이 일본측의 기록과 합치하는 것도 있고, 또한 납득할 수 없는 것도 있다. 『당서唐書』에는 일본의 황대기皇代記를 신대로부터 고코光孝 천황의 치세884~887까지 명확하게 싣고 있다.361)

---

358) 『일본서기사기日本書紀私記』홍인사기弘仁私記 서序는 『제왕계도帝王系圖』라는 서적을 들고, 그것에 대한 주注에서 "아메미야天孫의 후예를 모두 제왕으로 하고 있다. 그리고 이 책에서는 '혹은 신라·고려고구려에 이르러 국왕이 되고, 혹은 민간에 있는 자가 제왕이 되었다'고 말하고 있다. 이로 인하여 엔랴쿠延曆 연간에 전국에 부符를 내려서 이것을 불태우게 하였다. 그러나 지금도 여전히 민간에 있다"라고 적고 있다. 엔랴쿠 연간 즉 간무 천황 때에 이런 종류의 서적을 불태웠다는 것은 다른 기록에 보이지 않는다.

359) 『일본서기』권1, 신대 상上 일서에 "스사노오노 미코토는 그 아들 이타케루노 가미五十猛神를 이끌고 신라국新羅國에 내려가 소시모리曾尸茂梨라는 곳에 있었다"고 기술되어 있다.

360) 『신찬성씨록新撰姓氏錄』을 가리킴. 사가嵯峨 천황의 칙명에 의해 고닌弘仁 6년815에 만타萬多 친왕 등이 편찬. 기나이畿內에 거주하는 1182개 씨의 본계本系를 황별皇別·신별神別·제번諸蕃으로 분류하고 시조始祖·동조同祖 관계를 기재하고 있다.

361) 정확하게는 『신당서新唐書』동이전東夷傳이다. 『신당서』권220 동이전 「일본」에는, 신대에 대해서 "초주初主 천어중주天御中主에서 언렴彦瀲에 이르기까지 무릇 32세世라 하며 모두 '존尊'을 칭했다"고 하고, 언렴의 자식 신무神武가 즉위하여 천황이라 칭한 이래 광효光孝 천황에 이르기까지 역대 천황의 이름을 순서대로 싣고 있다.

그런데 이 천황의 치세에 다케우치노 스쿠네가 쓰쿠시를 평정하기 위하여 파견되었을 무렵, 동생의 참언362)으로 인해 천황에게 추토追討를 받게 되었다. 하지만 스쿠네의 부하로 마네코眞根子라는 사람이 있었는데, 그 용모가 오오미大臣 다케우치노 스쿠네와 닮았기 때문에 오오미를 대신하여 토벌되었다.363) 오오미는 몰래 수도에 올라 자신의 결백을 증명하였다. 상고上古364)의 신령스러운 천황마저 이와 같은 잘못을 범하는 것이니 말대末代의 천황은 단단히 주의하지 않으면 안 된다.

천황은 천하를 다스린 지 41년, 111세로 사망하였다.365)

[오진 천황은] 긴메이欽明 천황의 치세에 처음으로 신이 되어 쓰쿠시의 히고 국肥後國의 히시카타 연못菱形池366)에 나타나, "나는 제16대 천황 혼다 야하타마로譽田八幡丸이다"라고 스스로 칭하였다.367) 혼다는 오진 천황의 원래 이름이고, 야하타八幡란 중생제도衆生濟度를 위하여 천황이 하치만 다이진八幡大神으로 화신한 그 이름이다. 후에 부젠 국豊前國：福岡縣 동부와 大分縣 북부의 우사 궁宇佐宮에 진좌하였다. 그런데 쇼무聖武 천황이

362)『일본서기』권10, 오진 천황 9년 4월조에 의하면, 동생 우마시우치노스쿠네甘美內宿禰는 형 다케우치노스쿠네가 삼한과 통모하여 쓰쿠시에서 반란을 기도하려 한다고 천황에게 참언하였다.

363) 이 이야기는『일본서기』권10, 오진 천황 9년 4월조에 보인다. 마네코는 이키노아타이壹伎直의 선조라고 한다. 여기에서는 마네코가 "'내[僕]가 오오미를 대신하여 죽어 서 오오미의 충성심을 밝히겠습니다'고 말하고 곧바로 검에 엎어져 스스로 목숨을 끊었다"고 기술되어 있다. 다만 마네코가 다케우치노 스쿠네의 부하였다고는 쓰여 있지 않다. 지카후사는 '나'를 뜻하는 '복僕'을 '부하'를 뜻하는 것으로 잘못 해석했다고 보인다.

364) '상고'는 아마쓰카미天神를 떠난 지 오래 지나지 않아서 아직 신위神威가 현저한 것을 뜻한다. 말대의 제왕에 대한 훈계의 뜻을 포함한다.

365)『일본서기』권10, 오진 천황 41년 2월 15일조에는 110세로 나온다. 주아이 천황 9년 탄생이라면 111세가 옳다.『고사기』에서는 130세로 적고 있다.

366) 히고 국이 아니라 부젠 국豊前國이 옳다.『부상략기扶桑略紀』긴메이 천황 32년 정월 1일조에 "또한 같은 무렵 하치만 다이묘진八幡大明神이 쓰쿠시에 나타났다. 부젠국 우사 군宇佐郡 우마미네히시카타 연못廐峰菱瀉池에 대장장이 노인이 있었다고 한다"는 기술이 보인다.

367)『부상략기』긴메이 천황 32년 정월 1일조에 "탁선託宣에 말하기를"이라 하여 "나는 일본 인황 제16대 혼다 천황 히로만하치만마로廣幡八幡麿라고 한다"는 기술이 보이며, 그 주注에 "이상은 그 연기문緣起文에 나온다"라고 쓰여 있다.

도다이지東大寺를 건립한 후 하치만 다이진이 수도에 순례한다는 탁선이
있었다.368) 그래서 천황은 엄숙한 의식을 갖추어 영신사迎神使를 보내
이를 맞이하였다.369) 또한 이번에는 출가한다는 신탁이 있어서,370) 도
다이지에서 이것을 맞이하고 새롭게 이 절에 하치만 다이진을 권청勸請
하였다.371)

그러나 그 후에도 칙사勅使들은 처음 진좌하고 있던 우사宇佐에 파견
되었다. 세이와淸和 천황 때가 되어 다이안지大安寺의 승려 교교行敎372)가
우사에 참배했는데, 그때 신의 계시가 있어서 지금의 오토코 산男山 이
와시미즈石淸水373)에 옮겨졌다.374) 그 후 행행行幸375)도 봉폐奉幣도 이와

---

368) 『속일본기』 권17, 덴표쇼호天平勝寶 원년749 11월 19일조에 "하치만 다이진이 탁선
하기를, 수도에 향하려 한다"라고 기술되어 있다.

369) 나라奈良의 대불大佛 건립 때 하치만 다이진이 원조했기 때문에 쇼무 천황이 존숭하
게 되었다. 『속일본기』 권17, 덴표쇼호 원년 12월조에 의하면, 천황은 영신사로서 산기
參議 · 지주侍從 등을 헤구리 군平群郡까지 보내고 나시하라 궁梨原宮에 신전新殿을 세
워 이를 맞이하였다.

370) 『동대사팔번험기東大寺八幡驗記』에 "호키寶龜 8년777 5월 18일 탁선이 있었다. 내일 진
시辰時에 승려가 되어 삼귀오계三歸五戒를 받을 것이다"라는 기술이 보인다.

371) 권청이란 신불神佛의 분령分靈을 청하여 맞아 모시는 것. 본래는 부처를 그 본거에
서 중서衆庶의 현전現前에 옮겨 제사지내는 것. 도다이지에 하치만 다이진을 권청한
것은 『속일본기』에 의하면 덴표 쇼호 원년749이므로, 이는 출가의 의식이 있기 전일
것이다.

372) 교교는 『기씨계도紀氏系圖』에 기노 가네히쓰紀兼弼의 아들로 나오며, 그 계보에 '이
와시미즈石淸水 검교檢校, 다이안지大安寺 화상和尙'으로 쓰여 있다. 삼론종三論宗 다
이안지의 주지[벳토別當].

373) 이와시미즈하치만 궁石淸水八幡宮. 교토 부京都府 야와타 시八幡市에 있는 신사. 제
신祭神은 오진 천황과 진구 황후 등. 860년 나라 다이안지의 승려 교교가 우사 하치만
궁宇佐八幡宮으로부터 하치만 다이진을 권청한 것에서 시작된다. 이세 신궁伊勢神宮에
이어 천황가의 제2의 종묘로서 숭상되었다. 가모賀茂 · 가스가春日 신사와 함께 삼사三
社를 구성한다. 미나모토노 요리요시源賴義 · 요시이에義家 이래 무사에 의해 각지에
권청되었고, 특히 미나모토노 요리토모源賴朝가 가마쿠라鎌倉에 쓰루가오카하치만 궁
鶴岡八幡宮을 조영한 이래 미나모토 씨源氏의 우지가미氏神로서 전국에 숭상되었다.

374) 『일본삼대실록』 조간貞觀 18년876 8월 13일조에, "이와시미즈하치만石淸水八幡이 고
코쿠지護國寺의 신첩申牒에서 말하기를, '고故 덴토傳燈 대법사위大法師位 교교가 지난
조간 2년에 국가를 위하여 대보살大菩薩을 기청祈請하고 이곳에 옮겼다'고 한다"는 기
술이 보인다.

시미즈 쪽으로 하게 되었다. [그러나] 천황 일대에 한 번은 우사에도 칙사를 파견한다.376)

옛날 천손강림 때 [아메미야 니니기노 미코토를] 따른 신들은 8백만이었다. 또한 오모노누시노 가미大物主神가 천상에 올랐을 때 데리고 있던 신들의 수도 8십만이라 한다. 지금까지도 천황이 폐백을 바치게 되어 있는 신은 3천여 좌坐에 미친다. 하지만 매우 특별하게도, 아마테라스 오미카미의 신궁과 함께 2개소의 종묘377)로서 하치만을 경배하고 있다. 하치만이라는 이름은 "득도得道한 후 법성法性378)이 흔들리지 않는다. 팔정도八正道를 보이고 임시로 모습을 나타낸다[垂權迹].379) 모두 고통받는 중생을 해탈시킬 수 있다. 그러므로 하치만 대보살八幡大菩薩이라 칭한다"380)라는 탁선의 기술에 의한다.

팔정八正이란 내전內典: 佛書에서 말하는 정견正見・정사유正思惟・정어正語・정업正業・정명正命・정정진正精進・정정正定・정혜定惠의 팔정도를 가리킨다.381) 무릇 마음이 바르면 몸과 입은 저절로 깨끗해진다. 삼업三

---

375) 천황이 궁궐 밖으로 외출하는 것.

376) 천황이 즉위할 때 우사에 봉폐사奉幣使를 파견하는 것. 닌묘仁明 천황의 덴초天長 10년833에 시작되었다. 『속일본후기續日本後紀』 덴초 10년 4월 5일조에 "종4위하행從四位下行 이요노곤노카미伊予權守 와케和氣 아손朝臣 마나쓰나眞綱를 파견하여 검과 폐백을 하치만 대보살궁八幡大菩薩宮 및 가시이 묘香椎廟에 바쳤다. 새롭게 즉위한 것을 고하였다"는 기술이 보인다. 와케 씨가 이 우사의 칙사로 임명되었기 때문에 와케노쓰카이和氣使라고도 한다.

377) 이세 신궁과 이와시미즈하치만 궁.

378) 일체 존재의 진실한 본성. 진여眞如・실상實相・법계法界 등과 같은 뜻으로 사용된다.

379) 부처와 보살이 중생제도를 위하여 임시로 모습을 나타내는 것. 일본의 본지수적설本地垂迹說에서는 신들이 부처와 보살의 수적垂迹이라 본다.

380) 『팔번우동훈八幡愚童訓』 상上에 "開成皇子二八, 得道來不動法性, 示八正道垂權迹, 皆得解脫苦衆生, 故號八幡大菩薩卜告玉ヘリ"라고 동일한 내용이 기술되어 있다. 한편, 『습유왕생전拾遺往生傳』과 『승미사류기勝尾寺流記』에는 '示八正道垂權迹'을 '自八正道垂權迹'으로 기술하고 있다. 후자에 따르면 "팔정도로부터 수적한다"라고 해석된다. 팔정도는 열반에 들어가는 8개의 도로서 여러 설이 있다. 지카후사는 7번째에 '정정正定', 8번째에 '정혜正惠'를 들고 있는데, 보통 7번째에 '정념正念', 8번째에 '정정正定'을 든다.

381) 정견은 고苦・집集・멸滅・도道의 사체四諦의 이치를 보아 분명한 것. 정사유는 한

業382)에 부정不正함이 없고 내외內外가 진정眞正한 것을 제불출세諸佛出世의 본회本懷383)로 한다. 원래 신명神明의 수적垂迹이란 것도 그것을 위한 것이다.

또한 팔방에 8색의 번幡384)을 세우는 일이 있다. 밀교密教385)의 전통에서는 번幡은 서방西方 아미타阿彌陀의 삼매야형三昧耶形386)이다. 그 때문인지 교교 화상和尚의 눈에는 하치만이 아미阿彌 삼존三尊의 형태로 비쳤다고 한다.387) 교교 화상은 광명이 가사袈裟 위에 비치고 있는 이 삼존을 받들어 오토코 산에 안치했다는 것이다. 신명의 본지本地388)를 이러쿵 저러쿵 말하는 것은 그리 확실하지 않은 일이 많지만, 대보살이 때에 응하여 몸을 드러내 수적하는 것은 예부터 명확한 증거가 있는 것

번 사체의 이치를 본 후에 또 다시 곰곰이 사려하여 진정한 지혜를 늘리는 것. 정어는 진정한 지혜를 가지고 구업口業을 닦아 일체 비리非理의 말을 하지 않는 것. 정업은 진정한 지혜를 가지고 일체의 사업邪業을 없애고 청정淸淨의 신업身業을 닦는 것. 정명은 몸・입・뜻의 삼업三業을 청정히 하여 정도正道를 따르며 5종의 사명邪命을 벗어나는 것. 정정진은 진정한 지혜를 가지고 노력하여 미발未發의 악惡을 막고 미생未生의 선善을 늘리는 것. 정념은 진정한 지혜를 가지고 정도를 생각하는 것. 정정은 진정한 지혜를 가지고 입정入定하는 것.

382) 신업身業・구업口業・의업意業을 가리킨다. 즉 몸에 사행邪行이 없고, 입에 악언惡言이 없고, 뜻에 악념惡念이 없는 것.

383) 본래 품은 생각 또는 소원.

384) 표지標識가 있는 기旗. 천개天蓋・당幢:旗과 함께 부처・보살 등의 장엄구莊嚴具로서 사용하는 것

385) 용이하게 알 수 없는 비밀스러운 가르침이란 뜻으로 불교 유파의 하나. 인도에서 대승불교의 발전 끝에 나타나 중국・일본 외에 네팔・티벳 등에도 확산되었다. 일본에서는 진언종 계통의 도미쓰東密와 천태종 계통의 다이미쓰台密가 있다.

386) 밀교에서 부처와 보살이 일체 중생을 구제하기 위하여 행한 서원誓願을 상징하는 것. 기장器仗・궁전弓箭 등 제존諸尊의 소지물이나 인상印相을 가리킨다.

387) 『금석물어今昔物語』권12「이와시미즈에서 방생회를 행한 이야기於石淸水行放生會語」에 의하면, 다이안지의 승려 교교가 우사 궁에 참배하러 갔을 때, 대보살이 나타나 자신은 왕성을 수호하러 가려고 하는데 너에게 붙어 가려고 한다고 했다. 교교가 그 말을 듣고 절을 하자, 별안간 대보살은 교교가 입고 있던 옷에 금색 삼존의 모습으로 변하여 옮아탔다고 한다. 삼존은 아미타 삼존, 즉 아미타・관음觀音・세지勢至를 가리킨다. 하치만 삼소八幡三所:應神天皇・神功皇后・玉依媛의 三神가 삼존으로 나타난 것.

388) 임시로 모습을 나타낸 화신과 대비하여 그 본원인 부처와 보살을 가리킨다.

같다. [예를 들면] "[하치만 대보살이] 옛날 영취산靈鷲山에서 법화경法華經을 설파했다"389)라고도 하고, 혹은 [하치만이] 미륵彌勒390)이라거나 대자재왕보살大自在王菩薩391)이라고 하는 등 여러 가지 탁선이 있었다. [그러나 어떻든] 특히 팔정의 번을 세워 팔방의 중생을 제도하겠다는 [하치만의] 본서本誓392)를 곰곰이 되새겨 팔정의 도를 그르치지 않도록 해야 할 것이다.

아마테라스 오미카미도 오로지 정직正直에만 마음을 두고 있다. 신경神鏡을 자손에게 전한 유래는 앞에서 서술하였다. 유랴쿠雄略 천황 22년 겨울 11월 이세 신궁에서 니나메노마쓰리新嘗祭393)를 행한 날, 밤이 깊어 사람들도 퇴출한 뒤 간누시神主394)·모노이미物忌395)만이 남아 있었다. 그때 스메오미카미皇太神[아마테라스 오미카미]·도요우케노 오카미豊受大神396)가 야마토히메노 미코토大和姬命에게 들어와 "사람은 곧 천하의 신물神物이다.397) 따라서 사람된 자는 심신心神의 올바름을 잃어서는 안 된다. 신은 마음 깊이 기도하는 자에게 행복을 주고 정직한 자를 가호할 것이다"

389) 하치만 대보살의 본지를 석가釋迦라 한다는 것. '영취산'은 왕사성王舍城의 북쪽, 석가가 수행하고 불법을 설파했던 산. 법화경과 하치만 신을 습합하는 경향은 13세기 말 니치렌日蓮 이후 강하다.
390) 「팔번우좌궁어탁선안八幡宇佐宮御託宣案」 「소창산사小倉山社」에 "나는 미래 악세惡世의 중생을 인도하기 위하여 약사·미륵 두 부처를 가지고 나의 본존으로 삼겠다"라고 기술되어 있다. 우사 궁의 신궁사神宮寺: 신사에 부속되어 세워진 사원으로서 미륵사도 있다.
391) 『동대사요록東大寺要錄』 4에는 "나는 일본 인황 제16대 혼다譽田 천황 히로만하 치만마로廣幡八幡麿이다. 나는 호국영험위력신통대자재왕보살護國靈驗威力神通大自在王菩薩이라 한다"라는 기술이 보인다.
392) 본원本願. 본래의 염원. 부처와 보살이 과거 세상에서 세운 중생구제의 서원.
393) 천황이 햇곡식을 천신지기天神地祇에 진상하고 또한 몸소 먹는 제의祭儀. 고대에는 음력 11월 묘일卯日에 행하였다.
394) 신사에 봉사하는 신직神職의 하나. 신을 제사지낼 때 중심이 되어 제사를 행하는 사람.
395) 신궁 등 큰 신사의 신사神事에 봉사하는 동남童男·동녀童女.
396) 이자나기노 미코토伊奘諾尊의 손자, 와쿠무스비노 가미和久産巣日神의 자식. 음식을 관장하는 신으로, 이세 신궁의 외궁外宮에서 제사지내는 신이라는 설이 있다.
397) 사람은 본래 신에 통하는 존재로 모두 신성神性을 지니고 있다.

라고 탁선하였다. 같은 유라쿠 천황 23년 2월, "해와 달은 사주四洲를 돌고 육합六合을 빠짐없이 비추지만,398) 특히 정직의 정상頂上을 비출 것이다"라고 거듭 탁선하였다.

그러므로 아마테라스 오미카미와 이와시미즈하치만 두 종묘의 마음을 알려고 한다면 오로지 정직을 첫째로 유념해야 할 것이다. 무릇 하늘과 땅 사이에 모든 사람은 음양의 기氣를 받고 있으므로 정직하지 않고서는 살아갈 수 없다. 특히 우리나라[일본]는 신국이므로 신도에 어긋나서는 하루도 해와 달을 받들어 살아갈 수 없다. 야마토히메노 미코토는 사람에게 "혹심黑心을 없애고 단심丹心을 가지고 맑고 깨끗하게 재계齋戒하고 근신하라. 왼쪽의 물건을 오른쪽으로 옮기지 말고 오른쪽의 물건을 왼쪽으로 옮기지 말라. 왼쪽을 왼쪽으로 하고 오른쪽을 오른쪽으로 하라. 왼쪽으로 돌아가고 오른쪽으로 도는 것도 어느 것 하나 도리에 어긋나는 일 없이 아마테라스 오미카미를 섬겨라. [그것은] 시초를 시초로 하고 근본을 근본으로 해야 하기 때문이다"399)라고 가르쳤다고 한다. 성실하게 군주를 섬기고 신을 섬기고 나라를 다스리고 사람을 가르치는 일도 이와 같이 하지 않으면 안 된다.

작은 일이라도 방심하는 일이 있으면 그것이 크게 잘못을 범하는 근원이 된다. 『주역周易』400)에서 "단단한 얼음도 서리를 밟는 것으로부터 만들어진다"401)라고 한 것을 공자孔子는 해석하여402) "선善을 쌓는 집안

---

398) 사주는 사대주四大洲, 육합은 상하上下 사방四方. 해와 달은 전세계를 빠짐없이 비춘다는 것.

399) 『왜희명세기倭姬命世記』 미마키이리히코이스니에노 스베라키御間城入彦五十瓊殖天皇 : 崇神天皇 60년 계미癸未조에 "無黑心, 以丹心, 淸潔齋愼, 左物不移右, 右物不移左, 左左右右, 左歸右廻事, 萬事違事, 太神奉仕, 元元本本故也"라고 보인다. 오미카미를 섬기는 자의 마음은 좌우본원左右本元을 어지럽히지 말고, 가장 근원적인 정직을 관철하며, 신의 뜻에 따르는 데에 있다는 것.

400) 중국 고대 삼역[三易 : 하夏나라의 연산連山, 은殷나라의 귀장歸藏, 주周나라의 주역]의 하나. 문왕文王・주공周公이 대성했다고 한다.

401) 『주역』 곤괘坤卦, 초육初六의 효사爻辭에 보인다. 단단한 얼음도 일시에 어는 것이 아니라 서리가 내리는 추위가 점차 강해져 본격적인 겨울이 되어 이윽고 단단한 얼음

에 여경余慶이 있고, 불선不善을 쌓는 집안에 여앙余殃이 있다.403) 군주를 시해하고 아비를 죽이는 것은 하루아침 하룻밤에 일어나는 것이 아니다"라고 하였다. 조금이라도 군주를 소홀히 하는 마음을 품은 자는 끝에 반드시 난신亂臣이 된다. 조금이라도 부모를 업신여기는 자는 결국 적자賊子가 된다. 따라서 옛 성인은 "도는 잠시라도 벗어나서는 안 된다. 벗어나야 할 것은 도가 아니다"404)라고 말했던 것이다. 다만 [도를 배운다고 해도] 말단만을 배우고 근원을 추구하지 않으면, 일단 유사시에 자신도 모르는 잘못을 저지르게 될 것이다. 그 근원이란 것은 마음에 하나의 물건도 쌓아두지 않는 허심虛心의 경지를 가리키는 것이다. 그렇다고 소극적인 허무의 세계에 머물러서는 안 된다. 하늘이 있고 땅이 있고, 군주가 있고 신하가 있다.405) 선악의 응보는 그림자와 울림 같이 확실히 나타난다.406) 나의 욕망을 버리고 다른 사람을 이롭게 하는 것을 우선으로 하고, 외부의 사물에 대해서는 거울이 사물을 비추듯이 깨끗하고 미혹되지 않는 경지야말로 진정한 정도正道407)라 할 것이다.

───────────────

이 되는 것이다. 사물은 모두 처음에는 사소한 것에서 출발해서 이윽고 중대한 것이 된다는 비유.

402) 이하는 『주역』 곤괘 문언전文言傳에서의 인용. 문언전은 『주역』의 십익十翼의 하나로 공자의 저작이라 전한다.

403) 좋은 일을 쌓으면 그 공덕에 의해 이윽고 그 가문에 행운이 찾아오는 것. 거꾸로 악업이 많으면 그 댓가로 자손에 흉사가 찾아온다는 것. 일본에서는 후지와라 씨藤原氏가 '적선積善의 가문'으로, 도모 씨伴氏가 '적악積惡의 가문'으로 인식되었다.

404) 이 구절은 『중용中庸』에 보인다. 『중용』은 공자의 손자인 자사子思의 저작이라고 한다.

405) 이 구절은 『관자管子』 명법해明法解 등에 의한다. 쇼토쿠 태자聖德太子의 『헌법십칠조憲法十七條』에 보이는 "군주를 하늘로 삼는다. 신하를 땅으로 삼는다"는 기술을 떠올리게 한다.

406) 마치 그림자의 모습에 따라서, 그리고 울리는 것에 응하는 것처럼 선악의 업의 응보는 한 치의 차이도 없이 찾아온다는 것.

407) 『원원집元元集』 권5, 신국요도편神國要道篇에 나오는 내용. 불교의 팔정도, 노자의 자연무위의 도, 이세안민理世安民의 유교의 중용의 도도 "마음을 이 도에 두고 신과 더불어 그 밝음을 같이 한다"는 데에 있다. 신과 일체불리의 신도神道 정신을 '진정한 정도'라고 한 것이다.

시대가 내려왔다고 해서 스스로 비하해서는 안 된다.[408] 하늘과 땅의 시작은 오늘을 시작으로 한다는 이치를 생각해야 한다. 게다가 군주도 신하도 신대로부터 떨어진 지 그리 오래지 않다. 항상 신명神冥의 지견知見을 돌아보고 신의 본서를 깨달아 올바른 것을 지향하며 사악한 마음이 없도록 해야 한다.

제17대 닌토쿠仁德 천황

오진 천황의 첫째 아들.[409] 모친은 나카쓰히메노 미코토仲姬命로 이오키이리히코五百城入彦 황자의 딸이다.[410] 오사자키노 미코토大鷦鷯尊라고

---

408) 10세기 후반 헤이안平安 중기 이래 귀족사회에서는 현세를 '말법末法'의 세상 혹은 '말세末世'로 인식하고, 그것에 대해 한탄하고 무상하게 여기는 비관적인 하강사관下降史觀 혹은 몰락사관沒落史觀이 지배적인 역사의식으로 자리잡고 있었다. 지카후사는 인황 시대의 역사가 '사람의 마음이 올바르던' 옛날[昔]로부터 '올바른 마음을 잃어 세상이 쇠퇴해진' 지금[今]에 이르렀다고 보고, 지금의 그러한 상태를 '말세'라고 부르고 있다〈『신황정통기』 제95대 고다이고 천황〉. 여기에서 '말세'란 넓은 의미로 인간의 마음과 사회·정치가 점차 올바르지 않은 방향으로 진행되어 왔다는 도덕적·정치적인 면에서의 일본 역사의 쇠퇴를 뜻한다. 그러나 지카후사의 말세관을 종래 귀족사회 일반에서 널리 받아들여 온 비관사관이나 몰락사관과 동일시해서는 안 된다. 지카후사가 예부터 지금에 이르는 일본 역사의 흐름을 쇠퇴 과정으로 인식한 것은 사실이지만, 그것을 당대에 극복할 수 없는 필연적인 것으로 본 것은 결코 아니었다. 오히려 그는 '말세'인 당대를 충분히 극복할 수 있다고 보았으며, 나아가 미래에 대한 낙관적인 신념을 피력하고 있었다. 지카후사는 전통적인 말세관에 빠져서 '말세'를 비탄하는 것이 아니라, '말세'인 지금의 상태를 극복할 수 있으며 그것을 위해서 오늘 새롭게 시작한다는 마음으로 임할 것을 역설하고 있다. 그래서 '신명의 지견' '신의 본서'에 입각하여 인간의 도덕성을 회복할 것을 주장하는 것이다. "오늘날에 이르기까지 하늘과 땅도 옛날과 다름없고, 해와 달도 빛이 변하지 않았다. 하물며 삼종의 신기가 이 세상에 현존해 있으므로 보위에 끝이 있을 리가 없는 것이다"〈『신황정통기』 신대 제5대 히코나기사타케 우가야후키아에즈노 미코토〉라고 역설한 지카후사의 입장과 일맥상통하는 사상이라 하겠다.
409) 넷째 아들의 잘못. 『원원집』 권1과 『일본서기』 오진 천황기에는 넷째 아들로 쓰여 있다.
410) 손자가 옳다. 이호키이리히코 황자의 아들 혼다 마와카品陀眞若 왕의 딸.

한다.

오진 천황은 우지노와카莵道稚 황자라는 막내 아들을 귀여워하여 이를 황태자로 세우려 하였다. 형 황자들은 받아들이지 않았지만, 이 닌토쿠 천황만이 받아들였기 때문에 오진 천황은 기꺼이 우지노와카 황자를 황태자로 삼고, 오사자키노 미코토를 그 보좌역으로 정하였다.

오진 천황이 사망하자 형 황자들411)은 황태자를 없애 버리려 했지만, 오사자키노 미코토가 눈치를 채고 황태자와 합심하여 그들을 토벌하였다. 그래서 황태자는 황위를 미코토에게 양보했지만 미코토는 고사하였다. 3년간 서로 양보했기 때문에 황위는 공위空位가 되었다. 황태자는 야마시로山城 : 京都府 남부의 우지宇治에, 미코토는 셋쓰攝津 : 大阪府 서남부와 兵庫縣 동남부의 나니와難波에 있었다. 여러 지방에서 바치는 공물도 서로 상대편에게 양보하여 받지 않아 백성을 곤혹스럽게 하였기 때문에 황태자는 자살해 버렸다. 미코토는 매우 놀라 슬퍼했지만, 황위를 비워 둘 수 없기 때문에 계유癸酉년313에 즉위하였다. [닌토쿠 천황은] 셋쓰 국의 나니와 다카쓰 궁高津宮에 있었다.

[닌토쿠 천황은] 황위에 오르자 나라를 다스리고 백성을 사랑하는 것이 달리 예를 찾을 수 없을 정도였다. 백성이 빈곤한 것을 동정하여 3년간 공물을 면제하였다.412) 천황은 높은 전사殿舍에 올라 백성의 활기찬 생활의 모습을 보게 되었는데,

고옥高屋에 올라서 보니 연기가 나는 백성의 아궁이가 가득하다413)라

---

411) 지카후사는 복수의 황자들로 기술하고 있지만, 『일본서기』와 『고사기』에서는 단 한 명의 형으로 오야마모리大山守 황자만을 기술하고 있다.

412) 『일본서기』 권11, 닌토쿠 천황 4년316 3월 21일조에 "조詔를 내려 말하기를, '지금 이후 3년에 걸쳐 모두 과역을 면제하고 백성의 고통을 잠재워라'고 했다"라고 기술되어 있다.

413) 『신고금집新古今集』 『수경水鏡』 등에 닌토쿠 천황의 작시라고 쓰여 있다. 『일본기경연화가日本紀竟宴和歌』에는 후지와라노 도키히라藤原時平 : 871~909의 작품으로 "높은 전사에 올라 보니 천하 사방으로 연기가 가득하다"는 노래가 있다. 『일본서기』 권11, 닌토쿠 천황 4년 3월 21일조에 "3년 동안 백성이 부유해졌다. 송덕頌德이 충만하고 연

고 노래하였다. 또한 3년간 징세를 면제했기 때문에 황거는 파손되고 비와 이슬이 스며들었으며 궁정 사람들의 의복은 찢겨 비참한 상태가 되었다.414) 그러나 천황은 그러한 상태도 걱정하지 않고 오히려 즐거움으로까지 여기고 있었다. 이리하여 6년이 지났을 때 지방의 백성이 스스로 몰려들어 황거를 짓고 여러 가지 공물을 헌상했다고 한다. 세상에 유래가 드문 훌륭한 정치라고 할 것이다.

천하를 다스린 지 87년, 110세로 사망하였다.415)

제18대 리추履中 천황

닌토쿠의 태자. 모친은 이와노히메노 미코토磐之姬命로 가즈라키노 소쓰히코葛城襲津彦416)의 딸이다. 경자庚子년400에 즉위하여 또한 야마토의 이와레磐余 와카사쿠라 궁稚櫻宮에 있었다. 노치노와카사쿠라 궁後稚櫻宮이라고 한다.

천하를 다스린 지 6년, 67세로 사망하였다.417)

기 또한 무성하다", 『고사기』 하권, 닌토쿠 천황의 단段에 "후에 나라 안을 보니 나라에 연기가 가득했다" 등의 전승을 토대로 하여 후세에 만들어진 노래가 닌토쿠 천황의 작품으로 가탁되었던 것. 아궁이의 연기가 무럭무럭 일어나는 것은 백성의 생활이 풍요로운 것의 표상.

414) 닌토쿠 천황 7년319 9월에 지방에서 세금을 바칠 것을 신청했지만 허락되지 않았다. 다시 3년이 지나 천황 10년322 10월에 처음으로 허락되었다. 이 동안에 궁전의 벽과 문, 지붕 등이 파손된 채였기 때문에 비와 이슬을 피할 수 없었다.

415) 『일본서기』에는 향년이 기록되어 있지 않다. 『고사기』는 83세로 적고 있다. 110세는 『수경』 등에 의한다.

416) 가즈라키葛城는 다케우치노 스쿠네의 아들인 소쓰히코의 본거지이다.

417) 『일본서기』에서는 70세, 『고사기』에서는 64세로 쓰여 있다. 67세는 『부상략기扶桑略記』『일대요기一代要記』에 의한다.

제19대 한제이反正 천황

닌토쿠 천황의 셋째 아들. 리추 천황과 한 배에서 태어난 동생이다. 병오丙午 : 406년에 즉위하여 가와치河內의 다지히丹比 시바가키 궁柴籬宮에 있었다.

천하를 다스린 지 6년, 60세로 사망하였다.418)

제20대 인교允恭 천황

닌토쿠의 넷째 아들. 리추 · 한제이 천황과 한 배에서 태어난 동생이다. 임자壬子년412에 즉위하여 야마토의 도쓰아스카 궁遠明日香宮에 있었다.

이 천황 때까지는 삼한三韓의 공물이 매년 계속되고 있었지만 그 후 줄곧 정체되었다고 한다.419) 천황 즉위 8년 기미己未년에 중국에서는 진晉나라가 멸망하고420) 남북조南北朝 시대가 되어 송宋 · 제齊 · 양梁 · 진陳이 잇달아 일어났다. 이것을 남조南朝라고 한다. [또한] 후위後魏 · 북제北齊 · 후주後周가 잇달아 일어났는데, 이것을 북조北朝라고 한다. 170여 년 동안 남조와 북조의 양측이 병립해 있었다.

---

418) 『고사기』에 의한다. 『일본서기』에는 향년이 기록되어 있지 않다.

419) 『일본서기』 권13, 인교 천황 42년453 11월조에 다음과 같은 기사가 있다. 인교 천황 사망 소식에 접하여 조공선 80척, 여러 부류의 악인樂人 80인을 공물로 바친 신라의 조문사 일행이 귀국 도중 미미나시 산耳成山과 우네비 산畝傍山의 모습에 탄복하고 '아아 아름다운 우네메여, 아아 아름다운 미미여'라고 말한 것을 우네메采女 즉 궁녀와 밀통했다고 오해받아 체포되었다. 이것에 대해서 "신라인들이 크게 원망하여 공물의 물건 및 선박 수를 줄였다"는 전승이 있다.

420) '8년 기미己未'가 아니라 '9년 경신庚申'이 옳다. 영초永初 원년420 6월 유유劉裕가 황제를 칭하고 송宋이라 국호를 정했다. 그것은 천황 즉위 9년 경신이다. 서진西晉 · 동진東晉 양진兩晉은 도합 15왕 156년으로 이해에 멸망하였다.

이 천황은 천하를 다스린 지 42년, 80세로 사망하였다.[421]

제21대 안코安康 천황

인교 천황의 둘째 아들. 모친은 오시사카오나카쓰히메忍坂大中姫로 와
카누노케후타마타稚淳野毛二派 황자〈오진 천황의 황자이다〉의 딸이다. 갑
오甲午년454[422]에 즉위하여 야마토의 아나호 궁穴穂宮에 있었다.

이 천황은 오쿠사카大草香 황자〈닌토쿠 천황의 황자이다〉를 죽이고
그 처를 아내로 맞아들여 황후로 삼았다. 오쿠사카 황자의 아들 마유와
眉輪 왕은 어렸기 때문에[423] 생모를 따라 궁중에 출입하고 있었는데, 그
는 높은 누각에서 술에 취해 잠들어 있는 천황을 찔러 죽이고 오오미大
臣 가즈라키노 쓰부라葛城圓[424]의 집으로 달아났다.

이 천황은 천하를 다스린 지 3년, 56세로 사망하였다.[425]

제22대 유랴쿠雄略 천황

인교 천황의 다섯째 아들. 안코 천황과 한 배에서 태어난 동생이다.
오하쓰세노 미코토大泊瀬尊라고 한다. 안코 천황이 살해되었을 때 마유
와 왕과 그를 숨겨두었던 쓰부라노오오미圓大臣를 주살하였다. 또한 [유
랴쿠 천황은] 마유와 왕에 가담하지도 않은 이치베노오시하市邊押羽 황자

---

421) 『일본서기』 권13, 인교 천황 42년453 정월 14일조는 '당시 나이 약간'이라 적고 있다. 『고
    사기』 『구사본기』는 78세로 적고 있다. 『제왕편년기帝王編年記』는 80세로 적고 있다.
422) 안코 천황은 실제로 453년에 즉위하였다.
423) 당시 7세. 『일본서기』 권13, 안코 천황 2년 정월 17일조에 의하면, "생모에 의존하여
    죄를 면할 수 있었다. 줄곧 궁중에서 양육되었다"고 한다.
424) 다케우치노 스쿠네武內宿禰의 증손. 다마타노 스쿠네玉田宿禰의 아들.
425) 『일본서기』에는 향년이 기록되어 있지 않다. 56세는 『고사기』에 의한다.

마저 죽이고 황위에 올랐다. 정유丁酉년457426)의 일이다. 야마토의 하쓰세泊瀬 아사쿠라 궁朝倉宮에 있었다. 천황은 성격이 거칠었지만 불가사의한 신력神力의 소유자였다.427)

천황 21년 정사丁巳년477 겨울 10월, 이세의 스메오미카미[아마테라스 오미카미]는 야마토히메노 미코토에게 단바 국丹波國：京都府 중부와 兵庫縣 동북부 요사與佐의 마나이노하라魚井原에서 도요우케노 오카미豊受大神를 맞이하도록 계시하였다. 야마토히메노 미코토가 이것을 천황에게 보고하였고, [조정은] 다음해 무오戊午년478 가을 7월에 칙사를 파견하여 이 신을 맞이하였다. [도요우케노 오카미는] 같은 해 9월 이세의 와타라이 군度會郡 야마다하라山田原의 새로운 신궁에 모셔졌다. 스이닌 천황 때 스메오미카미가 이스즈 궁에 옮겨지고 나서 484년이 된다.428) 진무 천황의 초기부터 생각하면 이미 1100여 년이 될 것이다. 또한 이때까지 야마토히메노 미코토가 살아 있었기 때문에429) 내궁·외궁도 히노와카 궁日小宮430)의 배치·구조·장식 그대로 만들어졌다고 한다.

무릇 이 도요우케노 오카미에 대해서는 이설이 있다. 외궁에는 아마쓰미오야天祖 아메노미나카누시노 가미天御中主神를 제사지낸다는 설431)이 그것이다. 따라서 스메오미카미의 탁선에 의해 내궁보다 외궁을 먼저 제사지내고 봉폐奉幣도 외궁을 먼저 하는 것이다.432)

아메미야天孫 니니기노 미코토瓊瓊杵尊도 이 외궁에 상전相殿433)의 형

---

426) 유랴쿠 천황은 실제로 456년에 즉위하였다.
427) 『일본서기』 권14, 유랴쿠 천황 4년460 2월조에는 히토코토누시노 가미一事主神와 함께 수렵을 즐기는 설화가 기술되어 있다.
428) 482년이 옳다.
429) 야마토히메노 미코토가 유랴쿠 천황 때까지 장수했다는 확증은 물론 없다.
430) 다카마노하라高天原에 있는 아마테라스 오미카미의 궁전.
431) 와타라이 신도설.
432) 이것은 『왜희명세기倭姫命世記』 오하츠세와카타케노 스메라미코토大泊瀬稚武天皇：雄略天皇 21년 10월조에 보인다.
433) '아이도노'라고 읽는다. 주신主神 이외에 일좌一座 이상의 신을 합사하는 것 혹은 그 사전社殿. 외궁은 상전 삼좌三座로, 니니기노 미코토·아메노코야네노 미코토·아메노

태로 합사되고 있다. 그리고 또한 아메노코야네노 미코토天兒屋根命·아메노후토타마노 미코토天太玉命도 아메미야를 따라서 상전에 진좌하고 있다. 이후 내궁·외궁의 두 장소를 합쳐 스메오미카미 궁皇太神宮이라고 한다.

도요우케노 오카미가 단바에서 옮긴 데에는 다음과 같은 연유가 있다. 옛날 도요스키이리히메노 미코토豊鋤入姬命가 아마테라스 오미카미를 받들어 단바의 요사 궁吉佐宮에 옮겼을 때 도요우케노 오카미도 천상에서 내려와 한 곳에 있었다. 4년이 지나 아마테라스 오미카미는 다시 야마토에 돌아왔다. 도요우케노 오카미는 단바에 머무르고 있었는데 미치누시노 미코토道主命[434)라는 사람이 이를 섬겼다. 옛날은 이 요사 궁에서 신에게 바칠 음식[미케御饌][435)을 준비하여 내궁에도 매일 보내고 있었는데, 진키神龜 연간724~729부터 외궁에 미케도노御饌殿를 세워 내궁의 음식도 그곳에서 함께 만들게 되었다고 한다. 이러한 이유로 외궁의 제신祭神은 음식의 신[미케노 가미御饌神]이라는 설도 있다.

그런데 미케라는 말에는 신에게 바치는 음식[御食]과 원초적인 힘[御氣]이라는 두 개의 의미가 있다.436) 미케御氣란 음양 원초의 기氣라는 의미로, 그 때문에 아메노사기리天狹霧·구니노사기리國狹霧라는 별도의 명칭도 있는 것이다. 따라서 아메노미나카누시노 가미가 제신이라는 설쪽이 옳다고 해야 할 것이다. 아메이야도 상전에서 합사되고 있는 것이므로 음식의 신이 제신이라는 설은 따르기 어렵다.

이 천황은 천하를 다스린 지 23년, 80세로 사망하였다.437)

후토타마노 미코토를 함께 모신다.

434) 단바미치누시노 미코토丹波道主命.

435) 신 앞에 바치는 식사.

436) 지카후사는 외궁의 제신을 아메노미나카누시노 가미로 여기는 와타라이 신도의 입장을 취하였기 때문에, 미케御食, 御饌설을 배제하고 미케御氣설에 입각한 논의를 전개하고 있다.

437) 『일본서기』에는 향년이 보이지 않는다. 『고사기』는 124세, 『제왕편년기』는 104세로 적고 있다.

제23대 세이네이淸寧 천황

유랴쿠 천황의 셋째 아들. 모친은 가라히메韓姬로 가즈라키노 쓰부라노오오미葛城圓大臣의 딸이다. 경신庚申년480에 즉위하여 야마토의 이와레磐余 미카쿠리 궁甕栗宮에 있었다. [세이네이 천황은] 태어났을 때 백발이었기 때문에438) 시라카노 스메라미코토白髮天皇라 불렸다.

이 천황은 자식이 없었기 때문에 황통이 끊길 것을 한탄하고 지방에 칙사勅使를 파견하여 황윤皇胤439)을 찾게 하였다. 이치베노오시하 황자가 유랴쿠 천황에게 살해당했을 때 황녀 1인과 황자 2인이 있었는데, 그들이 단바 국440)에 숨어 있던 것을 찾아내어 자식으로 양육하였다.

천하를 다스린 지 5년, 39세로 사망하였다.441)

제24대 겐소顯宗 천황

이치베노오시하 황자의 셋째 아들로 리추 천황의 손자이다. 모친은 하에히메荑媛로 아리노오미蟻臣의 딸이다. 시라카노 스메라미코토가 양육하여 아들로 삼았던 사람이다.

형인 닌켄仁賢 천황이 이 천황보다 앞서 즉위할 예정이었지만 서로 양보했기 때문에 같은 생모에서 태어난 누이 이이토요노 미코토飯豊尊가 잠시 즉위하였다.442) 하지만 즉위의 순서가 정해졌기 때문에 이이토요

---

438) 『일본서기』 권15, 세이네이 천황 즉위 전기에는 "천황은 태어나면서 백발이었고 성인이 되어서 백성을 사랑하였다"고 기술되어 있다.

439) 천황의 자손.

440) 『일본서기』 『고사기』에서는 하리마 국播磨國으로 적고 있다. 단바로 피신했다가 후에 하리마 국 시시미縮見의 오비토首의 집에 있던 것을 찾아내었던 것이다.

441) 『일본서기』 권15, 세이네이 천황 5년484 정월 16일조에는 '당시 나이 약간'으로 기록되어 있다. 『고사기』에는 향년이 보이지 않는다. 실제 세이네이 천황은 41세로 사망하였다.

천황은 황위로 세지 않는 것이다. 겐소 천황은 을축乙丑년485에 즉위하여 야마토의 지카쓰아스카近明日香 야쓰리 궁八釣宮에 있었다.

천하를 다스린 지 3년, 48세로 사망하였다.443)

제25대 닌켄[=賢 천황

겐소 천황과 한 배에서 태어난 형이다. 유랴쿠 천황이 자신의 아버지 이치베노오시하 황자를 살해한 것을 원망하여 "유랴쿠 천황의 능을 파서 시신을 능멸하겠다"고 말한 것을 겐소 천황이 훈계하였기 때문에 [닌켄 천황은] 자신에게 덕이 없는 것444)을 부끄러워하여 겐소 천황을 먼저 황위에 즉위시켰다.445) 닌켄 천황은 무신戊申년488446)에 즉위하여 야마토의 이소노카미石上 히로타카 궁廣高宮에 있었다.

---

442) 『일본서기』 권15, 겐소 천황 즉위 전기前紀에 "5년 정월 시라카노 스메라미코토가 붕어하였다. 이 달에 황태자 오케 왕億計王은 천황과 서로 황위를 양보하여 오랫동안 즉위하지 않았다. 이 때문에 천황의 누이 이이토요노아오 황녀飯豊青皇女가 오시누미노쓰노사시 궁忍海角刺宮에서 조정의 정무를 맡고 스스로 오시누노이이토요노아오노 미코토忍海飯豊青尊라 칭하였다"라고 기술되어 있다. 한편, 『고사기』에서는 숙모라고 기록하고 있다. 세이네이 천황 사망후 겐소 천황 즉위까지의 약 1년간 집정하였다. 이이토요 천황이라 하면서도 황위의 순차에서 제외되었지만, 『수경』은 24대로 세고 있다.
443) 『일본서기』에는 향년이 기록되어 있지 않다. 『고사기』는 38세로, 『일대요기』는 48세로 적고 있다. 만약 겐소 천황이 48세로 사망했다면, 후술하듯이 그의 형 닌켄 천황이 그 뒤를 이어 11년간 통치하고 50세로 사망한다는 것은 있을 수 없는 일이다.
444) 『일본서기』 권15, 겐소 천황 즉위 전기에 "천황의 자리는 공이 있는 자가 올라야 한다. 귀한 신분임을 밝혀서 세상에 나오게 된 것은 모두 동생이 꾀한 것이다"라고 기술되어 있다. 형제 두 사람이 세상에 발견된 것은 오로지 동생의 힘이라는 것이다. 여기에서도 자신이 '덕이 없는 것'을 나타내고 있다.
445) 이 사실은 즉위 후의 일로서 지카후사의 오해이다. 즉 『일본서기』 권15, 겐소 천황 2년486 8월 1일조에 "더욱이 나는 천자가 되어 올해로 2년이 된다. 필히 원수의 능을 파서 뼈를 부숴 던져버리고 싶다. 이것이 또한 효행이 아니겠는가. 황태자 오케億計는 탄식하고 슬퍼하며 대답할 수 없었다. 그리하여 '아니됩니다'라고 간언하였다"는 기술이 보인다.
446) 정확하게는 무진戊辰년488이다.

천하를 다스린 지 11년, 50세로 사망하였다.[447]

제26대 부레쓰武烈 천황

닌켄 천황의 태자. 모친은 오이라쓰메大娘 황녀로[448] 유랴쿠 천황의
딸이다. 기묘己卯년(499)[449])에 즉위하여 야마토의 하쓰세泊瀬 나미키 궁列城
宮에 있었다.

천황은 성질이 매우 거칠고 온갖 악행을 저질렀기 때문에 재위 기간
도 짧았다. 닌토쿠 천황은 그토록 덕이 높았지만 그 혈통도 여기에서
끊어져 버렸다. "성덕聖德을 갖춘 군주의 자손은 백대 동안 이어질 것이
다"라고 쓰여 있지만〈『춘추春秋』에 보인다〉,[450] 부덕한 자손이 있으면
그 혈통이 단절되어 버리는 예도 매우 많다.[451] 따라서 옛 성현은 자신
의 자식이라도 애정에 빠지지 않고, [천자의 자리에 오를] 기량이 없는 인
물이라면 그 지위를 전하지 않았다. 요堯는 그 아들 단주丹朱가 불초한
자식이었기 때문에 제위를 순舜에게 넘겼고, 순도 또한 그 자식 상균商
均[452]이 불초했기 때문에 하夏나라의 우禹에게 넘긴 것이 그 예이다.

---

447) 『고사기』『일본서기』모두 향년을 기록하고 있지 않다. 『수경』은 50세, 『제왕편년기』
는 51세로 적고 있다.

448) 정확하게는 가스가오이라쓰메春日大娘 황녀 혹은 황후.

449) 부레쓰 천황은 실제 498년에 즉위하였다.

450) 『춘추좌씨전春秋左氏傳』 소공昭公 8년조에 "신이 듣건대, '성덕盛德은 반드시 백세百
世에 걸쳐 제사를 받는다'고 합니다"[臣聞, 盛德必百世祀]라는 기술이 있다. 본문의
'성덕聖德'은 '성덕盛德'의 잘못된 표기. 성덕을 갖추고 훌륭한 정치를 행한 군주는 영
원히 사람들의 존경을 받고 신으로 섬겨지며 그 자손도 번영한다는 뜻.

451) 『일본서기』에 닌토쿠 천황의 황손이 부레쓰 천황으로 끊어지고, 또한 닌토쿠 천황
을 성제聖帝, 부레쓰 천황을 폭군暴君으로 묘사하고 있는 것은 지카후사도 논하고 있
듯이, 요堯 · 순舜과 같은 성제관, 나라를 멸망시킨 걸桀 · 주紂와 같은 폭군관이 『일본
서기』의 기술에도 담겨 있는 것을 보여준다.

452) 혹은 상균商鈞. 『열자列子』「양주楊朱」에 "상균이 재능이 없어 우에게 선위禪位하였
다"고 기술되어 있다.

요·순 이후는 천하를 사사로이 지배했기[453] 때문에 제위帝位를 반드시 자손에게 전하게 되었는데, 우禹 이후는 걸桀[454]이 포학하여 나라를 멸망시켜 버렸다. 또한 은殷나라의 시대에도 탕湯은 덕이 높았지만 주紂[455]가 악덕무도했기 때문에 마침내 멸망하였다.

천축에서도 석가의 사후 100년을 지나 아육왕阿育王[456]이란 왕이 있었다. 성은 공작씨孔雀氏라 하였다. 그가 왕위에 오른 날 철륜鐵輪이 내려왔다. 전륜轉輪의 위덕威德을 받아 염부제閻浮提를 통령하고 많은 귀신들[457]을 거느렸다. 왕은 정법正法으로 천하를 다스리고 불교의 이치에 통하여 삼보三寶[458]를 숭상하였다. 8만 4천 개의 탑을 세워 사리舍利[459]를 안치하고 무수한 재보를 쏟아부어 사람들에게 공덕을 베푸는 훌륭한 인물이었다. 그러나 그 3대째인 손자 불사밀다라왕弗沙密多羅王[460]은 나쁜 신하의 권유로 아육왕이 세운 탑파塔婆[461]를 파괴하려는 사악한 생각을 품고 많은 사찰을 훼손하고 비구比丘[462]들을 죽였다. 또한 아육왕이 숭상하고 있던 계작사雞雀寺[463]의, 석가의 치아를 안치한 탑을 파

---

453) 천하는 그 지배자 개인의 것이 아니라 만민을 위한 천하로서, 자기의 애정이나 욕구에 의해 후계자를 결정해서는 안 되는 것임에도 천자의 자리를 세습하는 것.
454) 하夏나라의 마지막 왕. 은殷나라의 탕왕湯王에 의해 남소南巢로 쫓겨났다. 주왕紂王과 더불어 중국의 대표적인 악왕으로 흔히 걸주桀紂로 병칭한다. 여색에 빠져 정치를 잊고 학정虐政을 일삼았기 때문에 민심이 이반하여 멸망했다.
455) 은나라의 마지막 왕. 주周나라의 무왕武王에게 멸망당했다.
456) 아소카 왕 혹은 아슈카 왕. 마카다麻伽陀 국왕. 석가 입멸후 2백 년 무렵에 출생. 처음에는 폭정을 행했지만, 후에 신도가 되어 불교를 보호하고 정법正法을 널리 폈다. 아육왕전阿育王傳 7권, 아육왕경阿育王經 10권 등이 있다.
457) 호법선신護法善神. 불법을 믿고 수호하는 제천諸天·용왕龍王·귀신鬼神 등의 총칭.
458) 불佛·법法·승僧을 말함. 불은 불교의 교조敎祖인 일체의 지인智人. 법은 불교의 교법敎法. 승은 그 법을 학습하는 여러 제자弟子. 즉 부처·불경·승려를 가리킨다.
459) 석가의 사리.
460) 아육왕 사후의 왕 삼파제三波提의 4세 손孫으로 아육왕의 계통이 아니라는 설이 있다. '3세'가 아니라 '5세'가 옳다고도 한다. 프샤미토라 왕.
461) 솔탑파卒塔波의 준말. 사자死者의 사리를 묻은 무덤에 세우는 석탑. 방분方墳 혹은 묘廟라고 번역함.
462) 출가하여 구족계具足戒 : 비구·비구니의 일체의 계를 받은 남자.
463) 유원사維園寺·계작정사鷄雀精舍. 아육왕이 세운 사찰로서 중인도中印度 마가타국摩

괴하려 했기 때문에 호법신들이 노하여 큰 산을 움직여 왕과 그 군병[464]들을 압살해 버렸다. 그 후 공작씨의 자손은 끊어졌다. 그러므로 선조가 아무리 덕을 갖추고 있어도 부덕한 자손이 나오면 종묘의 제사가 끊어져 버리는 것은 의심할 여지가 없다.

이 천황은 천하를 다스린 지 8년, 58세로 사망하였다.[465]

제27대 제20세 게이타이繼體 천황

오진 천황의 5세 손이다. 오진 천황의 여덟 번째 황자 하야부사와케隼總別 황자, 그 아들 오토 왕大迹王, 그 아들 시이 왕私斐王, 그 아들 히코누시 왕彦主人王, 그리고 그 아들 오오토 왕男大迹王이 바로 이 천황이다. 모친은 후루히메振姬로 스이닌 천황의 7세 손이다. [게이타이 천황은] 에치젠국越前國: 福井縣 북부에 살고 있었다. 부레쓰 천황이 사망하고 황윤이 끊어져 버렸기 때문에 군신群臣은 이를 슬퍼하여 여러 지방을 돌아다니며 혈연이 가까운 황윤을 찾았다. 그런데 이 천황이 왕자王者의 풍격을 갖추고 잠룡潛龍 같은 천자의 덕을 감추고 있는 것이 세상에 알려져 있었는지, 군신이 협의하여 황위로 맞이하였다. 천황은 세 번이나 고사했지만 마침내 즉위하였다. 이때가 정해丁亥년507이다〈부레쓰 천황이 사망한 후 2년간은 공위空位였다〉.[466] 야마토의 이와레磐余 다마호 궁玉穗宮에 있었고, 닌켄 천황의 딸 다시라카手白香 황녀를 황후로 삼았다.

즉위하고 보니 과연 이 천황은 매우 현명한 왕이었다. 오진 천황에는

伽陀國 파타리자성波吒釐子城에 있었다고 한다.
464) 고대 인도의 4군으로 상병象兵·마병馬兵·차병車兵·보병步兵을 가리킴.
465) 『고사기』『일본서기』 모두 향년을 기록하고 있지 않다. 『제왕편년기』『황대기』에서는 57세로 적고 있다.
466) 『일본서기』의 편년에 의하면, 부레쓰가 사망한 506년 12월부터 게이타이가 즉위한 507년 2월까지 실제 공위 기간은 약 2개월이다.

자식이 많이 있었고, 그 중에서 닌토쿠 천황은 덕이 높은 천황이었는데도 그 자손은 끊어져 버리고 하야부사와케 황자의 자손이 이처럼 황위를 보유하고 있는 것은 어떤 이유 때문인지 확실하게는 알 수 없다. 닌토쿠를 오사자키노 미코토大鷦鷯尊라고 하고, 여덟 번째 황자를 하야부사와케隼總別 황자라고 하였다. 닌토쿠 천황 때 이 형제가 노닥거리며, 사자키鷦鷯467)는 작은 새이고 하야부사隼468)는 큰 새이다469)라며 다툰 적이 있는데, 결국 하야부사라는 이름이 앞섰기 때문에 후에 [그 자손이] 천자의 자리를 계승하게 되었던 것일까. 중국에도 이러한 예가 있는데 〈『춘추좌씨전春秋左氏傳』에 보인다〉,470) [이것은] 이름을 짓는 일도 신중해야 한다는 뜻일 것이다. 다만 이렇게 정해진 것도 천명天命471)이라 한다면, 보통 사람들[凡人]의 사려472)로 헤아릴 일이 아니다.

게이타이 천황이 황위에 오른 것은 뜻밖의 운이라 생각된다. 다만 이것은 황윤이 끊어질 뻔 했을 때 군신이 찾아내 훌륭한 분이라 하여 황위에 올린 것으로, [그야말로] 아마테라스 오미카미의 본래의 뜻[本意]이라 생각된다. 황통에 직계 자손이 있을 경우는 방계의 황자·황손이 아무리 현명하더라도 결코 황위를 바래서는 안 된다. 황윤이 끊어진 경우는 현명한 사람이 황위에 오르는 것도 하늘이 허락하는 바이다. 이 천황은 우리나라[일본]의 중흥中興의 조종祖宗473)으로 받들 만한 분이다.

---

467) 굴뚝새.
468) 매.
469) 『일본서기』 권11, 닌토쿠 천황 40년352 2월조에는 "굴뚝새와 매 중에서 어느 것이 빠른가"라고 기술되어 있다.
470) 『춘추좌씨전』 환공桓公 2년에는 진晋 목공穆公의 두 아들에 관한 고사가 실려 있다. 즉 구仇라는 이름의 형은 그 이름이 불길不吉·불선不善하여 일찍 멸망했 고, 성사成師라는 이름의 동생은 그 가명嘉名 덕분에 번영했다고 한다.
471) 아마테라스 오미카미의 뜻.
472) 신의 심원한 뜻과 대비되는 보통 사람들의 어리석은 생각을 가리킴.
473) '조종祖宗'은 원래는 아마테라스 오미카미와 역대의 천황을 가리킨다. 다카미무스 히노 미코토高皇産靈尊와 가미무스히노 미코토神皇産靈尊로부터 아마테라스 오미 카미에 이르기까지를 조祖라고 하거나 혹은 오미카미를 조祖라고 한다. 또한 인황人皇에 대해

천하를 다스린 지 25년, 80세로 사망하였다.[474]

제28대 안칸安閑 천황

게이타이 천황의 태자. 모친은 메노코히메目子姬로 오와리尾張의 구사
카노무라지草香連의 딸이다. 갑인甲寅년534에 즉위하여 야마토의 마가리勾
가나하시 궁金橋宮에 있었다.
천하를 다스린 지 2년,[475] 70세로 사망하였다.

제29대 센카宣化 천황

게이타이 천황의 둘째 아들. 안칸 천황과 한 배에서 태어난 동생이다.
병진丙辰 : 536년에 즉위하여 야마토의 히노쿠마檜隈 이오리노 궁廬入野宮에
있었다.
천하를 다스린 지 4년, 73세로 사망하였다.

서 진무神武까지를 조祖, 제2대부터 선제先帝까지를 종宗이라 한다. 여기에서는 역대
천황의 한 사람인 이 천황을 특히 황통상 중요시하여 '중흥의 조종'이라 한 것이다.
474) 『일본서기』는 82세, 『고사기』는 43세로 적고 있다.
475) 2년설 혹은 4년설이 있다.

신황정통기 (중)

제30대 제21세 긴메이欽明 천황

게이타이 천황의 셋째 아들. 모친은 황후 다시라카手白香 황녀로 닌켄 천황의 딸이다. 두 명의 형이 있었지만 이 천황의 자손이 황위를 계승하였다. 모친 쪽도 닌토쿠 천황의 혈통이므로 닌토쿠 천황의 성덕이 여전히 사라지지 않아 이와 같이 되었을 것이다.[1] 경신庚申년540[2])에 즉위하여 야마토大倭의 시키시마磯城嶋 가나사시 궁金刺宮에 있었다.

즉위 13년 임신壬申년552 10월에 백제로부터 불佛·법法·승僧이 전래되었다. 이것이 일본에 불교가 전해진 최초이다.[3] 석가여래의 입멸 후

---

1) 닌토쿠 천황의 남계男系는 부레쓰 천황으로 끊어졌지만 닌토쿠의 여계女系인 다 시라카 황녀 소출의 남자라는 것, 그리고 배 다른 형인 안칸·센카 두 천황의 생모가 메노코히메라는 이유에서 긴메이 천황의 황윤이 정통으로 정해졌다고 보는 것이다. 여기에는 "성덕을 갖춘 군주의 자손은 백대 동안 이어질 것이다"는 사상이 반영되어 있다.
2) 실제로 즉위한 것은 539년.

1016년에 해당하는 해, 중국 후한後漢의 명제明帝 영평永平 10년에 불교가 처음 중국에 전해졌다.4) 그때부터 이 임신년까지 488년,5) 중국에서는 북조北朝의 제齊나라 문선제文宣帝 3년, 남조南朝의 양梁나라 간문제簡文帝 3년에 해당한다. 간문제의 아버지는 무제武帝라고 하며 독실하게 불교를 숭상하였다. 이 긴메이 천황의 초기는 무제와 같은 시대이다.6)

불교가 처음 전래되었을 때 타국의 신을 숭상하는 것은 우리나라[일본]의 신들의 뜻에 어긋난다고 하여 군신들이 강력하게 간언했기 때문에 천황은 불교를 공인하지 않았다.7) 그러나 일본에서는 삼보三寶라는 명칭이 이때부터 들리게 되었다. 또한 [불교가 공식적으로는 인정되지 않았지만] 은밀히 개인적으로 신앙하는 사람8)은 있었다. 천황에게는 성덕이

---

3) 백제로부터 불교가 전래된 연도는 『일본서기』에만 보이며 『고사기』에는 기록되어 있지 않다. 『일본서기』 권19, 긴메이 천황 13년552조에 의하면, 같은 해 10월 백제의 성명왕聖明王이 사자를 파견하여 석가불상·번개幡蓋·경론 등과 함께 불법 유통의 공덕을 칭송하는 상표문上表文을 바쳤다고 기록되어 있다. 그러나 『상궁성덕법왕제설上宮聖德法王帝說』이나 『원흥사가람연기元興寺伽藍緣起 병并 유기자재장流記資財帳』 등 나라奈良 시대의 사원 기록에서는 불교가 일본에 공식적으로 전래된 해를 센카宣化 천황 3년538으로 기술하고 있다.

4) 영평 10년은 67년으로 스이닌 천황 96년에 해당한다.

5) 486년이 옳다.

6) 긴메이 천황 원년540은 무제 즉위 39년, 대동大同 6년에 해당한다.

7) 『일본서기』 권19, 긴메이 천황 13년552 10월조에, "'짐은 지금까지 이렇게 훌륭한 법은 들어본 적이 없다. 그러나 나 혼자서 결정할 수 없다'고 하였다. 그리하여 군신들에게 '서번西蕃이 헌상한 불상의 용모는 장엄하고 아름다우며 지금까지 전혀 본 적이 없는 것이다. 예배해야 할 것인가 아닌가'하고 물었다. 소가노오오미 이나메노 스쿠네蘇我大臣稻目宿禰는 '서번 제국諸國은 모두 빠짐없이 예배하고 있습니다. 도요아키즈야마토豊秋日本만이 거부할 수 없습니다'라고 주상하였다. 모노노베노오무라지 오코시物部大連尾輿·나카토미노무라지 가마코中臣連鎌子는 똑같이 '우리나라의 국왕은 항상 천지天地의 180신을 춘하추동으로 제사해 오셨습니다. 지금 그것을 바꾸어 번신蕃神을 예배한다면 아마 구니쓰카미國神의 노여움을 사게 될 것입니다'라고 주상하였다. 천황은 '원하고 있는 이나메노 스쿠네에게 이 불상을 주어 시험삼아 예배시켜 보도록 하라'고 명하였다"라고 기술되어 있다.

8) 소가노 이나메蘇我稻目, 소가노 우마코蘇我馬子 등. 당시 조정에는 백제에 대하여 호의를 가진 소가·오토모大伴의 두 씨족과, 신라와 관계를 맺으려고 하는 모노노베物部·나카토미中臣의 두 씨족이 대립하여 불교의 수용 문제뿐만 아니라 사사건건 반목하고 있었다.

있어서 삼보를 감득했기 때문일 것이다. 천황은 군신이 간언했기 때문에 불교를 공인하지는 않았지만 그것은 본의가 아니었을 것이다.

옛날 석가가 살아 있던 무렵 천축의 월개장자月蓋長者가 주조한 미타삼존彌陀三尊의 금상金像이 전래되었다.9) 그것이 나니와難波의 호리에堀江에 버려져 있던 것을 젠코善光라는 사람이 주워 시나노 국信濃國：長野縣에 안치하였다.10) 이것이 지금의 젠코지善光寺이다.

이 천황 때 하치만 대보살이 처음으로 수적垂迹하였다.11)

천황은 천하를 다스린 지 32년, 81세로 사망하였다.12)

제31대 제22세 비다쓰敏達 천황

긴메이 천황의 둘째 아들. 모친은 이시히메石媛 황녀로 센카 천황의 딸이다. 임진壬辰년572에 즉위하여 야마토의 이와레磐余 오사다 궁譯語田宮에 있었다. 즉위 2년 계사癸巳년573, 천황의 동생 도요히豊日 황자의 비妃가 황자를 낳았다. 우마야도廐戸 황자13)이다. 이 황자가 출생했을 때부터 기이한 상서祥瑞가 여러 가지 나타났다. [이것은] 보통 사람이 아닌 증거이다.14) 우마야도 황자는 태어났을 때 손을 쥐고 있었는데, 두 살 때

---

9) 인도 비사리국毘舍離國에 살고 있던 장자長者：豪族로, 병고病苦를 구제하기 위해서는 미타삼존에게 기도하라는 석가의 가르침에 따라 금상을 주조했다고 한다. 그 금상은 불법이 동점東漸함에 따라 백제에 건너왔고 성명왕이 일본에 '헌상'했다는 전설이 『평가물어平家物語』 권2 「젠코지善光寺 소실炎上」조에 보인다.

10) 『선광사연기善光寺緣起』 3에 "젠코善光가 몸소 여래를 짊어지고 시나노 국에 내려왔다"고 기술되어 있다.

11) 『부상략기』 긴메이 천황 32년552 정월 1일조에 "일설에는 하치만 대보살이 처음 부젠 국풍前國 우사 군宇佐郡 우마시로 봉우리馬城峯에 나타났다고 한다"는 기술이 보인다.

12) 『일본서기』 권19, 긴메이 천황 32년552 4월조에는 "당시 나이 약간", 『일대요기』에는 62세, 『황대기』에는 63세로 적혀 있다.

13) 쇼토쿠 태자聖德太子.

14) 신불神佛의 화신을 가리킨다.

동방을 향하여 나무부쓰南無佛[15]라고 하며 손을 펴자 그 안에 한 조각의 사리[16]가 있었다. 이 분은 불법을 펴기 위하여 부처가 모습을 바꾸어 나타났던 것임에 틀림없다. 이 불사리佛舍利는 지금도 야마토의 호류지法隆寺에 보관되어 있다.

천황은 천하를 다스린 지 14년, 61세로 사망하였다.[17]

제32대 요메이用明 천황

긴메이 천황의 넷째 아들. 모친은 기타시히메堅鹽姬로 소가노 이나메노오오미蘇我稻目大臣의 딸이다. 도요히노 미코토豊日尊라고 한다. 우마야도廐戸 황자의 아버지이다. 병오丙午년586에 즉위하여 야마토의 이케노헤池邊 나미쓰키 궁列槻宮에 있었다. 천황은 불교를 숭상하여 우리나라[일본]에 널리 알리려 했지만, 유게노 모리야노오무라지弓削守屋大連가 이것에 반대하여 마침내 모반을 일으켰다. 우마야도 황자는 소가노오오미蘇我大臣[18]와 합심하여 모리야守屋를 주살하고 불교를 널리 보급하였다.

천황은 천하를 다스린 지 2년, 41세로 사망하였다.[19]

---

15) 중생이 부처·보살을 향하여 그 이름을 부르고 성심성의로 신앙할 때 외는 말.
16) 석가불의 유골. 은주머니에 넣어 상궁왕원보장上宮王院寶藏에 안치하였다. 세상에 '나무부쓰南無佛의 사리'라고 일컬어진 것이다.
17) 『고사기』 『일본서기』에는 향년이 보이지 않는다. 『황대기』는 48세, 『부상략기』와 『우관초愚管抄』는 24세로 적고 있다.
18) 이나메稻目의 아들, 우마코馬子. 황자와 우마코의 반대파가 모노노베노 모리야物部守屋와 나카토미노 가쓰우미中臣勝海이다.
19) 『고사기』 『일본서기』에는 향년이 보이지 않는다. 『황년대략기皇年代略記』는 69세로 적고 있다.

제33대 스슌崇峻 천황

긴메이 천황의 열두 번째 아들. 모친은 고아네키미노이라쓰메小姉君娘로 역시 소가노 이나메노오오미의 딸이다. 무신戊申년588에 즉위하여 야마토의 구라하시 궁倉橋宮에 있었다. 천황에게는 횡사할 운명의 관상이 나타나 있었기 때문에 단단히 주의하도록 우마야도 황자가 충고했다고 한다.[20]

천하를 다스린 지 5년, 72세로 사망하였다.[21]

천황은 외삼촌인 소가노 우마코노오오미蘇我馬子大臣와 사이가 나빴기 때문에 이 오오미에게 살해당했다고도 한다.[22]

제34대 스이코推古 천황

긴메이 천황의 황녀. 요메이 천황과 한 배에서 태어난 여동생이다. 미케카시야히메노 미코토御食炊屋姫尊라고 한다. 비다쓰 천황이 황후로 삼았다〈닌토쿠 천황도 이복 여동생을 비妃로 삼았던 적이 있다〉.[23] 스

---

20) 『성덕태자전력聖德太子傳曆』 상上에 "태자가 상주하여 말하기를, '폐하의 옥체는 실로 인군仁君의 상相이 있습니다. 그러므로 비명非命이 돌연히 닥칠까 두렵습니다. 삼가 바라건대 좌우를 잘 살피고 간객奸客을 들이지 마십시오'라고 하였다"는 기술이 보인다.

21) 『고사기』 『일본서기』에 향년은 보이지 않는다. 72세는 『부상략기』에 보인다.

22) 『일본서기』 권21, 스슌 천황 5년592 10월 4일조에, "멧돼지를 헌상하는 자가 있었다. 천황은 멧돼지를 가리키면서 말하기를 '언젠가 이 멧돼지의 목을 자르듯이 내가 싫어하는 사람을 베고 싶다'고 하셨다. 많은 무기를 준비하고 있는 모습은 심상치 않았다. 같은 달 11일에 소가노 우마코노 스쿠네는 천황이 말한 내용을 듣고서 자신을 미워하고 있는 것은 아닐까 두려워하며 가신[郎党]들을 모아 천황을 시해할 것을 모의하였다'고 기술되어 있다. 그 해 11월 3일조에는 야마토노아야노 아타이코마東漢直駒를 시켜 천황을 시해했다는 기사가 보인다. 지카후사에게는 있을 수 없는 행위로 여겨졌기 때문에 일부러 전문傳聞한 것으로 넌지시 표현하고 있다.

23) 『일본서기』 권11, 닌토쿠 천황 38년350 정월 6일조에 "야타八田 황녀를 세워 황후로

순 천황이 사망했기 때문에 계축癸丑년593 24)에 즉위하여 야마토의 오하리다 궁小墾田宮에 있었다.

옛날 진구神功 황후가 60여 년 천하를 다스린 적이 있지만, 이때는 섭정攝政이라 했고 천황이라고는 칭하지 않았던 것 같다. 하지만 이 스이코 천황은 정식으로 황위에 올랐던 것이다. 그리고 우마야도 황자를 황태자로 삼아 모든 정무를 맡기고 황자를 섭정이라 하였다. [천황이 순행하러 나갔을 때] 황태자가 대권大權을 대행[監國]하는25) 일은 있지만 그것은 일시적인 일이다. 이 경우는 줄곧 천하를 다스렸다.

황태자는 덕이 높았기 때문에 백성은 천황을 대하는 것과 마찬가지로 한없이 태자를 따르고 경모하였다. 황태자가 아직 황자였을 때 역신逆臣 모노노베노 모리야物部守屋를 토벌한 후 불교가 비로소 널리 퍼졌다. 황자였을 때조차 그러했으므로 섭정이 되고 나서는 삼보를 숭상하고 정법을 널리 펴서 석가 재세 때와 같이 세상이 융성하였다.26)

또한 태자는 보통 사람으로는 헤아릴 수 없는 신통력27)을 지니고 있었다. 몸소 승복을 걸치고 경전28)을 읽자, [석가가 법화경을 강의했을 때 육서六瑞가 나타난 것과 같이] 하늘에서 꽃이 내리고 방광동지放光動地하는 서상瑞祥이 나타났다.29) 천황과 군신들은 태자를 부처처럼 숭상하였다.

삼았다"고 기술되어 있다. 야타 황녀는 닌토쿠 천황의 이복 여동생이자, 우지노와키이라쓰코菟道稚郎子 황자와 한 배에서 태어난 여동생이다.
24) 이것은 『일본서기』의 설이다. 실제 즉위는 한 해 전인 임자壬子년592이다.
25) 『영의해令義解』에는 "천자가 순행하고 다이슈太守가 지키는 것을 감국監國이라 한다"라는 기술이 보인다.
26) 불교의 말법사상末法思想에서 보면, 당시는 정正·상像·말末 중의 상법像法시대로서 석가 재세에 비하여 하강한 한탄할 만한 시대이지만, 태자의 출현에 의하여 정법시대와 동일하게 되었다는 것.
27) 무애자재無碍自在한 부처·보살의 힘. 신통神通에 6종이 있다고 한다.
28) 법화法華·승만勝鬘·유마경維摩經 등의 경전. 태자는 그 주석인 소疏를 썼다.
29) 하늘에서 꽃이 내리는 서상은 '우화서雨華瑞' 즉 하늘에서 4종의 연화蓮華를 내리는 것. 방광은 '방광서放光瑞' 즉 부처의 미간에서 백광白光을 발하는 것. 동지의 서상은 '지동서地動瑞' 즉 대지가 6종으로 진동하는 것을 말한다. 우화서·방광서·지동서 외에 설경說經·입정入定·심선心善의 삼서三瑞가 있다.

태자가 곳곳에 세운 사원 가람伽藍의 수는 40개 이상이나 되었다.[30]
또한 이 나라[일본]에서는 예부터 백성이 소박하기 때문에 법령 따위도
정하지 않았지만, [스이코 천황 즉위] 12년 갑자甲子년604에 처음으로 관위冠
位를 정하고〈관冠의 종류에 따라 신분을 18단계로 나누었다〉,[31] 17년 기
사己巳년609[32]에 헌법십칠조憲法十七條[33]를 만들어 천황에게 상주하였다.
이것은 내전內典：佛書・외전外典：儒書의 심오한 도를 심화시키고 그 주지
를 간결하게 정리한 것이다. 천황은 기뻐하며 이것을 천하에 시행케 하
였다.[34]

이 무렵은 중국에서는 수隋나라 시대이다. 중국은 남북조로 나뉘어
남조는 중국의 정통正統을 계승하는 왕조, 북조는 융적戎狄에서 일어난
나라였는데, 결국 북조가 천하를 통일하였다. 수나라는 북조의 후주後周
라는 왕조의 선양을 받고, 후에 남조의 진陳을 토벌하여 천하통일을 달
성했던 것이다. 스이코 천황의 원년, 계축癸丑년593은 문제文帝가 천하를
통일한 4년째에 해당한다.

스이코 천황 13년 을축乙丑년605은 양제煬帝의 즉위년이다. 이때 수나

---

30) 『일본서기』 권22, 스이코 천황 32년624 9월조에 의하면, 승僧・니尼에 대한 기록을
  만들었는데 당시 사원의 수가 46개소로 되어 있다.
31) 『일본서기』 권22, 스이코 천황 11년603 12월 5일조에 "처음으로 관위冠位를 시행하
  였다. 대덕大德・소덕小德・대인大仁・소인小仁・대례大禮・소례小禮・대신大信・소
  신小信・대의大義・소의小義・대지大智・소지小智를 합쳐 12계階라고 한다", 동12년
  정월 1일조에 "처음으로 관위를 제신諸臣에게 하사했는데 각각 차이가 있었다"고 기
  술되어 있다. 지카후사는 18계라고 하지만 12계가 옳다.
32) 헌법십칠조의 제정은 12년 갑자甲子년604 4월이 옳다.
33) 일본 최초의 성문법 제정이라 할 만하다. '헌법'은 교회敎誨・훈유訓諭의 의미로, 논
  어論語・효경孝經・좌전左傳・서경書經・관자管子 등의 서적 및 불교사상을 바탕으로
  작성하였다. 사회를 군주왕・신하관리・민백성으로 나누고 3자간의 바람직한 관계를
  서술하고 있다. 특히 왕의 유일성을 강조하고, 관리에게는 지켜야 할 도덕과 규율을
  요구하고 있다.
34) 『성덕태자전력聖德太子傳曆』 상上에는 "헌법이 완성되었다. 천황이 크게 기뻐하고
  군신들이 제각기 한 부씩 옮겨 적었다. 이것을 천하에 전하니 천하가 크게 기뻐하였
  다"라고 기술되어 있다.

라로부터 우리나라[일본]에 처음으로 사신을 보내와 국교를 통하였다.[35] 수제隋帝의 서신에 "황제가 삼가 왜황倭皇에게 안부를 묻는다"[36]라고 적혀 있던 것에 대하여, 군신들은 "이것은 중국의 천자가 제후왕諸侯王에게 서신을 보낼 때의 예의이다"라 하여 이의를 제기하였다. 하지만 황태자는 "황皇이란 글자는 함부로 사용하는 글자가 아니다"[37]고 하여 답서를 건네고 후한 접대를 하여 수나라 사신을 귀국시켰다.[38] 이후 우리나라[일본]로부터도 정기적으로 사신을 파견하였다. 그것을 견수대사遣隋大使라고 불렀다.

스이코 천황 27년 기묘己卯년619에 수나라가 멸망하고 낭나라의 세상이 되었다.[39] 29년 신사辛巳년621, 황태자가 사망하였다. 향년 49세였다. 천황을 비롯하여 천하 사람들은 부모를 여읜 것처럼 깊이 슬퍼하였다.[40] 황위도 마땅히 계승할 것이었지만, 부처의 화신이므로 [태자의 죽

---

35) 이때의 수나라 사신은 배세청裴世淸 일행으로, 스이코 천황 16년608 4월에 쓰쿠시筑紫에 도착, 8월 3일에 입경入京하여 수나라 양제의 국서를 전달하였다. 그 국서에는 전년도에 오노노 이모코小野妹子를 중국에 사신으로 보내와 조공한 것을 가상히 여긴다고 적혀 있었다. 본문에서는 일본에서 먼저 중국에 조공 사신을 보낸 사실을 기술하지 않았기 때문에, 마치 중국에서 먼저 일본에 국교를 요청해 온 것처럼 오해할 소지가 있다.

36) 『일본서기』 권22, 스이코 천황 16년608 8월 12일조에 "황제가 왜황倭皇에게 안부를 묻는다"라고 기술되어 있다. 수나라 국서의 원문에는 '왜왕倭王'으로 적혀 있었음에 틀림없다. 『위지魏志』 왜인전倭人傳에 '친위왜왕비미호親魏倭王卑彌呼', 『송서宋書』 외국전外國傳에 '안동대장군왜왕安東大將軍倭王'으로 적혀 있는 예로 보아 중국의 황제와 대비하여 '왜왕'이라 기술하는 것이 자연스럽다. 이하의 기술은 후세 『일본서기』의 용법인 '왜황'에 따른 것이다.

37) 『성덕태자전력聖德太子傳曆』 하下에 "왜황倭皇의 글자를 사용하는 것은 예의를 갖춘 것이다. 삼가 수리해야 할 것이다"는 기술이 있다.

38) 수나라 사신 배세청은 같은 해 608년 9월 11일에 귀국하였다. 이때 오노노 이모코가 수양제에게 보내는 국서를 지참하고 배세청과 동행하였고, 일본의 유학생·유학승 등 8명이 이모코를 따라 수나라에 갔다.

39) 수나라가 멸망하고 당나라가 성립한 것은 무인戊寅년618이다.

40) 『일본서기』 권22, 스이코 천황 29년621 2월 5일조에는, "우마야도노 도요토미미노미코노 미코토廐戶豊聰耳皇子命가 이카루가 궁斑鳩宮에서 사망하였다. 이때 제왕諸王과 신하 그리고 천하의 백성은 모두, 노인은 사랑하는 아이를 잃은 것처럼 슬퍼하고, 소금과 식초가 입에 들어가도 맛을 알지 못하고, 어린 아이는 부모를 여읜 것처럼 슬퍼

음에는] 아마 깊은 뜻이 있었을 것이다. 쇼토쿠聖德라는 휘諱[41]가 추서되었다.

스이코 천황은 천하를 다스린 지 36년, 70세로 사망하였다.[42]

제35대 제24세[43] 조메이舒明 천황

오시사카오에忍坂大兄 황자의 아들. 비다쓰 천황의 손자이다. 모친은 누카테히메糠手姬 황녀로 이 역시 비다쓰 천황의 딸이다. 스이코 천황은 쇼토쿠 태자의 아들[44]에게 황위를 전하고자 했던 것 같다. 그러나 조메이 천황은 비다쓰 천황의 직계 손자이자 긴메이 천황의 적증손嫡曾孫이다. 게다가 쇼토쿠 태자가 병에 걸렸을 때 스이코 천황은 이 황자[조메이 천황]를 사신으로 병문안을 가게 했는데, 그때 쇼토쿠 태자는 천하의 일을 이 황자에게 맡겼다고 한다.

조메이 천황은 계축癸丑년629[45]에 즉위하여 야마토의 다케치 군高市郡 오카모토 궁岡本宮에 있었다. 이해는 중국에서는 당나라의 태종太宗 초, 정관貞觀 3년에 해당한다.

천하를 다스린 지 13년, 49세로 사망하였다.

하여 우는 소리가 길거리에 가득 찼다"고 묘사되어 있다.

41) 사후에 높여 부르는 칭호. 시호諡號.

42) 『일본서기』 권22, 스이코 천황 36년628 3월 7일조에는 '당시 75세'로 기록되어 있다.

43) 비다쓰 천황은 제22세. 요메이·스슌·스이코의 세 천황도 동일하다. 조메이 천황은 비다쓰 천황의 손자이므로 제23세의 천황은 없는 것이다.

44) 야마시로노오에 왕山背大兄王.

45) 기축己丑년629이 옳다. 당唐 태종의 정관貞觀 3년에 해당한다.

제36대 고교쿠皇極 천황

지누茅渟 왕의 딸. 오시사카오에 황자의 손녀. 비다쓰 천황의 증손이
다. 모친은 기비히메吉備姫 여왕이라 칭하였다. [고교쿠 천황은] 조메이 천
황의 황후로서 덴지天智·덴무天武 천황의 생모이다. 조메이 천황이 사
망했을 때 황자가 어렸기 때문에46) 임인王寅년642에 즉위하였고, 야마토
의 아스카明日香 가와라 궁河原宮에 있었다.

이 천황의 치세에 소가노 에미시노오오미蘇我蝦夷大臣〈소가노 우마코
노오오미의 아들〉와 그 아들인 이루카入鹿가 정권을 제멋대로 하고 황
실을 업신여겼다. 자신의 집을 미카도宮門, 자식들을 미코王子라 칭하
고,47) 예부터 전해온 국기國紀48)·중보重寶를 모두 자신의 집에 옮겨 버
렸다. 특히 이루카는 천황에 대하여 반역심이 강하였고, 아무 죄도 없는
쇼토쿠 태자의 자식들을 멸망시켜 버렸다.49) 그러자 조메이 천황의 아
들로서 고교쿠 천황의 배에서 출생한 나카노오에中大兄 황자50)가 나카

---

46) 이 황자를 후의 덴지 천황으로 보면 나이 16세. 『일본서기』 조메이 천황 13년641 10
월 18일조에 "이때 동궁東宮 히라카스와케開別 황자는 향년 16세로 고인조메이 천황의
생전의 덕행을 읊었다"고 기술되어 있다. 다만 지카후사는 덴지 천황의 향년을 58세로
적고 있으므로, 그것으로 역산하면 조메이 천황 사망은 28세가 되어 '어리다'는 본문
의 표현과 모순된다.

47) 『일본서기』 권24, 고교쿠 천황 3년644 11월조에, "소가노오오미 에미시大臣蝦夷
와 그 아들 이루카노오미入鹿臣는 집을 아마카시노오카甘樫岡에 나란히 세웠다. 오오
미의 집을 우에노미카도上宮門라 칭하고 이루카의 집을 하자마노 미카도谷宮門라고
하였다〈'谷'은 여기에서 '하자마'라고 읽는다〉. 자식은 남녀 모두 미코王子라고 칭하였
다"라고 기술되어 있다.

48) 국가의 기록인 국기國記를 가리킨다. 『일본서기』 권24, 고교쿠 천황 4년645 6월 13일
조에, "소가노오미 에미시蘇我臣蝦夷 등은 주살당할 때 천황기天皇記·국기國記·진보
珍寶를 모두 불태웠다. 후네노후비토 에사카船史惠尺는 재빨리 불타는 국기를 집어 나
카노오에中大兄에게 바쳤다"라고 기술되어 있다.

49) 야마시로노오에 왕山背大兄王과 그 일족·비첩妃妾 모두를 자살로 몰아세운 경위에
대해서는 『일본서기』 고교쿠 천황 2년643 11월 1일조에 상세하다.

50) 『석일본기釋日本紀』에 "나카노오에는 덴지天智 천황이다. 또한 가즈라키葛城 황자라
한다"라고 기술되어 있다.

토미노 가마타리노무라지中臣鎌足連와 합심하여 이루카를 죽였다.[51] 그 아버지 에미시蝦夷도 자신의 집에 불을 질러 자살했기 때문에 국기·중보도 모두 소실되었다.

소가 씨蘇我氏 일족은 오랫동안 권력을 장악하고 있었지만 적악積惡 때문에 모두 멸망해 버렸다. 야마다노이시카와마로山田石川丸[52]라는 사람은 황자와 마음이 통하여 같은 편에 있었기 때문에 멸망당하지 않았다.

나카토미노 가마타리는 아메노코야네노 미코토天兒屋根命의 21세 손孫[53]이다. 이 미코토는 옛날 천손강림 때 여러 신들의 우두머리였던 분으로 아마테라스 오미카미의 칙을 받아 아메미야天孫의 보좌역이 되었다. 나카토미中臣라는 말도 두 신의 중간에서 신의 마음을 편안하게 했다는 데에서 유래한다고 한다.[54] 그 자손인 아메노타네코노 미코토天種子命는 진무 천황의 치세에 제사(祭事:마쓰리고토)를 관장하였다. 상고上古는 신과 천황이 일체였기 때문에 제사[祭:마쓰리]를 관장한다는 것은 바로 정치[政:마쓰리고토]를 행한다는 의미이다〈마쓰리고토政라는 글자의 훈訓에 의해서도 알 수 있을 것이다〉.

그 후 아마테라스 오미카미가 처음 이세에 진좌했을 때 아메노타네코노 미코토의 자손인 오카시마노 미코토大鹿嶋命가 제관祭官이 되었고, 이후 가마타리의 아버지〈쇼토쿠칸小德冠〉[55] 미케코御食子 때까지 그 관직

---

51) 『일본서기』권24, 고교쿠 천황 4년645 6월 12일조에 상세하다.
52) 『공경보임公卿補任』에 "우다이진右大臣 소가노 야마다노이시카와마로蘇我山田石河麻呂, 우마코오오미馬子大臣의 손자. 오마사雄正의 자식이다"라고 기술되어 있다. 『일본서기』권24, 고교쿠 천황 3년644 정월 1일조에는 '소가노 구라노야마다노마로蘇我倉山田麻呂'로 나온다.
53) 『우관초』와 『공경보임』에 21세 손으로 기록하고 있다. 그러나 『신찬성씨록新撰姓氏錄』과 『중신씨계도中臣氏系圖』에는 23세 손으로 기록하고 있다. 후자가 옳다.
54) '나카쓰오미中之臣' 혹은 '나카토리모치中執持'의 줄인 말이라 한다. 두 신은 아마 테라스 오미카미와 니니기노 미코토
55) 가마타리의 아버지 미케코가 쇼토쿠칸小德冠에 임명된 사실이 없다는 설이 있지만, 『중신씨계도』가 인용하는 엔기延喜 6년906의 『중신씨본계장中臣氏本系帳』에 '小德冠

을 세습하여 봉사하고 있었다. 가마타리의 시대에 이르러 훈공을 세워 중용되었고 선조의 공업을 한층 화려하게 하였다. 실로 훌륭하다고 할 만하다.

[나카토미 씨가 정치를 관장하는 것은] 신대 이래의 일이기 때문에 [가마타리가 정치에 참여하게 된 것도] 당연하다고 생각된다. 가마타리는 후에 우치노오미內臣에 임명되었고,[56] 다시 오오미大臣로 바뀌었으며, 다이쇼쿠칸大織冠〈정1위의 명칭〉[57]이 되었다. 또한 나카토미의 성姓을 바꾸어 후지와라藤原의 성을 받았다[58]〈이 [고교쿠 천황] 치세에 나카토미가 우치노오미에 임명되었던 것은 아니지만,[59] 여기서 함께 기술하였다〉.

이 천황은 천하를 다스린 지 3년, 한 배에서 태어난 동생 가루輕 왕에게 양위하였다. 고교쿠 천황을 존칭하여 스메미오야노 미코토皇祖母尊[60]라고 하였다.

前事奏官兼祭官中臣御食子大連公'이라 보인다. 쇼토쿠칸 수여의 실례로서 인정되고 있다.

56) 『일본서기』 권25, 고토쿠孝德 천황 즉위 전기即位前紀에 의하면, 가마타리가 우치노오미에 임명된 것은 고토쿠 천황 다이카大化 원년645 6월 14일이다. 우치노오미는 신하를 총괄하여 정무를 관장하며, 사다이진左大臣·우다이진右大臣의 다음에 있는 지위이다.

57) 『일본서기』 권25, 고토쿠 천황 다이카 3년조647에, "이해에 7색色 13계階의 관관冠을 제정하였다. 첫째를 쇼쿠칸織冠이라 한다. 대소大小의 2계階가 있다. 직물로 관을 만들고 그 테두리에 수를 놓았다. 의복의 색은 모두 진한 보라색을 사용한다"라고 기술되어 있다. 다이쇼쿠칸은 26계의 최고위로 정1위에 상당한다. 가마타리가 다이쇼쿠칸이 된 것은 덴지天智 천황 8년669 10월의 일이다.

58) 『일본서기』 권27, 덴지 천황 8년669 10월 15일조에, "천황은 동궁東宮 대황제大皇帝 : 大海人皇子를 후지와라노 우치노오오미藤原內大臣의 집에 보내 다이쇼쿠칸과 오오미의 관위를 내렸다. 그리고 성을 주어 후지와라 씨藤原氏라 하였다. 이후 통칭을 후지와라노 우치노오오미라 한다"라고 기술되어 있다.

59) 가마타리는 고토쿠 천황 즉위 직후인 다이카 원년645 6월 14일에 우치노오미에 임명되었다.

60) 『일본서기』 권25, 고토쿠 천황 즉위 전기에, "이날 호號를 도요타카라노 스메라미코토豊財天皇에게 바쳐 스메미오야노 미코토皇祖母尊라 하고 나카노에를 황태자로 삼았다"라고 기술되어 있다. 천황의 모친에 해당하는 미코토라는 뜻.

이서裏書에는 다음과 같이 쓰여 있다.

가마타리의 이름은 일명 가마코鎌子라고 한다. 그는 다이카大化 원년645에 31세로 우치노오오미內大臣에 임명되었다. 덴지 천황 8년669 10월에 다이쇼쿠칸을 수여받고 오오미에 임명되었으며, 성을 후지와라로 바꿨다. 같은 해 같은 달 56세로 사망하였다. 관직에 있은 지 25년 이었다. 천황이 몸소 빈소를 찾아 슬피 울며 애통해 하였다고 한다.

제37대 고토쿠孝德 천황

고교쿠 천황과 한 배에서 태어난 동생이다. 을사乙巳년645에 즉위하여 셋쓰 국攝津國 나가라長柄 도요사키 궁豊崎宮에 있었다. 이 치세에 처음으로 다이진大臣을 좌우左右로 나누어 사다이진左大臣 · 우다이진右大臣으로 하였다.61) 오오미大臣는 세이무成務 천황 때 다케우치노 스쿠네武內宿禰가 임명된 것이 처음이다. 주아이仲哀 천황 때에 또한 오무라지大連의 관직이 설치되어 오오미 · 오무라지가 함께 정치를 관장하였다. 그러나 이 천황 때 오무라지를 없애고 좌우의 다이진으로 했던 것이다. 또한 팔성백관八省百官62)의 제도를 정하고 나카토미노 가마타리를 우치노오미內臣에 임명하였다.

천하를 다스린 지 10년, 50세로 사망하였다.

---

61) 『일본서기』 권25, 고토쿠 즉위 전기에, "아베노 우치마로노오미阿倍內麻呂臣를 시다이진으로 하고 소가노 구라노야마다노이시카와마로노오미蘇我倉山田石川麻呂臣를 우다이진으로 하였다. 다이킨칸大錦冠을 나카토미노 가마코노무라지中臣鎌子連에게 하사하여 우치노오미內臣로 하고 봉호封戶를 약간 늘렸다"라고 기술되어 있다.

62) 『일본서기』 권25, 고토쿠 천황 다이카 5년649 2월조에, "이 달에 박사 다카무쿠노겐리高尙玄理와 승려 민旻에게 조詔를 내려 팔성八省 · 백관百官을 설치케 하였다"고 기술되어 있다. 팔성은 대보령大寶令에 의하면, 중무中務 · 식부式部 · 민부民部 · 치부治部 · 병부兵部 · 형부刑部 · 대장大藏 · 궁내宮內의 8개 성省이다.

제38대 사이메이齊明 천황

고교쿠 천황의 중조重祚[63]이다. 일본에서 중조는 이때에 시작되었다. 중국에서는 은나라 때 대갑大甲이란 왕이 어리석었기 때문에 이윤伊尹이 왕을 동궁桐宮으로 몰아내고 3년간 정권을 장악하였다.[64] 하지만 대갑은 제위를 완전히 폐위당한 것은 아니었던 것 같다. 잘못을 반성하고 덕을 갖추자 다시 원래대로 천자가 되었다.

또한 진晉나라 시대에 환현桓玄이란 자가 안제安帝의 제위를 빼앗았지만, 80일이 지나 의병義兵에게 살해되었기 때문에 안세가 다시 제위에 돌아왔다.[65]

당나라 시대에는 측천황후則天皇后[66]가 국정을 제멋대로 하고 있을 때, 자신이 낳은 아들이지만 중종中宗을 폐위시켜 여릉왕廬陵王으로 하였다. 이어서 같은 자식인 예왕豫王을 세웠지만 이것도 폐하고 자신이 제위에 올랐다. 후에 중종이 제위에 돌아왔기 때문에 당조唐朝는 끊어지지 않았다. 예왕도 또한 중조하여 이를 예종睿宗이라 하였다. 이것이 바로 중조이지만 2대代로는 세지 않는다. 중종·예종으로 1대씩 세고 있다.

우리나라[일본]에서는 고교쿠 천황이 중조하면 사이메이 천황이라 하

---

63) 한 번 제위를 떠난 천황이 다시 즉위하는 것.

64) 『사기史記』 은본기殷本紀에 의한다. 동궁은 탕왕湯王의 능묘가 있는 동桐의 지역에 세운 궁전. 산서성山西省 영하현榮河縣의 북쪽. '대갑大甲'이 아니라 '태갑太甲'이 옳다.

65) 안제는 동진東晉 제14대 천자. 환현은 용갱龍坑 사람. 맹주가 되어 형옹荊雍을 평정하고 도독형강팔주군사都督荊江八州軍事·형강이주荊江二州의 자사刺史가 된다. 병사를 모아 반란을 일으켜 건강建康에 들어가 스스로 태위太尉가 되어 백관을 거느리고, 안제를 퇴위시켜 제호帝號를 칭하고 연호를 영시永始로 바꿨다. 후에 유유劉裕·하무기何無忌·유의劉毅 등 의병에게 살해당해 안제가 복위하였다.

66) 측천황제則天皇帝·측천무후則天武后라고도 한다. 성은 무武, 이름은 조照. 애초는 당唐 태종太宗의 재인才人. 고종高宗의 황후가 되어 정권을 제멋대로 하였고, 고종이 사망하고 중종이 서자 중종을 폐위하고 스스로 제위에 올라 측천황제라 칭하며 국호를 대주大周라고 하였다. 재위 16년, 81세로 사망하였다. 그 후 중종이 복위하였고 국호도 당으로 돌아갔다.

고, 고켄 천황이 중조하면 쇼토쿠稱德 천황이라 하였다. [그 명칭은 이처럼] 중국과는 다른 것이다. 이것은 [천황 개인보다도] 황위의 계승 자체를 중요하게 생각하고 있기 때문일 것이다.[67] 옛날 현명한 사람들이 정한 데에는 반드시 그럴 만한 이유가 있을 것이다.

사이메이 천황은 을묘乙卯년655에 즉위하였고, 이번에는 야마토의 오카모토岡本에 있었다. 그곳을 노치노오카모토 궁後岡本宮이라고 한다.

사이메이 천황의 치세는 중국에서는 당나라 고종高宗 때에 해당한다. 당나라가 고구려를 공격하였고, 고구려에서 우리나라[일본]에 구원을 요청해 왔기 때문에[68] 천황·황태자는 쓰쿠시筑紫:九州까지 갔다.[69] 하지만 삼한은 마침내 당나라에 복속했기 때문에 천황은 군대를 돌렸다. 그 후에도 삼한[70]은 일본과의 국교를 일체 중단해 버리지는 않았다. 이 황태자란 나카노오에中大兄 황자를 가리킨다. 고토쿠 천황의 치세부터 황태자가 되었고 이때는 섭정이었다.

천황은 천하를 다스린 지 7년, 68세로 사망하였다.[71]

---

67) 천황 개인보다도 황위와 그 계승에 중점을 두기 때문에, 개인의 입장에서 황위를 보지 않고 황위를 중심으로 개인을 보아서 중조라고 했던 것.

68) '고구려'가 아니라 '백제'가 옳다. 신라와 당나라 연합군에 의해 백제가 660년에 멸망한 후 복신福信과 승려 도침道琛이 일본에 망명해 있던 왕족 풍豊을 받들고 백제 부흥운동을 전개한 사실을 가리킨다. 한편, 일본에서는 중조한 사이메이 천황이 백제의 구원 요청에 응하여 한반도에 군사를 파견하였지만, 663년에 금강錦江:白村江 전투에서 당나라 군사에 패하였다.

69) 사이메이 천황 7년661 정월, 천황은 황태자와 함께 군사를 이끌고 서정西征하여 7월, 쓰쿠시의 아사쿠라 궁朝倉宮에서 사망하였다.

70) 이른바 '삼한'의 하나인 신라를 가리킨다. 신라는 그 후 당나라와 연합하여 668년에 고구려를 멸망시키고, 676년에는 당나라 세력을 몰아내어 한반도의 통일을 달성하였다.

71) 『일본서기』에서는 향년을 기록하고 있지 않다. 『제왕편년기』는 61세, 『본조황윤소운록本朝皇胤紹運錄』은 68세로 적고 있다.

제39대 제25세 덴지天智 천황

조메이舒明 천황의 아들. 모친은 고교쿠 천황. 임술壬戌년(662[72])에 즉위하여 오미 국近江國 오쓰 궁大津宮에 있었다.[73]

즉위 4년 8월,[74] 우치노오미內臣 나카토미노 가마타리를 우치노오오미內大臣 다이쇼쿠칸大織冠에 임명하고 또한 후지와라노아손藤原朝臣의 성姓을 주었다. 옛날 공적을 특히 상찬하여 자손을 격려했던 것이다. 또한 [덴지 천황은] 봉호封戸[75] 1만 5천호를 주고, 가마타리가 병이 걸렸을 때에도 행행行幸하여 병문안을 했다고 한다.[76] 덴지 천황은 중흥의 신조라고 일컬어진다〈고닌光仁 천황의 조부이다〉. 국기國忌[77]는 때에 따라서 변해도 이 천황의 기일은 후세까지 오랫동안 바뀌지 않고 제사지냈다.

천하를 다스린 지 10년, 58세로 사망하였다.[78]

제40대 덴무天武 천황

덴지 천황과 한 배에서 태어난 동생이다. 이 동생[79]은 황태자가 되어 야마토大倭에 있었다. 덴지 천황은 오미近江: 滋賀縣에 있었다. 덴지 천황

---

72) 사이메이 천황의 사망은 7년661 신유辛酉년. 따라서 이듬해가 임술壬戌년이다.

73) 덴지 천황은 사이메이 천황 사망후에도 쓰쿠시의 나가쓰 궁長津宮에서 군사를 이끌었지만, 후에 야마토에 돌아왔고 6년667 3월에 이 오쓰 궁에 도읍을 정했다.

74) 『일본서기』에서는 8년669 10월로 적고 있다.

75) 황족 및 3위 이상 혹은 산기參議 이상으로 훈공勳功·위계位階·직분職分 있는 자에게 준 과호課戸. 그 조세를 수입으로 했다.

76) 『일본서기』 권27, 덴지 천황 8년669 10월 10일조에, "천황은 후지와라노 나이다이진의 집에 행행하여 몸소 병문안을 하였다"라고 기술되어 있다.

77) 선제先帝의 기일忌日.

78) 『일본서기』에는 향년이 보이지 않지만, 조메이 천황 13년641 10월조에 나이 16세로 기술된 것에 따르면 46세가 된다. 헤이안 시대 이후 여러 서적에 53세설 혹은 58세설이 있지만 확실하지 않다.

79) 오아마大海人 황자.

이 병에 걸리자 황태자를 오미의 궁전에 불러들였는데, 조정의 신하 중에서 은밀히 황태자에게 고하는 자가 있었다.[80] 그래서 황태자는 천황의 의중을 살펴 황태자의 지위를 덴지 천황의 아들 다이조다이진太政大臣 오토모大友 황자에게 넘기고 요시노 궁芳野宮에 들어갔다. 덴지 천황이 사망한 후 오토모 황자는 여전히 불안하게 여기고 병사를 모아 요시노를 공격하려 하였다.[81]

[그러나] 덴무 천황은 은밀히 요시노를 빠져나와 산을 넘어 이세伊勢：三重縣 동부로 가서 이타카 군飯高郡에 도착하였다. [그리고] 태신궁太神宮을 멀리에서 참배하고 미노 국美濃國：岐阜縣 남부에 들어가 동국東國의 군병을 모았다. 다케치高市 황자[82]가 우군에 가담했기 때문에 이를 대장군大將軍으로 삼아 미노의 후와 관不破關을 지키게 하고, 자신은 오와리 국尾張國：愛知縣 서남부에 들어갔다. 이리하여 동국지방이 모두 덴무 천황을 따랐기 때문에 후와 관의 전투에도 승리하였고, 이후 세타勢多：滋賀縣 大津市 瀨田에도 나아가 싸웠다. 오토모 황자의 군사는 패하고 황자는 살해되었다. 황자에 편들었던 다이진 이하의 사람들도 혹은 살해되거나 혹은 유배에 처해졌다.[83]

---

80) 『일본서기』 권28, 덴무 천황 즉위 전기에, "4년 겨울 10월 17일, 덴지 천황은 병에 걸려 고통이 심했다. 그래서 소가노오미 야스마로蘇賀臣安麻侶를 보내 동궁을 대전大殿으로 불러들였다. 그런데 야스마로는 원래 동궁의 호의를 얻고 있었기 때문에 슬쩍 동궁을 보고 '조심해서 말씀하십시오'라고 말했다. 이때 동궁은 음모가 있는 것이 아닐까 의심하여 조심하였다"라고 기술되어 있다.

81) 진신壬申의 난. 오토모 황자는 덴지 천황 10년671 10월 황태자가 되었고, 천황 사망 후 오미 궁에서 즉위, 다음해 7월 전투에 패하여 자살하였다. 지카후사는 통설에 따라 제위로 세지 않고 있지만, 메이지 3년1870 7월에 고분弘文 천황으로 황통에 들어가게 되었다.

82) 『일본서기』 권29, 덴무 천황 2년674 2월 27일조에 의하면, 생모는 아마코노이라쓰메尼子娘이다. 동권30, 지토持統 천황 4년690 7월 15일조에 "다케치 황자를 다이조다이진太政大臣으로 하였다"라고 기술되어 있다.

83) 『일본서기』 권28, 덴무 천황 원년673 8월 25일조에, "천황은 다케치 황자에게 명하여 오미의 군신의 죄상을 선고케 하였다. 중죄 8인은 극형에 처했다. 그리하여 우다이진 나카토미노무라지 가네中臣連金를 아사이淺井의 다네田根에서 참형에 처했다. 이날 사다이진 소가노오미 아카에蘇我臣赤兄・다이나곤大納言 고세노오미 히토巨勢臣比等 및 그 자손, 그리고 나카토미노무라지 가네의 자식 소가노오미 하타야스蘇我臣果安의 자

한편, 덴무 천황측에 가담한 자들은 각각의 공적에 따라서 은상이 주어졌다.[84)

천황은 임신王申년(672[85))에 즉위하여 야마토의 아스카飛鳥 기요미하라궁淨御原宮에 있었다. 조정의 법도를 많이 정하였고,[86) 복제服制로서 머리를 묶고 옻칠을 한 사관紗冠을 쓰도록 정한 것[87)도 이때부터이다.

천하를 다스린 지 15년, 73세로 사망하였다.[88)

제41대 지토持統 천황

덴지 천황의 황녀. 모친은 오치노이라쓰메越智娘로 소가노 야마다노이시카와마로蘇我山田石川丸 다이진의 딸이다. 덴무 천황의 황태자 시절에 비妃가 되고 후에 황후가 되었다. 구사카베草壁 황자가 어렸기 때문에 무자戊子년688부터 황후가 정무를 보았고,[89) 경인庚寅년690 정월 1일에 즉위하

식을 모두 유형에 처했다"라고 기술되어 있다.

84) 『일본서기』 권28, 덴무 천황 원년 12월 4일조에, "공훈이 있는 자들을 골라 관위를 올려 주었다. 그리하여 각각 쇼센위小山位 이상을 수여받았다"라고 기술되어 있다.

85) 본문의 임신王申, 672은 계유癸酉, 673의 잘못이다.

86) 『일본서기』 권28, 덴무 천황 10년682 2월 25일조에, "천황・황후는 함께 다이고쿠덴大極殿에 나와 친왕親王・제왕諸王 및 제신諸臣을 소환하고 조詔를 내려 '나는 지금 율령을 정하고 법식을 바꾸고자 한다. 그러하니 함께 이 일을 시작하라(…하략…)'고 하였다"라고 기술되어 있다. 2년, 출신의 법을 정한 이래 지방의 세법, 지방장관인 고쿠시國司를 임명하는 법, 신세神稅의 법, 부랑인浮浪人의 법, 문무관文武官 승진의 법, 승니僧尼의 노병老病에 관한 법, 고선考選・예법禮法・규탄糾彈의 법, 야쿠사노카바네八色の姓의 제도, 위계의 제도 등을 제정하였다.

87) 『일본서기』 권28, 덴무 천황 11년683 6월 6일조에, "남자가 처음으로 머리를 묶고 칠사관漆紗冠을 썼다"고 기술되어 있다. 또한 동년 4월 23일조에, "조를 내려 이르기를, '앞으로 남자도 여자도 모두 머리를 묶어라. 12월 30일까지 묶어라. 다만 머리를 묶는 날자에 대해서는 칙지勅旨를 기다려라'고 명하였다"는 기술이 보인다. 사관紗冠은 집 매우 얇고 가벼운 견직물으로 만든 갓이다.

88) 『일본서기』에 향년은 기록하고 있지 않다. 『일대요기』『본조황윤소운록』에서는 65세로 적고 있다. 73세설이나 65세설이나 어느 쪽도 형인 덴지 천황보다도 연장자가 되어 버린다. 어쩌면 56세를 65세로 착각했을지도 모른다.

였다. 야마토大倭의 후지와라 궁藤原宮에 있었다.

구사카베 황자는 황태자가 되었지만 일찍 세상을 떠났기 때문에 그 아들 가루輕 왕을 황태자로 삼았다. 그것이 몬무文武 천황이다. 구사카베 황자는 후에 나가오카長岡 천황으로 추호되었다.90)

지토 천황은 천하를 다스린 지 10년, 황위를 황태자에게 넘기고 태상천황太上天皇이 되었다. 태상천황이란 [칭호의 유래를 살펴보면], 중국에서 한나라의 고조高祖의 아버지를 태공太公이라 하고 존호를 태상황太上皇이라 하였다.91) 그 후 후위後魏의 현조顯祖,92) 당唐의 고조高祖·현종玄宗·예종睿宗93) 등도 동일하게 태상황이라 칭하였다. 일본에서는 옛날에 그러한 예가 없다. 고교쿠 천황은 생전에 양위했지만, 스메미오야노 미코토皇祖母尊라 하고 태상천황이라고는 하지 않았다. 태상천황이라는 칭호를 사용하게 된 것은 지토 천황 때부터이다.

지토 천황은 58세로 사망하였다.94)

---

89) 『일본서기』 권30, 지토 천황 칭제 전기稱制前紀 [덴무 천황] 2년674조에, "황후가 되었다. 황후는 시종 천황을 도와 천하를 다스렸다. 천황이 집무할 때 항상 정사政事에 언급하고 천황을 잘 보좌하였다. 슈초朱鳥 원년686 9월 9일에 아마노누나하라오키노마히토天淳中原瀛眞人[덴무] 천황이 사망했다. 황후는 임시로 정무를 보았다"라고 기술되어 있다.

90) 『본조황윤소운록』에는 '나카오카 천황으로 추호追號'라고 기록되어 있다.

91) 『사기』 한고조본기漢高祖本紀에 "이에 고조는 태공을 태상황으로 하였다"라고 기술되어 있고, 동同 진시황본기秦始皇本紀에 "장양공莊襄公을 추존追尊하여 태상황이라 하다"라고 기술되어 있다. 시황제의 위에 있기 때문에 '태상황'으로 부른다고 한다. 태상천황은 중국의 태상황에서 유래하지만, 태상천황이란 칭호는 중국에 없으며 일본의 특수한 칭호이다.

92) 『위서魏書』 현조기顯祖記에 "황흥皇興 5년471 8월 정미丁未, 군공群公이 상주하여 말하기를, '(…중략…) 지금의 황제가 어리니 만기대정萬機大政을 또한 폐하가 총람하시는 것이 온당합니다. 삼가 태상황제太上皇帝를 존호로 올립니다'라 하니 이에 따랐다"라고 기술되어 있다. 현조顯祖는 헌문제獻文帝의 묘호廟號이다.

93) 현종·예종은 치세의 순서로는 반대가 옳다. 각각 『당서』 고조기高祖紀, 동 예종기睿宗紀, 동 현종기玄宗紀에, '태상황' 혹은 '태상지도성황천제太上至道聖皇天帝'라는 칭호가 보인다.

94) 사망한 것은 다이호大寶 2년702 12월 22일.

제42대 몬무文武 천황

구사카베 황태자의 둘째 아들로 덴무 천황의 적손嫡孫이다. 모친은 아헤阿閇 황녀로 덴지 천황의 딸이다〈후에 겐메이元明 천황이 되었다〉. 정유丁酉년697에 즉위하여 계속 후지와라 궁藤原宮에 있었다.

몬무 천황의 치세에 궁전의 조영이나 문무文武 관인의 의복의 색까지 당나라 의례를 모방하여 정해졌다.95) 또한 즉위 5년후 신축辛丑년701부터 연호를 사용하기 시작하였다.96) 다이호大寶라고 한다. 이 이전에도 고토쿠孝德 천황의 치세에 다이카大化·하쿠치白雉,97) 덴지 천황의 치세에 하쿠호白鳳,98) 덴무 천황의 치세에 스자쿠朱雀·슈초朱鳥99) 등의 연호가 있던 적이 있지만, 다이호로부터는 줄곧 끊어지는 일 없이 연호가 사용되었다. 따라서 이 다이호를 연호의 시작이라 하는 것이다.

황자를 친왕親王100)이라 하는 것도 이때부터 시작되었다. 또한 후지

---

95) 『속일본기』 몬무 천황 2년698 8월 26일조에 "조의朝儀의 예禮를 정하였다. 상세한 법령 내용은 별식別式에 적었다", 동 다이호 원년701 3월 21일조에 "처음 새로운 법령에 의해 관명官名·위호位號를 개정하였다"라고 기술되어 있다. 궁전 조영에 대해서는 분명하지 않지만, 『부상략기扶桑略記』 지토 천황 11년697 8월 1일조에 "천황은 가루輕 황자에게 양위하고 태상천황이라 칭하였다. 생년 50세, 천황의 치세에 관사官舍를 처음으로 기와로 덮었다"라고 기술되어 있는 것을 몬무 천황의 치세까지 소급한 것으로 보인다.

96) 『부상략기』 몬무 천황 5년701 3월조에 "21일 쓰시마對馬島에서 백은白銀을 바쳤다. 이에 다이호大寶 원년이라 고쳤다. 이후 연호는 이어져 끊이지 않았다"라고 기술되어 있다.

97) 『부상략기』 고토쿠 천황 원년645조에 "7월, 처음으로 연호를 세워 다이카 원년으로 하였다", 동 다이카 6년650조에 "2월, 나가토 국長門國으로부터 흰색 꿩[白雉]을 바쳤다. 이에 연호를 하쿠치라 하였다"라고 기술되어 있다.

98) 하쿠호는 덴무 천황 치세의 연호이다.

99) 덴무 천황의 치세에 스자쿠, 하쿠호, 슈초의 연호가 차례로 만들어졌다. 『부상략기』 덴무 천황 원년672 8월조, 동 스자쿠 2년673 3월조, 동 하쿠호 15년686 7월조에 각각 관련 기사가 보인다. 『일본서기』에는 스자쿠, 하쿠호의 개원의 기사가 보이지 않는다.

100) 『당육전唐六典』에는 "황제의 형제와 황자에게 모두 국國을 봉封했다. 이것을 친왕이라 한다"고 기술되어 있다. 『계사령繼嗣令』에는 "무릇 황제의 형제와 황자를 모두 친왕으로 한다. 여제女帝의 아들도 또한 동일하다. 그 이외는 모두 제왕諸王으로 한다"고

와라노 우치노오오미 가마타리藤原內大臣鎌足의 아들 후히토不比等 다이진101)이 집정執政의 신臣102)으로서 율령律令103) 등을 제정하였다. 후지와라 씨는 이 후히토 때부터 일문一門이 점점 번창하였다.

후히토에게는 네 명의 아들이 있어 이것을 사문四門이라 했다. 첫 번째는 무치마로武智麿 다이진의 혈통으로 난케南家104)라고 한다. 두 번째는 산기추에노다이쇼參議中衛大將105) 후사사키房前의 계통으로 홋케北家106)라고 하며, 현재의 섭관가攝關家:攝政·關白家를 비롯하여 후지와라 씨의 주된 인물들은 모두 이 후예이다. 세 번째는 시키부쿄式部卿 우마카이宇合의 계통으로 시키케式家라고 한다.107) 네 번째는 사쿄노다이부마로左京大夫麿의 자손으로 교케京家라고 하는데 일찍 혈통이 끊어져 버렸다.108) 난케와 시키케도 유가儒家의 집안으로 오늘날까지 어어지고는

기술되어 있다.

101) 681~737. 몬무文武 천황 4년700 다이호大寶 율령의 제정에 참여, 그 완성과 함께 다이나곤大納言이 되었고, 헤이조平城 천도 등의 정치를 영도했다. 딸인 미야코宮子는 몬무 천황의 부인, 고묘시光明子는 쇼무 천황의 황후가 되어 후지와라 씨 번영의 기초를 닦았다. 사후에 증贈다이조다이진·정1위, 단카이코淡海公에 봉해졌다.

102) 싯페이執柄의 신이라고도 한다. 『직원초職原抄』 상上에는 "이후 그 일족이 싯페이의 신이 되었다. 또한 싯페이는 반드시 수석首席에 앉는 것을 허락하는 선지[一座之宣旨]를 받아야 한다. 따라서 이치노히토一人라 칭한다"라고 기술되어 있다. 『직원초』에서는 섭정攝政·관백關白을 지칭하고 있지만, 일반적으로는 넓게 다이진大臣도 말한다. 여기에서는 후히토가 당시 정3위로서 오사카베刑部 친왕 아래에 있었지만, 후에는 우다이진右大臣으로 승진했기 때문에 넓은 의미로 해석한 것으로 보인다.

103) 다이호大寶 율령. 율律 6권, 영令 11권. 오사카베刑部 친왕·후지와라노 후히토 등에 의해 영令은 700년까지 찬수되어 701년에 시행되었고, 율律은 701년에 완성되어 다음 해 시행되었다. 757년의 요로養老 율령의 시행 때까지 실시되었다. 당나라의 영휘永徽 율령651년 찬수을 모범으로 하였다. 7세기 후반 이래 일본 고대의 율령법제가 다이호 율령에 이르러 기본적으로 완성되었다고 평가된다. 현존하지 않지만 『영의해令義解』 등에 의해 그 일부를 알 수 있다.

104) 저택이 궁宮의 남쪽에 있었던 것에 의한다.

105) 주에노후中衛府의 약칭. 헤이제이平城 천황의 다이도大同 2년807 4월, 산기參議를 중지하고 고노에후近衛府·주에노후中衛府를 좌우左右 고노에후로 바꾸었다.

106) 헤이조쿄平城京의 북쪽에 위치하고 있었던 것에 의한다.

107) '시키케式家'는 시키부쿄式部卿의 시키式, '시키부쿄'는 시키부노쇼式部省의 장관으로 정4위하에 상당한다.

있지만, 단지 홋케만이 번창하고 있다. 후사사키노 다이쇼房前大將가 특별히 선행을 쌓아 음덕이 깊었기 때문일 것이다.

이서裏書에는 다음과 같이 쓰여 있다.
정1위 사다이진 무치마로武智丸, 덴표天平 9년737 7월 사망하였다. 덴표호지天平寶字 4년760 8월 다이조다이진을 추서하였다. 산기參議 정3위 주에노다이쇼中衛大將 후사사키房前, 덴표 9년 4월에 사망하였다. 10월에 사다이진 정1위를 추서하였다. 호지寶字 4년 8월에 다이조다이진을 추서하였다. 덴표호지 4년 8월 다이시大師 후지와라노 에미오시카쓰藤原惠美押勝[109]가 다이시의 직을 이용하여 남북의 양 다이진에 추서해 주기를 희망하였다. 천황의 칙에 의해 그가 청하는 대로 난쿄南卿 후지와라노 무치마로에게 다이조다이진을 추서하고, 홋쿄北卿〈사다이진을 추서받은 후사사키〉에게 다이조다이진을 새로 추서하였다고 한다.[110]

또한 후히토 다이진은 후에 단카이코淡海公라고 했는데 고후쿠지興福寺를 건립하였다. 이 절은 다이쇼쿠칸 가마타리가 세웠던 것으로 야마시로山背[111]의 야마시나山階[112]에 있던 것을 후히토가 헤이조平城[113]로 옮긴 것이다. 따라서 이것을 야마나시노테라山階寺라고도 한다. 후에 겐보玄昉[114]라는 승려가 당나라에 건너가 법상종法相宗을 전수하여 이 절에 보급한 이래 후지와라 씨의 우지가미氏神[115]인 가스가 묘진春日明神도 특

---

108) '교케京家'는 사쿄다이부左京大夫의 '쿄京'를 따서 이름지었다. '사쿄다이부'는 사쿄쇼쿠左京職의 장관으로 종4위하에 상당한다.
109) 후지와라노 나카마로藤原仲麻呂.
110) 이 이서의 후반부는 『속일본기』권23, 준닌淳仁 천황의 덴표호지 4년760 8월 7일조의 기록에 나와 있다. '大師'는 '太師'로 적혀 있다.
111) 야마시로山城. 오늘날 교토 부京都府의 남부.
112) 야마시나山科. 오늘날 교토 시京都市의 동부.
113) 오늘날 나라 시奈良市 시가지의 남서 방면 일대.
114) 레이키靈龜 2년716 입당入唐. 지주智周 대사大師에게 배우고 귀국. 고후쿠지에 거주하였고, 황태부인皇太夫人 후지와라노 미야코藤原宮子의 존경과 신뢰를 받았다. 그 후 덴표 17년745 악행 때문에 쓰쿠시筑紫에 유배당하여 다음해 유배 장소에서 사망하였다.

히 법상종을 수호했다고 한다〈가스가노 가미春日神는 아메노코야네노 가미天兒屋根神가 본체이다. 본사本社는 가와치河內의 히라오카平岡에 있다. 가스가春日116)에 옮겨진 것은 진고케운神護景雲 연간767~769의 일이므로 후히토 때보다 이후의 일이다. 또한 가스가의 첫째 어전御殿은 히타치常陸의 가시마노 가미鹿島神, 둘째는 시모사下總의 가토리노 가미香取神, 셋째는 히라오카平岡, 넷째는 히메 온카미姬御神라고 한다. 따라서 후지와라 씨의 우지가미는 셋째 어전이다〉.

몬무 천황은 천하를 다스린 지 11년, 25세로 사망하였다.

제43대 겐메이元明 천황

덴지 천황의 네 번째 황녀. 지토 천황의 이복 여동생이다. 모친은 소가노 히메蘇我嬪로 야마다노이시카와마로山田石川丸 다이진의 딸이다. 구사카베 황태자의 비妃이자 몬무 천황의 생모였다. 정미년丁未年 : 707에 즉위하여 무신년戊申年 : 708에 개원하였다.

즉위 3년 경술년庚戌年 : 710에 처음으로 야마토大倭의 헤이조 궁平城宮117)에 수도를 정하였다. 옛날에는 천황 1대마다 수도를 바꾸고 천황의 이름으로 그 수도를 불렀다. 그러나 몬무 천황은 지토 천황이 있던

---

115) 본래 고대의 우지氏에서 우지비토氏人가 제사지내는 신. 그 씨족의 조상신을 제사지내는 경우와 수호신守護神·연고신緣故神을 제사지내는 경우가 있다. 우지가미가 원래 조상신인지 아닌지는 불명. 우지가 혈연적인 관계에서 지연적인 관계의 집단으로 변화하자 그 수호신으로 바뀌어 산토신産土神이나 진수신鎭守神으로 불렸다. 『이십일사기二十一社記』에는 "가스가샤春日社, 아메노코야네노 미코토天兒屋命가 진좌한다. 후지와라 씨, 오나카토미 씨大中臣氏 등의 조상신이다. (…중략…) 지금 고후쿠지의 진수신이다"라고 기술되어 있다.

116) 나라 시 가스가초春日町.

117) 오늘날의 나라 시. 동서 8리, 남북 9리. 중앙의 스자쿠 대로朱雀大路에 의해 좌우 양경兩京으로 나뉘며, 남북 9조條, 동서 4조의 규모이다. 겐메이 천황부터 7대, 간무桓武 천황의 나가오카쿄長岡京 천도까지 75년간710~784 수도였다.

후지와라 궁藤原宮을 바꾸지 않고 그곳에 있었다. 이 겐메이 천황이 헤이조 궁으로 옮긴 이래 이곳은 7대에 걸친 수도가 되었다.

천하를 다스린 지 7년, 황위를 넘긴 후 태상천황이 되었다. 61세까지 살았다.

제44대 겐쇼元正 천황

구사카베 황태자의 딸. 모친은 겐메이 천황으로 몬무 천황과 한 배에서 태어난 누이이다. 을묘년乙卯年 : 715 정월에 섭정이 되었고, 9월에 양위를 받아 그 날 즉위하여 11월에 연호를 바꾸었다.[118] 헤이조 궁에 있었다. 이 치세에 백관百官에게 홀笏[119]을 들게 하였다〈5위 이상은 아홀牙笏, 6위는 목홀木笏〉.

천하를 다스린 지 9년, 양위한 후 20년 지나 65세로 사망하였다.

제45대 쇼무聖武 천황

몬무 천황의 태자. 모친은 황태부인皇太夫人[120]인 후지와라노 미야코藤原宮子로 단카이코淡海公 후히토 다이진의 딸이다. 쇼무 천황은 도요사쿠

---

118) 와도和銅를 레키靈龜로 개원한 것은 즉위일, 9월 2일이다. 11월에 개원이라 한 것은 레키 3년717 11월 17일을 요로養老라고 개원한 것의 착오이다.
119) '샤쿠'라고 읽는다. 고대에 관인이 의식 등을 행할 때 위엄을 갖추기 위하여 손에 들었던 가늘고 긴 판자. 앞에 의식의 순서를 적은 종이를 붙여 사용하는 일도 있었다. 5위 이상은 아홀牙笏, 6위 이하는 목홀木笏이었는데, 10세기 무렵부터 예복 때만 아홀을 사용하고 통상은 목홀을 사용했다.
120) 천황의 생모로 부인夫人의 지위에 있는 자. 부인은 후궁後宮에 있는 후비后妃의 지위의 하나로서 3위 이상인 자를 가리킨다. 비妃의 하위이고 빈嬪의 상위에 해당한다. 몬무 1년697 후지와라노 미야코가 몬무 천황의 부인이 되었던 것이 최초의 예이다.

라히코노 미코토豊櫻彦尊라고 하였다. 몬무 천황이 사망했을 때 아직 어렸기 때문에 겐메이·겐쇼 천황이 먼저 즉위하였지만, 갑자년甲子年: 724에 즉위하여 개원하였다. 헤이조 궁에 있었다.

이 천황은 지금까지 유례를 찾을 수 없을 정도로 독실하게 불교를 신앙하였다. 도다이지東大寺를 건립하고 금동金銅 16장丈의 불상[121]을 만들었다. 또한 지방에 고쿠분지國分寺·고쿠분니지國分尼寺를 세워 국토안온國土安穩을 기원하고 법화경法華經[122]·최승경最勝經[123]을 강독케 하였다.[124] 또한 이 치세에 많은 고승들이 외국에서 내조하였다. 남인되[南天쓰]의 바라몬婆羅門 승정僧正〈보리菩提[125]라고 한다〉,[126] 임읍林邑[127]의 불철佛哲,[128] 당나라의 감진 화상鑑眞和尙[129] 등이다. 진언종眞言宗의 조사

---

121) 도다이지의 본존으로, 화엄경의 교주인 비로자나불毘盧舍那佛의 좌상을 말한다. 743년에 쇼무 천황이 당나라의 불교문화에 뒤떨어지지 않는 것을 일본에도 만들려고 발원한 데에서 비롯한다. 757년에 도금이 끝나기까지 약 11년의 세월에 걸쳐 주조되었다. 높이는 현재의 상과 거의 같은 16미터였다. 대불은 그 후 지진과 1180년·1567년 등의 전란에 의해 손상되었지만 그 후 다시 재조하여 오늘에 이르고 있다. 현재의 머리 부분은 1690년에 고케公慶 상인上人이 대대적으로 수리한 것이다. 본문의 '16장丈'은 『동대사속요록東大寺續要錄』 조불편造佛篇 등 여러 기록에 보이지만, 이것은 석가의 보신報身 비로자나불의 신장이 무진무량無盡無量한 것을 나타낸 것이다. 실제의 높이는 『부상략기』 덴표쇼호 원년749조에 "결가부좌結跏趺坐 높이 5장丈 3척尺 5촌寸"으로 기술되어 있는 대로이다. 1장은 1척의 10배로 약 3미터이다.

122) 묘법연화경妙法蓮華經.

123) 금광명최승왕경金光明最勝王經.

124) 각 지방 [국國]마다 고쿠분지·고쿠분니지를 건립하여 매년 안거安居: 여름에 외출하지 않고 방안에 틀어박혀 수행하는 일에 고쿠분지에서는 최승왕경을 읽게 하고, 고쿠분니지에서는 법화경을 읽게 하였던 것을 가리킨다.

125) 원래 산스크리트어로서 일본어로는 '보다이'라고 읽는다. 어의는 불타佛陀의 올바른 깨달음의 지혜. 일체의 번뇌에서 해방된 미혹되지 않는 상태를 가리킨다. 열반涅槃과 동일한 의미.

126) 보리선나菩提僊那. 704~760. 나라 시대에 일본에 온 인도의 승려. 오대산五臺山의 문수보살文殊菩薩을 경모하여 중국에 건너왔는데, 일본의 입당승入唐僧의 초청에 응하여 736년 규슈九州 다자이후大宰府에 도착했다. 쇼무 천황은 교키行基 등 100인를 보내 나니와難波에서 맞이하게 했다. 나라의 다이안지大安寺에 거주하고 화엄경을 받들었으며 주술에도 정통했다. 752년 도다이지 대불전大佛殿의 개안開眼 공양 법회에는 바라몬 승정으로서 도사導師를 맡았다.

127) 인도차이나 반도 동남부. 베트남 지역.

祖師인 동인도[中天쓰]의 선무외善無畏 삼장三藏130)도 왔지만, 일본에는 진언 비밀의 교법을 받아들일 시기가 성숙되지 않았다고 하여 돌아가 버렸다고 한다. 일본에도 교키行基131) 보살, 로벤朗弁132) 승정 등은 부처가 환생한 사람으로, 쇼무 천황·바라몬 승정·교키·로벤을 사성四聖133)이라 부르고 있다.

---

128) 생몰년 미상. 남인도에 들어가 보리선나에게 가르침을 받았고 밀교에 정통했다. 8세기 초 스승과 함께 중국에 왔다가 736년 함께 일본에 왔다. 다이안지에 거주하며 보살菩薩·발두拔頭 등의 춤과 임읍악林邑樂을 전했다. 도다이지 대불의 개안 법회에는 아악사雅樂師를 맡았다.

129) 688~763. 일본 율종律宗의 시조. 중국 양주揚洲 강양현江陽縣 태생으로 율종과 천태종을 배웠다. 일본승 요에榮叡·후쇼普照의 초청에 응하여 도해渡海를 시도한 지 6번째인 754년에 일본에 왔다. 이후 수계전율授戒傳律을 담당, 도다이지에 가이단인戒壇院을 세워 수계의 근본도량根本道場으로 삼고, 도쇼다이지唐招提寺를 세워 계율의 가르침에 진력했다. 감진의 전래품은 율종 관계 서적 외에 천태종 관계의 것은 사이초最澄에게 영향을 주었고, 기타 의약·서도 등에도 영향을 주었다.

130) 637~73. 슈바카라신하. 동인도의 오릿사국의 왕자 혹은 동인도의 왕자라고 한다. 나란다 사원에서 대승불교와 밀교를 배웠고, 80세에 중국의 장안長安에 들어가 번역과 밀교의 유포에 힘썼다. 진언종의 제6조祖. 삼장三藏이란 경장經藏·율장律藏·논장論藏의 세 가지 혹은 이것에 정통한 고승을 가리킨다. 통칭 삼장법사三藏法師.

131) 668~749. 도래계 씨족으로 가와치 국河內國:大阪府 오토리 군大鳥郡에서 출생했다. 도쇼道昭의 제자가 되어 불교의 민간포교와 사회사업에 진력하였고, 헤이조쿄平城京 조영에 징발된 난민들을 도왔다. 후에 도다이지 대불의 건립에 협력했다고 하여 대승정大僧正에 임명되었다. 그의 전기는 『일본영이기日本靈異記』 『일본왕생극락기日本往生極樂記』 등에 보인다. 여기에서는 교키를 쇼토쿠 태자에 뒤이은 일본 불교 창생의 대공로자로 자리매김하고, 문수보살의 화신으로 간주하고 있다. 그런 만큼 교키와 관련된 설화도 다수 형성되어 『일본영이기』 이하 고대·중세의 여러 서적에 수록되어 불교문학상 가장 화제가 풍부한 인물의 한 사람으로 되어 있다.

132) 689~773. 사가미 국相模國:神奈川縣 누리베 씨柒部氏 출신. 구다라 씨百濟氏 혹은 오미 국近江國:滋賀縣 시가리志賀里 태생이라고도 한다. 기엔義淵에게서 법상法相 교학을, 신라의 승려 심상審祥에게서 화엄華嚴 교학을 배웠다. 733년에 긴쇼지金鐘寺:후에 東大寺 三月堂를 건립하고, 이후 법화회法華會의 창시 등 도다이지 경영에 진력하였으며, 도다이지 대불 개안 후 초대 도다이지 주지[벳토別當]가 되었다. 745년에 율사律師에 임명되었고, 사망시에 승정이 되었다. 『동대사요록東大寺要錄』에 의하면 도다이지 건립을 쇼무 천황에게 권유한 자가 로벤이었다고 한다.

133) 교넨凝然의 『삼국불법전통연기三國佛法傳統緣起』 중中에는 "도다이지는 사성四聖이 수적垂迹하여 건립한 곳이다. 쇼무는 관음觀音, 로벤 승정은 미륵彌勒, 바라몬 승정은 보현普賢, 교키 보살은 문수文殊이다"라고 기술되어 있다.

쇼무 천황의 치세에는 다음과 같은 일이 있었다.

다자이노쇼니大宰少貳[134] 후지와라노 히로쓰구藤原廣繼[135]라는 자〈시키부쿄式部卿 우마카이宇合의 아들〉가 모반을 기도하고 있다는 소문이 있어서 천황이 토벌하였다〈이 사건은 겐보玄昉 승정의 참언에 의한 것이라고도 한다. 그 때문에 히로쓰구의 영혼은 신이 되었다. 이것이 지금의 마쓰라 묘진松浦明神이다〉.[136]

천황은 기도를 위하여 덴표天平 12년740 10월에 이세 신궁에 행행하였다.

사다이진 나가야 왕長屋王[137]〈다이조다이진 다케치 왕高市王[138]의 아들이고 덴무 천황의 손자이다〉이 모반죄로 주살되었다.

이 치세에 무쓰 국陸奥國으로부터 처음으로 황금이 헌상되었다. 우리나라[일본]에서 금이 나온 것은 이때가 최초이다. 무쓰 국의 고쿠슈國守는 그 상으로 3위에 서위되었다.[139] 이것도 불교 번창의 영험이라고 한다.

---

134) 다자이후大宰府의 소치帥 · 곤노소치權帥 · 다이니大貳에 뒤이은 관직. 종5위하에 상당한다.

135) ?~740. 나라 시대 전반기의 귀족, 다자이노다이니大宰大貳, 종4위상. 738년 야마토大和의 고쿠슈國守에서 다자이노쇼니에 좌천되었는데, 대립했던 겐보 · 기비노 마비키吉備眞備를 비난하며 740년에 북규슈北九州에서 난을 일으켰으나 패사했다.

136) 『금석물어今昔物語』 권11 「겐보승정긍당전법상어玄昉僧正亘唐傳法相語」 제6에 의하면 다음과 같다. 히로쓰구가 다자이후에서 국정을 근심하여 보고서[國解]를 올리자 추토의 군사가 파견되었다. 히로쓰구는 "이는 오로지 겐보 승정의 모함이다"고 생각하고, 싸우다가 전사하여 악령이 되었다. "그 후 영혼이 신이 되었는데 그곳에 있는 가가미 묘진鏡明神이란 것이 바로 이것이다"라고 기술되어 있다. 이것이 마쓰라 묘진으로 니노미야二の宮에서 히로쓰구를 제사지내고 있다.

137) 684~729. 부친은 덴무 천황의 황자 다케치 황자, 모친은 덴지 천황의 황녀인 미나베御名部 황녀. 처로는 기비吉備 내친왕內親王, 후지와라노 후히토의 딸 등이 있다. 다이나곤 · 우다이진을 역임했고, 724년 쇼무聖武 천황의 즉위와 함께 정2위 사다이진이 되었지만, 729년 국가를 멸망시키려 한다는 참소를 받아 처자와 함께 자살했다[나가야 왕의 변変]. 근년 발굴조사에 의해 그 저택은 헤이조쿄平城京 사쿄左京 산조三條에 있던 것이 판명되었고, 이곳에서 대량의 목간이 출토되었다.

138) 다케치 친왕高市親王.

139) 『속일본기』 권17, 덴표쇼호天平勝寶 1년749 4월 1일조의 선명宣命에 "동방東方 무쓰노코쿠슈陸奥國守 종5위상 구다라 왕百濟王 게후쿠敬福가 부내部內 오다 군小田郡에서 황금이 나왔다고 상주하며 바쳤다"라고 기술되어 있다. 또한 같은 조에 "종5위상 구다라 왕 게후쿠를 종3위에 임명했다"라고 보인다.

천하를 다스린 지 25년, 쇼무 천황은 황위를 황녀 다카노노히메高野姫에게 넘기고 태상천황이 되었다. 그 후140) 출가했는데 이것은 천황이 출가한 최초의 사례였다. 옛날 덴무 천황이 황태자의 자리에서 물러나 머리를 깎았지만 이것은 일시적인 일이었다. 황후 고묘시光明子도 함께 출가하였다. 쇼무 천황은 56세로 사망하였다.

제46대 고켄孝謙 천황

쇼무 천황의 딸. 모친은 황후 고묘시로 단카이코 후히토 다이진의 딸이다. 쇼무 천황의 황자 아사카安積 친왕이 일찍 세상을 떠나 그 후 남자가 없었기 때문에 이 황녀가 즉위하였다. 기축년己丑年：749에 즉위하여 개원하였다. 헤이조 궁에 있었다.

천하를 다스린 지 10년, 오이 왕大炊王을 맞이하여 황태자로 삼고 황위를 이 왕에게 넘겨 태상천황이 되었다. 출가하여 헤이조 궁의 니시노미야西宮에 있었다.

제47대 아와지淡路 폐제廢帝

1품品141) 도네리舎人 친왕의 아들이고 덴무 천황의 손자이다. 모친은 가즈사노스케上總介142) 다기마노 오키나當麻老의 딸이다. 도네리 친왕은 황자들 중에서도 재능이 있는 분이었는지 지다이조칸지知太政官事143)라

---

140) 양위 후가 아니라 치세의 만년을 막연히 가리킨다.
141) 친왕의 관위를 가리키며 1위에 해당한다.
142) 바르게는 가즈사노카미上總守.
143) 우다이진의 상위에 있고 다이조다이진에 준하여 다이조칸太政官의 정무에 참여하는 황족을 가리킨다. 8세기 전반에 황실측에서 다이조칸을 견제하기 위하여 설치한 관직

는 다이조다이진에 준하는 관직을 수여받아 정무를 보좌하였다. 『일본서기』도 이 친왕이 천황의 명을 받아 편찬한 것이다. 후에 진케盡敬 천황으로 추호追號되었다.[144]

고켄 천황은 자식도 형제도 없었기 때문에 이 폐제를 아들로 삼아 황위를 양위하였지만, 연호 등은 바꾸지 않고 고켄 천황 때의 그대로 유지했던 것 같다. 무술년戊戌年: 758에 즉위하였다.

천하를 다스린 지 6년, 사정이 있어서[145] 아와지 국淡路國: 兵庫縣 淡路島으로 옮겨져 33세에 사망하였다.

제48대 쇼토쿠稱德 천황

고켄 천황의 중조重祚이다. 경술년庚戌年[146] 정월 1일에 즉위하여 그달 7일에 개원하였다. 태상천황太上天皇[147]은 중조 이전부터 후지와라노 무치마로藤原武智麿 다이진[148]의 둘째 아들 오시카쓰押勝를 총애하여 다

으로 실제로 임명된 것은 703~745년 기간이었다.

144) 『속일본기』 권17, 덴표호지天平寶字 3년759 6월 16일조에 "지금 이후 도네리 친왕에게 추호하여 스도진케崇道盡敬 황제라고 칭할 것"이라 기술되어 있다.

145) 아와지 폐제는 후지와라노 나카마로藤原仲麻呂: 706~764를 중용했는데, 764년 나카마로의 반란 후 그와의 관계로 인해 퇴위당하고 아와지로 유배되었다. 나카마로는 다이시大師: 太政大臣, 정1위. 부친은 무치마로武智麻呂. 고묘光明 황후의 신임을 얻어 세력을 떨쳤고, 다치바나노 모로에橘諸兄와 대립하였다. 고켄 천황 즉위후 시비추다이紫微中台 장관이 된다. 황태자 후나도道祖 왕을 물리치고 오이大炊 왕을 옹립하였다[아와지 폐제. 메이지明治 이후 준닌淳仁 천황이라 시호를 붙였다]. 757년 다치바나노 나라마로橘奈良麻呂의 반란 계획을 진압하고, 민정안정책과 요로養老 율령의 시행을 추진하였다. 에미노오시카쓰惠美押勝의 이름을 받고 다이호大保: 右大臣, 이어서 760년에 다이시大師가 되어 전권을 휘둘렀다. 고켄 천황이 도쿄道鏡를 총애했기 때문에 도쿄를 제거하려고 764년에 반란을 일으켰지만 실패하였다. 오미近江 다카시마 군高島郡에서 처자와 함께 참수되었다.

146) 경술770이 아니라 을사乙巳: 765가 옳다.

147) 쇼토쿠 천황을 가리킨다. 중조 이전의 사실을 염두에 둔 표현.

148) 680~737. 사다이진, 정1위. 후지와라 씨 난케南家의 시조 부친은 후히토, 모친은 소

이시大師〈당시 다이조다이진을 고쳐 다이시라고 하였다〉,149) 정1위에 임명하였다. 천황은 이 사람을 보고 있으면 저절로 미소짓게 된다고 하여 후지와라의 성姓 아래에 두 글자를 덧붙여 후지와라에미藤原惠美150)라는 성을 부여하고 천하의 정치를 모두 그에게 맡겨 버렸다.

그 후 천황이 도쿄道鏡라는 법사法師〈유게 씨弓削氏의 일족이다〉를 또한 총애하였기 때문에 오시카쓰는 노여워하여 아와지 폐제를 부추겨 상황上皇151)의 거처를 공격하려 했다. 그러나 발각되어 오시카쓰는 죽임을 당하고 미카도帝152)도 아와지로 유배당했다. 이리하여 상황이 다시 즉위했던 것이다. 그때 이미 출가해 있었기 때문에 비구니인 채로 즉위했는데, 이것은 극히 비정상적인 일이다.

당나라의 측천황후는 태종의 여어女御153)로 재인才人이란 지위에 있었는데, 태종이 죽자 출가하여 감업사感業寺라는 절에 들어가 있었다. 이것을 고종이 환속시켜서 자신의 황후로 삼았던 것이다. [이러한 행위를 잘못이라] 간하는 사람도 있었지만 고종은 받아들이지 않았다. 고종이 죽고 중종이 즉위하자 측천황후는 중종을 물러나게 하고 예종을 세웠다. 이어서 그녀는 또한 예종도 물러나게 하고 스스로 제위에 올라 국호를 대주大周로 바꿨다.154) 측천황후는 당唐의 명칭을 없애려고 했던 것 같다. 중종·예종도 자신이 낳은 자식이지만 제위에서 몰아내어 제왕諸王으로 삼고, 자신의 일족인 무씨武氏 일족을 등용하여 나라를 차지하려고 하였

가노 무라지코蘇我連子의 딸 쇼시娼子. 다이가쿠노카미大學頭·시키부쿄式部卿·다이나곤大納言을 역임하고 734년에 우다이진이 되지만 737년에 병사했다.

149) 덴표호지 2년758 8월 25일, 다이조칸大政官을 간세이칸乾政官, 다이조다이진을 다이시, 사다이진·우다이진을 다이후大傅·다이호大保로 개칭하였다.

150) '에미'는 '호호에미'미소짓는 것을 가리킴에서 따온 말이다.

151) 쇼토쿠 천황.

152) 아와지 폐제.

153) 한나라의 궁실에 출사하는 여관女官으로 부인夫人·빈嬪·세부世婦의 아래에 해당한다. 여어는 천자의 침소에 시중을 드는 여관으로 당나라에서 재인才人이라 한다.

154) 스스로 제위에 올라 측천황제則天皇帝라 칭하고 국호를 주周라고 불렀다. '대주'는 그 미칭美稱. 재위 16년에 중종이 복위하면서 폐지되었다.

다. 그때에도 역시 승려와 환관을 다수 총애하여 세상의 비난을 받는 일이 많았다.

도쿄도 처음에는 다이진에 준하여〈일본의 준다이진準大臣의 시초인 것 같다〉다이진 선사禪師155)라고 했는데, 이윽고 다이조다이진이 되었다. 이로부터 나곤納言,156) 산기參議157)까지 오르는 승려도 나왔다. 도쿄는 자기 멋대로 권력을 휘둘렀기 때문에 누구도 이것에 거스르는 사람은 없었던 것 같다. 다이진 기비노 마비키吉備眞備158)나 사추벤左中弁 후지와라노 모모카와藤原百川159) 등도 있었지만 힘이 미치지 못했던 것이다.

승려가 관직에 오르는 것은 중국에서 시작되어 승정僧正·승통僧統이란 것이 있었지만,160) 그것도 출가의 본뜻과는 맞지 않는 것이다. 하물며 세속의 관직에 오를 일이 아니다. 그러나 중국에서도 남조南朝인 송宋나라 시대에 혜림惠琳이란 사람이 정치에 관여한 것을 흑의재상黑衣宰相161)이라 하였다〈그러나 그가 관직에 임명되었다고는 기록되어 있지

---

155) 『속일본기』 권25, 덴표호지 8년764 9월 20일조에 의하면, 오시카쓰의 난 진압 후의 조詔와 함께 "도쿄 선사禪師를 다이진 선사로 한다. 쇼시所司는 이것을 알리도록 하라. 직분職分·봉호封戶는 다이진에 준하여 시행한다"는 칙勅이 있었다. 선사는 선정禪定을 거행하는 법사法師. 여기에서는 승직僧職으로 궁중의 내도량內道場에 봉사하는 자를 가리킨다.

156) 다이조칸太政官의 차관, 다이·주·쇼나곤大·中·小納言의 총칭.

157) 다이·주나곤大·中納言 다음에 오는 중직重職. 4위 이상의 재능있는 사람을 임명하였다. 다이조칸의 의정관議政官을 구성한다. 덴표진고天平神護 2년766 9월, 기신基眞을 호산기法參議 대율사大律師, 기신의 스승 엔코圓興를 호신法臣 대승도大僧都로 하였다. 호산기는 산기, 호신은 다이나곤에 준한다.

158) 695~775. 우다이진, 종2위. 기비吉備 지방의 호족 출신. 717년 유학생으로 당나라에 갔다가 735년에 귀국했다. 유학·천문·병학 등 각종 학예에 정통하였다. 후지와라노 나카마로 정권하에서 좌천되어 재차 입당入唐했다가 귀국후 다자이노다이니大宰大貳가 되어 이토 성怡土城을 쌓고 쇼토쿠 천황·도쿄 정권하에서 우다이진이 되었다.

159) 732~779. 산기, 종3위. 이름은 처음에는 오다마로雄田麻呂. 부친은 우마카이宇合, 모친은 구메노 와카메久米若女. 쇼토쿠 천황의 사후 고닌光仁 천황을 옹립하였다. 772년에 황태자 오사베他戶 친왕을 폐하고 다음해 야마베山部 친왕[후에 간무桓武 천황]을 황태자로 세웠다.

160) 비구와 비구니 즉 승니僧尼를 감독하는 역직役職.

161) 『불조통기佛祖統紀』 36 송문제宋文帝 원가元嘉 4년427조에, "승려 혜림이 재학才學으

않다). 양梁나라 시대에 혜초惠超라는 승려가 학사學士라는 관리가 되었
고,162) 북조北朝의 위魏나라 명원제明元帝 때 법과法果라는 승려가 안성공
安城公이란 작위를 받았다.163)

또한 당나라 치세가 되면 이러한 예가 많이 전해진다. 예를 들면, 숙
종肅宗 때 도평道平이란 사람이 황제와 합심하여 안록산安祿山의 난을 평
정한 공으로 금오장군金吾將軍이 되었다.164) 대종代宗 때 천축天竺의 불공
不空 삼장165)을 존경한 나머지 특진시홍려경特進試鴻臚卿166)이란 관직을
수여하고 후에 개부의동삼사숙국공開府儀同三司肅國公167)으로 삼았다. 그

로 총애를 받으니, 조칙을 내려 안연지顔延之와 함께 조정朝政을 상의하도록 하였다.
혜림은 높은 나막신을 신고 담비 가죽옷을 입었다. 공의孔顗가 놀리며 말하기를, '이
흑의재상을 어디에 쓸 것인가'라고 했다'라는 기술이 보인다. 흑의는 검은 옷으로 승
복僧服을 가리킨다.

162) 『불조통기』 37 양무제梁武帝 천감天監 16년517조에, "칙을 내려 승려 혜초를 수광전
학사壽光殿學士로 삼아 중승衆僧을 불러모아 강론하고 경문經文을 주해注解하도록 하
였다. 아울러 금중禁中에 살게 하였다'라고 기술되어 있다. 학사는 고관석유高官碩儒를
우대하여 부여한 칭호

163) 『승사략僧史略』 중中에 "태종太宗이 이전보다 더욱 [법과를] 숭상하여 영흥永興,
409~413 연간을 전후하여 보국의성자輔國宜城子, 충신후忠信侯, 또한 안성공安城公을
내렸다. [법과는] 모두 한사코 사양하였다. 승려에게 속관俗官을 주는 것을 여기에서
처음 듣는다'라고 기술되어 있다.

164) 『불조통기』 40 숙종肅宗 지덕至德 원년756조에, "정월 범양절도사范陽節度使 안록산
이 반란을 일으켰다. 5월에 현종玄宗·태자太子·백관百官이 장안長安을 출발하여 촉
蜀으로 행행하려고 하였다. 마외馬嵬에 이르러 백성 수천 명이 태자가 동쪽에 머물러
적실賊室을 칠 것을 청하였다. 금성金城의 승려 도평은 힘써 영무靈武에 병사를 모아
수복을 꾀하였다. [이에] 마침내 도평을 금오대장군金吾大將軍으로 삼았다'라고 기술
되어 있다. 본문의 금오장군은 정확하게는 금오대장군이다.

165) 705~774. 북인도의 바라몬 계의 부친과 강국康國: 현재 사마르칸드 지방인의 생모 사
이에서 서역에서 탄생. 13세 때 숙부를 따라 장안長安에 들어갔다. 금강지金剛智를 따
라 출가 수계하고 주로 금강정경金剛頂經 계통의 밀교를 배웠다. 금강지의 사후 스스
로 인도에 가서 경론 500여 부를 가지고 와서 많은 밀교경전을 번역하는 한편, 현종玄
宗·숙종肅宗·대종代宗 3대 황제의 두터운 신임을 얻어 호국의 종교로서 밀교를 중
국사회에 정착시키는 데 큰 역할을 하였다. 혜과惠果의 스승에 해당하며 구카이空海도
불공에게 깊게 사사하였다.

166) 특진은 정2위, 홍려경은 홍려시鴻臚寺의 장관으로 외국 사신의 접대 및 흉사凶事를
관장한다. 시試는 '시보試補'의 뜻으로 보인다.

167) 개부는 종1위, 의동삼사는 사직司職·사도司徒·사마司馬의 삼공三公과 동일한 대우

리고 그의 사후 사공司空〈다이진의 관직〉을 추서하였다. 측천무후의 치세부터 이 여제 때까지 대략 60년 정도 떨어져 있는데, 중국과 일본과 매우 흡사한 사건이다.

쇼토쿠 천황은 천하를 다스린 지 5년, 57세로 사망하였다.

덴무·쇼무 천황은 나라를 위하여 많은 공을 남기고 불교도 널리 보급했지만, 그 자손이 없어 이 여제 때 후손이 끊겼다.

여제가 죽자 도쿄는 시모쓰케下野: 栃木縣의 고쿠분지國分寺의 강사講師168)라는 승관僧官으로 강등되어 유배되었다. 도쿄는 법왕法王의 지위를 수여받았는데도169) 만족하지 않고 황위에 오르려는 야심을 가지고 있었다. 여제도 과연 이것에는 곤혹스러웠는지 와케노 기요마로和氣淸丸170)라는 사람을 칙사勅使로 우사하치만 궁宇佐八幡宮에 파견하여 신의 뜻을 받들려 하였다. 우사에서는 대보살大菩薩의 여러 탁선이 내려 이것을 허용하지 않았다. 기요마로는 귀경하여 있는 그대로 상주하였다. 도쿄는 노여워하여 기요마로의 무릎 힘줄을 자르고 그를 도사 국土佐國171)에 귀양보냈다.

기요마로가 슬퍼하며 대보살을 원망하자 작은 뱀이 나타나 그 상처

를 받는 것.

168) 전국의 고쿠분지에 설치된 승관. 비구·비구니의 일을 관장하고 불교를 강설하는 승려. 원래 국사國師라고 칭했다.

169) 767년 10월 20일에 법왕의 지위를 수여받았다.

170) 733~799. 민부쿄民部卿, 종3위. 후지와라노 나카마로의 난 때의 전공戰功에 의해 765년, 이와나스노 와케노키미磐梨別公를 고쳐 후지와라노 와케노마히토藤原和氣眞人를 사성賜姓받았다. 769년의 우사하치만 신탁神託 사건으로 황위를 노리는 도쿄의 야심을 물리쳤기 때문에 유배당했지만, 후에 소환되어 774년에 와케노아손和氣朝臣으로 개성하였다. 우사하치만 신탁 사건이란 다음과 같다. 769년 다자이후大宰府 간즈카사主神인 스게노 아소마로習宜阿曾麻呂가 도쿄를 황위에 올리면 천하가 태평할 것이라는 우사하치만의 신탁을 전했다. 쇼토쿠 천황은 꿈에서 하치만 다이진八幡大神으로부터 비구니 호킨法均의 파견을 요구받고서 대신에 동생인 와케노 기요마로를 파견하였다. 도쿄는 기요마로에게 압박을 가했지만, 기요마로는 "황위는 반드시 황손을 세워라"는 탁선을 전하여 도쿄의 정치적 야심을 저지했다.

171) 도사 국이 아니라 오스미 국大隅國: 鹿兒島縣이 옳다.

를 치유해 주었다.172) 고닌光仁 천황이 즉위하자 바로 기요마로는 수도로 다시 불려왔다. 기요마로는 천황에게 주청하여 이 신위神威를 받들기 위해 가와치 국河內國 : 大阪府 동부에 절을 세워 진간지神願寺라고 이름지었다. 그 후 이 절은 다카오高雄173)에 옮겨졌다. 이것이 지금의 진고지神護寺174)이다.

이 무렵까지는 신위도 이처럼 분명했던 것이다. 그리하여 도교는 야망을 이루지 못하고 끝났으며 여제도 얼마 안 되어 사망하였다. 종묘사직宗廟社稷175)을 안태하게 지킬 수 있었던 것은 하치만 대보살八幡大菩薩의 뜻이고, 황통을 확보할 수 있었던 것은 후지와라노 모모카와의 공석이라고 한다.

제49대 제27세 고닌光仁 천황

시키施基 황자의 아들이고 덴지 천황의 손자이다〈황자는 셋째 아들로서 후에 다와라田原 천황으로 추호되었다〉. 모친은 증황태후贈皇太后176) 기노 모로코紀旅子로 증贈다이조다이진 모로히토旅人의 딸이다.177)

[고닌 천황은 일찍이] 시라카베白壁 왕이라 불리었다. 덴표天平 연간 29세

---

172) 『팔번우동훈八幡愚童訓』 상上 「천좌의 일[遷座御事]」조에 "기요마로가 진심으로 자신이 죄가 없음을 한탄하자 대보살이 불쌍히 여겼다. 건물 안에서 다섯 색깔의 작은 뱀이 기어나와 기요마로의 잘린 다리를 핥으니 원래대로 다리가 생겨났"고 기술되어 있다.

173) 교토 시京都市 우쿄 구右京區.

174) 와케노 기요마로가 엔랴쿠延曆 연간782~806에 창건한 진간지와 다카오데라高雄寺를 824년에 합병하여 진고코쿠소신곤지神護國祚眞言寺로 하였다. 와케 씨의 우지데라氏寺로 여겨진다.

175) 천자의 조상의 영혼을 안치한 신사. 군주가 거성을 건설할 때에는 왕궁의 오른쪽에 사직을, 왼쪽에 종묘를 세운다고 한다. 여기에서는 국가를 가리킨다.

176) 증贈은 사후에 관위를 수여하는 것.

177) 『속일본기』 권31, 고닌 천황 즉위 전기卽位前紀에는 "모친은 기노아손紀朝臣 도치히메橡姬, 증贈다이조다이진 정1위 모로.히토諸人의 딸이다"라고 기술되어 있다.

로 종4위하가 되고 차츰 승진하여 정3위 훈2등勳二等 다이나곤이 되었다. 쇼토쿠 천황이 사망했기 때문에 다이진 이하의 사람들이 모여 황윤중에서 적당한 분을 찾았다. 제각기 의견이 나뉘었지만, 산기 후지와라노 모모카와는 시라카베 왕에 마음을 두고 계략을 꾸며 천황으로 추대하였다.[178]

덴무 천황의 즉위 이래 [덴무 계통의 왕위 계승에] 반대하는 사람은 없었다. 하지만 본래 덴지 천황 쪽이 형으로서 먼저 즉위하여 역신逆臣을 토벌하고 국가를 안태하게 하였기 때문에, [그 자손인] 고닌 천황이 황위를 계승하는 것은 오히려 정통[正]으로 돌아온 것이라 할 것이다.[179] 고닌 천황은 경술년庚戌年：770에 황태자가 되고 곧이어 양위를 받아 즉위하였다〈나이 62세〉. 10월에 즉위하여 11월에 개원하였다.[180] 헤이조 궁에 있었다.

천하를 다스린 지 12년, 73세로 사망하였다.

제50대 제28세 간무桓武 천황

고닌 천황의 첫째 아들. 모친은 황태후 다카노노 니카사高野新笠[181]로 증贈다이조다이진 오토쓰구乙繼의 딸이다. 고닌 천황은 즉위하여 곧바로

---

178) 쇼토쿠 천황 사후 황위 후계자를 결정할 때 오이치大市 왕을 추천하는 우다이진 기비노 마비키에 대응하여, 모모카와는 형인 산기 요시쓰구良繼, 종형從兄인 사다이진 나가테永手와 결탁, 유조遺詔라고 칭하여 시라카베 왕을 태자로 삼았던 것

179) 덴지 천황이 덴무 천황의 형인 것, 중흥中興의 시조의 유덕遺德이 자손인 고닌 천황의 즉위를 가져왔다고 하여 모모카와의 조치를 시인하고 있다. 『우관초』에서도 이것을 '후지와라 씨의 3공功'이라 칭송하고 있다.

180) 10월 1일 호키寶龜로 개원. 10월이 옳다.

181) ?~789. 고닌 천황의 부인. 간무 천황 및 사와라早良 친왕 등의 생모 부친은 한반도 도래계인 야마토노 오토쓰구和乙繼로 후에 다카노노아손高野朝臣으로 개성改姓했다. 사후 황태후로 추서되었다.

이노에井上 내친왕內親王〈쇼무 천황의 딸〉을 황후로 삼았다. 이 황후가 낳은 사와라澤良 친왕이 황태자가 되었다.[182] 그러나 모모카와는 간무 천황 쪽에 황위를 계승시키려고 또 계략을 꾸며 황후와 황태자를 폐하고 간무 천황을 황태자로 세웠다.

고닌 천황은 한동안 이것을 허락하지 않았기 때문에 모모카와는 40일이나 궁전 앞에 줄곧 서서 주청하였다. 그는 비할 바 없이 충성스런 신하였기 때문에 [천황도 마침내 허락하였고], 이노에 황후와 이전 황태자[사와라]는 유폐되어 사망하였다.[183] 이 두 사람의 원령怨靈이 가져올 재앙을 두려워하여 후에 태자에게 추호하여 스도崇道 천황이라 하였다.[184]

간무 천황은 신유년辛酉年 : 781에 즉위하여 임술년壬戌年 : 782에 개원하였다. 처음에는 헤이조 궁에 있었다. 후에 천황은 야마시로山背의 나가오카長岡로 옮겨 10년 정도 이곳을 수도로 삼았지만, 다시 지금의 헤이안조平安城[185]로 옮겼다. 야마시로 국山背國도 야마시로山城[186]라고 바꿨다.

---

182) 이노에 황후의 아들은 오사베他戸 친왕. 사와라澤良은 잘못, 무良이 옳다 친왕은 다카노노 니카사의 아들로 간무 천황과 한 배에서 태어난 동생이다. 오사베 친왕은 771년 정월에 입태자立太子, 772년 5월에 폐된다. 773년 정월에 야마베山部 친왕 입태자, 781년 4월 즉위간무 천황. 동년 동월 사와라 친왕 입태자, 동12월 사망. 이 동안의 사정을 오인하여 지카후사는 사와라 친왕을 폐하고 간무 천황을 황태자로 세웠다고 잘못 기술하고 있다.

183) 이노에 황후와 오사베 친왕은 야마토 국大和國 우치 군宇智郡에 유폐된 후 775년 4월 27일에 함께 사망하였다.

184) 황후와 두 명의 이전 태자의 사령死靈이 용이 되어 여러 가지 괴이한 일이 일어났다. 그 재앙을 두려워하여 800년 7월 사와라 친왕을 스도 천황이라 추호하고, 이노에 황후를 황태후로 했으며, 아와지淡路의 산릉山陵을 새로 제사지내 황후와 오사베 친왕의 영혼을 애도하고 료안지靈安寺를 건립했다.

185) 혹은 헤이안쿄平安京. 오늘날의 교토 시京都市. 794년 간무 천황이 와케노 기요마로和氣淸麻呂의 제안으로 나가오카쿄長岡京를 버리고 천도하여 [1180년 일시 후쿠하라福原 : 神戸 천도를 제외하고] 1869년까지 존속했던 수도이다. 동서 8방坊, 남북 9.5조條로 구성되는 수도의 구역은 동서 약 4.5킬로, 남북 약 5.3킬로였다. 15세기 말 오닌應仁의 난으로 대부분 소실되었지만, 도요토미 히데요시가 부흥시켜 오늘날의 교토 시에 이른다. 한편, 헤이안쿄의 중앙 북부에는 헤이안 궁平安宮이라는 궁성이 세워졌는데, 동서 1킬로, 남북 1.3킬로 정도의 궁성 안에는 천황의 다이리內裏를 비롯한 여러 관사官司가 있었다. 그 유적은 현재 교토 시가 지하에 매몰되어 있다. 11세기 이후는 천황이

[천황은 헤이안을] 영구적인 수도로 만들려는 계획이었다.

옛날 쇼토쿠聖德 태자가 하치오카蜂岡187)에 올라〈이곳은 우즈마사太秦
이다〉 지금의 헤이안조를 조망하고, "이곳은 사신四神에 상응하는 지상
地相을 갖추고 있다. 170여 년 후에 수도가 이곳으로 옮겨져 그 후 오랫
동안 바뀌지 않을 것이다"라고 말했다는 전승이 있다.188) 그 연수도 말
한 그대로였고, 헤이안은 수십 대 변함없는 수도가 되었다. 이것은 헤이
안이 왕자王者가 도읍하여 영원토록 번영하는 데 적합한 복덕을 낳는 땅
[福地]이었기 때문이다.

간무 천황은 불교를 깊게 신앙하였다. 엔랴쿠延曆 23년804, 덴교傳
敎189)·고보弘法190) 두 대사大師가 칙을 받들고 중국에 건너갔고, 이때

궁성 밖의 임시 거처인 사토다이리里內裏에 상주하는 일이 많았고, 또한 전사殿司의
소실이 빈발하여 11세기 후반 헤이안 말기 이후 궁성은 폐허로 화하였다.

186) 교토 부京都府 남부. 고대 기나이畿內의 하나. 처음에는 '山代' '山背'로 표기되었지
만, 헤이안 천도 이후 '山城'로 되었다. 일찍부터 도래계渡來系 씨족에 의해 개발되어
8세기 이후는 구니쿄恭仁京·나가오카쿄長岡京·헤이안쿄平安京가 조영되었다.

187) 교토 시京都市 우쿄 구右京區 우즈마사太秦.

188) 『성덕태자전력聖德太子傳曆』 상上에는 "내가 이 지상을 보건대 빼어난 곳이다. 남쪽
이 열리고 북쪽이 막혔으며 남쪽이 양陽이고 북쪽이 음陰이다. 강이 그 앞을 지나 동
으로 흘러 순행을 한다. 높은 산악 위에 용이 굴택窟宅을 지어 항상 지켜주고 있다. 동
쪽에 엄신嚴神이 있고 서쪽에 맹령猛靈을 맞이한다. 삼백년 후에 한 성황聖皇이 재차
천도하여 석전釋典을 융성케 할 것이다. 황윤이 계속 이어져 예부터의 궤도軌道를 잃
지 않을 것이다"라고 기술되어 있다. 사신四神에 상응하는 네 가지 지상을 갖추고 있
는 곳. 왼쪽에 유流:靑流, 오른쪽에 장도長道:白龍, 앞에 한지汗地:朱雀, 뒤에 구릉丘陵
:玄武이 있는 땅이다. 위에서 '삼백년 후'라 했지만, 스이코推古 천황 12년604부터 엔
랴쿠延曆 13년794까지는 190년이다.

189) 사이초最澄, 767~822. 천태종의 개조 오미近江:滋賀縣 태생. 부친은 미쓰노 오비토
모모에三津首百枝. 교효行表의 제자가 되어 15세 때에 고쿠분지國分寺 승려로서 득도
785년 도다이지東大寺에서 수계受戒했는데, 히에이 산比叡山에 들어가 산 속에 초암을
짓고 수행생활을 보냈다. 804년에 견당사遺唐使를 따라 입당하여 천태산에 갔으며, 태
주台州에서 천태종의 교의·계율·선禪를 배우고, 또한 월주越州에서 순효順曉로부터
밀교의 관정灌頂을 받고 다음해 많은 불전佛典을 가지고 귀국하였다. 사이초를 원조한
간무 천황은 다카오산지高雄山寺에 관정도량灌頂道場을 설립하였다. 천황 간병의 공에
의해 806년에 일본 천태종을 열었다. 뒤늦게 귀국한 구카이空海와 친교를 맺어 밀교를
배웠고 다카오산지에서 구카이에게 관정을 받았지만 후에 사이가 나빠졌다. 814년에
규슈, 817년에 간토關東에 가서 천태교학의 포교에 힘썼다.

동시에 당나라 조정에 사신을 보냈다. 사신은 산기參議 사다이벤左大弁 겸 에치젠노카미越前守 후지와라노 가도노마로藤原葛野麿 아손朝臣[191]이었다. 덴교 대사는 천태종天台宗의 도수道邃 화상[192]을 만나 그 교의를 닦고 엔랴쿠 24년805 사신과 함께 귀국하였다. 고보 대사는 더 중국에 머물러 다이도大同 연간 중806에 귀국하였다.

이 천황의 치세에 동이東夷[에비스蝦夷]가 반란을 일으켰기 때문에 사카노우에노 다무라마로坂上田村丸[193]를 정동대장군征東大將軍[194]으로 파견하였다. 다무라마로는 이것을 완전히 평정하고 개선하였다. 그는 무용이 뛰어난 사람이었다.[195] 처음에는 고노에노쇼겐近衛將監[196]이 되었고, 또

---

190) 구카이空海, 774~835. 진언종의 개조. 사누키讚岐：香川縣 태생. 부친은 사에키 씨佐伯氏, 모친은 아토 씨阿刀氏. 788년에 백부 아토노 오타리阿刀大足와 함께 입경, 791년에 대학大學에 들어갔지만 퇴학하고 불도佛道를 뜻하여 시코쿠四國에서 고행을 거듭했다. 804년에 당나라에 건너가 장안長安에서 청룡사靑龍寺의 혜과惠果에게 사사하여 밀교를 배웠고, 태장胎藏·금강金剛 양부兩部 그리고 전법아자리傳法阿闍梨의 관정을 받았다. 806년에 밀교의 도상圖像과 경론 등을 가지고 귀국하여 그 목록을 조정에 바쳤다. 809년에 헤이안쿄에 들어가 다카오산지에 입주했다. 이후 사이초와 교제하였고, 또한 시문 등의 소양에 의해 사가嵯峨 천황의 총애를 받았다. 816년 사가 천황에 의해 고야 산高野山의 땅을 하사받아 곤고부지金剛峰寺의 건설에 착수했다. 822년 도다이지 안에 관정도량을 창건했고, 823년에 도지東寺를 하사받아 진언종의 근본도량으로 삼아 교오고코쿠지教王護國寺라고 이름지었다. 824년에 소승도少僧都, 827년에 대승도大僧都. 834년 궁중에 신곤인眞言院을 설치하고, 법회[後七日御修法]를 창시했으며, 다음해 고야 산에서 사망했다.
191) 755~818. 주나곤中納言, 정3위. 부친은 오구로마로小黑麻呂. 804년에 견당사로서 입당하여 다음해에 귀국. 810년 구스코藥子의 변變에서는 구스코와 인척관계였지만 헤이제이平城 천황을 간한 것에 의해 처벌을 면했다.
192) 형계荊溪 대사 담연湛然의 제자. 성은 왕씨王氏, 산동성山東省 낭야瑯琊 지역 출신.
193) 758~811. 다이나곤, 정3위. 부친은 가리타마로苅田麻呂. 791년 정동부사征東副使로서 에미시蝦夷를 토벌하고 이어서 정이대장군征夷大將軍, 세이이타이쇼군이 되었다. 802년에 이사와胆澤 성을 쌓아 진수부鎭守府를 옮기고 에미시 평정에 공적을 남겼다. 810년 구스코의 변에서는 헤이제이 천황의 군을 방어했다. 무장으로서 존숭되며, 정이대장군의 직명은 이후 막부의 수장에게 주어졌다.
194) '정이대장군'이 옳다.
195) 『일본후기日本後記』 전편前篇 12, 고닌弘仁 2년811 5월 23일조에는 "다무라마로는 얼굴이 적색이고 머리칼이 황색이며 용력勇力이 보통 사람을 넘어서 장수將帥의 기량이 있었다"라고 기술되어 있다.

한 쇼쇼少將에서 주죠中將가 되었으며, 고닌弘仁 연간197)에는 다이쇼大將가
되어 다이나곤大納言을 겸임하였다. [무예가 출중했을 뿐만 아니라] 문文에도
뛰어났기 때문에 나곤納言이라는 문관에도 올랐을 것이다. 자손은 지금
도 문관으로서 그 가문이 이어지고 있다.198)

간무 천황은 천하를 다스린 지 24년, 70세로 사망하였다.

제51대 헤이제이平城 천황

간무 천황의 첫째 아들. 모친은 황태후 후지와라노 오토무로藤原乙牟漏
로 증贈다이조다이진 요시쓰구良繼의 딸이다. 병술년丙戌 : 806에 즉위하여
개원하였다. 헤이안 궁에 있었다〈이후 천도는 없었기 때문에 수도에 대
해서는 적지 않겠다〉.

천하를 다스린 지 4년, 황태제皇太弟199)에게 양위하고 태상천황이라
칭하며 헤이조 궁에 돌아가 살았다. 나이시노카미尙侍200) 후지와라노 구
스코藤原藥子201)를 총애하고 있었기 때문에 그 동생202)인 산기 우효에노

---

196) 고노에후近衛府의 호간判官=조尉. '호간' 혹은 '조'는 영제令制에서 4등관 중 제3등
   관. 정・종6위상에 상당한다. 천황의 행행의 경호, 정월 도궁賭弓을 관장한다.
197) 사가嵯峨 천황 치세의 연호.
198) 『직원초』 상上에는 "명법박사明法博士는 명법도明法道의 최고 관직[極官]이다. 중고
   中古 이래 사카노우에坂上, 나카하라中原 두 계통이 법가法家의 유문儒門이다"라고 기
   술되어 있다. 다무라마로의 선조는 오진 천황 치세에 귀화한 아치노오미阿知使主이다.
   아치노오미는 야마토노아야 씨東漢氏의 조상으로 후한後漢 영제靈帝의 증손이라 칭해
   진다.
199) 천황의 동생으로 황위를 계승할 자.
200) '쇼지'라고도 읽는다. 영제令制의 후궁後宮 12사司의 하나인 나이시노쓰카사內侍司
   의 장관. 정원 2명, 종3위에 준한다. 나이시노쓰카사는 천황을 항시 모시며 주청奏請・
   전선傳宣・여유女嬬의 감독・식사・후궁의 의식 등을 관장했던 기관.
201) ?~810. 헤이제이 천황 후궁의 여관女官. 부친은 다네쓰구種繼. 동궁東宮 시절부터 헤
   이제이 천황에게 출사하여 즉위 후 권세를 얻어 나이시노카미가 되고 종3위로 승진한
   다. 천황 양위 후 오빠 나카나리와 함께 헤이제이 상황의 중조重祚를 기도했지만 실패
   하여 자살했다.

카미右兵衛督 나카나리(仲成203) 등이 상황에게 [중조할 것을] 권하여 반란을 일으켰다. 사가 천황은 사카노우에노 다무라마로를 대장군으로 임명하여 이것을 추토하였고, 헤이조 궁의 나카나리 측의 군사가 패하여 상황은 출가하였다. 그 아들로 황태자였던 다카오카高岡 친왕도 폐위되어 출가, 고보 대사의 제자가 되었고, 신뇨眞如 친왕이라 칭하였다. 구스코·나카나리 등은 주살되었다. 상황은 51세로 사망하였다.

제52대 제29세 사가嵯峨 천황

간무 천황의 둘째 아들로 헤이제이 천황과 한 배에서 태어난 동생이다. 황태제가 되어 있었는데, 기축년己丑年 : 809에 즉위하여 경인년庚寅年 : 810에 개원하였다. 이 천황은 어릴 때부터 총명하여 독서를 즐겼으며 여러 기예技藝를 익혔고 또한 겸손의 도량을 갖추고 있었기 때문에 간무 천황이 각별히 총애하였다. 황태자[儲君]가 되었던 것도 간무 천황이 특별히 유언했기 때문이다.

격식格式204) 등도 사가 천황의 치세에 편찬이 시작되었다. 천황은 또한 불교를 깊게 존숭하였다. 전하는 바에 따르면, 옛날 미노 국美濃國 : 岐阜縣 남부 간노神野라는 곳에 뛰어난 승려가 있었는데, 다치바나橘 태후太后가 전생에 이 승려에게 열렬히 봉사했던 것에 감응하여 두 사람이 함께 지금 세상에 다시 탄생하니 그것이 사가 천황과 다치바나 태후라고 한

---

202) 동생이 아니라 오빠가 옳다.
203) 764~810. 부친은 다네쓰구, 모친은 아와타노미치마로粟田道麻呂의 딸. 여동생 구스코가 헤이제이 천황의 총애를 받았던 것에 의해 중용되어 간사쓰시觀察使·산기가 된다. 천황 양위 후 구스코의 변變이 발각되어 체포, 수모자로서 처형되었다.
204) 임시 명령과 사무 규정. 다이호 율령 제정 후의 격식을 편찬한 고닌 격弘 仁格 10권과 고닌 식弘仁式 40권. 고닌 11년820 4월 11일 후지와라노 후유쓰구藤 原冬嗣 등이 찬진撰進했다.

다.[205] 이 천황의 휘諱[206]를 간노라고 하는 것도 자연스런 일이다.

  덴교傳敎〈이름 사이초最澄〉·고보弘法〈이름 구카이空海〉 두 대사가 당
나라로부터 전한 천태종天台宗·진언종眞言宗도 이 시대부터 보급되었다.
두 대사는 보통 사람이 아니라 부처의 환생이다.

  덴교 대사는 당나라에 들어가기 이전부터 히에이 산比叡山을 열고 수
행을 하였다. 지금의 근본중당根本中堂[207]의 땅을 찾아 공사했을 때 여덟
갈래의 돌기가 있는 열쇠가 땅 속에서 나왔기 때문에[208] 이것을 당나라
에까지 가져갔다. 덴교 대사는 천태산天台山[209]에 올라 지자智者 대사〈천
태종의 4대 시조. 천태대사天台大師라고도 한다〉 6대의 정통 도수道邃 화
상을 만나 천태종을 배웠다.

  천태산에는 지자대사가 사망한 후 열쇠가 없어져 열리지 않는 창고
하나가 있었다. [그런데] 덴교 대사가 시험삼아 이 열쇠를 사용해 보자
곧바로 창고가 열렸다. 이것을 본 전 사원의 승려들이 덴교 대사에게
귀의하였다. 이리하여 천태종의 심오한 교의는 모두 덴교에게 전해졌다
고 한다. 그 후 지카쿠慈覺 대사[엔닌圓仁][210]·지쇼智證 대사[엔친圓珍][211]

---

205) 다치바나노 기요토모橘淸友의 딸. 이름은 가치코嘉智子.『일본문덕천황실록日本文德
    天皇實錄』가쇼嘉祥 3년850 5월 5일조에, "고로古老가 다음과 같이 전한다. 이요 국伊予
    國: 愛媛縣 간노 군神野郡에 옛날 고승이 있었다, 이름은 샤쿠넨灼然으로 성인聖人이라
    칭해진다"라고 시작되는 전설이 기술되어 있다. 이 전설의 원류는『일본영이기日本靈
    異記』하下에 있는 자쿠센寂仙 보살을 둘러싼 설화에 의한다고 한다. 본문의 '미노 국'
    은 '이요 국'의 오류.
206) 존귀한 신분의 실명을 공경하여 말하는 것.
207) 천태종에서는 본당本堂을 중당中堂이라 한다. 엔랴쿠 7년788 덴교 대사의 창건. 약사
    여래藥師如來를 본존으로 하고 일광日光·월광月光 등의 여러 불상을 안치하고 있다.
208) 건물을 지을 땅을 고를 때 땅속에서 나왔다는 뜻.
209) 천태산 국청사國淸寺. 지자는 호남湖南 악주岳州 사람. 양제煬帝에게 보살계菩薩戒를
    전수하고 지자대사의 호를 받았다. 그 법통은 지자智者—관정灌頂—지위智威—혜
    위慧威—현랑玄朗—담연湛然—도수道邃이다.
210) 794~864. 산몬山門派의 시조. 시호는 지카쿠 대사. 속성은 미부 씨壬生氏. 히에이
    산에 올라 사이초를 스승으로 섬기고 전법관정傳法灌頂을 받았다. 838년 당나라에 들

가 당나라에 들어가 천태종·진언종을 깊게 배우고 히에이 산에 보급했기 때문에 이들 종파는 점점 번성하게 되어 천하에 널리 퍼졌다.

이 무렵 당나라는 전란이 일어나 많은 경전이 없어졌다. 그래서 도수화상으로부터 4대 후인 의적義寂이란 사람까지는 관심觀心[212]만을 행하고 경전을 통한 종의宗義[213]의 학습은 끊어져 버린 것 같다. 오월국吳越國의 충의왕忠懿王〈성은 전錢, 이름은 류鏐, 당나라 말기부터 동남쪽의 오월을 영유하여 변경의 왕이 되었다〉[214]은 천태종이 쇠퇴하는 것을 탄식하여 사신 10인을 일본에 보내왔다. 그들은 교전敎典을 널리 찾아 그 모든 것을 베껴 가지고 돌아갔다. 의적 대사는 이것을 연구하여 다시 천태종을 일으켰다. 중국에서는 오대五代 가운데 후당後唐 말 무렵이기 때문에 일본에서는 스자쿠朱雀 천황 무렵에 해당할 것이다. 우리나라[일본]로부터 다시 가지고 돌아간 종파이기 때문에 역으로 일본의 천태종이 근본이 되었던 것이다.

덴교 대사가 천태종의 비밀을 모두 일본에 전한 것도〈당의 태주자사台州刺史 육순陸淳의 『인기印記』의 문장에 보인다〉, 이 종파의 논소論疏[215]

어가 오태산五台山을 참배한 후 장안으로 갔다. 847년에 귀국하여 히에이 산에 돌아왔다. 854년 3세 천태좌주天台座主가 되어 천태종의 밀교화에 공헌했다. 몬토쿠文德·세이와淸和 두 천황과 후지와라노 요시후사藤原良房 등의 귀의를 받았다. 주저로『입당구법순례행기入唐求法巡禮行記』『현양대계론顯揚大戒論』이 있다.

211) 814~891. 지몬 파寺門派의 시조 시호는 지쇼 대사. 속성은 이나키 씨因支氏, 후에 와케 씨和氣氏로 개성. 사누키讚岐 출신. 15세에 히에이 산에 올라 좌주座主 기신義眞을 스승으로 섬겼다. 850년 내공봉內供奉 십선사十禪師가 되고 853년에 당나라에 들어갔다. 천태산과 장안 등에서 수행하고 858년에 귀국하였다. 당나라에 갔던 기록『행력초行歷抄』가 있다. 이듬해 미이데라三井寺·園城寺를 수리하고 당나라에서 가져온 경전을 수납했다. 868년 엔랴쿠지延曆寺 좌주, 890년 소승도少僧都가 되었다.

212) 마음의 본성을 관조하는 수행.

213) 종문宗門의 근본이 되는 교의.

214) 지카후사는 전류錢鏐와 그 자손인 전홍숙錢弘俶을 혼동하고 있다. 류鏐는 초대로 무숙왕武肅王이라 칭했다. 충의왕 전홍숙은 자字가 문명文明으로 임안인臨安人이다. 한편, 안록산安祿山·사사명史思明의 난으로 천태종의 경전이 대부분 산일되었기 때문에 의적은 덕소德韶와 상의하고 충의왕에게 청하여 그 서적을 일본·고려에 구했던 것이다. 의적은 충의왕이 창건, 기증한 전교원傳教院에서 이것을 강론하였다.

를 빠짐없이 배껴 가지고 돌아온 것도〈석지반釋志磐의 『불조통기佛祖統紀』에 보인다〉모두 중국의 서적에 쓰여 있다.

고보 대사는 그 생모가 대사를 임신했을 때 꿈 속에 천축의 승려가 나타나 집에 방을 빌렸다고 한다. 또한 대사는 호키寶龜 5년774 갑인년甲寅年 6월 15일에 태어났는데, 이날은 당나라의 대력大曆 9년 6월 15일에 해당하며 불공 삼장이 입멸한 날이다. 그래서 대사는 불공 삼장의 환생이라 이야기되는 것이다. 또한 혜과惠果 화상216)이 "나와 당신과는 오랜 약속이 있다. 서원誓願하여 함께 밀교의 경전을 보급하자"217)고 말했다는 것도 그 때문일 것이다. 당나라에 건너갔을 때에도 대사는 오행五行의 글을 쓰는 등 여러 가지 신기神技를 보였기 때문에 당나라의 순종順宗 황제도 대사를 깊이 존경했다고 한다.218)

혜과 화상〈진언종 제6대 시조. 불공 삼장의 제자〉에게는 그 가르침을 전수한 제자가 6명 있었다. 검남劍南의 유상惟上, 하북河北의 의원義圓〈금강일계金剛一界219)를 전했다〉, 신라의 혜일慧日, 가릉訶陵의 변홍弁弘〈태장일계胎藏一界220)를 전했다〉, 청룡青龍의 의명義明, 일본의 구카이〈양부兩部

---

215) 논論은 종의宗義를 논한 것, 소疏는 경론을 해석한 주석서.

216) 746~805. 중국 장안長安의 동쪽 소응昭應에서 탄생하였다. 처음에는 담정曇貞을 따랐고 후에 불공不空에게 사사하여 주로 금강정경金剛頂經 계통의 밀교를 배웠다. 그는 금강정경의 밀교와 대일경大日經 계통 밀교의 통합자로 평가된다. 주지로 있던 장안의 청룡사青龍寺에는 중국만이 아니라 동아시아 각지로부터 제자가 모였다. 구카이는 혜과 만년의 제자로 금강계金剛界 · 태장계胎藏界의 양부兩部 밀교를 전수받았고 혜과의 사후 비명碑銘을 찬술했다. 그것은 혜과의 전기傳記 자료의 하나로서 구카이의 『성령집性靈集』 권2에 수록되어 있다.

217) 『홍법대사어전弘法大師御傳』 상上에 "화상이 완연히 앞에 서서 고하기를, '당신은 나와 당신이 전생에 맺은 깊은 약속을 아직 알지 못하겠는가? 다생多生 중에 서로 서원하여 널리 밀교 경전을 펴자'고 하였다"는 기술이 보인다.

218) 입에 1필, 좌우 손발에 각각 1필씩 동시에 5필을 가지고 5행의 글을 쓸 정도의 능필 가능필가能筆家로 당의 순종이 감탄했다고 하는 전설. 이에 대해서는 『수경水鏡』 『고금저문집古今著聞集』 『원형석서元亨釋書』 등에 상세하게 기술되어 있다.

219) 금강이란 대일여래大日如來의 지법신智法身에 이름붙인 것으로, 몸이 견고하고 일체의 번뇌를 깨뜨리는 것을 비유해서 말하는 것이다. 대일경大日經에서는 금강은 지덕智德을 가리킨다.

를 전했다〉221)이다. 의명은 당나라에서 관정灌頂의 스승222)이 될 사람이었지만 일찍 죽었다. 고보 대사는 6명 중에서 진언의 법의法義를 모두 가장 완전한 형태로 계승한 사람이다〈혜과 화상의 제자 오은吳殷이 찬술한 말에 그렇게 쓰여 있다〉.223) 그러므로 진언종의 정통을 계승하고 있다고 할 것이다. 이것도 또한 중국의 서적에 쓰여 있다.

덴교 대사도 불공의 제자 순효順曉를 만나 진언을 전수받았지만 당나라에 조금밖에 체재하지 않았기 때문에 깊게 배우지 못했을 것이다. 귀국하고 나서 고보 대사에게도 가르침을 받았지만 지금 그 계통은 끊어졌다. 지카쿠 대사[엔닌]와 지쇼 대사[엔친]는 혜과의 제자 의조義操, 법윤法潤의 제자 법전法全을 만나 진언을 전수받았다.

무릇 우리나라[일본]에 유포된 종파는 7개가 있다.224) 그 중에서도 진언종·천태종 두 종파는 고보·덴교 대사의 뜻에 따라 오로지 진호국가鎭護國家225)를 위한 것이었다.

히에이 산比叡山〈히에이라는 말은 간무 천황과 덴교 대사가 합심하여 홍륭에 진력했기 때문에 붙여진 이름이라고 히에이 산의 승려들은 말하고 있다.226) 그러나 『구사본기舊事本紀』에는 히에이노 가미比叡神에 대

---

220) 태장이란 영아嬰兒가 엄마의 태내에서 자라듯이 일체의 만법신萬法身이 성덕聖德 중에 발육하는 것을 말한다. 대일경에서는 태장은 이성理性을 가리킨다.

221) 금강계·태장계 양부의 만다라曼陀羅를 전하는 것.

222) 관정이란 물을 머리의 정수리에 끼얹는 것. 고대 인도에서는 황제의 즉위·입태자立太子식 등에 향수를 정수리에 끼얹었지만, 후에 불교의 의식이 되어 불위수직佛位受職의 이름으로 사용되었다. 일본에서도 진언眞言의 최고 심오한 비밀을 전하는 가장 중요한 방법이 되었다. 법수法水를 수자受者의 머리 정수리에 끼얹겨 불법을 전수하는 의식으로, 805년 귀국한 사이초는 그 해 9월 다카오지高雄寺에서 8명에게 관정을 행하였는데, 이것이 일본 최초의 것이다. 관정의 스승이란 그 의식을 주재하는 사람.

223) 혜과는 805년 12월 15일에 입적했다. 806년 1월 16일, 오은이 생전의 화상의 행장을 썼다.

224) 천태종·진언종·화엄종·삼론종·법상종·율종·선종을 가리킨다.

225) 성체호지聖體護持의 뜻으로 국가는 천자를 가리킨다.

226) 『산가요기천략山家要記淺略』에 "정찰결계장淨刹結界章은 히에이 산에 대해서 다음

해서 쓰여 있다227)〉에서는 현교顯敎228)의 천태종과 밀교密敎의 진언종을 함께 닦고 있다. 특히 이곳은 천황이 법회의 도량道場을 세워 식재연명息災延命을 기원하는 곳이다229)〈이것은 밀교의 교의에 의한다〉. 또한 근본 중당根本中堂을 시칸인止觀院이라 하는데, 이것은 법화경에 입각하고 천태의 교의에 따른 것으로 여기에는 진호국가라는 깊은 의미가 담겨 있다고 한다.

도지東寺는 간무 천황이 [헤이안쿄에] 수도를 옮겼을 때 황성皇城의 진호를 위하여 세운 사원인데, 고닌弘仁 연간810~823 고보 대사에게 하사하여 진언종의 사원으로 삼았다. 이곳은 여러 종파가 함께 섞이는 것을 허용하지 않고 오로지 진언만이 행해지는 곳이다. 이 종파를 신통승神通乘230)이라 한다. 여래과상如來果上의 법문法門231)으로 어느 교의보다 뛰어난 심오한 밀교이다. 특히 우리나라[일본]는 신대로부터의 유래가 이 종파가 설파하는 바와 잘 부합하고 있다. 그 때문인지 당나라에 유포된 것은 잠시 동안 뿐이고, 후에는 일본에 전해져 오랫동안 이어지고 있다.

과 같이 말하고 있다. 고닌弘仁 원년 간무 천황의 칙에 의해서 히에이 산日枝山을 히에이 산比叡山으로 바꾸었다. 덴교 대사의 상주에 의해 야마시로 국山背國을 야마시로 국山城國으로 고쳐 불렀다. 이것은 곧 야마山는 제왕을 세우는 산이요, 시로城는 또한 산을 보호하는 성이기 때문이다. 불법佛法이 왕법王法을 보호하고, 왕법이 불법을 부지扶持한다. 불법과 왕법은 소의 양쪽 뿔과 같기 때문에 히에이 산이라 하는 것이다" 라고 기술되어 있다.

227) 『구사본기』지기본기地祇本紀에 긴탄카이近淡海 히에이 산에 있는 신으로 오야마쿠이노 가미大山咋神를 들고 있다. 이것은 오쓰大津의 히에이 신사日吉神社와 교토 마쓰오 대사松尾大社가 제사지내는 신이다.

228) 언어와 문자로 분명하게 강설된 석가의 가르침. 밀교 이외의 모든 불교를 포함한다.

229) 북두칠성 중에서 그 사람의 생년에 해당하는 별을 본명성本命星이라 한다. 불상不祥을 제거하고 복수福壽의 증장增長을 바라며 이것을 제사지내는 것. 여기에서는 밀교 법회의 도량을 세워 본명성을 제사지내고 식재연명을 기원하여 동탑東塔 소지인總持院을 건립했던 것을 가리킨다. 이 소지인은 당나라의 청룡사靑龍寺 진국鎭國 도량에 준하는 것으로 진언밀교의 법회를 행하는 황제 본명本命의 도량이다.

230) 여래如來의 신통력에 의해 설파된 심오한 교법.

231) 진언종에서 금강 · 태장 양부의 밀교를 가리킨다. 수행의 중간을 인위因位라고 하고 수행의 공에 의해 깨달음을 얻은 위치를 과지果地라고 하는데, 그 과지는 인위의 위上에 있기 때문에 이를 가리켜 과상果上이라 하는 것이다.

이 점에서 진언종을 상응相應의 종파232)라 하는 것도 지당하다.

우리나라[일본]에서는 당나라의 내도량內道場233)에 견주어 궁중에 신곤인眞言院234)이라는 법회의 도량을 세웠다〈원래는 가게유시노초勘解由使廳235)였다〉. 대사의 주청에 의해 매해 정월 여기에서 진언 기도의 법회236)가 열려 국토안온國土安穩·오곡풍양五穀豊穰을 기원하였다. 또한 18일의 간논쿠観音供,237) 매달 말의 미넨주御念誦238) 등도 유파에 따라 각각 깊은 의미를 가진다.

진언종에는 엔랴쿠지延曆寺·온조지園城寺·도지東寺의 세 개 유파239)가 있고 어느 것이 주가 된다고 할 수는 없지만, 진언종을 여러 종파 중에서 제일로 여기는 것도 주로 도지에 의한 것이다. 엔기延喜 연간901~922에 강소綱所240)의 도장과 열쇠를 도지의 이치노아자리一阿闍梨241)에게 보

---

232) 진언종은 일명 유가종瑜伽宗. 유가는 상응의 뜻으로 삼밀三密 상응을 의미한다. 유가는 범어梵語이며 그 의역義譯이 상응이다.

233) 궁중 안에서 불도佛道를 닦는 장소. 일본에서는 834년, 구카이의 청에 의해 중국을 본따 신곤인을 세워 내도량으로 하였다.

234) 핫쇼인八省院의 북쪽, 황거의 서쪽에 세워진 궁중 법회의 도량. 834년 11월에 창건되었다.

235) 관리 경질 때 전임자의 치적·행동에 대해서 신임자가 보내는 확인 문서〈사무를 원활히 물려받았다는 취지가 담긴 문서로 게유解由라고 한다〉를 관리·감독하는 관청.

236) 후칠일後七日의 법회. 정월 1일부터 7일까지는 궁중에서 신도의 제사[神事]만을 행하며, 이어서 8일부터 14일까지 7일간 진언 기도의 법회가 행해진다. 835년에 시작된 불변의 의식으로 도지東寺의 승려가 봉사한다.

237) 혹은 '간논구'라고도 읽는다. 궁중에서 매월 18일에 행해진 관음을 공양하는 법회. 닌주덴仁壽殿 후에는 세이료덴清涼殿에서 행해진 후타마노쿠二間供.

238) 매달 말의 3일간 신곤인眞言院에서 행하는 법회로 부처를 생각하고 경전을 읽는다. 천장지구天長地久를 기원한다.

239) 진언종의 세 유파. 이 중 엔랴쿠지와 온조지는 다이미쓰台密 2류, 도지는 도미쓰東密 1류. 다이미쓰는 천태종에 전해지는 밀교로서 엔랴쿠지의 산몬파山門派, 온조지의 지몬파寺門派로 구별된다. 한편, 도미쓰는 천태종의 다이미쓰에 대응하는 호칭으로 도지를 근본 도량으로 한다.

240) '고쇼'라고 읽는다. 승강僧綱의 사무를 관장하는 관청. 승강은 승정僧正·승도僧都·율사律師를 가리킨다.

241) 아자리阿闍梨의 필두. 아자리는 천태종·진언종의 승려의 위계. 혹은 밀교에서 수행이 일정한 단계에 도달하여 전법관정에 의해 비법을 전수받은 승려를 가리킨다.

관케 하였다. 따라서 도지가 불교 업무를 모두 행하고 여러 종파의 제일로 자리잡게 되었던 것이다. 산몬山門:延曆寺과 지몬寺門:園城寺은 현교와 밀교를 겸하고 있지만 천태종을 중심으로 하고 있기 때문에 그 종파의 수장을 천태좌주天台座主[242]라고 한다.

사가 천황은 여러 가지 종파를 모두 진흥했지만, 특히 덴교·고보 대사에 대한 귀의가 깊었다. 덴교 대사가 원돈계圓頓戒[243]를 전수하는 계단戒壇[244]을 세우고 싶다고 천황에게 주청했을 때[245] 나라奈良의 여러 종파는 이것에 반대하는 의견서를 제출했지만, 마침내 계단의 건립이 허가되어 일본에는 네 곳의 계단[246]이 생겼다. 고보 대사는 천황과 사제師弟의 약속을 맺었기 때문에 특별히 존경받았다고 한다.

이 두 종파 외에 화엄종華嚴宗·삼론종三論宗은 도다이지東大寺[247]에 전해졌다. 화엄종은 당나라의 두순杜順[248] 화상 때부터 성행하던 것을 일본의 승려 로벤朗弁 승정[249]이 전수하여 도다이지에서 진흥하였다. 도다이지는 이 종파에 의해 세워졌기 때문인지 다이케곤지大華嚴寺라는 이름

---

242) 엔랴쿠지 전반의 사무寺務를 총괄하는 수좌首座의 승려.
243) '엔돈카이'. 일본의 천태종이 사용하는 대승大乘의 계戒를 말하며 옛날에는 원계圓戒 : 엔카이라고 칭했다. 이 계를 받아 실천함으로써 천태종의 승려로서의 신분과 자각을 얻을 수 있다고 한 것은 사이초의 창의이다. 천태종의 확립도 사실상 이 계를 주고 받는 계단의 창설에서 비롯된다.
244) 계의 전수를 행하기 위하여 흙을 쌓아 설치한 특정한 단壇을 말한다. 일본에서는 당나라의 승려 감진鑑眞이 일본에 와서 754년 도다이지東大寺 대불大佛 앞에 단을 쌓은 것이 최초이다.
245) 고닌 10년819에 덴교가 대승大乘의 계단의 건립을 출원하여 동 13년822에 허락되었다.
246) 나머지 세 개는 나라奈良의 도다이지, 시모쓰케下野의 야쿠시지藥師寺, 쓰쿠시筑紫의 간제온지觀世音寺의 소승小乘 계단.
247) 원래 8종八宗 겸학兼學의 도량. 화엄·삼론을 기본으로 하며 특히 화엄을 제일로 한다.
248) 557~640. 화엄종의 개조. 화엄종의 기본적 방향을 정하고 교단으로서의 기초를 닦았다. 화엄종은 3대 시조인 법장法藏, 643~712의 형제자兄弟子인 의상義湘, 625~702에 의해 671년에 신라에 전해졌고, 법장의 문하인 심상審祥에 의해 736년에 일본에 전해졌다.
249) 『삼국불법전통연기三國佛法傳統緣起』 중中에 "도다이지는 사성四聖이 수응垂應하여 건립한 것이다. 쇼무 천황은 구세관음救世觀音 상궁태자上宮太子:聖德太子의 재탄생이고, 로벤 승정은 미륵의 수화垂化이고, 천축의 바라몬 보리菩提 승정은 보현普賢의 화신이고, 교키行基 보살은 문수文殊의 응현應現이다"라고 기술되어 있다.

이 있다.

삼론종은 동진東晉과 같은 무렵 후진後秦이란 나라에 나습羅什 삼장250)이란 법사가 와서 이 종파를 열어 세상에 전하였다. 일본에는 고토쿠孝德 천황 치세에 고구려의 승려 혜관惠灌이란 승려가 와서 이것을 전하였다.251) 그러므로 불교 제 종파 중에서 최초로 보급된 교의일 것이다. 또한 그 후 도지道慈 율사律師252)가 [당나라에] 경론經論을 청하여 가지고 와서 다이안지大安寺253)에 전하였다. 지금은 화엄종과 함께 도다이지에 전해지고 있다.

법상종은 고후쿠지興福寺에 전해졌다. 당나라의 현장玄奘 삼장254)이 천

---

250) 구마라습鳩摩羅什의 약칭. 350~409경. 중국 남북조 시대 초기의 역경승譯經僧. 인도 귀족의 혈통인 부친과 구자국龜玆國의 왕족인 모친 사이에 태어나 7세에 출가. 384년 구자국을 공략한 여광呂光의 포로가 되었고, 401년 후진後秦의 요흥姚興을 따라 장안長安에 들어갔다. 여인을 맞이하였기 때문에 계율을 깼지만, 이후 세속 생활 속에서 정력적으로 경론의 번역에 힘쓰는 동시에 많은 제자를 길렀다. 동아시아의 불교는 그에 의해 기본적으로 성격이 규정되었다고 평가된다.

251) 『일본서기』 권22, 스이코推古 천황 33년624 정월 7일조에 "고구려의 왕이 승려 혜관惠灌을 바쳤다. 그래서 승정僧正에 임명하였다"라고 기술되어 있다. 본문의 고토쿠 천황은 스이코 천황의 오류이다.

252) 『삼국불법전통연기』 중中에 "지장智藏이 법을 도지 율사에게 전수하였다. 도지는 제42대 성주聖主 몬무文武 천황 치세인 다이호大寶 원년 신축辛丑년701에 바다를 건너 당나라에 들어가 전부 육종六宗을 전해 받았는데 삼론三論을 기본으로 삼았다. 당나라에서 불법을 배운 지 18년, 제44대 겐쇼元正 천황 치세 요로養老 2년 무오戊午년718에 귀조하였다"라고 기술되어 있다.

253) 나라 시 다이안지초大安寺町에 있는 진언종 고야 산高野山 파의 절. 전신은 쇼토쿠 태자가 건립한 구마고리熊凝 도량이라 한다. 639년 구다라다이지百濟大寺, 673년 다케치다이지高市大寺, 677년 다이칸다이지大官大寺라고 개칭되었고, 헤이조 천도 후에 사쿄左京로 옮겨 다이안지라고 칭했다. 삼론종이 성행했지만 몇 차례 화재로 쇠퇴했다.

254) 602~664. 중국 4대 번역가의 한 사람. 하남성河南省 낙양洛陽 출신. 629년에 장안을 출발하여 온갖 고초를 겪으면서 신강성新疆省의 북로─투르키스탄─아프가니스탄으로부터 인도에 들어가 중인도의 나란다 사원에서 시라바드라戒賢, 529~645에게 사사하여 유식설唯識說을 배웠다. 인도 각지의 불교 유적을 방문하고 불상·불사리 외에 범본梵本 657부를 가지고 645년에 장안으로 돌아왔다. 귀국한 해 그의 번역사업을 위하여 칙명에 의해 세워진 국립번역기관인 번경원翻經院에서 제자들과 함께 불교 경전의 한역漢譯을 개시하였다. 한역된 것은 대반야경大般若經 전 100권을 비롯하여 76부 1347권에 이른다. 그의 번역은 원전에 의거해 충실한 것을 지향하고 있다. 그 이전의 한역은

축에서 가지고 돌아와 보급하였다. 후에 일본의 조에定惠255) 화상〈다이쇼쿠칸大織冠 후지와라노 가마타리藤原鎌足의 아들〉이 당나라에 건너가 현장의 제자가 되어 이것을 배웠지만 귀국한 지 얼마 안 되어 사망해 버렸다. 지금의 법상종은 겐보玄昉 승정이란 사람이 당나라에 들어가 사주泗州의 지주智周 대사〈현장 2세의 제자〉256)를 만나 이것을 전수하여 일본에 보급했다고 한다. 가스가 다이묘진도 특히 이 법상종을 수호하는 것 같다.

이 3종[화엄·삼론·법상]과 천태종을 합쳐 4가家의 대승大乘257)이라 한다.

구사俱舍258)·성실成實259)이라는 것은 소승불교小乘佛教이다. 이 소승의 교의도 도지道慈 율사에 의해 전해졌는데, 이것은 단지 학문으로서 배우는 교의로서 [신앙·수행하는 것은 아니기 때문에] 특별히 한 종파가 되는 일은 없었다. 우리나라[일본]는 대승불교가 매우 성행한 나라이므로

구역舊譯이라 하여 그의 신역新譯과 구별된다. 또한 현장의 여행기 『대당서역기大唐西域記』는 7세기 전반의 중앙아시아와 인도의 지리·풍속·문화·종교 등을 살피는 데 귀중한 문헌이다. 현장의 여행은 원元·명대明代에 희곡화되어 『서유기西遊記』가 만들어졌다. 후세 '현장 삼장' '삼장 법사'로 불려지게 되었다.

255) 653년 입당入唐, 덴지 천황 4년665 9월 귀국, 동 12월 13일 사망. 향년 23세. 이설이 많다.

256) 지주 대사의 스승 혜소慧沼가 사주四州: 淄州 출신. 지주 대사는 박양撲揚 출신이다. 또한 현장 2세가 아니라 현장 3세가 옳다.

257) 화엄·삼론·법상·천태를 4가라고 한다. 진언은 밀교이므로 제외하고 현교의 4가를 헤아린 것.

258) 인도의 세신世親이 저술한 설일체유부說—切有部의 교리를 중심으로 하는 교리의 강요서綱要書 『아비달마구사론阿毘達摩俱舍論』을 연구하는 종파. 중국에서 남북조 시대의 비담종毘曇宗을 계승하여 성립했다. 일본에서는 법상종을 처음 전한 도쇼道昭가 전래하고 도다이지 등에서 연구되어 난토南都: 奈良 6종宗의 하나로 여겨진다.

259) 『성실론成實論』을 연구하는 학파의 칭호 『성실론』은 가리발마訶梨跋摩, 3~4세기경의 저작으로, 주로 부파部派 불교의 경량부經量部의 입장으로부터 설일체유부의 사상을 비판하고 또한 대승불교의 요소도 섭취하고 있다. 서명의 의미는 '진실을 완성하는 논'으로 추정되며, 그 진실이란 사체四諦: 네 가지의 진리로서 苦諦·集諦·滅諦·道諦의 총칭의 교의를 가리킨다고 보인다. 일본에서는 삼론종과 함께 중국에서 전해져 난토 6종의 하나로 있었지만, 삼론종에 부속된 종파로서 연구되는 데에 그쳤다.

소승불교를 배우는 사람은 거의 없다.[260]

또한 율종은 대승·소승 모두에 통하는 종파이다. 감진鑑眞 화상이 일본에 와서 이것을 보급한 이래 도다이지東大寺·시모쓰케下野：栃木縣의 야쿠시지藥師寺·쓰쿠시筑紫：九州의 간논지觀音寺：觀世音寺에 계단戒壇을 세워 이 계를 받지 않는 자는 승적僧籍에 오를 수 없게 되었다. 중고中古 이후는 그 이름뿐으로 계戒의 실체를 받는 일이 없어져 버린 것을 나라奈良의 시엔思圓[261] 상인上人[262] 등이 경소經疏[263]를 읽고 그것을 연구하여 계사戒師[264]가 되었다. 홋쿄北京[265]에는 가젠我禪[266] 상인이 송나라에 가서 율법을 배우고 돌아와 이것을 보급하였다. 남북[267]의 율종이 새흥하

---

260) 승乘은 운재運載：태워 옮기는 것의 뜻. 중생을 운재하여 열반涅槃의 피안彼岸에 도달시키는 것. 대승은 일체의 종지種智를 여는 것을 추구하는 교의이고, 소승은 회신멸지灰身滅智：스스로 자기 몸을 태워 죽는 것의 공적空寂의 열반을 추구하는 교의이다.

261) 에이손叡尊. 1201~90. 시엔은 그의 호. 나라 사이다이지西大寺 유파의 율종 승려. 야마토大和：奈良縣 태생. 사이다이지를 거점으로 하여 계율 부흥 운동과 기나이畿內의 고대 사원의 부흥 등의 권진勸進 활동을 하는 한편, 나라자카奈良坂·기요미즈자카淸水坂 등에서 문수文殊 신앙에 입각한 천민[히닌非人]·나병환자 구제를 실천하였다. 또한 나라 홋케지法華寺 등의 비구니 사찰을 다시 일으키고, 정식 수계受戒의 절차에 따라 비구니를 탄생시켰다. 고초弘長 2년1262, 당시 막부의 최고실력자인 호조 도키요리北條時賴의 초청으로 일시 가마쿠라鎌倉에도 갔다. 13세기 말 몽골의 침략 당시에는 우지 강宇治川의 살생금지를 조건으로 전승기도異國調伏'를 행하였다. 저서로서 자전自傳『감신학정기感身學正記』등이 있다.

262) 지덕知德이 뛰어난 승려. 승려의 존칭.

263) 경론經論을 해석한 것.

264) 계율을 전수하는 사승師僧. 계화상戒和尙 혹은 전계사傳戒師. 시엔 상인이 계를 전수한 것은 천황을 비롯하여 6만 6천 명이었다고 한다.

265) 난쿄南京：奈良에 대응하는 교토京都.

266) 슌조俊芿. 1166~1227. 가젠은 그의 호. 홋쿄 율律의 시조 시호는 다이코쇼호 국사大興正法國師. 히고肥後：熊本縣 태생. 1199년에 송나라에 들어가 계율·선을 배우고 1211년에 귀국하였다. 에이사이榮西가 맞이하여 겐닌지建仁寺에 들어갔다. 1218년 우쓰노미야 노부후사宇都宮信房의 초청을 받아 센뉴지仙遊寺의 주지가 되었다. 슌조는 사원의 명칭을 센뉴지泉涌寺로 바꾸고, 천태종·진언종·선종·율종 겸학의 도량으로 삼았다. 고토바後鳥羽 상황과 호조 야스토키北條泰時에게 수계授戒하였다. 한편, 『겸창유문鎌倉遺文』제27권 20278호「쇼안正安 원년1299 10월일 관동기도사어주문안關東祈禱寺御注文案」에는 막부를 위해서 기원하는 여러 사원[關東御祈願諸寺]의 하나로 센뉴지泉涌寺가 보이며, 이것에 대해서 '가젠 상인의 초창' '율법 중흥의 도량'이라고 설명하고 있다.

여 이 종파에 들어가는 사람들은 옛날과 같이 위엄을 갖추게 되었다.

선종은 불심종佛心宗이라고도 한다. 교외별전教外別傳268)의 종파라는 것이다. 양梁나라의 시대에 천축의 달마達磨 대사가 중국에 와서 보급했지만, 무제武帝는 이것에 마음을 두지 않아 도를 깨달을 기회를 놓쳐 버렸다. 그래서 달마는 양자강揚子江을 건너 북조北朝로 가서 숭산嵩山이란 곳에서 9년간 면벽面壁 수행을 하였다. 후에 혜가惠可라는 사람이 이 교의를 계승하였다. 혜가 이후 4대째의 홍인弘忍 선사禪師라는 사람 때 그 계통은 남과 북으로 나뉘어졌다. 북종北宗의 계통을 덴교[사이초]·지카쿠[엔닌] 대사가 배워 일본에 전하였다.

안넨安然269) 화상〈지카쿠의 손제자孫弟子〉이 『교시쟁론教時諍論』이란 책을 써서 불교 교리의 깊고 얕음에 대해서 판정했는데, 거기에는 진언·불심·천태의 순서로 쓰여 있었다.270) [이것을 보아 선종의 교리가 깊은 것을 알 수 있다.] 하지만 계승하는 사람이 없어서 이 계통은 끊어져 버렸다. 근대近代가 되어 남종南宗의 계통이 많이 전해졌다. 중국에서는 남종의 아래에 5가家가 있고 그 하나인 임제종臨濟宗이 또한 두 개로 나뉘어 5가家 7종宗271)이라 한다.

본조[일본]에서는 에이사이榮西272) 승정이 황룡黃龍의 계통을 이어받아

267) 나라와 교토
268) 부처가 언어를 가지고 전수하는 교내教內의 종파와 대비하여, 언어를 벗어나 곧바로 불심을 가지고 중생의 마음에 전하는 교의. "직지인심直指人心·견성성불見性成佛·교외별전教外別傳·불립문자不立文字"에 근거하고 있다.
269) 841~(889~897경). 천태종. 오미近江: 滋賀縣 태생. 히에이 산比叡山 고다이인五大院에 있었기 때문에 고다이인 아자리라고 칭한다. 엔닌圓仁에게서 현밀顯密 2교를 배웠고 헨쇼遍昭를 따랐다. 특히 천태밀교天台密敎: 台密의 대성자로서 저명하다.
270) 「교시쟁教時諍」 1권에 의하면, '교리천심教理淺深'을 논하여 진언을 제일로 하고, 이어서 불심·법화·화엄·무상無相: 三論·법상·율·성실·구사의 총 9종을 차례로 열거하고 있다.
271) 중국 남종선南宗禪의 총칭. 5가란 임제종·위앙종潙仰宗·조동종曹洞宗·운문 종雲門宗·법안종法眼宗의 다섯 개. 후에 임제종의 분파, 양기류楊岐流·황룡류黃龍流의 두 파를 더하여 7종이라고도 한다.
272) 1141~1215. 호는 묘안明庵. 일본 임제종의 시조. 빗추備中: 岡山縣 태생. 1159년 히에

전래하였고, 또한 쇼이치聖—273) 상인이 석상石霜의 문하인 호구虎丘·무준無準의 계통을 이어받고 있다. 선종이 널리 퍼진 것은 이 두 명의 승려 때부터이다. 그리고 이에 이어서 중국으로부터 선승이 다수 내조하고 일본으로부터도 중국에 건너갔기 때문에 여러 유파의 선종이 유포되었다.

5가 7종이라 해도 그 이전의 현교와 밀교, 권교權敎와 실교實敎의 차이와 비하면 선종 유파 사이의 차이는 그다지 큰 것이 아니다.274) 어느 것이나 직지인심直指人心·견성성불見性成佛275)의 교리는 동일하다.

이상 고닌弘仁 연간810~823 때부터 진언종·천태종이 성행하게 된 것을 약간 기술하는 참에 다른 종파들이 전래된 유래에 대해서 적었다. 아마 오류가 많이 있을 것이다. 그러나 군주로서는 어느 종파에 대해서

___

이 산에서 천태종을 배웠다. 1168년에 송나라에 들어가 천태산 만년사萬年寺에 올랐다. 귀국한 후 1187년 재차 송나라에 들어갔다. 천태산 만년사의 허암회창虛庵懷敞에게서 임제종을 배우고 1191년에 귀국하였다. 1194년 교토에서 선禪을 포교하지만 히에이 산 슈토衆徒의 방해를 받았다. 이듬해 규슈九州 하카타博多에 쇼후쿠지聖福寺를 건립하였다. 구조 가네자네九條兼實를 위하여 『흥선호국론興禪護國論』을 저술하였다. 1199년 가마쿠라鎌倉에서 호조 마사코北條政子의 귀의를 받고 다음해 정월, 미나모토노 요리토모源賴朝의 1주기 불사佛事를 맡았으며 주후쿠지壽福寺를 열었다. 1202년 교토에 천태·진언·선 삼종겸학三宗兼學의 겐닌지建仁寺를 건립했다. 1206년 조겐重源의 뒤를 이어 도다이지東大寺 다이간진시키大勸進職가 되고 1213년 권승정權僧正이 되었다.

273) 1202~80. 호는 엔니圓爾. 휘諱는 벤엔辯圓. 시호는 쇼이치 국사聖一國師. 스루가駿河 : 靜岡縣 태생. 구노 산久能山과 온조지園城寺에서 구사종·천태종을 배웠고, 에이사이의 제자 에이초榮朝 등에게 임제종을 배웠다. 1235년에 송나라에 건너가 무준사범無準師範의 법통을 이어받고 1241년에 귀국하였다. 구조 미치이에九條道家에게 초빙되어 교토 도후쿠지東福寺의 개산開山이 된다. 고후카쿠사後深草·가메야마龜山 두 상황과 호조 도키요리北條時賴의 귀의를 받았고, 세 차례 가마쿠라에 내려갔다. 선풍禪風은 현교·밀교·선종의 겸수兼修에 특징이 있으며, 그의 법류는 도후쿠지 류流, 쇼이치 파派라고 불려 고잔五山 파 주류의 일각을 점하였다.

274) 진언종을 밀교, 진언종 이외의 제 종파를 현교라고 하고, 법상·삼론의 대승大乘을 권교, 화엄·천태의 대승을 실교라고 한다. 선종에 많은 분파가 있지만 모두 그 차이는 교법의 차이에 의한 것이 아니라 오로지 법통의 계승에 따른 것이라는 뜻.

275) 학문 수행을 내던지고 곧바로 자기의 마음을 응시하며 마음의 본성을 깨우쳐 그대로 성불한다는 선종의 교리.

도 대략적인 것을 알고 그 어느 것도 등한히 하지 않는 것이 국가의 혼란을 미연에 막는 길이다. 보살菩薩[276]・대사大士[277]도 각각 다른 종파를 관장하고 있다. 또한 우리나라[일본]의 신도 각각 수호하는 종파가 있다.[278] 하나의 종파에 뜻이 있는 사람이 다른 종파를 비난하거나 낮게 보는 것은 큰 잘못이다. 인간의 심성[機根][279]도 가지각색이기 때문에 교법도 한없이 다종다양하게 있다. 하물며 자기가 믿고 있는 종파를 깊게 배우지도 않고 전혀 알지 못하는 다른 종파를 비방하는 것은 매우 큰 죄를 짓는 일이다. 자신은 이 종파를 믿지만 다른 사람은 다른 종파를 믿고 있으며, 그것으로 제각기 이익이 있는 것이다. 이것도 모두 현세에서 그렇게 정해진 것이 아니라 전생 이래의 깊은 인연에 의한 것이다. 한 나라의 군주나 이것을 보좌하는 사람[280]이라면 어느 교의나 어느 종파도 무시하지 않고 모든 기회를 살려 이익이 널리 퍼지도록 힘써야 할 것이다.

또한 불교만이 아니라 유교・도교를 비롯한 여러 가지 도道, 하찮은 기예마저도 [빠짐 없이] 진흥하고 채용하는 것이야말로 성대聖代라고 할 수 있는 것이다. 무릇 남자는 농경에 힘써 자신이 먹을 뿐만 아니라 다른 사람에게도 주어 굶주리는 일이 없도록 하고, 여자는 실 잣는 것을 일로 삼아 자신이 입을 뿐만 아니라 다른 사람을 따뜻하게 하기 위해서

---

276) 부처의 다음 자리에 있는 보리살타菩提薩埵의 약칭. 부처의 세계로부터 인간계에 내려와 사람들과 함께 동고동락하면서 중생의 구제에 힘쓰는 존재. 자기 한 사람의 깨달음을 추구하여 수행하는 것이 아니라 중생을 위하여 실천하고 나아가 깨달음의 진리에 의하여 현실사회의 정토화에 힘쓰는 자를 가리킨다.
277) 자리타리自利他利의 대사大事를 하는 사士. 보살의 칭호이기도 하다. 홍서弘誓의 대원大願을 발하고 불국토佛國土를 정화하며 중생을 구제하려고 하는 대심大心의 상사上士.
278) 가스가 묘진은 법상종, 산노곤겐山王權現은 천태종, 하치만 다이진은 도다이지를 수호한다.
279) 중생 각자의 근성・성질. 혹은 불도佛道의 가르침을 듣고 수행할 수 있는 능력.
280) 천황을 보좌하여 정치를 행하는 섭정攝政・관백關白 등.

도 힘쓴다. 이것은 하찮은 일처럼 생각되지만 인류의 기본인 것이다. 이
것이야말로 자연의 운행[天時]과 혜택[地利]에도 부합하는 일이다.281) 그
외에 장사를 하는 자, 수공업을 일로 삼는 자도 있고, 또한 관官에 출사
하여 관리가 되려고 하는 자도 있다. 이들을 사민四民282)이라 한다.

관에 출사하는 자에도 문文과 무武 두 개의 도가 있다. 앉아서 치국治
國의 도道를 논하는 것을 문사文士의 도라 하며, 이것이 뛰어난 자는 재
상宰相이 될 수 있다. 전장터에 나가 공을 세우는 것은 무인武人의 일이
고, 이 길에서 공적이 있으면 장수將帥가 될 수 있다. 따라서 문무의 두
가지는 모두 잠시라도 경시할 수 없다.283) "나라가 어지러울 때에는 무
를 오른편으로 하고 문을 왼편으로 한다. 나라가 평온할 때에는 문을
오른편으로 하고 무를 왼편으로 한다"는 말이 있다284)〈옛날에 오른편
을 위로 여겼기 때문에 이렇게 말하는 것이다〉.285)

이와 같이 여러 가지 도를 채용하여 백성의 근심을 없애고 서로 다투
는 일이 없도록 하는 것이 나라를 다스리는 근본이다. 백성의 조세를
무겁게 하고 군주가 제멋대로 하는 것은 난세난국亂世亂國의 시초이다.
우리나라[일본]는 황통[王種]이 바뀐 적은 없지만, 정치가 어지러워지면
치세의 연수가 짧아지고 황위가 직계에 전해지지 않는 예를 여러 곳에
서 기술하였다. 하물며 신하로서 제각기 직분을 지켜야 할 것임은 말할
나위도 없다.

무릇 백성을 이끌어가는 데에는 여러 가지 도와 기예가 모두 필요하

---

281) 『서경書經』에 "천시天時를 따르고 지리地利를 나눈다"라는 기술이 있다. 농경생활은
풍토·기후 등을 잘 살려서 행하는 것이라는 의미가 담겨 있다.
282) 사士·농農·공工·상商.
283) 『위지魏志』 원환전袁渙傳에는 "문무의 병용並用이 장구長久의 길이다"는 구절이 있다.
284) 『회남자淮南子』에는 "일세一世 동안 문무文武가 교대로 자웅雌雄이 되어 때에 따라
쓰임이 있다"라는 구절이 있다. 상호간에 주主가 되고 종從이 되어 때에 따라서 적절
히 변화하는 것을 의미한다.
285) 『사기史記』 평진후열전平津侯列傳에는 "창업한 뒤를 이어받아 지킬 때에는 문을 숭
상하고 혼란을 만날 때에는 무를 오른편으로 한다"는 구절이 있다.

다. 옛날 중국에서는 시詩·서書·예禮·악樂을 가지고 나라를 다스리는 4술術이라 하였다.[286] 우리나라[일본]에서는 이것이 4술의 학문으로 정해졌는지는 분명하지 않지만, 기전紀傳[287]·명경明經[288]·명법明法[289]의 3도道에 시·서·예를 포함시키고 여기에 산도算道를 더하여 4도道라고 하였다.[290] 이것은 대대로 오랫동안 채용되었고 그 관직이 설치되어 있기 때문에 새삼 자세히 설명할 필요가 없다.

의도醫道·음양도陰陽道[291]의 두 가지도 또한 나라의 중요한 도이다. 금석사죽金石絲竹[292]의 음악은 4학學[293]의 하나로 오로지 정치를 행할 때의 바탕이 되는 것이다. 지금은 음악이 예능과 같이 생각되고 있지만 이는 매우 유감스러운 일이다. "악풍惡風과 비속卑俗을 바꾸어 미풍양속美風良俗을 만드는 데에는 음악보다 좋은 것은 없다"[294]고 한다. 1음音에

---

286) 『예기禮記』 왕제王制에는 "악정樂正:樂官의 長이 4술을 존숭하여 4교教를 세웠다. 선왕先王의 시·서·예·악을 따라 사士를 만들었다. 봄과 가을에는 예·악을 가르쳤고 겨울과 여름에는 시·서를 가르쳤다"라고 기술되어 있다.

287) 옛날 다이가쿠료大學寮의 4과科의 하나. 역사·시문을 전적으로 관장한다. 교관을 기전박사紀傳博士라고 한다. 다이가쿠료의 제도적 확립은 다이호 율령으로 학과에는 본과本科:후의 明經道와 산과算科가 있었고, 728년에 문장文章·명법明法 2과가 더해졌으며, 헤이안 초기에 기전도·명경도·명법도·산도의 4도가 확립되었다. 관료의 자제는 다이가쿠료의 학생이 되어 학문을 닦고 수재秀才·명경明經·진사進士·명법明法·산算·서書 등의 국가시험을 보아 성적에 따라서 관위를 수여받고 출사했다. 나라 시대 말부터 헤이안 초기의 취학의 장려, 재정의 보강에 의해 문인관료가 배출되었지만, 헤이안 후기에는 학문의 가학화家學化에 의해 각각의 도를 닦는 가문이 고정되었다.

288) 다이가쿠료의 4과의 하나. 경서經書를 관장한다. 교관은 명경박사明經博士.

289) 다이가쿠료의 4과의 하나. 율령·격식을 관장한다. 교관은 명법박사明法博士.

290) 산도는 수를 계산하는 도. 『직원초』 상上에는 "기전·명경·명법·산도를 4도라고 한다. (…중략…) 산박사算博士는 산도의 최고 관직[極官]이다"라고 기술되어 있다.

291) 『직원초』 상에는 "천문天文·역수曆數의 일을 관장한다. 옛날에는 일가一家가 양도兩道를 겸했는데, 가모노 야스노리賀茂保憲가 역도曆道를 아들 미쓰요시光榮에게 전하고, 천문도天文道를 제자 아베노 기요아키安部清明에게 전하였다. 이후 양도는 나뉘어졌다"라고 기술되어 있다.

292) 8음의 네 가지. 금金은 종鐘의 종류, 석石은 경磬:옥이나 돌로 만든 악기의 종류, 사絲는 현絃이 있는 것, 죽竹은 관管의 종류.

293) 4술術.

294) 『효경孝經』에는 "풍風을 옮기고 속俗을 바꾸는 것은 음악보다 좋은 것이 없다" 라는

서 5성聲·12율律295)로 변화하는 음률의 조율 속에 치란治亂을 보고 흥망성쇠를 생각하는 것이 음악의 본질이다.

또한 시부詩賦·가영歌詠296)도 오늘날 사람들이 좋아하는 것이지만, 이것도 풍류의 도구가 되어 버려서 시학詩學의 근본297)과는 다른 모습이다. 하지만 시가詩歌는 원래 일심一心에서 발한 감정이 여러 가지 말이 되어 나타나는 것이며,298) 말세라도 사람의 마음을 움직일 수 있는 도이다. 이것을 잘 하면 비뚤어진 마음을 바로잡고 사악함을 막는 가르침이 될 것이다.

그러므로 어느 학문·기예도 마음의 근원을 밝히고 정도[正]로 돌아가는 수단이 되는 것이다. 윤편輪扁이 수레바퀴를 깎아 제齊나라의 환공桓公을 가르치고,299) 활을 만드는 직인이 활을 만들어 당나라의 태종太宗을 깨우친 예300)도 있다. 혹은 바둑과 단키彈碁301)의 유희조차 경박한 마음을 가라앉히고 경솔한 행동을 하지 않도록 수련하는 데 도움이 된다. 그 도의 본원에까지 미치지 못하더라도 하나의 기예[一藝]는 배울 만한 가치가 있는 것이다. 공자도 "무위도식하며 하루종일 아무것도 생각하지 않는 것 보다는 도박이라도 하라"302)고 말하고 있다. 하물며 하

구절이 있다.

295) 5성은 궁宮·상商·각角·치徵·우羽의 5음을 그 청탁고하淸濁高下에 따라 분류한 것. 그것을 오행五行으로 배치하면 토土·금金·목木·화火·수水가 된다. 12율은 황종黃鐘·태주太簇·고선高洗·유빈蕤賓·이칙夷則·무역無射의 6율과, 대려大呂·협종夾鐘·중려仲呂·임종林鐘·남려南呂·응종應鐘의 6려呂로 구성된다.
296) 한시漢詩·와카和歌를 총칭한다.
297) 시는 본래 인심과 세상 물정을 잘 파악할 수 있어서 수신修身·치국治國에 크게 도움이 되는 것이다. 시가 경經인 까닭이 여기에 있다. 시가 갖추어야 할 본연의 모습.
298) 『고금집古今集』의 서序를 바탕으로 지카후사는 『고금집주古今集注』에서 "이 시가도 1심心에서 나와 많은 말이 되고, 1음音에서 나와 여러 곡절曲節을 이루는 것이다"고 기술하고 있다.
299) 『장자莊子』 천도편天道篇에 실려 있는 차륜車輪을 만드는 명공名工 윤편輪扁의 고사.
300) 『정관정요貞觀政要』 권1에 실려 있는 궁공弓工의 고사.
301) 유희의 도구. 두 사람이 반상盤床에 마주앉아 흑백의 돌 6개씩을 놓고 손가락으로 튀겨 상대방의 돌을 맞추는 놀이.
302) 『논어論語』 양화陽貨.

나의 도를 배우고 하나의 기예에 종사하는 사람은 그 본원을 깊이 파헤치고 이치를 깨우치려는 뜻을 가져라. 그것이 세상의 사람을 다스리는 요체가 되고 또한 미혹을 벗어나 깨달음의 경지에 들어가는 길도 될 것이다. 1기氣·1심心303)에 바탕을 두고 5대大·5행行304)을 통해 상극相剋·상생相生하는 세상의 법칙을 알고 다른 사람도 깨우치게 만드는 것은 모든 도에 통하는 이치이다.

이 미카도御門305)[사가 천황]는 진실로 현교·밀교 두 교의에 귀의했을 뿐만 아니라, 유학에도 밝고 문장이 훌륭하며 서예도 뛰어나306) 궁성 동면東面의 문 현판도 몸소 썼다.

천하를 다스린 지 14년, 황태제307)에게 양위하고 태상천황이 되었다. [상황은] 수도의 서쪽 사가 산嵯峨山에 별궁을 짓고 살았다. 양위했을 뿐만 아니라 장래에도 그 자손을 황위에 오르게 하려는 생각 때문이었는지, 신제新帝[준나 천황]의 아들 쓰네요恒世 친왕을 태자로 세웠지만 친왕 또한 그것을 고사하여 출가하였다.308) 이것은 누구라도 쉽게 할 수 없는 훌륭한 일이다. 사가 상황이 매우 겸손했던 데다가 쓰네요 친왕도 또한 이처럼 황위계승을 고사했던 것은 말대未代에 이르기까지 미담美談이라 하겠다. 옛날 닌토쿠仁德 천황의 형제가 서로 양위한 이래 예가 없는 일이다. 사가 천황은 57세로 사망하였다.

303) 1기는 화생化生의 본원이 되는 것. 모든 물질적인 존재의 근원. 1심은 신에게서 발하고 신과 통하는 절대적인 일심. 세상을 성립시키는 근원. 1기·1심이라는 근원적인 것의 현상태現像態가 5대·5행이다.
304) 5대는 지地·수水·화火·풍風·공空. 5행은 목木·화火·토土·금金·수水.
305) 미카도帝. 천자, 천황의 존칭.
306) 사가 천황·고보 대사·다치바나노 하야나리橘逸勢를 3필筆이라 한다.
307) 준나淳和 천황.
308) 사가 천황과 준나 천황은 이복 형제, 사가의 황자 마사라正良 친왕[후에 닌묘仁明 천황]과 준나의 황자 쓰네요 친왕은 종형제, 준나와 닌묘는 숙부와 조카의 관계이다.

제53대 준나淳和 천황

사이인노 미카도西院帝라고도 한다. 간무 천황의 셋째 아들. 모친은 증贈황태후 후지와라노 모로코藤原旅子로 증贈다이조다이진 후지와라노 모모카와藤原百川의 딸이다. 계묘년癸卯年: 823에 즉위하여 갑진년甲辰年: 824에 개원하였다.

준나 천황은 천하를 다스린 지 10년, 황태자309)에게 양위하고 태상천황이 되었다. 그로 인해 동시에 두 명의 상황이 재세하게 되었으므로 사가 천황을 전前태상천황, 이 천황을 후後태상천황이라 하였다. 사가 천황이 정해두었던 듯 준나 천황의 황자 쓰네사다恒貞 친왕이 [닌묘 천황의] 황태자가 되었지만, 두 상황이 사망한 후 사정이 있어서 폐위되었다.310) 준나 천황은 57세로 사망하였다.

제54대 제30세 닌묘仁明 천황

휘諱는 마사라正良〈이 이전은 휘가 분명치 않다. 대체로 유모乳母의 성 등을 휘로 사용하였다.311) [하지만] 닌묘 천황 때부터는 2자字를 정확히 알기 때문에 기술하도록 하겠다〉. 후카쿠사노 미카도深草帝라고도 한다.

---

309) 사가 천황의 황자이자 준나 천황의 양자로 되어 있던 마사라正良 친왕, 즉 닌묘 천황.

310) 이른바 '조와承和의 변變'. 조와 7년840 준나 상황의 사망, 동 9년842 사가 상황의 사후 도구노타테와키東宮帶刀 도모노 고모미네伴健岑와 다지마노곤노카미但馬權守 다치바나노 하야나리橘逸勢가 쓰네사다 친왕을 받들고 모반을 일으켰다고 하여 장본인 2명은 유배당하고, 다이나곤大納言 후지와라노 아라치藤原愛發・주나곤中納言 후지와라노 요시노藤原吉野 등 60여 명이 연좌되어 처벌받았다. 또한 황태자는 폐하고 다이나곤 후지와라노 요시후사藤原良房의 딸 준시順子가 낳은 미치야스道康 친왕후에 文德天皇이 황태자가 되었다. 진상은 요시후사가 조카의 입태자立太子를 실현시키기 위하여 꾸민 음모로 보인다.

311) 『일본문덕천황실록』 가쇼嘉祥 3년850 5월 5일조에 "선조先朝의 제도는 황자가 태어날 때에는 늘 유모의 성을 가지고 이름으로 삼았다"라고 기술되어 있다.

사가 천황의 둘째 아들. 모친은 황태후 다치바나노 가치코橘嘉智子로 증贈다이조다이진 기요토모淸友의 딸이다. 계축년癸丑年：833에 즉위하여 갑인년甲寅年：834에 개원하였다. 이 천황은 준나 천황의 양자가 되어 있었기 때문에 조근朝覲의 예禮312)도 [사가와 준나] 두 상황에 대해서 행하였고, 때로는 두 상황이 함께 조근의 예를 받는 일도 있었다고 한다.

우리나라[일본]의 국세가 성했던 것은 이 무렵이다.313) 견당사遣唐使도 매회 정확히 파견되고 사신이 귀국하면 겐레이몬建禮門 앞에 중국의 귀한 물품을 파는 시장을 열어314) 군신群臣들에게 하사하는 일도 있었다. 율령은 몬무 천황의 치세에 정해졌지만 이 치세에 재차 찬수되었다.315)

천하를 다스린 지 17년, 41세로 사망하였다.

제55대 몬토쿠文德 천황

휘는 미치야스道康. 다무라노 미카도田村帝라고도 한다. 닌묘 천황의 첫째 아들. 모친은 태황태후 후지와라노 준시藤原順子〈고조노키사키五條后

---

312) 제후가 천자를 알현하는 것. 일본에서는 천황이 고쇼御所에서 상황·황태후 등을 배알하는 것. 세수歲首·원복元服·즉위후 등에 행하였다. 세수에는 특히 의식을 갖추어 행행했기 때문에 조근행행朝覲行幸이라 칭했다. 『속일본후기續日本後紀』권3 조와 원년834 정월조에 사가·준나·닌묘 세 사람이 서로 연하年賀·조근한 사실이 기술되어 있다.

313) 이른바 '숭문崇文의 치治'. 구스코의 난 후 조와의 변도 있었지만, 사가 천황 치세 14년, 준나 천황 치세 10년, 닌묘 천황 치세 17년 합계 41년간은 1대代 1원元이 지켜지고 율령정치 재건의 노력이 성과를 낳았다. 궁정을 중심으로 하는 당풍唐風 문화가 성행하고 의례·연중행사도 갖추어졌으며 문학도 성행했다.

314) 『속일본후기』조와 6년839 10월 25일조에 "이날 겐레이몬 앞에 세 개의 장막을 세우고 중국의 물품을 늘어놓았다. 구라료內藏寮의 관인과 나이시內侍들이 교역하였다. 이 것을 미야이치宮市라 하였다"라고 기술되어 있다.

315) 『영의해令義解』10권. 영令의 법문에 대한 갖가지 해석이 나오고 있었기 때문에 826년에 기요하라노 나쓰노淸原夏野 등 12인에게 명하여 공식적인 해석을 제시하게 한 것. 그 후 이것은 요제이陽成 천황의 간교元慶 연간866~885에 성립한 『영집해令集解』30권과 함께 중요한 문헌이 되었다.

라고 한다〉로 사다이진 후유쓰구冬嗣316)의 딸이다. 경오년庚午年：850에 즉위하여 신미년辛未年：851에 개원하였다.

천하를 다스린 지 8년, 33세로 사망하였다.

제56대 세이와淸和 천황

휘는 고레히토惟仁. 미즈노오노 미카도水尾帝라고도 한다. 몬토쿠 천황의 넷째 아들. 모친은 황태후 후지와라노 아기라케코藤原明子〈소메도노노키사키染殿后라고 한다〉로 섭정攝政317) 다이조다이진 요시후사良房의 딸이다. 우리나라[일본]에서는 어려서 황위에 오른 경우는 드물지만, 이 천황은 무인년戊寅年：858에 9세로 즉위하였다. 기묘년己卯年：859에 개원하였다.

이 천황이 천조踐祚318)하자 외조부 후지와라노 요시후사藤原良房 다이진이 최초로 섭정이 되었다. 섭정이라는 지위의 유래를 살펴보면, 옛날 중국에서 요나라 시대에 우순虞舜을 등용해서 정치를 맡겼는데 이것을

---

316) 775~826. 부친은 우치마로內麻呂. 모친은 구다라노 나가쓰구百濟永繼. 도구노스케春宮亮・지주侍從로서 헤이제이平城 천황과 황태자 가미노神野：嵯峨天皇에 근시近侍했다. 사가嵯峨 천황 즉위 후 초대 구로도노토藏人頭에 취임했고, 811년에 산기, 825년에 사다이진이 되었다. 사후 증贈정1위, 다이조다이진. 딸 준시를 닌묘 천황의 뇨고[女御：황후와 고이更衣의 중간에 위치하는 후궁]로 하는 등 천황가와 결합을 강화하여 후지와라 씨 홋케北家 번영의 기초를 닦았다.

317) 일본어로 '셋쇼'라고 읽는다. 일반적으로 군주를 대신하여 정치를 행하는 것 혹은 그 관직. 일본에서는 쇼토쿠 태자 이래 황족이 임명되었지만, 세이와 천황이 어리기 때문에 외척 후지와라노 요시후사가 임명된 이후 오로지 후지와라 씨가 취임하여 기본적으로 에도 시대 말까지 계속되었다.

318) 후계자가 천황의 지위를 계승하는 것. 선제先帝의 붕어 혹은 양위 직후에 행해진다. 본래 즉위卽位와 같은 뜻이었지만, 간무 천황 때부터 다른 날에 행하는 것이 상례가 되었다. 천조는 보검寶劍과 신새神璽를 선제로부터 물려받는 의식[劍璽渡御], 즉위는 조詔에 의한 선언宣言이 중심 의식이 되었다. 현행의 일본 황실전범皇室典範에는 즉위만 있다.

섭정이라 했고,[319] 30년 지나 정식 제위帝位를 넘겼다.

또한 은나라 시대에 이윤伊尹이란 훌륭한 신하가 있어 탕湯과 대갑大甲을 보좌하였다.[320] 이것은 보형保衡〈아형阿衡이라고도 한다〉[321]이라 했는데 그 의미는 섭정과 동일하다. 또한 주周나라 시대에 주공周公 단旦이 또한 큰 성인聖人이었다. 그는 문왕文王의 아들이자 무왕武王의 동생, 성왕成王의 숙부에 해당하는 사람이다. 무왕 때에 삼공三公[322]의 지위에 올랐고, 성왕이 어려서 즉위했기 때문에 주공이 스스로 남면南面[323]하여 섭정하였다〈어린 성왕을 등에 업고 남면의 천자의 자리에 앉았다고 한다〉.[324]

한나라의 소제昭帝도 또한 어려서 즉위하였기 때문에 무제武帝의 유조遺詔에 의해 박륙후博陸侯 곽광霍光이란 사람이 대사마대장군大司馬大將軍으로서 섭정을 하였다.[325] 이러한 많은 섭정의 사례 중에서도 주공·곽광

---

319) 『직원초』 상에는 "무릇 이 직책은 중국의 당요唐堯 때 순舜을 천거하여 섭정으로 삼았다. 은殷나라의 탕湯은 이윤伊尹을 아형阿衡으로 삼았는데 이것은 섭정에 해당한다. 주周나라의 성왕成王은 어려서 즉위하여 숙부인 주공周公 단旦이 정치를 보좌했는데, 이것이 지금의 섭정의 뜻이다"라고 기술되어 있다.

320) 『순자荀子』 신도臣道에 "은殷의 이윤, 탕湯의 태공太公은 가히 성신聖臣：賢臣이라 할 만하다"라는 구절이 있다. 한편, 『사기』 은본기殷本紀에는 "제帝 태갑太甲이 즉위한 지 3년이 지났는데 어리석고 포학하며 탕湯의 법을 지키지 않고 덕을 어지럽혔다. 이에 이윤이 그를 동궁桐宮에 내몰고 3년간 행정을 관할해서 나라 일을 맡으며 제후諸侯의 조회를 받았다. 제 태갑이 동궁에 산 지 3년에 과오를 뉘우치고 자책하여 선한 자로 돌아오니 이윤이 제 태갑을 맞이하여 정치를 건넸다"라는 기술이 있다. '대갑大甲'은 '태갑太甲'이 옳다.

321) 『서경書經』 채침전蔡沈傳에 "아형은 상商의 관명官名이다. 천하 백성이 의뢰 하여 공평·태평을 얻는 것을 말한다. 또한 보형이라 한다. 혹자는 이것이 이윤의 호號라고 한다"라고 기술되어 있다.

322) 주나라 시대의 삼공三公은 태사太師·태보太保·태부太傅.

323) 남쪽을 향하여 자리한다. 군주는 남면, 신하는 북면한다. 남쪽은 양陽.

324) 『사기』 주공세가周公世家에 "무왕이 죽었다. 성왕이 어려 강보襁褓 속에 있었다. 주공은 무왕이 죽었다는 것을 듣고 천하가 배반할 것을 두려워하여 군주의 자리에 올라 성왕을 대신하여 행정을 주관하며 나라 일을 맡았다"라고 기술되어 있다. 또한 『예기禮記』 명당위明堂位에는 "옛날 주공이 명당明堂의 자리에서 제후의 조하를 받을 때 천자는 부의斧依：도끼의 모양을 수 놓은 것을 곁에 바른 머릿 병풍를 등지고 남향하여 섰다"라는 기술이 있다. 주공이 조정에 임할 때 유아인 성왕을 등에 업고 남면했다는 고사.

을 섭정의 선례로 삼고 있는 것 같다.

일본에서는 오진 천황이 태어나 강보 속에 있었기 때문에 진구 황후가 즉위하였지만, 이것은 [천황이라 하지 않고] 섭정이라 늘 말하고 있다. 그러나 이것은 요시후사의 경우와는 다르다. 스이코 천황 때 우마야도 황태자[쇼토쿠 태자]가 섭정을 하였다. 이때에는 천황이 황위에 있었지만, 천하의 정치는 모두 섭정의 뜻대로 행해졌다. 사이메이 천황 때에 아들 나카노오에 황태자가 섭정을 하였고, 겐메이 천황의 치세 말기에 황녀 기요타라시히메노 미코토淨足姬尊〈겐쇼 천황을 가리킨다〉가 잠시 섭정을 하였다. 그러나 세이와 천황 때 요시후사의 섭정은 신하로서 최초로 섭정을 한 것이다.

다만 이 후지와라 씨 일족은 신대 이래 연유가 있어 국주國主를 보좌해 온 것은 앞에서도 종종 서술하였다. 단카이코 후히토不比等 이후 산기 주에노타이쇼中衛大將 후사사키房前, 그 아들 다이나곤 마타테眞楯, 그 아들 우다이진 우치마로內麿 이 3대는 가마타리鎌足·후히토 2대 때처럼 번영하지 않았던 것 같다. 우치마로의 아들 후유쓰구冬嗣 다이진〈간인閑院 사다이진이라 한다. 후에 증贈다이조다이진〉은 후지와라 씨가 쇠퇴하는 것을 탄식하고 고보 대사와 상담하여 고후쿠지興福寺에 난엔도南圓堂를 세우고 일족의 번영을 기원하였다.326) 이때 가스가 묘진春日明神이 모습을 바꾸어 공사 인부들 속에 섞여,

　　　보타락補陀落327)의 남쪽 기슭에 당堂을 세우니
　　　멀지 않아 번성할 것이다. 북쪽 등나무328)의 물결이여.

---

325) 『한서漢書』 곽광전霍光傳에 "무제가 병이 들어 곽광을 박륙후로 봉할 것을 유조하였다"라는 기술이 있다. 『한서』 소제기昭帝紀에 "시중봉거도위侍中奉車都尉 곽광을 대사마대장군으로 하다. 유조를 받아 어린 군주를 보필하다"라는 기술이 있다. '유조'는 임종에 임하여 유언한 조칙. '대사마'는 한대漢代의 삼공의 하나. 병마兵馬를 관장한다.
326) 이 내용은 『흥복사가람연기興福寺伽藍緣起』에 나온다.
327) 인도·남부 연안의 광명산光明山으로 관음觀音이 사는 영지靈地이다. 여기에서는 고후쿠지 경내의 남쪽을 가리킨다.
328) 후지와라藤原 홋케北家를 의미.

라고 노래했다고 한다.329)

이때 미나모토 씨源氏의 사람들이 많이 죽었다고 전하는 사람이 있지만 이것은 대단히 잘못된 말이다. 황자·황손이 미나모토의 성을 하사받고 고위고관에 오른 것은 나중의 일이기 때문에 이때 미나모토 씨의 누군가가 죽을 리가 없다. 그러나 어떻든 후지와라 씨 일족의 세력이 번성하게 되었던 것은 실로 이 기원에 신이 응답했기 때문일 것이다.

후유쓰구라는 사람은 장래의 일까지 깊게 생각했던 것 같다. 자손과 친족의 학문을 장려하기 위하여 간가쿠인勸學院330)을 세웠다. 다이가쿠료大學寮 중에는 동서東西의 소지曹司331)가 있고, 스가와라菅原·오에大江의 두 가문이 이것을 관장하여 가르치고 있었다. 간가쿠인은 다이가쿠료의 남쪽에 세워졌기 때문에 난소南曹라고 하며, 후지와라 씨의 우지노초자氏長者332)가 전적으로 이 간가쿠인을 관할하여 고후쿠지 및 가스가샤春日社의 일을 도맡아 했다. 이 직책은 요시후사가 섭정이 되었기 때문에 이후 줄곧 그의 자손에게 전해지게 되었다.

본래 섭정이라는 것은 천황이 어릴 경우에만 설치되는 직책이었지만, 이때부터 섭정·관백關白333)이 상설 직책처럼 되었다. 섭관攝關: 攝政·關白

---

329) 이 노래는 『신고금집新古今集』 권19 신기가神祇歌에 보인다. 그 설명에 "이 노래는 고후쿠지의 난엔도를 만들기 시작했을 때 가스가의 에노모토 묘진榎本明神: 春日神社의 地主神이 읊은 노래라고 한다"라고 기술되어 있다.

330) 821년에 후지와라노 후유쓰구가 후지와라 씨 출신의 다이가쿠료大學寮 학생을 위하여 세운 숙박시설. 후에 다이가쿠大學 벳소別曹로서 공인되었다. 도시藤氏 초자長者가 관리했는데, 헤이안 후기 이후 점차 쇠퇴하였다.

331) 다이가쿠료 안의 동서쪽 교실. 스가와라·오에 두 집안이 교수의 가문이다.

332) 종가宗家의 장長으로서 일족을 통솔하여 조정에 출사하며 조상신의 제사 등을 관장한다. 우지노카미氏上. 천황의 선지宣旨에 의해 미나모토源·다이라平·후지와라藤原·다치바나橘 씨 일족 중에서 합당한 사람이 임명되었지만, 후지와라 씨는 섭정·관백 자신이 자칭하게 되었다.

333) '간파쿠'라고 읽는다. 884년 고코光孝 천황이 다이조다이진 후지와라노 모토쓰네藤原基經에게 내린 칙에 이후의 관백과 동일한 직책이 보이지만, 887년 우다宇多 천황이 모토쓰네에게 내린 조詔가 최초의 사료이다. 941년 스자쿠朱雀 천황의 섭정 후지와라노 다다히라藤原忠平 이래 천황이 어릴 때는 섭정이, 성인이 된 후에는 관백이 설치되

이 없을 경우에도 나이란內覽334)의 신臣을 두었기 때문에 집정하는 데에는 변함이 없었다.

천황이 장성했기 때문에 요시후사는 섭정의 직을 사퇴하고 다이조다이진으로 시라카와白川에 한거閑居하였다. 천황은 요시후사의 외손이기 때문에 요시후사가 여전히 정권을 장악한다고 해도 아무도 반대할 사람은 없었을 테지만, 그는 매우 겸손한 사람으로 세상사를 벗어나 조용히 사는 것을 좋아하여 정기적으로 입궐하는 일조차 없었다.

그 무렵 다이나곤 도모노 요시오伴善男라는 사람이 천황의 총애를 받아 다이진의 지위를 바라고 있었다.335) 낭시 삼공三公〈다이조다이진 요시후사·사다이진 마코토信·우다이진 요시스케良相〉에 결원이 없었기 때문에 그는 사다이진 마코토를 죽여 그 공석에 자신이 오르려고 하였다. 그래서 우선 오텐몬應天門336)을 불태우고 사다이진이 반란을 기도하고 있다고 참언하였다. 천황은 놀라 사실을 규명하지도 않고 우다이진을 불러 곧바로 사다이진을 토벌하라고 명하였다. 다이조다이진 요시후사는 이것을 듣고 황급히 에보시烏帽子와 노시直衣 차림으로337) [의관衣冠도 갖추지 않고] 백주에 말을 달려 입궐하여 천황에게 간언하였다. 그 후 요시오의 음모가 밝혀져 요시오는 유형에 처해졌다.338) [천황이 잘못된 조

는 것이 상례가 되었다. 이후 도요토미 히데요시豊臣秀吉·히데쓰구秀次의 예외를 제외하고 후지와라 씨 홋케 출신자가 그 지위를 차지하여 1867년까지 계속되었다.

334) 다이조칸太政官으로부터 천황에게 상주하거나 혹은 천황이 다이조칸에 내리는 문서를 미리 보는 것, 혹은 그것을 행하는 자. 관백에 준한 직무로 그 실질은 9세기 후반 다이조다이진 후지와라노 모토쓰네에 보인다.

335) 이하 『우치습유물어宇治拾遺物語』 권10, 〈반다이나곤이 오텐몬을 불태운 사건伴大納言應天門を燒く事〉에 상세하다.

336) 다이다이리大內裏의 남문.

337) 귀인貴人의 통상복. 정식으로 속대束帶하고 의관衣冠을 갖추어 입궐하지 않았던 것을 말한다.

338) 『일본삼대실록』 조간貞觀 8년866 9월 22일조에, "오텐몬을 불태운 죄에 따라 참수함이 마땅하나 조를 내려 사일등死一等을 감하고 유배에 처했다. 요시오는 이즈 국伊豆國에 유배되었다"라고 기술되어 있다.

치를 취하지 않게 한] 요시후사의 충절은 실로 훌륭한 것이다.

세이와 천황은 불교에 귀의하여 늘 퇴위를 바라고 있었는데, 지카쿠慈覺 대사[엔닌圓仁]에게 계를 받고 소신素眞이란 법호法號를 받았다.339) 천황이 재위 중에 법호를 받는 것은 이례적인 일이다. 옛날 수나라 양제煬帝가 진왕晋王으로 있었을 무렵 천태종의 지자智者로부터 계를 받아 총지惣持라는 이름을 얻었다고 한다.340) 악군惡君의 예이긴 하지만 천태종에서 수계했기 때문에 세이와 천황 때도 이 예에 따랐던 것 같다.

또한 세이와 천황 때 우사宇佐의 하치만 대보살八幡大菩薩이 황성皇城의 남쪽, 오토코 산男山 이와시미즈石淸水에 천좌遷座하였다. 천황은 이것을 듣고 칙사를 파견하여 신전을 세울 땅을 선정하고, 목수 등 여러 기술자에게 명하여 새롭게 신전을 만들어 종묘로 삼았다〈진좌 당시의 상황은 앞서 서술하였다〉.

세이와 천황은 천하를 다스린 지 18년, 황태자에게 양위하고 물러났다. 3년 정도 지나 출가하고 지카쿠 대사의 제자로서 관정을 받았다.341) 단바丹波: 京都府 중부와 兵庫縣 동북부의 미즈노오水尾라는 곳으로 옮겨 불도의 수행을 쌓았는데 얼마 지나지 않아 사망하였다. 향년 31세였다.

---

339) 『자각대사전慈覺大師傳』에는 "이해 대사를 불러 궁궐에서 보살대계菩薩大戒를 받았다. 법호를 받들어 소신이라 하였다"라고 기술되어 있다. 덴안天安 2년858 3월의 일.

340) 『불조통기佛祖統紀』 권6 천태지자전天台智者傳에 "개황開皇 11년591 진왕晋王이 총관總管이 되어〈진왕晋王 양광揚廣이 진왕秦王을 대신하여 양주총관揚州總管이 되다〉 사신을 보내 [지자 대사를] 맞이하였다. (…중략…) 이해 11월 23일, 총관대청사總管大聽事에 천승재千僧齋를 마련하고 보살계법菩薩戒法을 수여하였다. 대사가 진왕에게 말하기를 '대왕은 성금聖禁을 좇으니 총지惣持라고 칭할 수 있다'고 했고, 진왕은 대사를 칭송하여 '대사는 불법의 등불을 전하니 지자智者라고 칭해야 한다'고 했다"라고 기술되어 있다.

341) 출가는 『일본삼대실록』에 의하면 간교元慶 3년879 5월 8일, 관정은 『자각대사전』에 의하면 사이코齊衡 3년856 9월. "9월에 동궁이 또한 대사에게 청하여 관정을 받았다"고 기술되어 있다. 따라서 출가하기 이전에 관정을 받았다고 보는 것이 옳다.

제57대 요제이陽成 천황

휘는 사다아키라貞明. 세이와 천황의 첫째 아들. 모친은 황태후 후지와라노 다카키코藤原高子〈니조노키사키二條后라고 한다〉로 증贈다이조다이진 나가라長良의 딸이다. 정유년丁酉年:877에 즉위하여 개원하였다. 우다이진 모토쓰네基經가 섭정·다이조다이진에 임명되었다〈모토쓰네는 요시후사의 양자로 실제는 주나곤中納言 나가라의 아들이다. 즉 이 천황의 외삼촌이다〉. 주진코忠仁公342)의 경우와 동일하다.

이 천황은 성격이 거칠어 군주의 그릇에 적합하지 않기 때문에 섭정 모토쓰네는 폐위를 결단하였다.343) 옛날 한漢나라의 곽광霍光이란 사람이 소제昭帝를 도와 섭정을 하였는데, 소제가 일찍 사망했기 때문에 창읍왕昌邑王을 세워 천자로 즉위시켰다.344) 하지만 창읍왕은 부덕하여 제왕에 적합하지 않기 때문에 곧바로 폐하고 선제宣帝를 세웠다. 이것은 곽광의 공적으로 전해져 내려오고 있다.

모토쓰네는 천황의 외척으로 정권을 장악하고 있었지만, 자기 일족의 이해를 버리고 천하의 대의大義를 생각하여 이 천황을 폐한 것은 매우 훌륭한 일이었다.345) 이와 같이 모토쓰네가 뛰어난 인물이었기 때문

---

342) 『일본삼대실록』 조간貞觀 18년876 12월 1일조에는, "연소한 군주가 친히 천하의 정사를 보지 못하기 때문에 신하 모토쓰네가 행정을 주관하였다. 주진코의 경우와 동일하다"라고 기술되어 있다. 주진코는 후지와라노 요시후사.

343) 『우관초』 권3에는 "이 요제이 천황은 9세에 즉위하여 16세까지 8년 동안, 옛날 부레쓰武烈 천황과 같이 어찌 할 도리가 없는 분이었다. 그래서 천황의 숙부에 해당하는 모토쓰네는 섭정으로서 여러 공경公卿들을 모아 평의하여 '원령 때문에 이처럼 거칠어진 것이니 어찌 국주로서 나라를 다스릴 수 있겠는가'라고 말하였다. 그래서 닌묘 천황의 아들로 시키부쿄式部卿를 지낸 도키야스時康 친왕이란 분을 맞이하여 즉위시켰던 것이다. 이것이 고코光孝 천황이다"라고 기술되어 있다. 요제이는 간교元慶 7년883 16세 때 살인을 저질러 다음해 퇴위했다.

344) 소제는 재위 13년, 20세로 사망하였다. 후사가 없었기 때문에 무제武帝의 손자인 창읍왕 하賀를 맞이하여 즉위시켰다. 하지만 그는 천자의 기량이 부족했기 때문에 27일만에 태후의 명으로 폐위당했다.

345) 요제이 천황의 생모 다카키코는 모토쓰네의 여동생, 요제이 천황의 뇨고女御 가스코

---

172   신황정통기(神皇正統記)

에, 후지와라 씨 일족에 많은 인재가 있었지만, 이후 섭정·관백의 지위에는 이 사람의 자손만이 오르게 되었다. 또한 다이진·다이쇼大將에 오르는 자도 모두 모토쓰네의 자손이었다. 이것은 그의 적선積善의 여경餘慶이라 할 것이다.

요제이 천황은 천하를 다스린 지 8년에 퇴위당하고, 81세까지 살았다.

제58대 제31세 고코光孝 천황

휘는 도키야스時康. 고마쓰노 미카도小松御門라고도 한다. 닌묘 천황의 둘째 아들. 모친은 증贈황태후 후지와라노 사와코藤原澤子로 증贈다이조다이진 후사쓰구總繼의 딸이다. 요제이 천황이 폐위되었을 때 섭정 쇼센코昭宣公[후지와라노 모토쓰네]는 많은 황자들의 용모를 살펴 보았다. 이 천황은 당시 1품 시키부쿄式部卿 겸兼 히타치노타이슈常陸太守346)로 이미 나이가 들어347) 고마쓰 궁小松宮에 있었다. 모토쓰네가 불시에 찾아가서 보니 다른 황자들보다 천황의 자리에 적합한 기량을 갖추고 있었다. 그래서 곧바로 의장儀仗을 갖추어 황위로 맞이하였다. 황자는 이전 위계인 1품 친왕의 관복을 입은 채 난여鸞輿348)를 타고 다이다이大內349)에 들어갔다. 이것은 갑진년甲辰年:884의 일이다. 을사년乙巳年:885에 개원하였다.

佳珠子는 모토쓰네의 딸로 슬하에 사다타쓰貞辰 친왕이 있다. 요제이 천황 폐위 당시의 정치력으로 보자면, 모토쓰네는 사다타쓰 친왕을 옹립할 수도 있었지만, 혈육 관계를 떠나 도키야스 친왕을 세웠다는 것을 말한다. 『우관초』에서도 이것을 '후지와라 씨의 3공功'의 하나로 평가하고 있다.

346) 다이슈太守는 친왕이 명목적인 장관으로 임명되는 국으로 정해져 있는 가즈사 국上總國·히타치 국常陸國·고즈케 국上野國의 세 지방의 장관을 가리킨다. 그 외 지방의 장관은 가미守라고 읽는다.

347) 당시 54세.

348) 천황이 사용하는 가마. 난鸞은 봉황의 일종인 난새. 모양이 닭과 유사하고 털은 오채五彩를 갖추었으며 소리는 오음五音을 낼 수 있다고 한다.

349) 다이다이리大內裏. 천황이 거처하는 황거를 다이리內裏, 궁성을 다이다이리라고 한다.

천황은 천조踐祚하자 곧바로 섭정을 관백關白으로 바꾸었다. 이것이 우리나라[일본]에서 관백이 설치된 최초이다. 한나라의 곽광이 섭정이었지만 선제宣帝 때에 그 직을 반려하고 물러났다. 그러자 선제가 "계속 곽광이 천하의 정치에 관여하여 의견을 사뢰도록[關白] 하라"350)고 했던 데에서 관백이라는 말이 사용되게 되었던 것이다.

고코 천황은 쇼센코 모토쓰네의 결정으로 황위에 올랐기 때문에 모토쓰네에 대해서 고마운 마음이 있었는지 그의 아들351)을 황거에 불러 원복元服352)을 시키고 몸소 정5위하의 위기(位記353)를 써서 주었다고 한다.354) 천황은 오랫동안 끊어져 있던 세리카와노芹川野의 매사냥을 하는 등 예부터의 의식과 행사를 다시 일으켰다.355)

천하를 다스린 지 3년, 57세로 사망하였다.

무릇 역대 천황의 사적을 서술한 책은 예부터 각각의 집안에 전해지는 것이 많이 있다. 따라서 여기에 쓴 것도 특별히 새로운 것은 아니다. 다만 신대 이래 황위가 정통으로 계승되어 온 것의 일단을 서술하고자 하기 위함이다. 우리나라[일본]는 신국이기 때문에 아마테라스 오미카미의 뜻에 따라 황통이 이어져 왔다.356) 하지만 그 가운데 천황이 잘못을

---

350) 『한서』 곽광전霍光傳에 "모든 일은 우선 광光이 관여하여 의견을 내었고, 그 후에 천자에게 상주하였다"라고 기술되어 있다.

351) 후지와라노 도키히라藤原時平.

352) '겐푸쿠'라고 읽는다. 가칸加冠이라고도 한다. 남자의 성인 의식. 나라·헤이안 시대의 귀족사회에서 가장 중요한 통과의례로 여겨졌다. 12~15(16)세가 되면 성인의 머리를 틀고 관을 쓰며 성인의 의복을 입고 유명幼名을 고쳤다.

353) 서위敍位의 취지를 기입하여 천황이 수여하는 문서. 사령서辭令書. 고신告身과 동일.

354) 『일본삼대실록』 닌나仁和 2년886 정월 2일조에 "다이조다이진의 첫째 아들 도키히라時平, 닌주덴仁壽殿에서 처음으로 원복을 받았다. 당시 16세. 천황이 몸소 관冠을 들고 그 머리에 씌웠다. (…중략…) 바로 그 날 도키히라에게 정5위하를 내렸다. 고신告身 位記은 천황의 친필로 황지黃紙에 써서 하사하였다"라고 기술되어 있다.

355) 『삼대실록』 닌나仁和 2년886 12월 24일조에 의하면 세리카와노에서 매사냥이 있었다. 이것은 796년 간무桓武 천황 때에 시작되었다. 50년 정도 중단되었다가 이때에 다시 진흥되었던 것이다.

356) 하늘과 땅과 더불어 무궁할 것 '天壤無窮'이라는 신칙神勅에 보이는 것.

범하였기 때문에 치세가 오래 가지 않는 경우도 있었다. 또한 결국에는 정로正路에 돌아가긴 했지만, 일시 정통이 침륜하여 쇠퇴하는 일도 있었다. 이는 모두 천황 자신이 행한 잘못에 의한 것이지 신불의 가호[冥助]가 헛되기 때문이 아니다.

부처도 중생을 한 사람도 남기지 않고 피안彼岸으로 인도하여 구제하려고 하며, 신도 만민에게 정직의 덕을 얻게 하려고 하지만, 중생이 가지고 태어난 인과응보가 가지각색이고 만민이 이어받아 타고난 성격도 제각기 다르다.357) [전생에서] 십선十善을 쌓아 그 보답으로 [현세에서] 천자가 되었다고 해도 대대의 천황의 행적과 선악은 가지각색이다. 그러므로 근본을 근본으로 하여 정正으로 돌아가고 시작을 시작으로 하여 사악함을 버리는 것이야말로 조신祖神의 뜻에 합당한 것이다. 진무神武 천황으로부터 게이코景行 천황까지 12대는 자손이 그대로 황위를 계승했으며358) 어느 하나 의심스러운 것은 없다. 야마토타케노 미코토日本武尊가 [황위에 오르기 전에] 일찍 사망했기 때문에 동생 세이무成務 천황에게 황위가 옮겨갔지만, 마침내 야마토타케노 미코토의 아들인 주아이仲哀 천황에게 전해졌다. 주아이 · 오진應神 천황 후에는 닌토쿠仁德 천황에게 황위가 전해졌다. 부레쓰武烈 천황은 악왕惡王이라서 후사가 끊어져 버렸기 때문에 오진 천황의 5세 손인 게이타이繼體 천황이 선발되어 즉위하였다. 이것은 매우 드문 예이다. 하지만 황위 계승 후보자가 2명 있을 때에는 어느 쪽이 정통이고 어느 쪽이 방류인가 하는 것도 문제가 되지만, [게이타이 천황의 경우는] 군신들이 황윤皇胤이 없는 것을 우려하여 찾아내었던 데다가 본인도 현명한 사람이고 천명天命359)을 받고 있으며

---

357) 불교면에서는 전생의 인연에 따라 중생의 인과응보가 천차만별이고, 신도면에서는 만민이 이어받고 있는 신성神性에 각각의 차이가 있는 것.

358) 『우관초』 제3에는 "진무부터 세이무 천황까지는 13대, 아들인 황자가 계승하였다"라고 기술되어 있다. 지카후사는 세이무 천황에게 후사가 없었던 것과 야마토타케노 미코토가 당연히 황위를 계승해야 했음에도 일찍 사망했던 것을 토대로 '12대'라고 했던 것이다.

또한 [즉위를 바라는] 백성의 소망에도 부합했기 때문에 정통인가 방류인가 하는 것은 문제가 되지 않는다.

그 후 연이어 덴지天智·덴무天武 형제가 즉위하고 오토모大友 황자의 난672360)의 결과, 덴무 천황의 자손이 오랫동안 황위를 계승하였다. 그러나 쇼토쿠稱德 여제 때 후계자도 없고, 또한 당시 정치도 어지러워361) 황태자를 정하지 못한 채 계통이 끊어져 버렸다. 그래서 고닌光仁 천황이 쇼토쿠 천황과 혈연관계가 멀었지만 선발되어 즉위하였다. 이것은 게이타이 천황의 경우와 매우 흡사하다. 하지만 덴지 천황은 원래 정통이고, 그 첫째 아들 오토모 황자는 잘못을 범하여 황위에 오르지 못했지만, 둘째 아들 시키施基 황자는 아무 죄도 없다. 따라서 그 아들에 해당하는 고닌 천황이 즉위한 것은 정리正理로 돌아간 것이라 할 수 있을 것이다.

지금의 고코 천황도 쇼센코 후지와라노 모토쓰네가 찾아내어 즉위시켰던 것이다. 요제이 천황이 닌묘 천황의 황태자인 몬토쿠文德 천황의 적류이면서도 악왕이기 때문에 퇴위당했고, 고코 천황은 닌묘 천황의 둘째 황자이지만 다른 황자들에 비해 현명했기 때문에 이것도 의심할 나위 없는 천명에 따른 것이라 보인다.362) 이와 같이 방류에서 황위를 계승한 것은 지금까지 3대 있다. 이는 결코 사람이 [제멋대로] 한 것이 아니라 신의 뜻에 따른 것이다. 이미 앞에서 서술한 도리를 잘 분별해야 할 것이다.

고코 천황 이전 시대는 모두 상고上古이다.363) 모든 선례를 생각할 때

---

359) 아마테라스 오미카미의 명령 혹은 의지. 중국의 이른바 천명사상天命思想은 아니다.
360) 진신壬申의 난. 제40대 덴무 천황조 참조.
361) 오시카쓰押勝·도쿄道鏡의 사건 등. 제48대 쇼토쿠 천황조 참조.
362) 근본적으로는 아마테라스 오미카미의 뜻[神意]의 발현에 의한 것이라는 의미. 이 3대의 계승은 군신들의 총의[게이타이 천황], 산기 후지와라노 모모카와藤原百川의 숙고[고닌 천황], 쇼센코의 추대[고코 천황]에 의한 것이라고 이해되기 쉽지만, 그 배후에는 더 심오한 조신祖神의 작용이 있다는 것이다.
363) 후지와라 씨의 보좌 제도의 확립과 정착을 가지고 시대를 구분하는 생각이 당시 일

에도 닌나二和 연간885~889364) 이후의 일을 참고로 한다. 상고의 시대조
차도 이러한 도리에 따라 황위가 계승되어 온 것이다. 하물며 말세에는
올바른 양위365)가 아니고서는 그 황위를 도저히 지킬 수 없다는 것을
깨달아야 한다.

고코 천황 치세부터 섭정·관백의 가문은 후지와라 씨 중에서도 쇼
센코 모토쓰네의 혈통에만 고정되었고 다른 혈통에는 [섭정·관백의 지위
가] 전해지지 않게 되었다. [이로써] 위로는 고코 천황의 자손이 아마테라
스 오미카미의 정통으로 정해지고, 아래로는 쇼센코의 자손이 아메노코
야네노 미코토天兒屋命의 적류가 되었다.366) 아메노코야네노 미코토가
아마테라스 오미카미를 보좌한다는 신대의 서약367) 그대로 지금에 이
르기까지 천황은 39대, 섭정·관백은 40여 명이 이어져 470여 년에 미
치고 있다.368)

반적이었다. 이와 관련된 것으로『우관초』권7에는 "그런데 세상도 말세가 되면서 사
건이 많아져 다 서술할 수 없지만, 세이와淸和 천황의 치세에 처음 섭정이 설치되어
요시후사 오토도良房大殿가 나온 이후 그 아들이 쇼센코가 자기 조카인 요제이 천황을
퇴위시키고 고마쓰노 미카도[고코 천황]를 세운 이후의 일을 서술해야 할 것이다"라는
기술이 있다.

364) 구체적으로는 고코 천황 치세의 3년884~887.

365) 선제先帝의 발의에 의한 양위이면서 조신祖神의 본뜻에 따른 정통한 양위.

366) 지카후사의 정치론에서 보면, 천황과 후지와라 씨의 섭관攝關 체제가 군신합체君臣
合體 본연의 모습이다.

367)『우관초』권7에는 "아마테라스 오미카미에게 '어전御殿 안에서 천황을 모시면서 잘
보호하라'는 명을 받고 아네노코야네노 미코토가 그것을 수락하였다"고 기술되어
있다. 이것은 후지와라 씨의 섭관 체제를 정당화하는 근본 이론으로, 지카후사가 매우
중시하고 있다.

368) 고코 천황 즉위부터『신황정통기』가 성립한 엔겐延元 4년1339까지는 455년, 보정를 가
한 고코쿠興國 4년1343까지는 459년이다. 여기에서는 아마도 모토쓰네가 섭정이 되었던
조간貞觀 14년872부터 고코쿠 4년까지인 471년을 가리키는 것으로 보인다.

제59대 제32세 우다宇多 천황

휘는 사다미定省. 고코 천황의 셋째 아들. 모친은 황태후 한시斑子 여왕으로 나카노仲野 친왕〈간무 천황의 아들〉의 딸이다. 우다 천황은 간교元慶 연간877~885 무렵 황손으로 있었을 때 미나모토 씨源氏의 성을 하사받았다.369) 즉위 이전 늘 매사냥을 즐겼는데, 어느 날 그곳에 가모 다이묘진賀茂大明神이 나타나 황위에 오르게 될 것이라고 알렸다.370) 천조 후 천황이 가모샤賀茂社의 임시제臨時祭371)를 시작한 것은 이 일 때문이라고 한다.

닌나仁和 3년887 정미丁未 가을, 고코 천황이 병에 걸렸을 때 형 황자들을 제쳐놓고 양위를 받았다. 그래서 우선 미나모토 성源姓에서 친왕으로 돌아오고 이어서 황태자가 되어 양위를 받았다. 같은 해 겨울 즉위하여 1년을 두고 기유년己酉年:889에 개원하였다. 천조 당초부터 다이조다이진 모토쓰네가 또한 관백으로서 천황을 보좌하였다. 모토쓰네의 사후 잠시 관백을 설치하지 않았다.372)

천하를 다스린 지 10년, 황위를 황태자에게 넘기고 태상천황이라 하였다.

그 후 1년 정도 지나 출가했는데 아마 33세 때의 일인 것 같다. 젊을

---

369) 『일본기략日本紀略』 닌나 3년887 8월 26일조에 "간교 8년884 4월 13일 조詔를 내려 미나모토노아손源朝臣으로 하였다"라고 기술되어 있다.

370) 『대경大鏡』 제6 우다 천황의 단段에 의하면, 가모 다이묘진이 노옹의 모습을 빌어 선탁宣託했다고 한다.

371) 항례恒例의 본제本祭 외에 임시로 행하는 제사. 가모와 이와시미즈石淸水의 임시제는 유명. 가모의 예제例祭는 음력 4월 중순의 유일酉日, 임시제는 11월 하순의 유일이다. 889년 1월 21일에 최초로 열렸다.

372) 닌나 3년887 우다 천황 즉위초에 후지와라노 모토쓰네를 관백으로 임명했는데, 그 칙서 중에 "아형阿衡:宰相에 임명한다"는 내용에 대하여 모토쓰네는 "아형은 지위 뿐으로 직무는 없다"고 주장하며 출사를 거부하였다. 이를 계기로 정신廷臣들 사이에 아형의 뜻을 둘러싸고 쟁론이 일어났으며, 마침내 천황이 칙서를 개작하기에 이르렀다. 따라서 모토쓰네의 사후 잠시 섭정·관백은 설치되지 않았다.

때부터 출가의 뜻이 있었다고 한다. 고보 대사[구카이] 4대의 제자 야쿠신益信 승정373)을 스승으로 하여 도지東寺에서 관정灌頂을 받았다. 또한 지쇼智證 대사[엔친]의 제자 조묘增命 승정374)〈당시 법교法橋375)였다. 후에 조칸靜觀이란 시호가 주어졌다〉으로부터도 히에이 산에서 관정을 받았다. 고보 대사의 계통을 중심으로 했기 때문에 이 천황의 법류法流는 지금도 끊이지 않고 닌나지仁和寺376)에 전해지고 있다.

무릇 고보 대사의 법류는 히로사와廣澤〈닌나지〉와 오노小野〈다이고지醍醐寺·간주지勸修寺〉의 두 가지가 있다. 히로사와는 우다 법황法皇377)의 제자 간구寬空 승정,378) 그 제자 간조寬朝 승정379)〈아쓰미敦實 친왕의 아들, 우다 법황의 손자〉에 전해졌다. 간조가 히로사와에 살고 있었기 때문에 생긴 명칭이다. 그 후 이 계통은 대대로 닌나지 오무로御室380)의 법친왕法親王381)이 전수하였고 일반인382)이 이것에 섞인 적은 없다〈법

---

373) 『진언열조표백집眞言列祖表白集』 「야쿠신益信」에 의하면, 887년 전법수직傳法授職 아자리阿闍梨, 888년 권율사權律師 및 도지東寺 니노초자二長者, 892년 권소승도權少僧都, 894년 법무法務, 895년 권대승도權大僧都, 900년 승정에 임명되었다. 901년 도지 간초인灌頂院에서 우다 법황法皇에게 관정을 행하였다. 사후 온조지圓城寺 승정이라 칭하였다.

374) 『광천태좌주기廣天台座主記』에 의하면, 906년 천태좌주天台座主, 910년 법교, 같은 해 법안法眼, 915년 대승도大僧都, 923년 권승정權僧正, 925년 승정에 임명되었다.

375) 정식으로 법교상인위法橋上人位라고 한다. 승위僧位에서 법인法印·법안法眼에 이은 제3위.

376) 원래 고코 천황의 고간지御願寺: 천황을 위해서 기도하는 사원로서 886년 고코 천황의 발원으로 착공하여 888년 우다 천황에 의해 완성되었다. 보조무궁寶祚無窮·진호국가鎭護國家의 도량에 걸맞게 조영하였다. 엔닌의 제자 유센幽仙을 주지[別當]로 삼았다. 901년 우다 천황이 출가하여 사원에 들어가 거실을 마련하였다[御室御所]. 이후 대대로 법친왕法親王이 입주했고, 법무法務로서 각 종파와 사원의 정점에 위치하였다.

377) 출가한 상황上皇.

378) 속명은 훈야 씨文室氏. 간겐觀賢 승정의 수법受法, 우다 법황의 관정 제자이다. 964년 승정에 임명되었다.

379) 『인화사어전仁和寺御傳』에 의하면, 1품 시부쿄式部卿 아쓰미敦實 친왕의 아들, 간구 승정의 수법관정 제자이다. 981년 승정 및 도지東寺의 사무寺務, 986년 대승도大都에 임명되었다.

380) 우다 상황이 닌나지 안의 남쪽에 일실一室을 만들어 거처로 삼았다. 이것을 '남쪽의 오무로御室' 혹은 '오무로'라고 한다.

류를 떠맡아 사범師範이 되었던 적은 두 번 있지만,383) 오무로는 대대로
친왕이 계승한다〉.

오노의 계통은 야쿠신의 동문同門으로 쇼보聖寶 승정384)이라는 교의에
깊게 정통한 사람이 있어서 고보 대사의 적류라고 칭하는 일도 있었던
것 같다. 하지만 그는 수계受戒한 지 얼마 되지 않았기 때문인지 법황의
관정 때에는 시키슈色衆385)에 열석하여 단토쿠歎德386)라는 역할을 담당
하였다. 다이고醍醐 천황의 호지승護持僧387)이 되어 천황의 귀의가 매우
깊었다. 그 제자인 간겐觀賢 승정388)도 연이어 호지승이 되어 동일하게
천황의 숭상을 받았다.

강중綱中389)의 법무法務를 도지東寺의 이치노아자리一阿闍梨에게 위탁한
것도 이 천황 때부터이다390)〈정식의 법무[정법무正法務]는 언제나 도지의

---

381) 황자가 출가 후에 친왕 선하宣下를 받은 자.
382) 친왕이 아닌 일반 사람. 섭정·관백 이외의 일반 귀족을 의미하는 경우도 있다.
383) 『인화사제사연보仁和寺諸寺年譜』에 의하면, 간조와 젠조禪助는 오무로의 계승자는
   아니지만, 그 법류를 맡아 전법傳法의 사범이었던 것을 알 수 있다.
384) 『진언열조표백집眞言列祖表白集』「쇼보聖寶」에 의하면, 다와라田原 천황의 자손으로
   887년 전법傳法 아자리阿闍梨, 894년 권율사權律師 겸 권법무權法務, 895년 니노초자二
   長者, 897년 소승도少僧都, 902년 권승정權僧正, 906년 이치노초자一長者에 임명되었다.
385) 시키슈職衆라고도 한다. 색이 있는 가사袈裟를 입는 데에서 생긴 명칭이다. 관정·
   대법회에 참렬하여 지화持華·지금강持金剛 등의 역할을 하는 승려.
386) 수계授戒의 사師 다음의 명예로운 역. 관정식에서 신아자리新阿闍梨의 덕을 찬미하
   는 문장을 송독하는 역할을 맡았다.
387) 옥체 수호를 위한 기도승. 간무 천황 때 최초로 설치되었고 천태·진언종 승려[東
   寺·延曆寺·園城寺]에서 선임되었다. 천황의 황거인 세이료덴淸凉殿의 후타마二間
   에 철야하면서 옥체의 안온을 기원한다.
388) 『진언열조표백집』「간겐觀賢」에 의하면, 908년 니노초자二長者, 909년 이치노초자,
   910년 권소승도權少僧都, 912년 법무法務, 16년 권대승도權大僧都, 919년 다이고지醍醐
   寺 좌주座主 및 곤고부지金剛峰寺 좌주, 923년 대승도大僧都, 925년 권승정權僧正에 임
   명되었다.
389) 승려에 관한 업무를 관장하는 관직을 승강僧綱이라 한다. 승강의 안을 강중綱中이
   라 한다. 즉 강중이란 승니僧尼의 강규綱規를 바로잡고 이것을 통할하는 법무가 취해
   지는 곳.
390) 도지 초자長者가 법무에 임명된 최초는 야쿠신·쇼보 이전 신가眞雅 때이며, 야쿠
   신·쇼보는 정법무正法務·권법무權法務가 함께 도지 초자에게 임명된 최초이다. 이것

이치노조자一長者가 되었다. 다른 여타의 사원은 모두 임시의 법무[권법무權法務]가 된다. 또한 닌나지 오무로는 총법무總法務이며 이것이 강소綱所391)를 관장하는 것은 고시라카와後白河 이래의 일인 것 같다).392) 이 간겐 승정은 고야 산高野山에 참배하여 고보 대사가 입멸한 석굴393)을 열고 대사의 머리를 깎고 승복을 갈아입힌 사람이다. 그 제자인 준유淳祐394)〈이시야마데라石山寺395)의 승려로 일찍이 궁중의 내도량內道場396)에 공봉供奉하였다고 한다〉도 함께 갔지만 끝내 대사의 얼굴을 볼 수 없었다. 다만 스승 간겐 승정이 준유의 손을 잡아 대사의 몸을 만지게 했다고 한다.397)

에 대해서는 『동보기東寶記』 7에 "어떤 기록에서 말하기를, '간표寬平 3년891 9월 11일 신젠眞然 승정이 사망한 후 야쿠신 승정이 사무寺務에 임명되었고, 동 6년894 12월 29일 법무를 겸하였으며, 같은 날 쇼보 승정이 권법무에 임명되었다. 도지가 동시에 정·권 법무를 맡은 예는 이것이 최초이다(…중략…)'고 한다"라고 기술되어 있다.

391) 승강의 사무를 관장하는 관청. 승강은 승정·승도·율사를 가리킨다.

392) 닌나지 오무로 가쿠쇼覺性 친왕이 최초로 총법무에 임명되었다. 『인화사어실계보仁和寺御室系譜』에 "가쿠쇼 친왕, 닌안仁安 2년1167 12월 13일, 최초로 총법무에 임명되었다. 같은 날 강소를 받았다"라는 기술이 보인다.

393) 석실. 대사의 유해를 안치해 둔 묘소

394) 『제호보은원혈맥醍醐報恩院血脈』에 "내공봉內供奉 준유는 간겐의 제자로 이시야마石山의 후켄인普賢院의 주지였다. 그러므로 후켄인노나이쿠普賢院內供라고 칭한다. 승려가 되기 전의 성姓은 우추벤右中弁 스가와라노 아쓰시게菅原淳茂의 자식이라 한다"라고 기술되어 있다. 또한 『제호사잡사기醍醐寺雜事記』에는, "덴랴쿠天曆 2년948 10월 19일 승강에 임명되었다. 또한 준유와 조조定助를 내공봉십선사內供奉十禪師로 하였다"라고 기술되어 있다.

395) 시가 현滋賀縣 오쓰大津 이시야마石山에 있는 진언종 사원. 762년 무렵 도다이지東大寺의 승려 로벤良弁이 창건했다고 전해진다.

396) 궁중에서 불도를 닦는 장소. 일본에서는 834년, 고보 대사 구카이의 청에 의해 중국을 본따 신곤인眞言院을 세워 내도량으로 하였다.

397) 『고사담古事談』 상上 권3~11〈간겐이 다카노의 오쿠노인에 참배한 일觀賢, 高野ノ奧ノ院ニ參ル事〉에, "고보 대사가 입멸한 후 80년 지나 한냐지般若寺의 승정 간겐이 오쿠노인에 참배하였다. 간겐은 [고보 대사의] 옷을 갈아입히고 머리카락을 잘랐다. 그때 제자인 이시야마의 내공봉 준유는 [고보 대사의 몸이] 보이지 않았다고 한다. 그래서 승정은 준유의 손을 잡고 [고보 대사의 몸을] 더듬게 하였다. 그 손은 평생 향기가 났다. 그 후 다시 묘원廟院을 찾는 사람이 없었다고 한다"라고 동일한 내용이 기술되어 있다.

준유는 자신의 죄가 깊기 때문에 대사의 모습을 볼 수 없었다고 믿고 스스로를 비하하여 제자 겐고元杲 승도僧都398)〈엔묘인延命院이라 한다〉에 게도 허가許可399)만 행했을 뿐 관정灌頂의 수직授職400)은 허락하지 않았 다. [겐고는] 칙정勅定에 의해 우다 법황의 제자 간구寬空를 만나 수직관정 授職灌頂을 받았다. 겐고의 제자 닌카이仁海 승정401)도 또한 교의에 정통 한 사람이었다. 오노小野라는 곳에 살고 있었기 때문에 이 계통을 오노 류小野流라고 한다. 그러므로 우다 법황은 [히로사와 · 오노] 두 법류의 법 주法主에 해당하는 것이다.402)

왕위王位를 떠나 석문釋門에 들어간 예는 지금까지도 많이 있다.403) [그러나] 이와 같이 법류의 정통이 되고 더욱이 자손이 그것을 계승한 예 는 달리 없을 것이다. 오늘날까지도 치세의 모범으로 삼는 것은 엔기延 喜 · 덴랴쿠天曆404)이지만, 이 우다 천황의 치세405)야말로 상대上代의 성

---

398) 『동사장자보임東寺長者補任』에 의하면, 968년 내공內供, 그 後 동궁東宮의 호지승護 持僧, 981년 권율사權律師, 982년 권소승도權少僧都, 984년 권대승도權大僧都에 임명되 었다. 승려가 되기 전의 성은 후지와라 씨.

399) 밀교에서 아자리阿闍梨가 제자에게 비법의 전수를 허락하는 것. 밀인허가密印許可 혹은 허가관정許可灌頂의 약칭. 구지관정具支灌頂과 같은 의식을 행하지 않고 인법印法 만으로 전법傳法의 허가를 주는 것을 말한다. 허가를 전법과 구별하는 설과 동일한 것 으로 보는 설이 있다.

400) 수직관정授職灌頂 혹은 전법관정傳法灌頂. 전법의 직위를 수여하는 것을 가리킨다. 진언밀교에서 불법을 수행한 뛰어난 행자行者에 대하여 아자리의 지위를 계승하는 것 을 허가하기 위한 관정.

401) 『동사장자보임東寺長者補任』에 의하면, 1023년 권소승도權少僧都, 니노초자二長者 겸 도다이지東大寺 벳토別當, 1028년 법무法務, 1031년 권대승도權大僧都, 1033년 법인法 印, 1038년 승정에 임명되었다.

402) 계보를 간략히 표시하면 다음과 같다.
　　히로사와廣澤 류 : 야쿠신 — 우다 법황 — 간구 — 겐고 · 간조 —
　　오노小野 류 : 쇼보 — 간겐 — 준유 — 겐고 — 닌카이 —

403) 헤이제이平城 천황 · 준나淳和 천황 · 세이와淸和 천황 등이 퇴위한 후에 불문佛門에 들어갔다.

404) 엔기는 다이고醍醐 천황, 덴랴쿠는 무라카미村上 천황의 치세 연호. 10세기 전반前半 의 다이고 · 무라카미 천황의 시대를 후세에 이상화하여 찬미한 말. 천황 친정親政의 형식을 취하고, 법률[格式]의 제정, 궁정의례의 고실故實 형성, 화폐[延喜通寶]의 주 조, 『일본삼대실록』 및 『고금화가집古今和歌集』의 편찬 등 정치 · 문화면에서 충실한

대聖代와 같이 무위無爲로서 다스린 시대라고 할 것이다.

스가와라노 미치자네菅原道眞406)를 뛰어난 재능에 의해 다이나곤・다이쇼에까지 등용한 것도 이때의 일이다. 또한 이 천황이 양위했을 때 신제新帝가 정치에서 주의해야 할 점을 교시했던 『관평어유계寬平御遺誠』407)는 그 후 군신君臣 모두가 정치의 참고로서 존중하였다. 옛날 중국에서도 "천하의 명덕明德은 우순虞舜으로부터 시작된다"408)라는 말이 보인다. 당요唐堯[堯帝]가 등용했기 때문에 순舜의 덕도 세상에 나타나고 천하의 도도 명확해졌다고 한다. 이후 다이고・무라카미 2대의 명덕으로 보아 그 앞의 우다 천황의 정치가 얼마나 훌륭했던가를 알 수 있을 것이다. [우다 천황은 훌륭한 덕을 지니고 있었기 때문에] 수명도 길어 스자쿠朱雀 천황 치세까지 살았다. 76세로 사망하였다.409)

제60대 제33세 다이고醍醐 천황

휘는 아쓰히토敦仁. 우다 천황의 첫째 아들. 모친은 증贈황태후 후지와라노 다네코藤原胤子로 나이다이진內大臣 다카후지高藤의 딸이다. 정사년丁

시대로서 평가되었다. 그러나 후지와라 씨의 섭관 정치 시대에 불우한 처지에 있던 문인층에 의해 지나치게 과대하게 평가된 측면이 있다. 실제 현실에서는 율령체제의 근간이 흔들리고 해체되기 시작한 시대였다.
405) 우다 천황의 치세는 닌나仁和 3~4년887~888 및 간표寬平 연간889~897.
406) 845~903. 부친은 고레요시是善. 우다・다이고 두 천황의 신임이 두텁고 문장박사文章博士・사누키노카미讚岐守를 역임했으며 우다이진에 올랐다. 894년 견당대사遣唐大使에 임명되었지만 건의하여 견당사를 정지시켰다. 901년 후지와라노 도키히라藤原時平의 중상으로 규슈의 다자이노곤노소치大宰權帥에 좌천되어 그곳에서 사망하였다.
407) 간표寬平 9년897 우다 천황이 양위할 때 황태자 아쓰히토敦仁：醍醐天皇에게 교시한 글. 천황의 일상 몸가짐, 예법, 연중행사에 대한 반성과 앞으로의 유의점, 인물비평 등으로 구성되어 있다. 그 후 천황의 금과옥조로서 존중되었다.
408) 『사기』 오제본기五帝本紀에 "천하의 덕을 밝히는 것은 모두 우제虞帝로부터 시작된다"라는 기술이 있다.
409) 『일본기략日本紀略』 등 여러 서적에 의하면 우다 천황의 향년은 65세이다.

巳年 : 897에 즉위하여 무오년戊午年 : 898에 개원하였다. 다이나곤 사다이쇼左 大將 후지와라노 도키히라藤原時平와 다이나곤 우다이쇼右大將 스가와라노 미치자네 두 사람이 [우다] 상황의 칙을 받고 천황을 보좌하였다. 후에 두 사람이 사다이진 · 우다이진이 되어 함께 모든 정무의 나이란內覽을 맡았다.

천황은 14세에 즉위하였다. 나이는 젊었지만 총명하고 사리에 밝았 다. 도키히라 · 미치자네 두 다이진이 천하의 정치를 관장했는데, 특히 우다이진 미치자네는 나이도 들고410) 재지才智가 뛰어나 천하만민의 인 망을 얻고 있었다. 또한 사다이진 도키히라는 선조 대대로 조정에 출사 해 온 유서깊은 가문의 출신이기 때문에 존중하지 않을 수 없었다.

어느 날 다이고 천황은 [우다] 상황의 거처인 스자쿠인朱雀院에 행행하 여 정무를 우다이진 미치자네에게 맡길 것을 결정하고 미치자네를 불 러 이것을 분부했지만, 미치자네가 고사했기 때문에 실현되지 않았 다.411) 그것이 세상에 알려졌는지 사다이진 도키히라는 크게 노하여 미 치자네를 참언하였고, 그 때문에 미치자네는 마침내 좌천되어 버렸다. 이것은 실로 유감스러운 일로, 다이고 천황의 한 가지 과실이라 전해진 다.412) 그러나 미치자네는 덴만텐진天滿天神413)의 화신化身이므로 이 일 도 [신이 사람의 모습을 빌어 나타나] 말세의 사람들을 인도하기 위한 것이 었을지도 모른다.414) 젠쇼코善相公 미요시 기요쓰라三善淸行415) 아손朝臣

---

410) 『대경大鏡』 상上 〈사다이진 도키히라左大臣時平〉에는 "당시 사다이진은 나이 28, 9 세 정도였다. 우다이진의 나이는 57, 8세 정도였을 것이다"라고 기술되어 있다.

411) 『부상략기扶桑略記』 쇼타이昌泰 3년900 경신庚申 정월 3일조에 "스자쿠인에 행행하 였다. 안라쿠지安樂寺의 탁선에 이르기를, '관백關白의 조詔가 있을 것이나 스가와라노 미치자네는 고사할 것이다'고 했다"라고 기술되어 있다.

412) 『우관초』 권3에 "그 일에 관해서 천황은 자신이 중대한 잘못을 저질렀다고 생각했 을 것이다"라고 기술되어 있다.

413) 스가와라노 미치자네의 신령 혹은 그 신령을 제사지내는 신사. 덴만 궁天滿宮. 덴만 다이지자이텐진天滿大自在天神, 덴만지자이텐진天滿自在天神, 덴진天神이라고도 한다. 교토의 기타노텐만 궁北野天滿宮과 규슈의 다자이후텐만 궁大宰府天滿宮에서 제사지내 며 학문의 신으로 유명하다.

은 사건이 아직 표면화되기 전에 눈치를 채고 미치자네에게 화를 피하도록 권했지만, 미치자네는 아무 대책도 취하지 않아 이러한 결과가 되어 버렸다.

앞에서 서술했듯이 우리나라[일본]에는 옛날에 어린 군주가 천황이 되는 일은 없었다. 조간貞觀416) · 간교元慶417)의 치세에 처음으로 두 천황이 [어린 나이로] 황위에 올랐기 때문에 주진코忠仁公:藤原良房 · 쇼센코昭宣公:藤原基經가 각각 섭정이 되어 천하를 다스렸다. 이 다이고 천황은 14세에 즉위하여 섭정도 두지 않고 몸소 정무를 보았다. 그러나 천황은 나이가 젊었기 때문에 사다이진의 참언에 현혹되었을 것이다. 성인도 현자도 한 가지 과실은 있는 법으로 이것은 경서에도 쓰여 있다. 그러므로 증자曾子는 "나는 하루에 세 번 나 자신을 돌아본다"418)고 하고, 계문자季文子는 "세 번 생각한다"419)라고도 말하였다. 성덕의 영예가 높으면 더 한층 스스로 근신하지 않으면 안 된다. 옛날에 오진 천황도 참언을 듣고서 다케노우치노 스쿠네를 주살하려 했지만, 스쿠네는 용케 도망쳐 자신의 결백을 밝힐 수 있었다. 그러나 미치자네의 경우는 보통 사람들의 생각[凡慮]으로는 헤아리기 어려운 일이다. 미치자네는 유배된

414) 『우관초』 권3에 "[덴만]덴진은 의심할 나위 없는 관음의 화신으로, 말세의 쇠퇴한 왕법을 몸으로써 지키려고 했기 때문에 이와 같은 일이 일어났던 것이다"라고 기술되어 있다.

415) 산기 미요시 기요쓰라. 젠쇼코善相公의 쇼코는 산기를 가리킨다. 『공경보임』에 의하면, 900년 문장박사, 다이가쿠노카미大學頭, 903년 시키부쇼式部少輔, 905년 시키부노곤노타이후式部權大輔, 914년 시키부노타이후式部大輔, 916년 산기 겸 구나이쿄宮內卿, 918년 하리마노곤노카미播磨權守에 임명되었다.

416) 세이와清和 천황 치세의 연호. 9세에 즉위.

417) 요제이陽成 천황 치세의 연호. 5세에 즉위.

418) 『논어』 학이편學而篇에 "증자가 다음과 같이 말하였다. 나는 하루에 세 번 나 자신를 돌아본다. 다른 사람을 위하여 일을 도모하되 불충不忠하지 않았는가? 친구와 함께 말을 주고 받되 불신不信하지 않았는가? 배우지 않은 것을 전하지 않았는가?"라고 기술되어 있다.

419) 『논어』 공야장편公冶長篇에 "계문자는 세 번 생각한 후에 행동한다. 공자가 듣고서 두 번 생각하는 것으로 족하다고 말씀하셨다"라고 기술되어 있다.

곳에서 죽은 후 덴만텐진이 되었는데, [이 신은] 지금에 이르기까지 특별히 영험이 무쌍하다.420) 이것도 말세에 나타나 사람들에게 이익을 베풀기 위함이었던 것일까? 참언을 했던 사다이진 도키히라는 그 후 죽었고,421) 이와 공모했던 사람들도 모두 신벌神罰을 받았다.422)

다이고 천황은 오랫동안 황위에 있었으며 상대上代를 능가하는 덕정을 베풀었다. 천하가 태평하고 민간이 안온하여 닌토쿠仁德 천황의 치세와 견주어지며, 또한 중국의 요·순의 정치와도 비교되었다.

엔기延喜 7년 정묘년丁卯年:907, 당나라가 멸망하고 양梁나라423)로 바뀌었다. 그 후 후당後唐·진晉·한漢·주周로 이어지는 오대五代가 있었다. 이 천황은 천하를 다스린 지 33년, 44세로 사망하였다.

제61대 스자쿠朱雀 천황

휘는 히로아키라寬明. 다이고 천황의 열한 번째 아들. 모친은 황태후 후지와라노 온시藤原穩子로 관백 다이조다이진 모토쓰네基經의 딸이다. 형 야스아키라保明 태자〈시호를 분겐文彦이라 한다〉가 일찍 죽고,424) 그 아들 요시요리慶賴 태자도 이어서 죽었기 때문에425) 야스아키라와 한

---

420) 미치자네는 이윽고 덴만다이지자이텐진으로 나타나 다자이후大宰府의 안라쿠지安樂寺에 모셔졌고, 22사社의 하나인 기타노샤北野社의 주제신主祭神으로 깊은 존숭을 받았다.

421) 『우관초』 제3에 의하면, 도키히라는 조조淨藏 법사의 가지加持에 의해 8년간 무사했지만 그 후 결국 죽었다고 기술되어 있다.

422) 미나모토노 히카루源光는 낙마落馬, 후지와라노 스가네藤原菅根는 벼락을 맞아 죽고, 후지와라노 사다쿠니藤原定國 등도 불행하게 죽었던 것을 말한다. 미치자네의 원령怨靈에 의한 것이라 한다.

423) 주전충朱全忠이 후량後梁을 세우고 태조라고 하였다.

424) 『일본기략』에 의하면, 엔초延長 원년923 3월 21일에 21세로 사망. 시호는 분켄겐文獻彦 태자라고 했다.

425) 엔초 원년923 4월 29일, 입태자, 엔초 3년925 6월 19일 5세로 사망.

배에서 태어난 동생 히로아키라 친왕이 태자가 되어 경인년庚寅年 : 930에 즉위하였고 신묘년辛卯年 : 931에 개원하였다. 외조부 사다이진 다다히라忠平〈쇼센코[모토쓰네]의 셋째 아들, 후에 데신코貞信公라고 한다〉가 섭정이 된다. 우다 천황의 간표寛平 연간에 쇼센코[모토쓰네]가 사망한 후에는 다이고 천황의 치세까지 섭정·관백은 임명되지 않았다.[426] 하지만 스자쿠 천황은 또한 어린 나이에 즉위했기 때문에 고사故事에 따라 섭정이 모든 정치를 대행했던 것이다.

이 천황의 치세에 다이라노 마사카도平將門[427]라는 자가 있었다. 가즈사노스케上總介 다카모치高望의 손자이다〈다카모치는 가즈라하라葛原 친왕의 손자로 다이라平 성을 받았다. 간무桓武 천황 4대 손이다〉.[428] [다이라노 마사카도는] 섭관가攝關家를 섬겼는데[429] 게비이시檢非違使[430]에 임명해 줄 것을 희망하였다. 하지만 받아들여지지 않자 그는 불만을 품고 동국東國에 내려가 반란을 일으켰다. 먼저 숙부인 히타치노다이조常陸大掾[431] 다이라노 구니카平國香[432]를 공격하여 자살케 하였다. 그 후 반도坂東[433] 지역을 복속시키고 시모사 국下總國 : 千葉縣 북부·茨城縣 남부·東京都

---

426) 우다 천황 간표寛平 3년891 정월 후지와라노 모토쓰네가 사망한 이후 다이고 천황 엔초延長 8년930 9월 양위까지의 39년간 섭정·관백이 없었다.

427) 진수부장군鎭守府將軍 다이라노 요시마사平良將의 아들.

428) 가즈라하라 친왕은 간무 천황의 셋째 아들. 그 아들 다카미高見 왕. 그 아들 다카모치高望 왕.

429) 섭정 후지와라노 다다히라藤原忠平. 『장문기將門記』에는 "마사카도는 소년 시절에 다이조다이진 덴카殿下에게 명부를 올렸다"라고 기술되어 있다. 명부를 올린다는 것은 본인이 성명을 기입한 명부를 바쳐 신종臣從을 맹세하는 것을 의미한다.

430) 율령에 규정이 없는 신설 관직인 영외관令外官의 하나. 816년에 처음으로 보인다. 수도 교토의 치안유지와 위생 등의 민정을 담당했다.

431) 여러 지방[諸國] 가운데 대국大國에 한하여 다이조大掾·쇼조少掾를 두었다. 다이조는 정7위하에 상당한다. 히타치常陸는 현재 이바라키 현茨城縣.

432) ?~935. 부친은 다카모치 왕. 자식에 사다모리貞盛가 있다. 간무 천황의 현손玄孫. 히타치노다이조에 임명되고 후에 진수부장군이 되었지만, 조카 마사카도에게 살해당했다.

433) 사가미 국相模國 : 神奈川縣 아시가라 산足柄山·하코네 산箱根山의 동쪽 지방. 간토關東.

동부 소마 군相馬郡에 거처를 정하여 그곳을 수도라고 명명하였다. 그리고 스스로 다이라平 친왕이라 칭하며 제멋대로 관작官爵을 주었기 때문에 천하는 크게 어지러워졌다. [이에 조정은] 산기 민부쿄民部卿 겸 우에몬노카미右衛門督 후지와라노 다다부미藤原忠文434) 아손朝臣을 정동대장군征東大將軍435)으로 하고, 미나모토노 쓰네모토源經基436)〈세이와淸和 천황의 후예로 로쿠손 왕六孫王이라 하며 미나모토노 요리요시源賴義437) · 요시이에義家438)의 선조이다〉 · 후지와라노 나카노부藤原仲舒〈후지와라노 다다부미의 동생〉를 부장군副將軍으로 하여 토벌군을 파견하였다. [그런데] 다이라노 사다모리平貞盛439)〈다이라노 구니카平國香의 아들〉 · 후지와라노 히데사토藤原秀鄕440) 등이 합심하여 마사카도를 멸망시키고 그 목을

---

434) 873~947. 시키케式家 에다요시枝良의 아들. 다이라노 마사카도의 난 진압을 위하여 우에몬노카미에 임명되고 정동대장군이 되어 출발했지만, 간토에 도착하기 전에 다이라노 사다모리平貞盛 · 후지와라노 히데사토藤原秀鄕 등에 의해 난이 진압되어 다다부미는 은상을 받지 못하였다. 귀경 후 941년 후지와라노 스미토모藤原純友의 난에서는 정서대장군征西大將軍으로 난을 진압하였다. 947년 6월 산기 민부쿄 정4위하로 사망하였다. 주나곤中納言 정3위에 추증되었다.

435) 혹은 '정동장군征東將軍'. 동국의 동란을 진압하기 위해서 파견된 군대의 대장. 『일본기략』, 『부상략기』에서는 '정이대장군征夷大將軍'으로 기술하고 있다.

436) ?~961. 세이와 겐지淸和源氏의 시조. 부친은 세이와 천황의 황자인 사다스미貞純 친왕. 939년, 무사시노스케武藏介였을 때 다이라노 마사카도의 반란을 밀고하였다. 마사카도의 난을 진압하였고, 후에 후지와라노 스미토모藤原純友의 난을 진압하는 데에도 활약하였다.

437) 988~1075. 요리노부賴信의 아들. 명장으로서 유명하며, 11세기 후반 무쓰陸奧의 아베노 요리토키安倍賴時 · 사다토貞任 부자의 반란 당시 이를 토벌하였다. 동국東國에서 미나모토 씨의 세력을 강화하였다.

438) 1039?~1106. 하치만타로八幡太郎라고 칭한다. 부친은 요리요시. 1062년 부친을 따라 전구년前九年의 역役을 평정하고 그 공에 의해 다음해 종5위하 데와노카미出羽守가 되었다. 1083년 무쓰노카미陸奧守 겸 진수부장군이 되어 데와出羽 기요하라 씨淸原氏의 내분에 개입하여 승리하였다[후삼년後三年의 역].

439) 생몰년 미상. 다이라노 구니카의 아들. 조정에 출사하였는데, 부친이 마사카도에게 살해당하자 히타치에 돌아와 940년 마사카도를 추토하였다. 그 공에 의해 우마노스케右馬助에 임명되었다. 진수부장군, 무쓰노카미 등을 역임하고 종4위하에 승진하였다. 사다모리의 아들 고레히라維衡 이래 이세伊勢를 근거지로 하면서부터 이세 헤시伊勢平氏로 불렸다.

440) 생몰년 미상. 부친은 시모쓰케노다이조下野大掾 무라오村雄. 916년에 죄로 유배되었지

바쳤기 때문에 장군 일행은 도중에 돌아왔다〈마사카도는 조헤이承平 5년935 2월에 반란을 일으켜 덴교天慶 3년940 2월에 멸망하였다. 그 기간은 6년이다〉.

한편 후지와라노 스미토모藤原純友라는 자도 이 마사카도에 호응하여441) 서국西國에서 반란을 일으켰기 때문에 쇼쇼少將 오노노 요시후루小野好古442)를 파견하여 추토하였다〈덴교 4년941에 스미토모는 죽임을 당했다〉. 이리하여 천하는 조용해졌다.

엔기延喜의 치세는 그렇게도 천하가 안온했는데 어느 사이에 [세상이 어지러워져] 이러한 반란이 일어났다. 천황도 성품이 온화하고 섭정인 다다히라도 그릇된 정치를 하지 않았는데도 이러한 난이 일어난 것은 우연한 재난[時ノ災難]이라고 생각된다.443)

스자쿠 천황에게는 자식이 없었기 때문에 한 배에서 태어난 동생 다자이노소치大宰帥 친왕444)을 황태제로 세워 양위하고 상황의 존호를 받았다. 그 후 출가하였다.

천하를 다스린 지 16년, 30세로 사망하였다.

만, 마사카도의 난의 진압에 협력하여 그 공으로 시모쓰케노카미下野守가 되었다.

441) 『순우추토기純友追討記』에는 "멀리서 마사카도가 모반했다는 소식을 듣고서 또한 반란을 기도하였다"라고 기술되어 있다.

442) 884~968. 공경公卿이자 가인歌人. 다카무라篁의 손자. 서예로 유명한 오노노 미치카제小野道風의 아들. 후지와라노 스미토모의 난에서 쓰이부시追捕使가 되어 진압하였다. 947년 산기, 962년 종3위가 되었다.

443) 천황과 섭정이 모두 우수하고 정치도 훌륭했는데도 마사카도·스미토모의 난이 발생했기 때문에 그 이유를 발견하는 데 고심한 지카후사는 결국 '우연한 재난'으로 처리해 버리고 있다.

444) 나리아키라成明 친왕. 다자이노소치는 다자이후의 장관으로서 친왕이 임명되며 신하는 임명되지 않는다. 대부분 현지에 부임하지 않는 요임遙任으로, 다자이후의 업무를 보는 것은 곤노소치權帥 혹은 다이니大貳이다.

제62대 제34세 무라카미村上 천황

휘는 나리아키라成明. 다이고醍醐 천황의 열네 번째 아들. 스자쿠 천황과 한 배에서 태어난 동생이다. 병오년丙午年:946에 즉위하여 정미년丁未年:947에 개원하였다. 스자쿠 천황이 양위할 때 형제간에 겸양의 예의를 다하였다.[445]

무라카미 천황은 선황先皇[다이고 천황]의 뒤를 이어 현명한 군주로 칭송되었고, [그 치세도] 엔기延喜:901~922·엔초延長:923~930의 무렵과 동일하게 천하가 안녕하였다. 시가詩歌·문장이나 각종 기예를 애호하는 것도 다름이 없었다. 따라서 만사의 선례로서 엔기·덴랴쿠의 2대라고 함께 칭하게 되었다. 중국에서도 현명한 명군明君이 2대, 3대 계속되는 일은 드물었다. 주나라의 문왕文王·무왕武王·성왕成王·강왕康王〈문왕은 정위正位에는 오르지 않았다〉이나 한나라의 효문제孝文帝·효경제孝景帝[446] 등의 예는 매우 드문 것이라 이야기된다.

고코 천황이 방계에서 선정되어 즉위했지만 계속하여 명군이 나온 것은 우리나라[일본]가 중흥하게 될 운명 때문이었을 것이다. 또한 황통도 이후 오로지 이 혈통만이 계승하게 되었다.

무라카미 천황의 치세 말년인 덴토쿠天德 연간 중,[447] [천도한 이후] 처음으로 다이리內裏에 화재가 발생하여 나이시도코로內侍所[448]도 불에 탔

---

445) 양위할 당시 스자쿠 천황은 24세, 당시 무라카미 천황은 21세. 태상천황은 선제先帝에게 바치는 존호이므로 보통은 부자관계가 많다. 연령이 거의 비슷한 형제간이기 때문에 스자쿠 천황이 사퇴했던 것이다. 이에 대해서 무라카미 천황은 수 차례에 걸쳐 성의를 다해 교섭했던 것을 말한다. 『일본기략』 덴교 9년946 4월, 5월조에 상세하다.

446) 전한前漢의 3대와 4대.

447) 덴토쿠 4년960 9월 23일.

448) 나이시노카미尚侍 이하 여성 관인[나이시內侍]이 소속되어 있던 후궁의 기관으로, 궁중의 운메이덴溫明殿의 북반부에 소재하였다. 한편 운메이덴의 남반부에 있는 가시코도코로賢所는 신경神鏡을 봉안하고 있는데, 나이시가 이것에 봉사했기 때문에 나이시도코로라고도 불렸다. 혹은 봉안하고 있는 신경[야타 거울八咫鏡] 자체를 나이시도코로라고 칭하기도 한다.

다. 하지만 신경神鏡은 잿더미 속에서 발견되었다.449) "거울의 둥근 형체가 파손되지 않고 뚜렷하게 드러났기 때문에 사람들이 보고 놀라지 않는 이가 없었다"라고 『천력어기天曆御記』450)에 기술되어 있다. 이때 신경이 나덴南殿의 벚나무451)에 걸려 있는 것을 오노노미야노 다이진小野宮大臣 사네요리實頼가 옷소매로 받아냈다는 설이 있지만,452) 이것은 잘못된 전승이다.

오와應和 원년 신유년辛酉年:961, 중국에서는 후주後周가 멸망하고 송나라의 시대가 되었다.453) 당나라 이후 오대 55년간 중국에서는 전란이 계속되어 다섯 번 왕실이 바뀌었다.454) 이것을 오계五季라고 한다.455) 송나라의 시대가 되어 현명한 군주가 이어져 320여 년 유지되었다.

무라카미 천황은 천하를 다스린 지 21년, 42세로 사망하였다.

천황에게는 자식이 많았는데 그 중 레이제이冷泉・엔유圓融 두 사람은 황위에 올랐으므로 여기에서는 언급할 필요가 없다. 그 외에 도모히라具平 친왕〈로쿠조노미야六條宮라고 한다. 나카쓰카사쿄中務卿가 되었다. 이전에 가네아키라兼明 친왕이 역시 나카쓰카사쿄로 저명하기 때문에 이분을 노치노추쇼 왕後中書王이라고 했다〉이 재능이 있고 문예가 뛰어나 [그 방면에서는] 역대 천황의 뒤를 잘 이어받았다. 이치조一條 천황의 치세

---

449) 『부상략기』덴토쿠 4년 9월 24일조에는, "기와 위에 거울 한 개가 있었는데 길이가 8촌 정도였다. 약간 상흔이 있었지만 전혀 손상되지 않았다. 거울의 둥근 형체와 대帶 등이 매우 뚜렷하게 드러났다. 깨진 기와 위에 놓여 있었다. 이것을 보고 경탄하지 않는 이가 없었다"라고 기술되어 있다.

450) 혹은 『촌상신기村上辰記』『촌상어일기村上御日記』라고도 한다.

451) 궁중의 정전正殿인 시신덴紫宸殿의 계단 아래에 심어진 사콘左近의 벚나무로, 우콘右近의 귤나무와 대응한다.

452) 『금비초禁秘抄』상上에 "덴토쿠 연간 소실되었다. 나덴의 벚나무에 걸려 있었는데, 오노노미야 다이진이 소매로 받았다"라고 기술되어 있다. 이러한 내용은 『평가물어平家物語』권10과 『고금저문집古今著聞集』권1 「신기神祇」에 보인다.

453) 송나라의 태조의 건국은 건융建隆 원년960, 무라카미 천황의 덴토쿠 4년 경신庚申, 오와 원년의 전 해.

454) 후량後梁・후당後唐・후진後晋・후한後漢・후주後周.

455) 『송사宋史』지리지地理志 서序.

에 예부터의 여러 가지 행사를 부흥하고 인재를 등용했는데, 이 친왕의 승전昇殿456)을 허락한 날 세이료덴淸凉殿에서 작문을 행하여〈주덴中殿457)의 작문이란 것은 이때에 시작되었다〉 '소귀시현재所貴是賢才'라는 제목으로 운자韻字를 찾게 했던 것도 친왕을 위한 조치였던 것 같다. 도모히라 친왕은 여러 방면에 정통하고 불교에 대해서도 밝았다고 한다. 따라서 예부터 미나모토 씨源氏의 성을 받은 사람이 많았지만, 이 친왕의 자손만이 오늘날까지도 대대로 다이진 이상이 되고 있다.458)

미나모토 씨라는 것은 사가嵯峨 천황이 국가의 비용 부담을 생각하여 황자 · 황손에게 성을 주어 신하로 삼았던 데에서 비롯하며,459) 그에 따라 많은 친왕이 미나모토의 성을 받았다. 간무桓武 천황의 황자 가즈라하라葛原 친왕의 아들 다카무네高棟가 다이라平의 성을 받고, 헤이제이平城 천황의 황자 아호阿保 친왕의 아들 유키히라行平 · 나리히라業平 등이 아리와라在原의 성을 받았던 것460)도 미나모토 씨 이후의 일이기는 하지만 예외적인 것이고, 고닌弘仁461) 이후 역대 천황의 자손은 모두 미나모토의 성을 받았다.

---

456) 다이리 세이료덴 덴조노마殿上の間에 승전하는 것.
457) 한시문을 짓는 모임. 주덴은 세이료덴.
458) 이른바 무라카미 겐지村上源氏를 가리킨다. 친왕의 아들 모로후사師房가 간닌寬仁 4년1020, 미나모토의 성을 받은 것에서 시작된다. 세이와 천황을 시조로 하여 요리토모賴朝 · 다카우지尊氏 · 요시사다義貞 등을 낳은 세이와 겐지淸和源氏가 무가武家로서 활약했던 반면에, 무라카미 겐지는 궁정귀족으로서 번영하였다. 호리카와堀川 · 고가久我 · 쓰치미카도土御門 · 나카노인中院의 4류로 나뉘어지는데, 지카후사가 속하는 기타바타케 씨北畠氏는 나카노인케中院家의 한 지류이다. 이러한 자신의 출신 가문에 대한 자부심이 본문 속에 드러나 있다.
459) 『신찬성씨록新撰姓氏錄』 미나모토노아손源朝臣조에 "미나모토노 마코토源信 등 8인, 모두 천황의 친왕이다. 그러나 고닌弘仁 5년814 5월 8일 칙을 내려 성을 하사했다"라는 기술이 보인다. 『일본삼대실록』 권50에는 "이것은 실로 국가의 비용을 줄이고 백성의 수고를 없애는 계책이다"라고 기술되어 있다.
460) 다이라의 사성賜姓은 준나淳和 천황의 덴초天長 2년825, 아리와라의 사성은 동 3년826이다. 미나모토의 사성보다 늦다.
461) 사가 천황 치세의 연호.

친왕의 선지宣旨를 받는 사람은 개인의 재능과 관계없이 봉호封戸 등을 받아462) 그것이 국가의 비용 부담이 된다. 그러므로 [황자·황손을] 신하로 내려서 학문을 통해 조정의 정무를 맡을 능력을 키우게 하고 역량에 따라서 승진시키겠다는 의도였을 것이다.

성을 받아 신적臣籍에 내려온 사람은 곧바로 4위에 서임되었다463)〈황자·황손에 해당하는 경우이다〉. [다만] 재위하고 있는 천황의 친왕은 3위에 서임하게 되어 있다고 한다〈그러나 그러한 예는 드물다. 사가 천황의 아들 다이나곤 사다무定 경卿이 3위에 서임되었지만,464) 이것은 이 천황이 재위하고 있을 때의 일이 아니다〉. 이리하여 대대로 성을 받은 사람은 백십여 인이나 될 것이다. 그렇지만 도모히라 친왕 이외의 미나모토 씨로 다이진 이상이 되어 2대 계속하여 이어진 사람이 지금까지 없다는 것은 어떤 까닭인지 불가해한 일이다.

사가 천황의 자식으로 성을 받은 사람은 21인,465) 그 중 다이진에 오른 사람은 도키와常 사다이진 겸 다이쇼, 마코토信 사다이진, 도오루融 사다이진이다. 닌묘仁明 천황의 자식으로 성을 받은 사람은 13인, 다이진에 오른 것은 마사루多 우다이진, 히카루光 우다이진 겸 다이쇼이다. 몬토쿠文德 천황의 자식으로 성을 받은 사람은 12인, 다이진에 오른 것

---

462) 칙명·親王宣下'에 의해 친왕이 된 자. 친왕에게는 식봉食封과 위전位田이 주어진다. 봉호는 1품 800호戸부터 4품 300호, 위전은 1품 80정町에서 4품 40정까지의 단계가 있다.

463) 『공경보임公卿補任』 덴초天長 8년831조에, 사가 천황으로부터 첫 번째로 미나모토 성을 받은 미나모토노 마코토源信가 덴초 2년825 10월 20일 종4위상, 세 번째로 미나모토 성을 받은 미나모토노 도키와源常가 덴초 5년828 정월 24일 종4위하에 서임되었다고 기술되어 있다.

464) 『공경보임』 덴초 9년832조에 사가 천황으로부터 여섯 번째로 미나모토 성을 받은 미나모토노 사다무源定가 정월 7일 종3위에 곧바로 서임되었다고 기술되어 있다.

465) 『본조황윤소운록本朝皇胤紹運錄』에 의하면, 아들로 미나모토노 마코토 이하 17명, 딸로 미나모토노 사다히메源貞姫 이하 15명 합계 32명의 이름이 보인다. 이 사성賜姓의 인원 수에 아들만을 택하는 경우도 있고, 또한 전사傳寫하는 도중에 착오도 생길 수 있다.

은 노리아리能有 우다이진 겸 다이쇼이다. 세이와淸和 천황의 자식으로 성을 받은 사람은 14인, 다이진에 오른 것은 10세의 자손인 사네토모實朝 우다이진 겸 다이쇼〈사다스미貞純 친왕의 자손이다〉이다. 요제이陽成 천황의 자식으로 성을 받은 사람은 3인, 고코光孝 천황의 자식으로는 15인, 우다 천황의 손자로 성을 받아 다이진에 오른 사람은 마사노부雅信 사다이진, 시게노부重信 사다이진〈모두 아쓰미敦實 친왕의 아들〉이다. 다이고醍醐 천황의 자식으로 성을 받은 사람이 20인, 다이진에 오른 것은 다카아키라高明 사다이진 겸 다이쇼, 가네아키라兼明 사다이진〈후에 친왕이 되고 나카쓰카사쿄에 임명되었다. 사키노추쇼 왕前中書王이라는 것이 이 사람이다〉466)이다.

다이고 천황 이후 황자에게 성을 하사하는 일은 없어졌지만 황손에게는 많이 있었다. [다만 여기에서는] 다이진에 임명된 사람을 위주로 기술하고 있기 때문에 전부는 싣지 않겠다.

가깝게는 고산조後三條 천황의 손자 아리히토有仁 사다이진 겸 다이쇼〈스케히토輔仁 친왕의 아들이자 시라카와인白河院의 양자로 성을 받고 곧바로 3위에 서임된 사람〉467)가 [천황] 2세世의 미나모토 씨로 다이진에 올랐다. 이와 같이 우연히 다이진에 오르더라도 2대 이상 이어진 적은 없다. 거의 나곤納言 이상에 오른 예조차 드물다. 마사노부雅信 다이진의 자손은 나곤에 오르고 후에까지 이어졌지만, 다카아키라高明 다이진 이후 4대는 다이나곤이었으나 일찍 끊어져 버렸다. 이것은468) 깊은 까닭이 있는 것으로 생각된다.

---

466) 『공경보임』 조겐貞元 2년977조에 "사다이진 종2위 미나모토노 아키라, 64세. 황태자 부皇太子傅. 4월 24일 칙이 내려 친왕이 되다. 곧바로 2품에 서임되다. 12월 10일 나카쓰카사쿄에 임명되다"라고 기술되어 있다.
467) 『태기台記』 규안久安 3년1147 2월 3일조에, "후에 미나모토의 성을 받았다. 바로 당일 종3위에 서임되고 우코노에곤노추조右近衛權中將에 임명되었다. 신하들 중에서 4위, 5위에 서임되지 않고 곧바로 3위에 서임되는 예는 일찍이 없었다"라고 기술되어 있다.
468) 다른 미나모토 씨가 모두 끊어지고 도모히라 친왕의 혈통만이 이어지고 있는 것.

황윤皇胤이라는 유서깊은 혈통[貴種]에서 나온 사람들은 음위蔭位의 제도469)에 의존하여, 특별히 재능이 없으면서도 오만한 마음 때문인지 신하로서 다해야 할 예절을 지키지 않는 일도 있는 것 같다. [우다 천황의] 『관평어기寬平御記』470)에 그것에 대해서 약간 쓰여 있다. 그것은 후세의 일까지도 깊이 생각했기 때문이다.

천황의 자손은 확실히 일반 사람과는 다르지만, 우리나라[일본]는 신대로부터의 서약으로서 아마테라스 오미카미의 자손이 황위를 계승하고 신하로는 아메노코야네노 미코토의 자손이 천황을 보좌하게 되어 있다. 미나모토 씨는 새롭게 생겨난 신하이다. 덕도 없고 공도 없는 자가 고관에 올라 거만하게 행동하는 일이 있으면 두 신의 질책을 받을 것이다.

오래 전 상고上古에는 황자·황손도 상당히 많아 여러 지방에 봉해지거나 장상將相에도 임명되었다. 스진崇神 천황 10년에 최초로 4인의 장군을 임명하여 4도道471)에 파견했는데, 이들은 모두 황족이었다. 게이코景行 천황 51년, 최초로 다케우치노 스쿠네武內宿禰를 등용하여 국가의 중신으로 삼았다. 세이무成務 천황 3년에 다케우치노 스쿠네를 오오미大臣 〈우리나라[일본]의 다이진이 여기에서 시작된다〉에 임명하였다. 그는 게이코 천황으로부터 진구 황후까지 6대의 조정472)에 출사하여 정무를 관장하였다. 이 오오미[다케우치노 스쿠네]도 고겐孝元 천황의 증손이었다.

---

469) 부父나 조부가 5위 이상의 자제는 성인이 되면 능력의 구별 없이 위계가 주어진다는 율령의 임용제도 '음위'란 부조父祖의 덕으로 받는 위계.

470) 『우다천황신기宇多天皇宸記』 10권. 『관평성주기寬平聖主記』라고도 한다. 다이고·무라카미 천황의 신기宸記와 함께 3대 천황의 일기[三代御記]라고 한다. 우다 천황의 재위 기간887~897을 중심으로 한 천황과 후지와라 씨의 대립, 헤이안 시대의 정무·의식을 알 수 있다.

471) 호쿠리쿠도北陸道·도카이도東海道·사이카이도西海道·단바 국丹波國.

472) 게이코·세이무·주아이·오진·닌토쿠의 다섯 천황과 진구 황후의 6대. 『우관초』 권1에 "닌토쿠의 치세에도 다이진은 다케노우치노 스쿠네였다. 이 다이진은 6대의 천황의 후견을 맡아 280여 년에 걸쳤다"라고 기술되어 있다.

그러나 다이쇼쿠칸大織冠[후지와라노 가마타리藤原鎌足]이 그 일족을 일으키고, 또한 주진코忠仁公[후지와라노 요시후사藤原良房]가 섭정이 되기에 이르러 신대의 아마테라스 오미카미와 아메노코야네노 미코토의 서약과 같이 후지와라 씨가 천황을 보좌한다는 본래의 모습으로 돌아갔다. [여기에는] 간인閑院 다이진 후지와라노 후유쓰구藤原冬嗣가 당시 후지와라 씨가 쇠퇴하고 있는 것을 한탄하여 선행을 쌓고 공업을 거듭하며 신불을 깊게 신앙했던 것의 효험도 있었을 것이다.

도모히라 친왕은 실로 재능도 뛰어나고 덕도 고매한 사람이었던 듯 그 아들 모로후사師房473)는 미나모토 씨의 성을 받고 신하가 되있는데, 재예才藝가 옛날 사람 못지 않고 명망도 세상에 드높았다. 17세에 나곤納言에 임명되고 이후 수십 년간 조정의 고실故實에 정통하여 다이진 · 다이쇼의 지위에 올랐으며 70세의 고령까지 조정에 출사하였다.

도모히라 친왕의 딸 기시祇子 여왕474)은 우지 관백宇治關白 후지와라노 요리미치藤原賴通의 정실正室이었다. 그래서 이 모로후사 다이진을 후지와라노 요리미치의 양자로 삼아 후지와라 씨 일족과 동렬로 취급하였고, 모로후사도 가스가샤春日社에 참배하였다. 또한 이윽고 [모로후사는] 미도 관백御堂關白 후지와라노 미치나가藤原道長의 딸과 결혼했기 때문에 모로후사의 자손은 모두 미치나가의 외손에 해당하는 것이다. 그 때문에 모로후사의 자손들은 미치나가 · 요리미치를 선조와 같이 생각하고 있다.

그 후 오늘날까지 일본과 중국[和漢]의 학문을 가장 중시하고 보국報國

---

473) 고이치조後一條 천황의 간닌寬仁 4년1020 정월 5일, 11세로 종4위하. 동12월 26일, 미나모토씨 사성賜姓, 동 윤12월 23일 지주侍従. 17세로 곤노추나곤權中納言. 조호承保 4년1077 2월 17일 70세로 사망하였다. 이 동안 60년, 나곤納言 이상만으로도 54년, 고이치조後一條 · 고스자쿠後朱雀 · 고레이제이後冷泉 · 고산조後三條 · 시라카와白河의 다섯 천황에게 봉사했다.

474) 이것은 사실과 다르다. 기시는 이나바노카미因幡守 다네나리種成의 딸로 모로자네師實의 생모 친왕의 딸은 다카히메隆姬 여왕. 우지 관백 후지와라노 요리미치의 정실로 다카쿠라 기타노만도코로高倉北政所라고도 한다. 기시는 증贈종3위.

의 충절을 제일로 여기는 성심誠心이 강했기 때문일까, 미나모토 씨 중에서 이 모로후사의 자손475)만이 끊어지지 않고 10여 대 이어지고 있다. 그 중에서 행적이 훌륭하지 못하고 정절을 등한히 하는 자도 있었지만, 그러한 자의 자손은 저절로 쇠퇴하여 후손도 끊어져 버렸다. [따라서] 앞으로 사람들도 그 사실을 생각하고 조심해야 한다.

대체로 이 책은 천황에 대해서 서술해 왔지만, 간혹 후지와라 씨의 기원에 대해서도 서술하였다. 미나모토 씨의 혈통도 오래되었고 그것이 지금까지 이어진 것은 정로正路를 밟아왔기 때문인 것을 알리고자 그 일단을 서술하였다. 황위는 무라카미 천황의 자손만이 계승하여 17대476)가 되었고, 신하도 무라카미 천황에서 나온 미나모토 씨가 이어져 온 것은 오로지 이 천황의 뛰어난 덕德의 여경餘慶일 것이다.

제63대 레이제이인冷泉院

휘는 노리히라憲平. 무라카미 천황의 둘째 아들. 모친은 중궁中宮 후지와라노 야스코藤原安子로 우다이진 모로스케師輔의 딸이다. 정묘년丁卯年 : 967에 즉위하여 무진년戊辰年 : 968에 개원하였다. 이 천황은 정신착란증이 있었기 때문에 즉위할 때 다이고쿠덴大極殿477)에 나가기도 어려웠던지 시신덴紫宸殿478)에서 즉위식을 행하였다. 2년 정도 후에 양위하였다. 63세로 사망하였다.

---

475) 모로후사의 아들 도시후사俊房와 아키후사顯房. 아키후사의 4세 손 미치치카通親의 아들, 형 미치미쓰通光가 고가久我 류, 동생 미치카타通方가 기타바타케北畠 류이다.
476) '대代'가 아니라 '세世'가 옳다.
477) 다이다이리大內裏 조도인朝堂院 내內 북부 중앙에 위치한 정전正殿. 중앙에 다카미쿠라高御座 : 천황의 옥좌를 놓는다. 조하朝賀 · 즉위 · 다이조에大嘗會 등의 큰 의식이 있을 때 천황이 나온다.
478) 헤이안 궁 다이리의 정전. 공적인 행사가 있을 때 천황이 이곳에 나왔다.

이 미카도御門부터 천황天皇의 칭호를 사용하지 않고,479) 또한 우다 천황부터는 시호諡號도 바치지 않게 되었다.480) 유조遺詔에 의해 국기國忌481)·산릉山陵482)을 중지한 것은 군주이자 부친으로서 천황과 군신들을 배려한 고마운 조치이지만, 존호尊號를 중지해 버린 것은 신하와 자식의 도리라고 할 수 없다.483) 진무神武 천황 이래의 존호도 모두 후대

479) 『대일본사大日本史』 권31 우다 천황조에 "천자가 인院이라 칭하고 존호尊號를 생략한 것은 이때부터 시작된다"라고 기술되어 있다. 그리고 이것에 대한 주注에서 다음과 같이 설명하고 있다. "생각컨대 [우다]미카도帝가 양위한 후 스자쿠인朱雀院 및 로쿠조인六條院에 거주했기 때문에 처음에는 로쿠조인 태상황太上皇이라 칭하고 또한 스지쿠인 태상황이라 칭하였다. 우다 미카도가 [태상황의] 존호를 사양하여 단순히 스자쿠인으로 칭할 것을 청하니 다이고醍醐 미카도가 이에 따랐다. 이후 또한 데지인亭子院이라 칭하고 우다인宇多院이라 칭하였다. 이 모든 것은 거주하는 장소에 따라 칭한 것이다. 붕어한 후에 시호諡號를 바치지 않았기 때문에 생전의 칭호를 이어받아 모某 인院이라 칭할 따름이다. 요제이 미카도陽成帝의 경우는 생전에 존호를 받았고, 또 우다 미카도의 사후에 붕어하였기 때문에 상례에 따라 요제이인陽成院이라 칭하였다. 우다 미카도 이후 재위한 상태에서 붕어하면 다이고醍醐·무라카미村上 두 미카도와 같이 모某 천황天皇이라 칭하였으며, 양위하고 별도의 인[別院]에 거주하면 스자쿠 미카도와 같이 모某 인院이라 칭하였다. 그러나 레이제이 미카도冷泉帝 이후 재위하든 양위하든 오로지 모 인이라 칭하였다. 이후 존호를 다시 사용하지 않으니 마침내 오랫동안 고사故事가 되었다"라고 기술되어 있다. 그러나 『일본기략日本記略』에서는, 진무 천황부터 무라카미 천황까지 각 치세마다 천황의 이름을 들고 데지인, 스자쿠인 이외는 모두 모 천황이라 기록하였고, 그 후에는 레이제이인冷泉院·엔유인圓融院·가잔인花山院·이치조인一條院 등이 보이지만, 또한 레이제이인 천황·이치조인 천황 등으로도 기록하고 있다. 『대경大鏡』에도 스자쿠인 천황·레이제이인 천황·엔유인 천황·가잔인 천황·이치조인 천황 등으로 기록하고 있다. 이것에 의하면, 모 인 천황이라고 천황의 호칭을 불러야 할 것을 우다인의 예를 따라 모 인이라 칭하게 되었다고 보인다. 다만 이후 유일한 예외는 유조遺詔에 의한 고다이고後醍醐 천황이다[전란중 8세에 사망한 안토쿠安德 천황은 특별한 사정에 의해 제외]. 인院은 본래 양위한 후 그 천황의 거처를 의미했지만, 이후 인이 곧 천황을 지칭하게 되었던 것이다.

480) 시호에는 중국풍의 시호와 일본풍의 시호가 있는데, 여기에서는 전자를 가리킨다. 우다 천황 이후 시호를 중지했다는 명확한 증거는 없다. 이 기술은 태상천황太上天皇의 존호가 중지되고 인院을 칭하게 되었던 것이 이윽고 시호를 중지하는 풍조를 조장했다는 의미로 이해해야 할 것이다. 실제로 우다인宇多院 이전에도 시호를 바치지 않은 예가 있다. 즉 헤이제이平城·사가嵯峨·준나淳和·세이와淸和 천황 등은 생전의 거처 이름을 따서 칭한 것으로 시호라고 하기 어렵다.

481) 천황 및 황후 등의 기일. 정무를 쉬고 불사佛事를 행한다.

482) 천황의 능.

에 정한 것이다. 지토持統·겐메이元明 천황 이후는 양위하거나 출가한 군주에게도 시호를 바쳐왔다.[484] [지토·겐메이 천황을 전후한 시대에] 군주는 오로지 천황이라 칭해졌다. [천황의 칭호를 사용하지 않은 것은] 설령 중고中古의 선현先賢들의 조치라고 해도 도저히 납득하기 어려운 일이다.

제64대 제35세 엔유인圓融院

휘는 모리히라守平. 무라카미 천황의 다섯째 아들. 레이제이인과 한 배에서 태어난 동생이다. 기사년己巳年:969에 즉위하여 경오년庚午年:970에 개원하였다. 천하를 다스린 지 15년에 선양하였다. 종래와 같이 [태상천황의] 존호를 바쳤다. 다음해 무렵 출가하였다. 에이엔永延:987~989 연간 간표寬平[485])의 예를 따라 도지東寺에서 관정의 의식을 행하였다. 이것을 관장한 법사는 우다 천황의 손제자孫弟子인 간초寬朝 승정이다. 엔유 천황은 33세로 사망하였다.

제65대 가잔인花山院

휘는 모로사다師貞. 레이제이인의 첫째 아들. 모친은 황후 후지와라노

---

483) 다이고 천황이 우다 상황에게 태상천황의 존호를 바쳤는데, 우다 상황이 빈번히 존호의 사퇴를 청하는 표문을 올리자 다이고 천황이 결국 존호를 중지하는 칙허를 내렸던 사실을 가리킨다. 『부상략기』 쇼타이昌泰 2년899 11월조에 "빈번히 표문을 올렸다. 이에 칙을 내려 태상천황의 존호를 중지하였다"라고 기술되어 있다. 스가와라노 미치자네菅原道眞가 우다 상황의 명령에 따라 표문을 작성하였다.
484) 지토持統·겐메이元明·겐쇼元正·쇼무聖武·고켄孝謙·고닌光仁 천황은 양위하였고, 쇼무·고켄 천황은 양위후에 출가하였다. 지토·겐메이·겐쇼·고닌은 시호이며, 쇼무·고켄은 생전의 존호를 그대로 시호로 사용한 것이다.
485) 우다 천황의 치세.

가네코藤原懷子로 섭정 다이조다이진 고레마사伊尹의 딸이다. 갑신년甲申年:984에 즉위하여 을유년乙酉年:985에 개원하였다.

천하를 다스린 지 2년에 갑자기 발심發心하여 가잔지花山寺에서 출가하였다. 이것은 고키덴弘徽殿 뇨고女御486)〈다이조다이진 다메미쓰爲光의 딸〉가 사망하여 가잔 천황이 슬픔에 빠졌을 때 아와타粟田 관백 미치카네道兼 다이진이 당시 구로도노벤藏人弁487)이었던 무렵 천황을 부추겨 출가시켰다고 한다.488) 천황은 여러 산을 돌며 수행했는데, 후에 수도에 돌아와 살았다. 이 천황도 정신착란증이 있었다고 한다. 41세로 사망하였다.

제66대 제36세 이치조인一條院

휘는 가네히토懷仁. 엔유인의 첫째 아들. 모친은 황후489) 후지와라노 센시藤原詮子〈후에는 히가시산조인東三條院이라 한다. 후궁의 원호院號 즉 뇨인 호女院號490)의 시초이다〉로 섭정 다이조다이진 가네이에兼家의 딸

---

486) 후궁의 하나. 이 칭호는 간무桓武 천황 무렵부터 생겼다. 영제令制의 비妃·부인夫人·빈嬪을 대신하여 헤이안 초기부터 제도상의 지위가 된다. 헤이안 중기 이후는 뇨고의 선지宣旨를 받아 천황의 다이리內裏에 들어간 후 황후에 오르는 것이 상례가 되었다. 황후와 고이[更衣:천황의 옷을 갈아입히는 것을 관장하고 천황과 잠자리도 같이 했던 여관女官. 중류 귀족의 딸 중에서 선발되며 천황의 배우자가 되는 경우도 있었다]의 중간에 위치한다.

487) 구로도[藏人:영외관令外官의 하나. 천황의 측근으로 조칙의 전달, 궁중의 행사, 일상생활까지 일체를 관장하였다]로서 벤[弁:다이조칸太政官 내의 중심적인 사무기관의 일원]을 겸직했던 것. 벤에는 대·중·소가 있다.

488) 『대경大鏡』 권4에 "아와타 미치카네가 가잔인을 부추겨 황위에서 물러나게 하였다"라고 기술되어 있다. 미치카네가 가네이에兼家와 협력하여 외손자인 황태자를 옹립하려고 출가를 권했다는 것.

489) 황태후가 옳다.

490) 뇨인女院은 천황의 모친이나 삼후三后·내친왕內親王 등에 대한 존칭. 태상천황을 인院이라 부르는 것에 대해서 황태후·준모准母 등을 뇨인이라 한다. 상황에 준한 대우를 받았다.

이다. 가잔 미카도御門가 신기神器를 버리고 황거를 나왔기 때문에 황태자의 외조부인 우다이진 가네이에는 황거에 가서 모든 문을 닫고 양위의 의식을 행하였다.[491] 새 군주도 어렸기 때문에 종래와 같이 외조부 가네이에가 섭정이 되었다. 병오년丙午年 : 986에 즉위하여 정해년丁亥年 : 987에 개원하였다.

그 후 섭정 가네이에는 병 때문에 적자嫡子[492] 나이다이진 미치타카道隆에게 [섭정을] 양위하고 출가하여 준삼궁准三宮[493]의 선宣을 받았다〈섭정의 출가는 이것이 최초이다. 당시에는 3위 이상의 신분으로 출가한 사람이 없었기 때문에 단지 뉴도도노入道殿[494]라고 하였다. 그래서 미나모토노 미쓰나카源滿仲가 출가해도 이와 혼동되지 않도록 뉴도入道라 하지 않고 시보치新發意[495]라 하였다〉. 이 미치타카는 최초로 다이진을 그만두고 전관前官으로서 관백이 되었다. 다이진의 관직에 없이 관백이었던 것은 이것이 최초이다〈전관의 섭정도 이것이 최초이다〉. 미치타카는 병에 걸렸기 때문에 그 아들 나이다이진 고레치카伊周가 잠시 대신하여 나이란內覽을 맡았다. 미치타카의 사후 고레치카는 자신이 상속하여 관백이 될 것으로 예상하고 있었지만, 미치타카의 동생 우다이진 미치카네道兼가 관백이 되었다. 하지만 7일만에 미치카네는 사망하였고,[496] 그 동생이었던 다이나곤 미치나가道長에게 나이란의 선지가 내렸다.

---

491) 모략에 의한 양위였기 때문에 만일에 대비하여 궁중의 모든 문을 닫았던 것이다.

492) 아버지가 후계자로 정한 자식. 장남으로 한정된 것은 아니다. 정실의 자식을 중심으로 생각하는 경우도 있지만, 생모나 출생의 순서 여하에 따르지 않는 경우도 있다.

493) 황후·황태후·태황태후의 삼궁三宮에 준하는 뜻. 삼공三公 : 다이조다이진·사다이진·우다이진의 상위에 있는 신하의 최고위로서 특별한 우대를 받는다. 섭정 요시후사良房가 최초이다.

494) 도노殿는 덴카殿下의 뜻. 원래는 3위 이상의 출가자를 뉴도入道, 그 이하를 시보치라고 칭하였다.

495) 혹은 신보치新發.

496) 세간에 '7일 관백'이라고 한다. 쇼랴쿠正曆 6년995 2월 26일에 미치타카가 병으로 사표를 제출했으나 칙허가 없었다. 3월 29일 병 때문에 고레타카에게 나이란의 선지가 내렸지만 4월 10일에 사망. 5월 2일 미치카네가 관백에 취임했으나 5월 8일에 사망.

미치나가는 사다이진까지 되었지만, 엔기延喜·덴랴쿠天曆의 성대聖代를 떠올렸는지 관백에 오르지 않았다. [하지만] 산조인三條院 때에 미치나가는 관백이 되었고 고이치조인後一條院 치세 초기에 외조부로서 섭정이 되었다.497) 형제가 많이 있었는데도 이 미치나가의 혈통만이 섭정·관백이 되었던 것이다. 옛날에도 어떤 이유에서인지 쇼센코昭宣公[모토쓰네基經]의 셋째 아들 데신코貞信公[다다히라忠平], 데신코의 둘째 아들 모로스케師輔 다이진의 혈통[가네미치兼通], 모로스케의 셋째 아들 히가시산조東三條 다이진[가네이에], 히가시산조의 셋째 아들〈미치쓰나道綱 다이쇼는 첫째 아들인데 셋째 동생에게 추월당했다. 따라서 미치나가를 셋째 아들이라 기술한다〉498)인 미치나가 다이진 등 모두 부친이 세운 적자가 아닌데도 자연스럽게 가문을 계승하게 되었다. 조상신 아메노코야네노미코토의 뜻에 따른 것일 것이다〈모두 형을 뛰어넘어 가문을 계승하게 된 이유는 있지만 복잡하므로 생략한다〉.499)

이 치세에는 간다치메上達部,500) 여러 학문[諸道]501)의 가문, 현교와 밀교[顯密]의 승려에 이르기까지 뛰어난 사람이 많았기 때문에 이치조 미

---

497) 미치나가를 미도 관백御堂關白이라고 하지만 관백에 임명된 확증은 없다. 『소우기小右記』조토쿠長德 원년995 5월 11일조에 "다이나곤 미치나가 경卿이 관백의 조詔를 받았다고 한다. 이에 조회를 하니 도노벤頭弁이 보여주며 말하기를 관백의 조가 아니라고 한다"라고 기술되어 있다.

498) 미치나가는 히가시산조 오토도大殿 가네이에의 다섯째 아들, 데신코는 쇼센코 모토쓰네의 넷째 아들이 옳지만, 여기에서는 다이진에 임명된 자만을 헤아린 것이다.

499) 『대경大鏡』하下「미치나가道長 상上」에는, "이 가마타리鎌足로부터 대대로 지금의 관백 요리미치賴通까지 13대가 되었을까요. 대대의 계보를 들어 보시오. 도시藤氏라고 하면 다만 후지와라藤原 성을 그렇게 부른다고 생각하겠지만, 같은 후지와라도 여러 가지 있어서 그 본류와 말류를 알기는 매우 쉽지 않습니다"라고 기술되어 있다. 13대 중 장남은 후유쓰구冬嗣의 아들 나가요시長良가 한 사람 있을 뿐이다. 가문의 계승에는 적류·서류의 문제, 본인의 재능 여부, 여경餘慶의 유무 등 복잡한 조건이 있는 것이다.

500) 삼공三公·구경九卿의 총칭. 공경公卿.

501) 의방醫方·음양陰陽·명경明經·기전紀傳·명법明法·산도算道·관현管絃 등의 여러 도道.

카도도 "나는 뛰어난 인재를 가진 점에서는 엔기·덴랴쿠의 성대보다 낫다"502)라고 스스로 감탄하였다.

천하를 다스린 지 25년, 병 때문에 양위하고 출가하였다. 33세로 사망하였다.

제67대 산조인三條院

휘는 이야사다居貞. 레이제이인의 둘째 아들. 모친은 황태후 후지와라노 조시藤原超子로 이 여성도 섭정 가네이에의 딸이다. 가잔인이 출가했기 때문에 황태자가 되었지만, 정신질환 탓인지 때때로 눈이 보이지 않았다고 한다. 신해년辛亥年:1011에 즉위하여 임자년壬子年:1012에 개원하였다.

천하를 다스린 지 5년, 태상천황의 존호를 받았다. 42세로 사망하였다.

제68대 고이치조인後一條院

휘는 아쓰히라敦成. 이치조인一條院의 둘째 아들. 모친은 황후 후지와라노 쇼시藤原彰子〈후에 조토몬인上東門院이라 한다〉로 섭정 미치나가 다이진의 딸이다. 병진년丙辰年:1016에 즉위하여 정사년丁巳年:1017에 개원하였다. 외조부 미치나가 다이진이 섭정이 되었지만, [미치나가는] 후에 적자 요리미치賴通에게 섭정을 넘기고 다이조다이진으로서 천황의 원복元服 날503) 가관加冠504)·이발理髮505)의 역을 부자가 함께 맡았다. 이것은

---

502) 『십훈초十訓抄』 제1에는, "재신才臣·지승智僧부터 여러 도道에 이르기까지 모두 뛰어나다. (…중략…) 천황도 내가 인재를 얻은 것은 엔기·덴랴쿠보다 낫다고 스스로 감탄하였다고 한다'라고 기술되어 있다. 또한 『속본조왕생전續本朝往生傳』은 "당시 인재를 얻는 일이 성하였다"고 하여 도모히라具平 친왕·미치나가道長·고레치카伊周 이하 수십 인의 인명을 들고, "모두 천하의 빼어난 재一物이다"라고 기술하고 있다.

실로 드문 일이다.506)

레이제이·엔유의 두 혈통이 번갈아 황위에 올랐다. 산조인이 사망한 후 그 아들 아쓰아키라敦明 황자가 황태자가 되었지만, 스스로 황태자의 지위를 물러나507) 원호院號를 받고 고이치조인小一條院이라 하였다. 이후 레이제이 천황의 혈통은 끊어져 버렸다. 레이제이인은 엔유인의 형이므로 그 자손도 정통이라 해야 하겠지만 이렇게 된 것은 다음과 같은 사정에 의한다.

옛날 덴랴쿠天曆의 치세에 민부쿄民部卿 모토카타元方의 딸이 무라카미 천황의 측실[御息所]508)이 되어 첫째 황자 히로히라廣平 친왕을 낳았다. 그 후 우다이진 후지와라노 모로스케藤原師輔의 딸이 뇨고女御에 올라 둘째 황자509)〈레이제이인〉를 낳았다. [그 때문에 히로히라 친왕은 황태자가 될 희망이 없어졌다.] 그러자 죽은 모토카타는 악령이 되어 이 황자를 괴롭혔고 그 때문에 황자는 정신착란증에 걸려 버렸다.510) 가잔인이 갑자기 출가를 하고 산조인이 눈이 어두워지는 병에 걸리며 또한 이 아쓰아키라 친왕이 스스로 황태자를 물러나게 된 것도 모두 모토카타의 원령 탓이라 한다. 엔유인도 한 배에서 태어난 동생이지만 이러한 재앙이 없었

---

503) 간닌寬仁 2년1018 정월 3일, 천황이 11세로 원복.

504) 원복 때에 관을 쓰게 하는 것.

505) 원복 때 빗으로 두발을 묶는 것.

506) 부자가 천황의 원복에서 영예로운 역을 동시에 맡은 것은 드문 일이지만, 이것은 당시 미치나가의 위세가 있었기에 가능한 일이었다.

507) 친왕은 산조`천황의 첫째 아들이었지만, 모친은 사다이쇼左大將 스미토키濟時의 딸로 미치나가가 멀리했기 때문에 황태자의 지위를 사퇴하지 않을 수 없었던 것이다. 그 것를 자유의사인 것처럼 표현하고 있다. 당시 간닌寬仁 원년1017 8월 9일, 25세. 태상천황에 준하여 원호를 받았다.

508) 미야스도코로. 천황의 침소를 모시는 궁녀. 황자·황녀를 낳아 뇨고女御·고이更衣의 칭호로 불리기도 한다. 여기에서는 고이 스케히메祐姬.

509) 모로스케의 딸은 야스코安子. 둘째 황자는 노리히라憲平 친왕으로 덴랴쿠 4년950 5월 14일 탄생.

510) 노리히라 친왕은 1세에 입태자立太子, 4세에 사망. 이윽고 스케히메도 죽고 모토카타와 함께 원령이 되었다고 한다.

던 것은 황위를 계승할 운이 있었기 때문일 것이다.

아쓰아키라 친왕이 황태자의 지위를 물러났기 때문에 고이치조後一條 천황과 한 배에서 태어난 동생 아쓰나가敦良 친왕이 황태자가 되었다. 고이치조 천황도 자식이 없어서 아쓰나가 친왕의 자손이 황위를 계승 하게 되었다.

천황은 천하를 다스린 지 20년, 29세로 사망하였다.

제69대 제37세 고스자쿠인後朱雀院

휘는 아쓰나가敦良, 고이치조인과 한 배에서 태어난 동생이다. 병자년丙 子年 : 1036에 즉위하여 정축년丁丑年 : 1037에 개원하였다. 이 천황은 현명한 분 이었지만 그 무렵 관백 후지와라노 요리미치藤原賴通가 정권을 마음대로 하고 있었기 때문에 천황 자신의 정치에 관한 업적이 알려지지 않은 것은 유감이다. 조큐長久 연간1040, 다이리에 화재가 일어나 신경神鏡이 불타 버렸 지만, 그 재가 신령스런 빛을 발하고 있었기 때문에 이것을 모아 안치하였 다.511)

천하를 다스린 지 9년, 37세로 사망하였다.

제70대 고레이제이인後冷泉院

휘는 지카히토親仁. 고스자쿠인의 첫째 아들. 모친은 증贈황태후 후지 와라노 기시藤原嬉子〈원래는 나이시노카미尙侍〉로 섭정 미치나가의 셋째

---

511) 『백련초百練抄』 조큐長久 원년1040 9월 9일조에, "나이시도코로 신경이 잿속에서 소 실되었다. (…중략…) 이것을 찾아 간신히 형체만을 얻었다. 바로 함에 싸넣었다"라고 기술되어 있다.

딸이다. 을유년乙酉年 : 1045에 즉위하여 병술년丙戌年 : 1046에 개원하였다. 이 치세의 말년 무렵 세상이 불안하였다.512) 오슈奥州513)에서도 아베노 사다토安倍貞任・무네토宗任 등이 난을 일으켰기 때문에 미나모토노 요리요시源賴義에게 명하여 토벌케 하였다〈요리요시는 무쓰노카미陸奥守가 되고 진수부鎭守府514)의 장군將軍을 겸했다. 미나모토 씨가 진수부장군에 임명된 최초이다. 증조부 쓰네모토經基는 정동부장군征東副將軍이었다〉. 12년 걸려 난은 평정되었다.515)

이 군주에게는 자식이 없었던 데다가 고스자쿠인의 유조로 고산조인이 동궁이 되어 있었기 때문에 황위 계승은 일찍부터 정해져 있었다. 천하를 다스린 지 23년, 44세로 사망하였다.

제71대 제38세 고산조인後三條院

휘는 다카히토尊仁. 고스자쿠인의 둘째 아들. 모친은 중궁 데이시禎子 내친왕〈요메이몬인陽明門院이라 한다〉으로 산조인三條院의 황녀이다. 고

---

512) 고레이제이 천황의 에쇼永承 7년1052, 말법의 시대에 들어가 역병疫病의 유행, 황궁과 사원・신사의 소실, 천재지변, 병란이 전국에 미치고 죄짓는 사람이 많았다. 불교적인 역사관인 말법사상에 따르면, 일본에서는 1052년부터 말법이 시작된다는 설이 널리 퍼졌다.

513) 무쓰 국陸奥國의 별칭. 현재의 후쿠시마 현福島縣・미야기 현宮城縣・이와테 현岩手縣・아오모리 현青森縣 및 아키타 현秋田縣의 일부.

514) 무쓰 국 다가 성多賀城에 설치되었다. 변방의 요충지를 지키고 에미시蝦夷를 다스렸다. 장관을 장군이라 하고 3위 이상의 자를 임명할 경우 대장군이라 한다.

515) 1051~1062 .이른바 전구년前九年의 역役. 무쓰 지방에서 복속한 에미시의 우두머리의 지위를 대대로 차지한 아베 씨安倍氏는 무쓰 6군郡에 반半독립적인 족장제族長制를 형성했다. 아베노 요리요시賴良, 후에 賴時 때 인접한 군郡을 공략했기 때문에 조정은 미나모토노 요리요시源賴義・요시이에義家 부자에게 토벌케 하였다. 요리토키賴時는 일시 귀순했지만, 중상모략에 의해 다시 난을 일으켰다가 1057에 사망하였다. 그러나 그 아들 사다토貞任・무네토宗任의 세력이 강해서 요리요시 등은 고전했다. 하지만 데와出羽 : 山形縣・秋田縣의 대부분의 호족 기요하라 씨清原氏의 도움을 얻어 1062년 마침내 진압하는 데 성공했다.

스자쿠인의 평소 뜻에 따라 황태제가 되었다. 또한 산조인의 혈통도 이어받고 있다. 옛날에도 이와 같이 부계·모계 양쪽에서 천황의 혈통을 받아 즉위한 예는 있다〈긴메이欽明 천황의 생모 다시라카手白香 황녀가 닌켄仁賢 천황의 황녀이고 닌토쿠仁德 천황의 자손이다〉. 무신년戊申年: 1068에 즉위하여 기유년己酉年: 1069에 개원하였다.

이 천황은 오랫동안 동궁이었기 때문에[516] 일본·중국의 서적을 탐독하였고, 현교·밀교의 교의에도 정통하였으며, 몸소 지은 시가도 수많은 사람들의 입으로 전해지고 있다. 고레이제이인의 치세 말기 무렵 세상이 어지러워져 [역병·흉작·천재지변 등] 민간의 불안이 많았지만, 이 천황이 4월에 즉위하자 아직 가을 수확 시기도 아닌데도 불안이 사라지고 세상이 평온해졌다고 할 정도로 유덕한 군주였다고 한다.[517] 처음으로 기로쿠쇼記錄所[518]라는 것을 설치하여 나라의 쇠퇴를 바로잡았다. 엔기·덴랴쿠 이래의 훌륭한 정치였다.

천하를 다스린 지 4년, 황태자에게 양위하고 태상천황의 존호를 받았다. 후에 출가하였다. 고산조 천황 때부터 섭관가의 권력이 억제되고 옛날과 같이 천황이 몸소 정무를 취하는 형태로 돌아갔다. 그러나 이 무렵은 아직 양위한 후 인院 안에서 정치를 행하는 일은 없었다. 고산조 천황은 40세로 사망하였다.

---

516) 35세로 즉위할 때까지 24년간.『속고사담續古事談』제1에 "고산조인은 춘궁春宮으로 25년간이나 있어서 조용히 학문을 하였고 일본·중국의 재지才智를 깊게 닦았을 뿐만 아니라후략"라고 기술되어 있다.

517)『금경수경金鏡』권2에는, "이 미카도가 즉위한 후 세상이 모두 안정되었다. 지금까지도 그 이름이 남아 있다. 마음이 강하면서도 인정도 많았다"라고 기술되어 있다.

518) 기로쿠쇼엔켄케이쇼記錄莊園券契所의 약칭. 엔큐延久 원년1069에 이른바 장원정리령 莊園整理令의 실무를 담당하는 관청으로 설립되었다. 그 후 민사소송을 취급하는 재판 기관의 하나로 전환한다. 미나모토노 요리토모源賴朝의 주청에 의해 설립된 고시라카와後白河 원정院政: 상황에 의한 정치 시기의 기로쿠쇼는 유명하다. 가마쿠라鎌倉 시대에는 인노초院廳의 후도노文殿에 대응하여 천황 친정親政 때 그 활동을 개시한다. 고다이고後醍醐 천황의 기로쿠쇼도 그 하나이다.

제72대 제39세 시라카와인白河院

휘는 사다히토貞仁. 고산조인의 첫째 아들. 모친은 증贈황태후 후지와라노 모치코藤原茂子로 증贈다이조다이진 요시노부能信의 딸이다. 모치코는 실제는 주나곤中納言519) 긴나리公成의 딸이다. 임자년壬子年 : 1072에 즉위하여 갑인년甲寅年 : 1074에 개원하였다. [이 치세에는] 쇠퇴해 있던 옛날의 행사와 의식을 부흥하여 사가노嵯峨野의 사냥을 위한 행행行幸520) 등도 행해졌다. 또한 시라카와白河에 홋쇼지法勝寺를 세웠는데 9중의 탑파塔婆521) 등도 옛날의 고간지御願寺522)들보다 훌륭하였다. 이후 대대로 천황이 계속하여 고간지를 세웠기 때문에523) 사원의 조영이 지나치게 성행한다는 비난도 있었다. 조영의 공에 의해 고쿠시國司가 중임되는 일도 많았고,524) 즈료受領525)의 고과考課도 올바르게 행해지지 않았으며, [고간지의 조영·유지를 위하여] 봉호·장원莊園이 다수 기진寄進되어 실로 국비國費의 부담이 많아졌다.

---

519) 곤노추나곤權中納言이 옳다. 조큐長久 4년1043 정월 곤노추나곤, 6월 45세로 사망.
520) 조호承保 3년1076 10월 24일.
521) 『부상략기』 에호永保 3년1163 10월 1일조에 "홋쇼지 구중탑과 약사당藥師堂 팔각당八角堂을 공양하다. 청승請僧 160명. 천황이 행행하였다"라고 기술되어 있다. 8각 9중의 탑.
522) 천황·황후의 발원에 의해 창건된 사원으로 천황을 위해 기도를 행한다. 도다이지東大寺·닌나지仁和寺·다이고지醍醐寺 등.
523) 헤이안 후기의 로쿠쇼지六勝寺가 유명하다. 즉 시라카와 천황의 홋쇼지, 호리카와堀河 천황의 손쇼지尊勝寺, 도바鳥羽 천황의 사이쇼지最勝寺, 다이켄몬인待賢門院의 엔쇼지圓勝寺, 스토쿠崇德 천황의 조쇼지成勝寺, 고노에近衛 천황의 엔쇼지延勝寺.
524) 지방장관인 고쿠시가 임기 4년을 지나 재임하는 것. 사원 조영 등의 공에 의한 경우가 많았지만 영리의 목적을 수반하는 폐해가 많았다. 매관賣官 혹은 조고成功.
525) 부임지에 내려가지 않고 수도에 머무는 요닌코쿠시遙任國司와 달리, 부임지에 내려간 고쿠시를 가리킨다. 헤이안 중기에 후지와라 씨가 중앙관직을 독점하자 중소 귀족들은 앞다투어 즈료의 지위를 구하였다. 그 징세권에 의해 거부巨富를 쌓은 즈료들은 경제력을 배경으로 이윽고 상황의 권력기반이 되었다. 그 중에는 토착하여 무사단의 동량으로 성장하는 자도 있었다. 가마쿠라鎌倉 시대 이후 즈료는 유명무실해졌고, 센고쿠戰國 시대 이후 나코쿠시名國司 : 이름뿐인 고쿠시를 즈료라고 칭하게 되었다.

천하를 다스린 지 14년, 황태자에게 양위하고 태상천황의 존호를 받았다. 그러나 인院 안에서 정치를 행하였으며, 후에 출가한 후에도 사망할 때까지[526] 그대로 정치를 행하였다.

퇴위하고서도 상황으로서 정치를 보는 것은 옛날에는 없었던 일이다. 고켄孝謙 천황이 퇴위한 후 아와지淡路 폐제廢帝[527]는 명목상 재위했을 뿐 고켄 천황이 정치를 했다고 하지만, 이것은 고대의 일이기 때문에 확실하지 않다. 사가嵯峨・세이와淸和・우다宇多 천황도 양위하고 퇴위했을 뿐이다. 엔유인圓融院 때 서서히 상황이 정치를 보는 일이 있었던 것 같다. 이때 인[상황] 앞에서 섭정 가네이에兼家 다이진이 미나모토노 도키나카源時中를 산기에 임명했던 것을 오노미야 사네스케小野宮實資[528] 등은 심히 비난했다고 한다.[529]

그러므로 상황이 있어도 정치에는 관여하지 않고 천황이 어릴 때에는 오직 섭정이 정무를 보았던 것이다. 우지宇治 다이진 후지와라노 요리미치藤原賴通는 천황 3대[530]의 섭정・관백으로서 50년 남짓 정권을 장악하고 있었다. 그 이전 시대에는 [요리미치가] 관백이 된 다음에 절도 있게 신하의 태도를 지키고 있었지만, 이제 그 태도가 도를 넘어 눈에 거슬렸기 때문인지 고산조인은 동궁 시절부터 요리미치에 대해서 좋게 생각하지 않았다. 그래서 두 사람 사이는 좋지 않았고, 황태자의 지위도 위태롭지 않을까 생각될 정도였다.

고산조인이 즉위하자 곧바로 요리미치는 관백을 그만두고 우지에 은

---

526) 사망할 때까지 43년간.
527) 준닌淳仁 천황.
528) 산기 후지와라노 나리토시藤原齊敏의 아들. 『공경보임』에 의하면, 995년 곤노추나곤權中納言, 996년 주나곤中納言, 1001년 곤노다이나곤權大納言 겸 우다이쇼右大將, 1009년 다이나곤・우다이쇼, 1021년 우다이진・우다이쇼에 임명되었다.
529) 『속고사담續古事談』제1에 "인의 명령을 전하여 산기로 하였다. 사람들은 은밀히 말하기를, 천황의 앞이 아닌데 곧바로 산기를 임명하는 것은 잘못이라고 비난하였다"라고 기술되어 있다.
530) 고이치조後一條・고스자쿠後朱雀・고레이제이後冷泉.

거하였다. 그리고 그 동생 니조 노리미치二條教通 다이진이 관백이 되었지만 아무 권력도 없었다. 더욱이 시라카와인은 인院에서 정치를 했기 때문에 섭정·관백의 직책은 단지 형태만 있을 뿐이었으며, 이후 예부터의 [조정의] 정치의 모습은 일변해 버렸다. [섭관 정치 때에는] 섭정·관백이 정권을 장악하고 있어도 천하의 일은 선지宣旨531)·간푸官符532)에 의해 행해지고 있었는데, 이때부터 [그것보다는] 인젠院宣533)·조노온쿠다시부미廳御下文534)를 중시하게 되어 재위하는 천황은 단지 [형식상] 그 지위에 있을 뿐이었다. 이것이야말로 난세의 모습이라 하겠다.535)

또한 시라카와인은 수도의 남쪽 도바鳥羽라는 곳에 이궁離宮536)을 세

531) '센지'라고 읽는다. 천황의 명을 전하는 문서 형식의 하나. 나이시內侍가 천황의 명을 구로도藏人에게 전하면 구로도는 다이조칸太政官의 쇼케이上卿:다이조칸에서 행하는 의식·행사를 주관하는 공경에게 보고하고, 쇼케이는 그 집행을 다시 쇼나곤少納言 또는 벤칸弁官에게 지시하여 게키外記나 다이시大史로 하여금 문서를 작성, 발행했다. 다이조칸의 서기국書記局인 좌·우 벤칸弁官으로부터 구다시부미下文:문서의 처음에 '구다스下'라는 문자를 사용하는 양식의 형태로 발령되는 관선지官宣旨:弁官下文를 가리키기도 한다. 이와 유사한 것이 윤지綸旨이다. 이것은 구로도가 천황의 명을 받들어 발하는 봉서奉書 형식의 문서로 헤이안 초기에는 선지가 많았으나 중기 이후 윤지가 일반화되었고 특히 남북조 이후 보편화되었다.

532) 다이조간푸太政官符의 약칭. 다이조칸으로부터 진기칸神祇官, 팔성八省의 제사諸司 및 제국諸國 등에 내린 공문서. 벤弁과 시史의 서명이 일부日付의 앞줄에 있는 것이 특징.

533) 상황·법황이 발하는 선지. 상황의 근신近臣인 인노쓰카사院司가 상황 혹은 법황의 명령을 받들어 내리는 봉서奉書 형식의 문서. 9세기 말 우다宇多 법황에서 시작되어 원정院政의 진전과 함께 국정상의 중요도가 커졌다. 일반 정무 이외에 상황의 가정家政을 위해서도 발령되었다.

534) 인노초쿠다시부미院廳下文. 상황 혹은 법황이 정무를 보는 인노초院廳에서 내린 문서. 조칙詔勅·간푸官符에 준하는 효력을 인정받은 경우가 있었다. 형식은 인노쓰카사院司 연서連署의 구다시부미下文 형식. 문서의 시작에 '구다스下'라는 문자를 쓰기 때문에 붙여진 명칭이다. 섭정가 만도코로攝政家政所, 장군가 만도코로將軍家政所에서도 내리기 때문에 그것과 구별하여 인노쿠다시부미院ノ下文라고 한다.

535) 불교에서 말하는 말법 천년의 '말세'가 아니라, 일본의 본연의 모습에 어긋나는 원정의 출현을 난세로 보는 것이다. 상황에 의한 정치 즉 원정에 대한 지카후사의 강렬한 비판의식이 반영되어 있다.

536) 별궁. 오토쿠應德 3년1086 7월에 착공, 다음해 2월 완공. 『부상략기』 동3년 10월 20일 조에 "5기五畿·7도七道 60여 주州 모두에 과역을 하였다. (…중략…) 낙양의 궁궐도

워 대규모 토목 공사를 하였다. 옛날은 퇴위한 군주는 스자쿠인朱雀院에 살았는데 이것을 고인後院537)이라 하였다. 또한 레이제이인冷然院〈연然의 글자는 불과 관련이 있기 때문에 천泉의 글자로 바꾸었다〉538)도 있었는 데, [시라카와인은] 그 두 곳에는 살지 않았다. 시라카와 이후는 도바도노 鳥羽殿가 상황이 항시 사는 거처가 되었다.

시라카와인은 아들 호리카와堀河 미카도, 손자 도바鳥羽 미카도, 증손 스토쿠인崇德院의 재위까지 50여 년간〈재위 14년, 인院 안에서 43년〉 천 하를 다스렸다.539) 따라서 '인院 안의 예禮'540)라는 것도 이 무렵부터 정 해졌다. 시라카와인은 자신의 생각대로 오랫동안 정치를 행하였다. 77 세로 사망하였다.

제73대 제40세 호리카와인堀河院

휘는 다루히토善仁. 시라카와인의 둘째 아들. 모친은 중궁 겐시賢子로, 우다이진 미나모토노 아키후사源顯房의 딸이자 관백 모로자네師實 다이 진의 양녀이다. 병인년丙寅年:1086에 즉위하여 정묘년丁卯年:1087에 개원하 였다. 이 미카도는 중국·일본의 학문과 재예가 풍부하였다. 특히 관현 管絃541)·영곡郢曲542)·무악舞樂543)에 밝았다. 가구라神樂544)의 곡 등 천

이보다 더한 것은 없었다. (…중략…) 풍류의 아름다움을 헤아릴 수 없었다"라고 기술 되어 있다.
537) 양위한 후의 천황의 거처.
538) 『습개초拾芥抄』 중中에 "레제인冷泉院. 오이노미카도大炊御門 남쪽, 호리카 와堀川의 서쪽에 있다. 사가嵯峨 천황 시대 이후 이 인은 대대로 고인後院이었다. (…중략…) 그 러나 화재로 인하여 연然의 글자를 천泉으로 바꾸었다"라고 기술되어 있다.
539) 호리카와 천황 20년 8개월, 도바 천황 15년 6개월, 스토쿠 천황 6년 7개월, 합계 42 년 9개월에 걸쳐 원정이 실시되었다.
540) 인院의 관청인 인노초院廳에 봉사하는 인노쓰카사院司가 증대함에 따라서 궁중의 예절을 참조한 여러 예절이 규정·정비되었다.
541) 피리·생황 등의 관악기와 비파·거문고 등의 현악기.

황의 설이 오늘날까지 지게地下[545]의 가문에 전해지고 있다.

천하를 다스린 지 21년, 29세로 사망하였다.

---

542) 영郢은 중국 초楚의 땅. 그 지역 사람의 노래가 뛰어난 데에서 나온 명칭. 유행 가요,
속곡俗曲을 총칭한다.

543) 무용을 동반한 아악雅樂. 중국에서 건너온 당악唐樂과 한반도에서 들어온 고구려악
[高麗樂]을 바탕으로 궁중에서 행해진 아악.

544) 궁중에서 신을 제사지낼 때 연주하는 무악舞樂. 12월에 나이시도코로內侍所에서 행
해지는 것이 대표적이다.

545) 다이리 세이료덴 덴조노마에 승전昇殿하는 것을 허락받지 못한 관인 혹은 가문. 당
상堂上・덴조비토殿上人와 대비하여, 6위 이하의 관인이나 승전 자격이 없는 4, 5위의
관인 혹은 가문을 가리킨다. 가구라의 가문은 대대로 지게닌地下人이었다.

신황정통기 (하)

제74대 제41세 도바인烏羽院

휘는 무네히토宗仁. 호리카와인堀河院의 첫째 아들. 모친은 증贈황태후 후지와라노 지시藤原茨子로 증贈다이조다이진 사네스에實季의 딸이다. 정묘 년丁卯年:1107에 즉위하여 무자년戊子年:1108에 개원하였다.

천하를 다스린 지 16년, 황태자에게 양위하고 태상천황의 존호를 받았다.

시라카와인이 원정院政을 행하고 있었기 때문에 도바인은 신인新院이라 하여 행행할 때에도 시라카와인과 같은 가마를 타고 갔다. 눈 구경을 위해 행행하던 날 신인 도바 상황이 에보시烏帽子·노시直衣[1]에 후카구쓰深沓[2]를 신고 말을 탄 채 혼인本院 시라카와 법황의 가마 앞을 나아

---

1) 헤이안 시대 천황·섭관가 이하 공경들의 평상복.
2) 눈이나 비가 오는 날에 사용하는 깊은 신발로 풀·짚 따위로 만들었다.

갔을 때에는 세상에 보기 드문 일이었기에 모두 놀라 바라보았다. 옛날 고닌弘仁 무렵, 사가嵯峨 상황이 사가의 인院으로 옮기는 날 말을 타고 수도에서 출발하여 궁성의 안을 지났다고 하는데,3) 그것이 이와 동일한 예일 것이다.

[도바 상황의] 용모가 출중하여 화려한 것을 좋아했는지, 풀을 강하게 먹인 장속裝束에 에보시의 앞부분을 칠로 칠해 빳빳이 하는 것도 이 무렵부터 시작되었다. 또한 하나조노 아리히토花園有仁 다이진4)도 용모가 뛰어났기 때문에 도바 상황과 함께 상의하여 군주와 신하 똑같이 화려한 장속을 착용하였고, 이후 이것이 일반화되었다고 한다.

시라카와인이 사망한 후 도바인이 정치를 행하였다. 실제는 시라카와인의 손자이지만 시라카와인이 자식처럼 양육했기 때문에 중복重服5)을 입고 상을 치렀다. 이 상황도 인院에서 20여 년 정치를 행하였고 그 사이에 출가했지만 여전히 정무를 보았다. 그래서 인院 안의 선례라고 할 경우에는 이 시라카와·도바 2대를 가리킨다. 54세로 사망하였다.

제75대 스토쿠인崇德院

휘는 아키히토顯仁. 도바인의 둘째 아들. 모친은 중궁 후지와라노 쇼

---

3) 사가 상황. 고닌 14년823 9월 12일의 일. 『일본후기日本後記』 제31에는 "태상 천황이 사가노쇼嵯峨莊에 행행하였다. 이에 앞서 주나곤中納言 후지와라노아손 미모리藤原朝臣三守가 행행할 것을 상주하였다. 황제는 즉시 유사有司에게 명하여 가마와 장위仗衛를 두게 하였다. 그러나 태상천황은 사양하며 받지 않았다. 황제가 재삼 청했지만 태상천황은 고사하였다. 마침내 말을 탔는데 젠쿠[前驅 : 기마騎馬로 선도하는 사람]와 병장兵仗이 없었다"라고 기술되어 있다.
4) 고산조後三條 천황의 황자 스케히토輔仁 친왕의 아들. 미나모토源 성을 받고 하나조노에 살며 사다이진이 되었다.
5) 상상喪에는 경중輕重의 두 가지가 있다. 부모의 기복忌服을 중복重服, 그 이외를 경복輕服이라 한다.

시藤原璋子〈다이켄몬인待賢門院이라 한다〉로 뉴도入道 다이나곤 긴사네公實의 딸이다. 계묘년癸卯年 : 1123에 즉위하여 갑진년甲辰年 : 1124에 개원하였다. 무신년戊申年 : 1128, 송나라의 흠종欽宗 황제의 정강靖康 3년에 해당하는 해6) 송나라의 정치가 문란해져 북적北狄의 금金나라가 일어나 상황 휘종徽宗과 흠종을 붙잡아 북으로 데리고 돌아갔다. 황제 고종高宗은 [남쪽으로 피해] 양자강을 건너 항주杭州라는 곳에 수도를 세우고 행재소行在所7)로 정하였다. 이른바 송나라의 남도南渡라는 것이다.

스토쿠 천황은 천하를 다스린 지 18년. 도바 상황과의 사이가 원만하지 않았기 때문에8) 퇴위하였다. 호겐保元의 난9)이 일어나 출가했지만 사누키 국讚岐國 : 香川縣에 유배되었다. 46세로 사망하였다.

---

6) 무신은 천황의 다이지大治 3년1128. 금나라가 흠종을 인질로 삼아 북으로 도망한 것은 건염建炎 원년1127 정미丁未[고종이 남경에서 즉위하고 건염이라 개원]이다. 무신은 고종의 건염 2년으로 정강 3년은 오류.

7) 황제가 행행할 때의 임시 거처. 행재行在, 행궁行宮.

8) 스토쿠 천황은 도바 상황과 다이켄몬인 사이에 태어났지만, 그 출생에 관해서 상황이 의혹을 품고실제는 조부 시라카와인의 아들이라 이야기된다 비후쿠몬인美福門院과의 사이에 태어난 고노에近衛 천황을 총애하였다.

9) 호겐保元 원년1156, 천황가・섭관가 내부의 권력항쟁에서 발단되어 교토京都에서 일어난 전란. 1155년 고노에 천황이 죽자 고시라카와 천황이 즉위하는데, 그때 자신의 아들 시게히토重仁 친왕의 즉위를 주장하는 스토쿠 상황과, 고시라카와 천황을 지지하는 도바 법황의 비妃 비후쿠몬인・관백 후지와라노 다다미치藤原忠通・후지와라노 미치노리藤原通憲, 信西 등의 대립이 표면화했다. 또한 섭관가 내부에서도 전관백前關白 후지와라노 다다자네藤原忠實가 총애하는 우지노초자氏長子로 사다이진 후지와라노 요리나가藤原賴長와 관백 다다미치忠通 : 賴長의 형와의 대립이 진행, 요리나가가 스토쿠 천황과 결탁하여 정계가 2분되는 정세가 벌어졌다. 1156년 7월 도바 법황의 사망을 계기로 고시라카와 천황측은 다이라노 기요모리平清盛・미나모토노 요시토모源義朝 등을 소집하였고, 스토쿠 상황측은 미나모토노 다메요시源爲義・다이라노 다다마사平忠正 등을 동원하여 마침내 무력충돌에 이르렀다. 전투는 요시토모・기요모리의 시라카와도노白河殿 야습에 의해 불과 수 시간만에 고시라카와 천황측의 승리로 돌아갔고, 스토쿠 상황은 사누키에 유배, 요리나가는 전사하였다. 다다마사・다메요시 등은 공식적으로 오랫동안 중지되어 있던 사형에 처해졌다. 중앙의 정쟁에서 무사가 활약했던 점에서 무사의 정계 진출의 단서가 되었던 사건이기도 하다.

제76대 고노에인近衛院

휘는 나리히토体仁. 도바인의 여덟 번째 아들. 모친은 황후 후지와라
노 도쿠시藤原得子〈비후쿠몬인美福門院이라 한다〉로 증贈사다이진 나가자
네長實의 딸이다. 신유년辛酉年:1141에 즉위하여 임술년壬戌年:1142에 개원
하였다.

천하를 다스린 지 14년, 17세로 일찍 사망하였다.

제77대 제42세 고시라카와인後白河院

휘는 마사히토雅仁. 도바인의 넷째 아들. 스토쿠인과 한 배에서 태어난
동생이다. 고노에인은 도바인이 총애한 자식이었지만 일찍 사망하였다.
그 후 스토쿠인의 아들 시게히토重仁 친왕이 즉위할 예정이었지만, 일찍
이 도바와 스토쿠의 사이가 좋지 않았기 때문에 실현되지 않았다. 도바
상황은 여러 가지로 고심했지만 결국 이 미카도가 즉위하게 되었다. 입
태자立太子 의식도 치르지 않고 곧바로 즉위하였지만,10) 지금은 이 미카
도의 자손만이 황위를 계승하고 있기 때문에 이것도 천명天命이었다고
생각된다.11) 을해년乙亥年:1155에 즉위하여 병자년丙子年:1156에 개원하였
다. 연호를 호겐保元이라 한다. 도바인이 사망한 후 [고시라카와인이] 천하
를 다스렸다.

사다이진 요리나가賴長라는 사람은 지소쿠인知足院 뉴도入道 관백 다다
자네忠實의 차남이다. 호쇼지法性寺 관백 다다미치忠通 다이진은 요리나가

---

10) 즉위에 앞서 우선 황태자가 되고 그 후 즉위하는 것이 상례이지만, 고시라카와 천황
   은 고노에 천황이 규주久壽 2년1155 7월 23일에 사망했기 때문에 동24일에 천조踐祚,
   26일에 즉위식이 열리는 등 이례적인 경우였다.
11) 지카후사는 이때의 황위계승을 아마테라스 오미카미가 정한 운명적인 것으로 보고
   있다.

의 형으로 일본·중국의 학문이 뛰어나 오랫동안 섭정·관백으로 출사해 왔다. 요리나가도 한학의 조예가 깊었지만 본성이 거칠고 원만하지 않은 인물이었다고 한다.[12] 그는 부친 다다자네의 총애를 받았기 때문에 무슨 일이든 제멋대로 하였고, 마침내 관백 다다미치가 있는 데도 이를 제치고 후지와라 씨의 우지노초자氏長者가 되어 나이란內覽의 선지를 받았다.[13] 우지노초자가 섭정·관백 이외의 사람에게 넘어간 것은 섭정·관백이 시작된 이래 예가 없었다.

나이란의 유래에 대해서는, 옛날 다이고醍醐 천황의 치세 초기 혼인本院[14] 사다이진 후지와라노 도키히라藤原時平와 스가와라노 미치자네菅原道眞가 천황의 정치를 보좌하고 있었을 때 함께 나이란의 칭호가 있었다고 한다. 그런데 이 경우는 도키히라도 관백이 아니었기 때문에 관백과

---

12) 『우관초』 제4에 "이 요리나가 공公은 일본 제일의 대학자로 일본·중국의 학문이 뛰어났다. 쉽게 성을 내고 만사에 극단적인 사람이었지만, 부친 지소쿠인도노知足院殿에게 가장 총애를 받았다. 그 요리나가가 '하루만이라도 섭정·나이란內覽을 하고 싶다'고 자주 말하였다"라고 기술되어 있다.

13) '우지노초자氏ノ長者'는 고대에는 '우지노카미氏上'라고 불리었지만, 다이호령大寶令의 칙정勅定에 의해 '우지노카미氏宗'로 고치고 모토쓰네基經 무렵부터 '우지노초자氏ノ長者'로 칭했던 것 같다. 『직원초』 하下에는, "도시藤氏 조자長者는 섭정·관백의 조詔를 받은 사람이 된다. 따라서 별도로 선지를 내릴 필요가 없다. 다만 우지宇治 사다이진 요리나가는 섭정·관백이 아닌데도 조자長者가 되었다. 선하宣下의 예는 이것이 처음일 것이다"라고 기술되어 있다. 또한 『우관초』 제3에 "원래 후지와라 씨의 우지노초자라는 것은 조정으로부터 임명되는 것은 아니었다. 후지와라 씨 중에서 수장이 될 사람에게 대대로 주기대반朱器臺盤: 후지와라씨의 우지노초자가 대대로 전한 寶器과 우지노초자의 도장[印] 등을 전해주는 것이다. 그리고 우지노초자가 된 사람이 나이란內覽의 신하가 되는 것이 통례였다"라고 기술하고 있듯이, 요리나가의 경우는 극히 이례적인 것이었다. 요리나가는 이렇게 우지노초자가 되었지만, 이윽고 호겐의 난에서 패하여 같은 해1156 7월 11일, 형 다다미치가 다시 우지노초자의 지위에 복귀하였다. 우지노초자는 그 일족을 대표하는 사람으로, 우지샤氏社·우지데라氏寺·간가쿠인勸學院을 관리하고 우지가미氏神의 제사를 지내며 서작敍爵의 추천이나 방씨放氏: 일족에서 추방하는 것의 권한도 장악했다. 이 요리나가의 우쭐대는 소행이 그대로 호겐의 난으로 이어진다고 지카후사는 복선을 깔고 있는 것이다.

14) 『습개초拾芥抄』에 "혼인本院. 나카미카도中御門의 북쪽, 호리카와堀川의 동쪽 1정町이 사다이진 도키히라의 집이다. [도키히라는] 신제新制에 의해 처벌을 받았을 때 이 집에 칩거하였다"라고 기술되어 있다.

나이란의 신하가 병립했던 예와는 다를 것이다.

형 다이진 다다미치는 온후한 사람이기 때문에 이것을 특별히 마음에 두지 않고 지내고 있었다. 고노에 미카도가 사망한 무렵부터 요리나가는 나이란을 사직당한 것[15]에 원한을 품고 천하를 자기 마음대로 하고자 했는지 스토쿠 상황을 부추겨 난을 일으켰다. 부친 도바 법황이 사망한 지 7일 정도 후의 일이었다. 이것은 충효의 도를 벗어난 것으로 보인다.[16]

도바 법황도 [자신이 사망하기 전] 일찍부터 이것을 예측하고 있었던 것 같다. [법황은] 다이라노 기요모리平淸盛[17]・미나모토노 요시토모源義朝[18]

---

15) 『우관초』 제4에 "주상 고노에인이 17세로 규주久壽 2년1155 7월에 사망했는데, 그것은 오로지 이 사후左府∶사다이진 요리나가가 저주했기 때문이라고 세간에 소문이 났다. 도바 법황도 그렇게 생각했다. 무언가 저주의 증거가 있었던 것일까. 요리나가는 천황이 사망했으므로 '이번에는 자신이 섭정・관백이 될 것이다'고 생각해서 선례를 따라 다이진・나이란의 사표를 냈다. 그러나 사표는 반려되지 않았고, 다음해 정월이 되어 사다이진만은 종래대로 한다고 결정되었다는 것이다"라고 기술되어 있다.

16) 스토쿠 상황으로서는 부친 도바 법황에 대한 효도를 결하고, 요리나가는 신하로서 상황을 부추겨 신하의 도리를 결한 것.

17) 1118~81. 부친은 다다모리忠盛, 모친은 기온祇園 뇨고女御의 동생. 젊은 나이부터 이례적인 출세를 하여 실제 생부가 시라카와白河 법황이라는 설도 유력하다. 다다모리 사망 후 다이라 씨平氏 무사단의 동량이 되어 호겐의 난에서 고시라카와 천황측으로 활약하였다. 이어서 헤이지平治의 난에서는 미나모토노 요시토모源義朝를 멸망시키고 조정의 사무라이다이쇼侍大將로서의 지위를 확립하였다. 고시라카와 상황과 니조二條 천황의 절대적인 신뢰를 얻어 1160년 정3위 산기로서 공경의 대열에 들었고, 1167년에는 종1위 다이조다이진으로 승진하였다. 다음해 중병에 의해 출가하지만, 상황과 협의하여 자신의 처 도키코時子의 여동생 시게코滋子가 낳은 다카쿠라高倉 천황을 즉위시켰으며, 그 후에도 셋쓰攝津 후쿠하라福原에 은거하면서 정계에 강한 영향력을 행사하였다. 1171년에는 딸 도쿠코德子를 다이리에 들여보내 다이라 씨 전성기를 맞이하였다. 그러나 1177년 반란 모의 사건鹿ヶ谷事件이 발각된 후 다이라 씨에 대한 반발이 거세지는 가운데, 1179년에는 관계가 악화된 고시라카와 법황을 유폐시켜 쿠데타를 강행하였다. 다음해 도쿠코가 낳은 안토쿠安德 천황을 즉위시켜 국정의 실권을 장악하였다. 그러나 모치히토 왕以仁王・미나모토노 요리마사源賴政의 거병을 계기로 내란이 전국으로 확대하였다治承・壽永의 亂. 후쿠하라 천도도 실패하고, 내란을 수습할 수 없는 상태에서 1181년 병사하였다.

18) 1123~60. 부친은 다메요시爲義. 가마쿠라鎌倉를 거점으로 동국東國에 세력을 확장하고 무사단을 편성하였다. 1153년 시모쓰케노카미下野守에 임명되었다. 호겐의 난 후

등을 불러 [고시라카와 천황의] 다이리內裏를 수비할 것을 명령해 두었다고
한다. 스토쿠 상황은 도바도노鳥羽殿를 나와 시라카와白河의 오이도노大炊
殿라는 곳에서 병사를 모았기 때문에 [고시라카와 천황은] 기요모리・요시
토모 등에게 명하여 상황의 새로운 거처[오이도노]를 공격하게 하였다.
관군官軍인 천황측이 승리하여 그 기세를 몰아 공격하자 상황은 니시야
마西山 방면으로 달아났다. 사다이진 요리나가는 화살을 맞고 나라자카
奈良坂 부근까지 멀리 달아났지만 결국 그곳에서 죽었다.

　스토쿠 상황은 [사죄를 위해] 출가했지만 사누키에 유배되었다. 요리나
가의 자식들도 여러 지방에 유배되었다.19) 무사武士들도 다수 사형에 처
해졌다.20) 그 중에서도 미나모토노 다메요시源爲義21)라는 자는 요시토모
義朝의 부친이었다. 무슨 생각이었는지 다메요시는 상황측에 편들고 자
식인 요시토모와는 다른 행동을 취하였다. 다른 자식들도 부친 쪽을 따
랐다. 전투에 패하여 다메요시도 출가했지만, 요시토모는 그 신병을 건
네받아 죽여 버렸다.22) 자식이 부친을 죽인 것은 달리 예가 없다. 사가
嵯峨 천황 때 나라자카의 전투23)가 발생한 후로는 수도에서 전란이 일
어난 적이 없었는데, [이 호겐의 난이 계기가 되어] 이후 병란이 계속되었던

　사마노카미左馬頭가 되었지만, 다이라노 기요모리의 세력 증대에 불만을 품고 후지와
　라노 노부요리藤原信賴와 결탁하고 헤이지平治의 난을 일으켰다. 그러나 기요모리에게
　패하여 도주하다가 살해되었다.

19) 가네나가兼長는 이즈모出雲：鳥取縣, 모로나가師長는 도사土佐：高知縣, 다카나가隆長
　는 이즈伊豆：靜岡縣, 나가노리長範는 아와安房：千葉縣로 각각 유배되었다.

20) 미나모토노 다메요시・다이라노 다다마사 이하 70여 명 처형.

21) 1096~1156. 부친은 요시치카義親. 부친의 모반에 의해 조부 요시이에義家의 넷째 아
　들 요시타다義忠의 양자가 되고 요시타다가 사망하자 미나모토 씨의 가독을 이었다.
　1146년 게비이시檢非違使가 되었는데, 아들 다메토모義朝가 규슈 일대에서 난동을 부
　렸기 때문에 해임되고 가독을 적자 요시토모義朝에게 넘겼다. 호겐의 난에서는 스토쿠
　상황 편에 붙었다가 패하여 결국 살해되었다.

22) 실제로 요시토모는 자신의 무공武功에 의해 부친 다메요시의 목숨을 살려줄 것을
　탄원했지만 받아들여지지 않았다.

23) 고닌弘仁 원년810 후지와라노 구스코藥子・나카나리仲成에 의한 이른바 구스코의 변
　을 가리킨다.

것도 시운時運이 쇠퇴한 것을 반영한다고 생각된다.

고시라카와 천황의 유모의 남편으로 쇼나곤少納言 미치노리通憲 법사24)라는 사람은 후지와라 씨 일족 중에서 대대로 유가儒家 가문의 태생이었다.25) 그는 재능이 풍부하고 학식이 두터운 사람이었지만 세상과 맞지 않아 출가해 있었다. 그러나 이 천황의 치세에 들어 특별한 신임을 받아 실제로는 미치노리가 천하의 일을 도맡아 할 정도였다.26) 다이다이리大內裏는 시라카와인의 치세중에 불탄 이후 오랫동안 황폐해져27) 천황들은 임시 거처[리다이里內]28)에 있었는데, 미치노리는 여러 가지 궁리를 하여 국가의 비용도 들이지 않고 다이다이리를 재건하였다. 그는 또한 오랫동안 끊어져 있던 조정의 정무·의식[公事]을 행하게 하였다. 수도 안의 모든 도로 등도 옛날과 같이 깨끗하게 정비하였다.

고시라카와 천황은 천하를 다스린 지 3년, 황태자에게 양위하고 종래와 같이 태상천황의 존호를 받았으며 인院 안에서 정치를 행한 것이 30여 년에 미쳤다. 그 사이에 출가했지만 정무는 변함없이 계속 보았다.

---

24) 1106~59. 법명은 신제이信西. 부친은 사네카네實兼, 모친은 미나모토노 아리후사源有房의 딸[일설에는 源有家의 딸]. 당대 제일의 학자이자 문화인으로 자신의 처가 고시라카와 천황의 유모인 입장을 이용하여 조정의 정치를 장악하고 소송제도의 정비와 의식의 부흥에 힘썼다. 1159년 헤이지의 난에서 후지와라노 노부요리와 대립하여 패사하였다. 『본조세기本朝世紀』 『신서입도장서목록信西入道藏書目錄』 등 저서 다수.

25) 『평치물어平治物語』 상上에 "신시進士 구로도藏人 사네카네實兼의 자식이다. 유교 가문에서 태어나 유업儒業을 이어받지는 않았지만 여러 학문을 겸학하여 만사에 밝았다. 구류九流를 섭렵하고 백가百家에 이르렀다. 당세에 비할 수 없는 재능과 학문이다"라고 기술되어 있다. 미치노리의 조부는 다이가쿠노카미大學頭. 후지와라 4가家의 하나인 난케南家의 계통.

26) 지위도 쇼나곤, 뉴도入道의 신분이기 때문에 정식으로는 그러한 권한이 없었다. 『평치물어』 상에는, "고시라카와 상황의 유모 기이노니이紀伊二位의 남편인 것에 의해 천하의 크고 작은 일을 집행하였다"라고 기술되어 있다.

27) 다이다이리는 시라카와 천황 에이호永保 2년1082 7월 29일에 소실. 『평치물어』 상에는, "다이다이大內는 오랫동안 수조修造가 없어 전사가 기울어지고 누각도 황폐해졌다"라고 기술되어 있다.

28) 다이다이리와 구별하여 임시의 황거를 가리킨다. 황비의 출산은 대개 외척의 사저에서 행해지며, 황자·황녀는 그곳에서 자란다. 사토다이리里內裏.

이것은 시라카와 · 도바 두 치세와 동일하였다. 그러나 고시라카와의 시대가 줄곧 난세로 이어진 것[29]은 실로 한탄스러운 일이다. 그는 5대의 천황[30]의 부조父祖였으며, 66세로 사망하였다.

제78대 니조인二條院

휘는 모리히토守仁. 고시라카와의 태자. 모친은 증贈황태후 후지와라노 이시藤原懿子로 증贈다이조다이진 쓰네사네經實의 딸이다. 무인년戊寅年 : 1158에 즉위하여 기묘년己卯年 : 1159에 개원하였다. 연호를 헤이지平治라고 한다.

우에몬노카미右衛門督 후지와라노 노부요리藤原信頼[31]라는 사람이 있었다. 고시라카와 상황은 이 사람을 특별히 총애하여 천하의 정무까지 맡길 정도였다. 그 때문에 노부요리는 자만심이 생겨 고노에노다이쇼近衛大將[32]가 되고 싶다고 상황에게 요청했지만 미치노리通憲 법사가 간언하여 실현되지 않았다.[33]

---

29) 헤이지의 난으로부터 다이라 씨의 멸망에 이르기까지 수 차례의 전란.

30) 니조二條 · 로쿠조六條 · 다카쿠라高倉 · 안토쿠安德 · 고토바後鳥羽의 다섯 천황.

31) 1133~59. 부친은 다다타카忠隆. 곤노추나곤權中納言, 정3위. 고시라카와 법황의 신뢰를 얻어 인노벳토院別當 : 院의 近臣 중의 최고위직가 되었다. 마찬가지로 인원의 근신으로서 권세를 떨치고 있던 후지와라노 미치노리藤原通憲 : 信西와 대립하였다. 고노에 다이쇼近衛大將의 임관을 미치노리가 방해한 것에 불만을 품고, 다다타카는 다이라노 기요모리와 대항하고 있던 미나모토노 요시토모 등과 함께 거병하였다. 미치노리를 살해했지만 기요모리의 군사에 패하여 참수당했다.

32) 『평치물어』상上에 "또한 집안에 오래 전에 끊어졌던 다이진 · 다이쇼를 희망하고 뻔뻔스러운 행동을 했다"라고 기술되어 있다. 또한 고노에노다이쇼에 대해서는, 『직원초』하에 "대를 이은 화족華族이 아니면 결코 임명하지 않는다. 대부분 다이나곤 중에서 가계가 오랜 사람을 임명한다. 섭정 · 관백의 자식의 경우는 차례를 뛰어넘어 임용한다"라는 기술이 있다.

33) 『평치물어』상上에 의하면, 고시라카와 법황의 하문下問에 대하여 안록산安祿山의 예를 들어 간언하였고 노부요리의 희망은 무산되었다.

당시 미나모토노 요시토모가 다이라노 기요모리에게 눌려 원한을 품고 있었기 때문에 노부요리는 이와 결탁하고 모반을 기도하였다. 호겐의 난 때 요시토모의 공적은 [기요모리보다] 뛰어났지만, 기요모리는 미치노리 법사의 인척이 되었기 때문에[34] 특별한 영달을 누렸다. 그래서 [노부요리·요시토모는] 미치노리 법사와 기요모리를 멸망시켜 천하의 권력을 장악하려고 기도하였다. [그들은] 기요모리가 구마노곤겐熊野權現[35]에 참배하러 간 틈을 타[36] 우선 상황의 거처인 산조도노三條殿를 불태우고 상황을 다이다이리에 옮겼으며 천황도 다이다이리의 한쪽 구석[37]에 가두어 버렸다.

미치노리 법사는 도망갈 수 없다고 생각하고 자살하였다. 그 자식들도 모두 여러 지방에 유배되었다.[38] 미치노리는 재능도 학식도 있고 현명한 사람이었지만, 자신의 죄를 깨닫고 사전에 재앙을 막을 정도의 지혜는 없었던 것 같다. 노부요리의 불법행위에 대해서는 상황에게 간언했지만, 자신의 자식들은 현직顯職·현관顯官[39]에 올랐고 고노에노지쇼近衛次將[40] 혹은 산기 이상이 되었던 자도 있다. 미치노리가 이렇게 죽은 것도 그의 행동이 하늘의 뜻[天意]에 어긋나 있었기 때문임에 틀림없다.

---

34) 미치노리의 아들, 사쿠라초櫻町 주나곤中納言 나리노리成範는 기요모리의 딸을 처로 삼았다. 요시토모가 그 딸을 미치노리의 아들, 고레노리是憲의 처로 삼고자 바랬지만 거부되었던 적이 있다.

35) 구마노산잔熊野三山이라고도 한다. 와카야마 현和歌山縣 히가시모로 군東牟婁郡에 있는 종교 성지. 본궁本宮·신궁新宮·나치那智의 3사社의 총칭. 구마노는 사자死者의 영靈이 깃든 성지로서 헤이안 전기 밀교의 슈겐자修驗者·수행승修行僧의 도량이 되었다. 헤이안 후기에는 상황·천황·귀족들이 참배를 거듭하였다. 구마노 신앙은 가마쿠라 시대 이후 무사로부터 서민에까지 널리 보급되었다.

36) 헤이지 원년1159 12월 4일, 기요모리는 시게모리重盛 등과 출발. 9일 밤에 개전.

37) 세이료덴의 북쪽에 있는 구로도노고쇼黑戶御所.

38) 『평치물어』 상上에 "쇼나곤少納言 뉴도入道 신제이信西의 자식 12인이 있었다. 사죄 1등을 감하여 승려는 승적을 몰수하고 속인은 위기位記를 몰수하여 유배처를 정하였다"라고 기술되어 있다.

39) 지위가 높은 관직.

40) 고노에近衛의 주조中將·쇼쇼少將.

기요모리는 이 사건을 듣고서 구마노 참배 도중 곧바로 수도에 되돌 아왔다. [그러자] 노부요리가 아군으로 끌어들인 근신近臣들41) 중에 변심 한 사람들이 나타나 천황·상황을 은밀히 구출하여 기요모리의 저택으 로 옮겼다. [천황은] 곧바로 노부요리·요시토모의 추토를 명령하였고, 얼마 지나지 않아 천황측이 승리를 거두었다. 노부요리는 체포되어 참 수되었고, 요시토모는 동국을 향해서 달아났지만 오와리 국尾張國 : 愛知縣 에서 추토되어42) 결국 효수되었다.

요시토모는 선조 대대로 조정에 출사해 온 무사[兵]인데다, 호겐의 난 때의 훈공도 빼어났다. 그러나 요시토모가 아버지의 목을 베게 한 것43) 은 무거운 죄이다. 고금·내외를 통하여 그러한 예가 없다. 자신의 훈공 과 바꾸거나44) 스스로 물러나거나45) 하여 어떻게든 아버지를 도울 길 은 있었을 것이다. 요시토모는 본분에 따른 올바른 행동[名行]46)을 저버 렸으니 어찌 자기 한 몸의 안전을 기할 수 있겠는가.

요시토모의 멸망은 천리天理이다. 무릇 이와 같은 일은 요시토모 자신 의 부덕不德과 죄인 것은 물론, 조정의 정치의 잘못이기도 하다. [우리는 이것에 대해서] 곰곰이 생각해야 할 것이다. 그 무렵 훌륭한 신하도 많이 있었을 텐데 어찌된 일인가. 또한 미치노리 법사는 오로지 정치를 도맡 아 하고 있었는데 어째서 간언하지 않았던 것인가. "대의大義는 친親을 멸한다"라는 말이 있는데,47) 이것은 석작石碏48)이란 사람이 주군을 배

---

41) 상황·천황을 가까이서 모시는 신하. 신다이나곤新大納言 쓰네무네經宗, 게비이시檢
非違使 벳토別當 고레카타惟方.
42) 그 가신 나가타 다다요시長田忠致에 의해 모살되었다.
43) 가신家臣 가마다 마사기요鎌田正淸로 하여금 참수하게 하였다.
44) 자신의 훈공에 대한 은상을 사퇴하고 그 대신에 아버지의 사죄를 면해 받는 것.
45) 일체의 관직·지위를 버리다.
46) 자식으로서 지켜야 할 도리를 가리킨다.
47) 큰 도의를 이루기 위해서는 사친私親을 버린다는 의미. 군주와 국가의 대의를 위해
서는 부자형제 등 집안 사람까지 잊고 돌아보지 않는다는 것.
48) 춘추 시대의 위衛나라의 대부大夫.

반한 자기 자식을 죽였을 때 한 말이다.49) 아버지로서 불충한 자식을 죽이는 것은 당연하지만, 아무리 아버지가 불충하더라도 자식이 아버지를 죽여도 좋다는 도리는 없다. 『맹자孟子』에는 비유로서 다음과 같은 말이 있다. "순舜이 천자였을 때 순의 아버지 고수瞽叟가 사람을 죽여 당시의 사법관이던 고도皐陶가 이를 체포한다면 순은 어떻게 할 것이가라는 질문을 받고, 맹자는 '순은 천자의 자리를 버리고 아버지를 업고 세상을 등질 것이다'라고 답했다"라는 것이다.50) [맹자와 같은] 위대한 현인의 가르침인 바, 여기에 충효의 도가 명확히 나타나 있어 흥미롭다.

호겐·헤이지의 난 이래 천하가 어지러워져 무력의 효용[武用]이 중시되고 천황의 지위[王位]가 경시되게 되었다. 오늘날까지51) 태평의 세상으로 돌아가지 않은 것은 본분에 따른 올바른 행동[名行]이 문란해진 탓으로 보인다.

[한편] 헤이지의 난 이후 잠시 정국이 진정되었지만, 천황과 상황의 사이가 나빠졌다.52) 니조 천황의 외삼촌 다이나곤 쓰네무네經宗53)〈후에 유배지에서 소환되어 다이진·다이쇼까지 되었다〉, 천황의 유모의 아들 벳토別當 고레카타惟方 등이 고시라카와 상황의 뜻을 거슬렸기 때문

---

49) 『춘추좌씨전』은공隱公 4년에, "군자가 말하였다. 석조는 순신純臣이다. 주우州吁: 莊公의 아들를 미워하였으나 厚: 석조의 아들는 주우와 친하였다. 대의大義는 친친親親을 멸한다는 것은 이를 말하는 것이다. 주注에 말하다. 자식이 주군을 시해한 적賊을 따르니 국가의 대역大逆이다. 제거하지 않을 수 없다. 그러므로 대의가 친을 멸한다고 한다"라고 기술되어 있다. 석조는 장공莊公을 섬겼던 대부大夫. 장공의 아들 주우가 아버지를 죽였다. 석조의 아들 후는 평소부터 주우와 친했기 때문에 석조는 주우와 자기 아들 후를 죽이고 공자公子 진晉을 맞이하여 위衛나라의 안전을 도모하였던 것이다.

50) 『맹자』진심盡心 상上.

51) 호겐·헤이지의 난 이래 200여 년.

52) 니조二條 천황은 나이가 들었기 때문에 쓰네무네·고레카타 등의 지원을 받아 친정親政을 하고자 했고, 고시라카와 상황은 원정院政을 하려고 했기 때문에 정신廷臣들도 두 파로 나뉘어 다투게 되었다.

53) 1119~89. 사다이진. 부친은 다이나곤 후지와라노 쓰네자네藤原經實. 니조 천황의 외삼촌. 헤이지의 난에서 후지와라노 미치노리 타도에 참가했다가 유배당했는데, 후에 정계에 복귀했다. 정무에 통달하여 고시라카와인의 신임도 얻었다.

에[54] 상황은 기요모리에게 명하여 이들을 체포하고 유배보내 버렸다.[55] 이후 기요묘리는 천하의 권력을 제멋대로 하고 이윽고 다이조다이진이 되었다. 그 자식도 다이진·다이쇼가 되었고, 게다가 형제까지 나란히 좌우의 다이쇼에 올랐다〈니조인 치세에 있었던 사항뿐 아니라 그 전후에 있었던 것까지 여기서 함께 기술하였다〉. 천하의 국國의 반 이상이나 다이라 씨의 가령家領으로 만들고,[56] 많은 관위官位를 일족과 그 가신이 독점하여[57] 왕가王家의 권위는 없는 것과 같은 상태였다.

니조 천황은 천하를 다스린 지 7년, 23세로 사망하였다.

제79대 로쿠조인六條院

휘는 노부히토順仁. 니조인의 태자. 모친은 오쿠라노쇼大藏少輔 이키노 가네모리伊岐兼盛의 딸〈신분이 낮아 증위贈位가 없었던 것 같다〉이다. 을유년乙酉年 : 1165에 즉위하여 병술년丙戌年 : 1166에 개원하였다.

천하를 다스린 지 3년이었다. 고시라카와 상황이 정무를 보고 있었지

---

54) 『우관초』 제5에 "쓰네무네·고레카타 두 사람이 획책하여 '정치를 고시라카와 상황에게 넘겨서는 안 됩니다. 정치는 니조 천황이 해야 합니다'라고 말했는데, 그것을 들은 상황은 기요모리를 불러 '나의 정치 생명은 이 쓰네무네·고레카타의 손바닥에 놓여 있다. 이 두 사람을 한껏 묶어 끌고 오라'고 눈물을 흘리며 명하였다"라고 기술되어 있다.

55) 1160년 3월 11일. 쓰네무네를 아와阿波 : 德島縣, 고레카타를 나카토長門 : 山口縣에 유배보냈다.

56) 『평가물어』 권2, 「교훈장教訓状」에 "국國·군郡의 반 이상이 다이라 씨 일족의 영지였다. 전원田園은 모두 일가가 지배하였다"라고 기술되어 있다. 또한 동권1, 「일신의 영화吾身榮花」에는 "일본 아키즈시마秋津島는 불과 60여 국國인데 헤이케平家가 지행知行하는 국은 30여 국, 이미 전국의 반을 넘었다. 그 외에 장원·전답의 수가 헤아릴 수 없었다"라는 기술이 보인다.

57) 『평가물어』 권1, 「일신의 영화吾身榮花」에 "통틀어 일족의 공경 16인, 덴조비토殿上人 30여 인, 여러 국의 즈료受領·에후衛府·쇼시諸司 도합 60여 인", 동권8, 「나토라名虎」에 "동16일 헤이케의 일족 160여 인이 관직을 차지하여"라고 기술되어 있다.

만, [자신의 부친인] 니조 미카도와 상황과의 불화로 인해 [천황의] 마음이 편치 않았기 때문인지[58] 얼마 지나지 않아 양위하였다. 원복도 없었고 13세의 어린 나이로 일찍 세상을 떴다.

제80대 제43세 다카쿠라인高倉院

휘는 노리히토憲仁. 고시라카와인의 다섯째 아들. 모친은 황후 다이라노 시게코平滋子〈겐슌몬인建春門院이라 한다〉로 증贈사다이진 도키노부時信의 딸이다. 무자년戊子年:1168에 즉위하여 기축년己丑年:1169에 개원하였다. 종래대로 고시라카와 상황이 천하를 다스렸다.

다이라노 기요모리가 권세를 마음대로 휘두른 것은 특히 이 천황 때이다. 기요모리는 딸 도쿠시德子를 다이리內裏에 들여보내[入內] 뇨고女御로 만들고, 잠시 후에 황후에 책립[立后]하여 중궁이 되게 하였다. 이 천황의 치세 말년 곳곳에서 다이라 씨에 대한 반란[59]의 움직임이 일어났다. 이것은 기요모리 일가의 분별없는 행동이 하늘의 뜻[天意]에 어긋났기 때문일 것이다. 적자嫡子인 나이다이진 시게모리重盛는 마음이 어질어 부친의 악행을 간했지만, 그마저 42세로 일찍 사망하였다.[60] 그 때문에 기요모리는 점점 교만해져 권력을 제멋대로 휘둘렀다. 당시의 섭관가攝關家에 보다이인菩提院 관백 모토후사基房 다이진이란 사람이 있었는데, 기요모리와 사이가 좋지 않아 다자이노곤노소치大宰權帥[61]로 좌천되

---

58) 로쿠조 천황은 2세에 즉위, 5세에 양위하였다. 물론 천황 자신의 의지가 아니라 고시라카와 상황의 의지에 따른 것이다.

59) 여기에서 '반란'은 국가에 대한 것이 아니라, 당시 위정자인 다이라노 기요모리 일가에 대한 반란을 가리킨다. 즉 엔랴쿠지延曆寺 슈토僧徒의 강소强訴, 시시가타니鹿ケ谷 사건1177년, 고시라카와 근신들이 교토 시시가타니에서 다이라 씨 타도의 모의를 했던 사건, 모치히토 왕以仁王・미나모토노 요리마사源賴政・요시나카義仲・요리토모賴朝의 거병 등 다이라 씨 추토의 기도가 연이어 발생했다.

60) 기대에 반하여 상대적으로 일찍 사망했다는 의미.

었다. 묘온인妙音院의 모리나가師長 다이진도 수도를 쫓겨났고 그 외에도 죄를 뒤집어쓴 사람이 많았다.

종3위 미나모토노 요리마사源賴政[62]라는 자는 다이라 씨 타도를 꾀하기 위하여, 고시라카와 법황의 황자로서 원복만 하고 친왕 선하宣下도 없이 불우했던 모치히토 왕以仁王[63]에게 권해 전국의 미나모토 씨 무사들에게 격문을 보내도록 하였다. [그러나] 일이 발각되어 모치히토 왕도 죽고 요리마사도 멸망해 버렸다. 하지만 이때부터 천하가 어지러워지기 시작하였다.

미나모토노 요시토모源義朝 아손朝臣의 아들 요리토모賴朝〈사키노우효에노스케前右兵衛佐 종5위하. 헤이지 무렵 6위의 구로도藏人였지만, 후지와라노 노부요리藤原信賴가 난을 일으켰을 때 [노부요리가 행한 관직 임명에서] 이 관직에 임명되었다고 한다〉[64]는 헤이지의 난 때 사형에 처해질 것이었지만, 사형을 면하도록 간한 사람 덕분에[65] 목숨을 건지고 이즈 국伊豆國: 靜岡縣 남부와 伊豆諸島에 유배되어 오랜 세월을 보내고 있었다. 요리토모는 모치히토 왕의 밀지密旨를 받았고, 고시라카와 법황으로부터

---

61) 『직원초』 하下에 "다이진의 지위에 있던 사람이 좌천될 때 곤노소치權帥에 임명된다. 그러나 다자이후大宰府의 업무를 보지는 않는다"라는 기술이 있다.

62) 1104~80. 겐잔미源三位 뉴도入道라고 칭한다. 부친은 나카마사仲政, 모친은 후지 와라노 도모자네藤原友實의 딸. 헤이지의 난에서 다이라 씨 측에 속했지만, 1180년에 모치히토 왕을 받들고 다이라 씨 타도를 위해 거병했다가 패하여 우지宇治에서 자살하였다.

63) 1151~80. 고시라카와 법황의 둘째 아들, 모친은 다이나곤 후지와라노 히데나리藤原秀成의 딸. 다이라 씨의 압력으로 친왕 선하를 받지 못하고, 1180년 미나모토노 요리마사의 권유로 다이라 씨 추토의 거병을 하였다. 사이쇼 친왕最勝親王이라 칭하며 각지에 영지令旨를 발했지만, 우지의 뵤도인平等院에서 화살을 맞고 전사했다.

64) 『존비분맥尊卑分脈』에는 "헤이지 원년 12월 14일 종5위하, 같은 날 우효에노스케右兵衛佐"라고 보인다.

65) 다이라노 요리모리平賴盛의 생모, 이케젠니池禪尼. 이에 대해서는 『평치물어平治物語』 하下〈요리토모, 사죄를 면하다賴朝死罪を宥免せらるる事〉에 상세하다. 요리모리는 기요모리의 이복 동생, 이케젠니는 기요모리의 계모에 해당한다. 훗날 요리모리는 다이라 씨가 서쪽으로 도주했을 때 수도에 남았는데, 이케젠니가 헤이지의 난 후 미나모토노 요리토모를 구명했던 것에 의해 요리토모의 보호를 받았다.

도 은밀히 다이라 씨 추토의 명령이 내렸기 때문에[66] 동국東國의 병사를 모아 의병義兵을 일으켰다.[67] 기요모리는 점점 악행을 거듭했기 때문에 다카쿠라 천황은 깊게 탄식하였다. 천황이 갑자기 양위한 것도 세상을 비관했기 때문이다.

다카쿠라 천황은 천하를 다스린 지 12년이었다. 천황은 세상이 태평해지기를 기원하려 했는지,[68] 헤이케平家가 특별히 존숭하는 아키安藝의 이쓰쿠시마 신사嚴島神社[69]에 참배하였다. 이 미카도는 성품도 훌륭하고 효심도 깊었다. 관현管絃의 방면에도 뛰어났다. 태상천황의 존호를 받고 얼마 안 되어 사망하였다. 향년 21세였다.

제81대 안토쿠安德 천황

휘는 도키히토言仁. 다카쿠라인高倉院의 첫째 아들. 모친은 중궁 다이

---

66) 『평가물어』 권5 「후쿠하라福原 인젠院宣」에 상세하다. 여기에는 사키노우효에노스케前右兵衛佐: 賴朝 앞으로 내린 지쇼治承 4년1180 7월 14일부 고시라카와 법황의 인젠院宣이 다음과 같이 인용되어 있다. "근년 다이라 씨가 황실을 업신여기고 정치를 마음대로 주무르고 있다. 불법佛法을 파멸시키고 조정의 권위[朝威]를 멸망시키려고 한다. 무릇 우리나라는 신국神國이다. 종묘가 나란히 서있어 신덕神德이 더욱 새롭다. 그런 연유로 조정이 열린 후 수천 년 동안 제도帝道를 업신여기고 국가를 위태롭게 하는 자는 모두 패망하지 않은 자가 없다. 그러므로 한편으로는 신의 도움에 맡기고 또 한편으로는 칙선勅宣의 취지를 받들어 조속히 다이라 씨의 무리를 주벌하고 조정의 원적怨敵을 물리쳐라. 선조들의 무략武略을 이어받아 수 대에 걸친 봉공의 충정을 다하여 일신을 세우고 가문을 일으켜라."
67) 『산괴기山槐記』 지쇼治承 4년 9월 4일조에 "오늘 어떤 자가 말하기를, '고故 요시토모의 아들 효에노스케 요리토모가 의병을 일으켰다'고 한다"라고 기술되어 있다.
68) 『백련초百練抄』 제8에 "아직 다른 신사에는 행행하지 않았다. 당사當社에 가장 앞서 행행하였다. 사람들이 기이하게 여겼으나 특별히 기원하는 바가 있는 데다가 뉴도入道 다이쇼고쿠大相國 기요모리가 말했기 때문이다"라고 기술되어 있다.
69) 히로시마 현廣島縣 미야지마초宮島町에 있는 신사. 아키 국安藝國의 이치노미야一宮. 제신祭神은 이치키시마히메 등 세 여신. 헤이안 초기에는 이미 존재했고, 항해航海의 수호신이었다고 보인다. 다이라노 기요모리가 아키노카미安藝守 재임 때부터 숭상하여 다이라 씨의 우지가미氏神와 같이 되었다.

라노 도쿠시平德子〈겐레이몬인建禮門院이라 한다〉로 다이조다이진 기요모리의 딸이다. 경자년庚子年 : 1180에 즉위하여 신축년辛丑年 : 1181에 개원하였다. 고시라카와 법황이 여전히 세상을 다스리고 있었다. 다이라 씨는 점점 전횡을 일삼아 전국은 이미 혼란스러운 상태가 되었다.[70] 수도마저 옮겨야 되어 셋쓰 국攝津國 후쿠하라福原[71]에 있는 기요모리의 별장에 천황을 행행시키고 법황·상황도 그곳에 옮겨 버렸다. 이 천도에 대해서는 세간에 한탄하는 소리가 많았기 때문에 [기요모리도 할 수 없이 천황·상황·법황을] 헤이안쿄平安京에 돌려보냈다.[72] 얼마 안 되어 기요모리는 죽고 차남인 무네모리宗盛가 뒤를 이었다. 무네모리는 세상의 혼란도 돌아보지 않고 나이다이진에 승진하였다. 무네모리는 천성이 부형에 미치지 못하는 자였는지 차츰 위신도 떨어졌으며, 동국의 미나모토 씨의 군사는 이미 강대해져서 다이라 씨의 군사는 곳곳에서 패배하였다.

고시라카와 법황은 몰래 [다이라 씨를 벗어나] 히에이 산比叡山에 올랐다. 다이라 씨는 낙심하여 천황을 데리고 수도를 떠나 사이카이西海로 달아났다. 3년 정도 지나 다이라 씨는 완전히 멸망하였다.[73] 기요모리의 미망인 종2위 다이라노 도키코平時子라는 사람이 이 천황을 안고서 신새神璽를 주머니에 넣고 보검을 허리에 찬 채 바다에 뛰어들었다. 실로 한탄할 만한 난세이다.

---

70) 미나모토 씨와 그 외의 무사가 봉기하여 여러 지역에서 전란이 계속 발생했던 것.
71) 고베 시神戶市 효고 구兵庫區. 다이라노 기요모리는 방파제로서 교가시마經島를 쌓고 후쿠하라의 외항外港으로서 오와다노토마리大輪田泊를 수축하여 외국무역의 거점으로 삼았고, 일시 이 지역에 천도하기도 했다.
72) 『평가물어』 권5, 「교토로 돌아가다都歸」에는 "이번의 [후쿠하라] 천도를 군주도 신하도 탄식하였다. 히에이 산比叡山 엔랴쿠지延曆寺와 나라奈良의 고후쿠지興福寺를 비롯하여 여러 사원과 신사에 이르기까지 모두 그렇게 해서는 안 된다고 호소하였다. 그러자 관습에 벗어난 일을 억지로 하려는 다이조다이진 기요모리도 '그렇다면 교토로 돌아가겠다'고 하여 교토가 온통 어수선해졌다"라고 기술되어 있다. 후쿠하라 천도는 지쇼治承 4년1180 6월, 다시 교토에 돌아온 것은 같은 해 11월.
73) 실제로는 주에이壽永 2년1183 7월 25일 수도에서 서쪽 지방으로 도피하여[都落ち] 분지文治 원년1185 3월 24일 단노우라壇浦에서 멸망하였다.

안토쿠 천황은 천하를 다스린 지 3년,[74] 8세로 사망하였다. [시호 등 사후의 일에 대한] 유조 따위도 없었기 때문에 [인院이라 하지 않고] 천황이라 한다.

제82대 제44세 고토바인後鳥羽院

휘는 다카히라尊成. 다카쿠라인의 넷째 아들. 모친은 시치조인七條院 후지와라노 쇼쿠시藤原殖子〈신대先代의 친황의 모친으로 후궁의 칭호가 없는 것은 대체로 증후贈后이다. 원호院號가 있는 것은 모두 먼저 입후立后한 후에 정한 것이다. 이 시치조인은 입후하지 않고 원호를 얻은 최초의 예이다.[75] 다만 먼저 준후準后[76]의 칙勅이 있었다〉로 뉴도入道 슈리노다이부修理大夫 노부타카信隆의 딸이다.

선제先帝 [안토쿠 천황]가 [다이라 씨와 함께] 사이카이로 갔지만, 조부 고시라카와 법황이 [원정을 행하여] 천하를 다스렸기 때문에 수도는 바뀌지 않았다. 섭정 모토미치基通 다이진은 다이라 씨와의 친연親緣으로 안토쿠 천황을 따라 모셨지만,[77] 간하는 사람이 있었는지 구조 대로九條大路 부근에서 마음을 돌렸다. 그 외에 다이라 씨 친족이 아닌 사람들은 아

---

74) 안토쿠 천황은 지쇼治承 4년1180 2월 21일 양위를 받고 동4월 22일 즉위, 고토바後鳥羽 천황은 주에이壽永 2년1183 8월 20일 교토에서 즉위. 이 기간은 3년 반. 그러나 안토쿠 천황 사망은 주에이 4년1185, 文治元年 3월이기 때문에 '3년'은 '5년'으로 하는 것이 합당하다. 그러나 『우관초』를 비롯하여 당시 서적들은 대개 3년설을 취한다.

75) 이 기술은 오류이다. 입후立后 없이 준후准后로서 원호를 받은 것은 도바인鳥羽院 천황의 황녀 하치조인八條院 쇼시暲子가 최초이다. 쇼시는 1146년 준삼후准三后, 1157년 비구니, 1161년 원호.

76) 준삼후準三后와 동일. 황족이나 상급 귀족, 승려 등에게 삼궁三宮 : 태황태후, 황태후, 황후에 준하는 대우를 부여하는 것, 혹은 부여받은 사람. 처음에는 경제적인 우대책이었으나, 점차 명목화하여 일정한 지위를 나타내는 존칭으로 바뀌었다. 특히 여성에게 부여되었을 때는 황후나 뇨인女院이 되는 준비단계라는 의미가 있었다.

77) 모토미치의 부친 모토자네基實의 처는 기요모리의 딸인 모리코盛子. 모토미치는 그 양자이며 기요모리의 외손이다.

무도 다이라 씨를 따라서 안토쿠 천황에게 공봉供奉하지 않았다.

고시라카와인은 천황이 돌아오도록 수 차 인젠院宣을 보냈지만 다이라 씨는 받아들이지 않았다. 그래서 태상법황의 조詔에 의해 이 천황이 즉위하였다. [고토바 천황은] 따라서 친왕의 선지도 없었다.78) 먼저 황태자로 세우고 곧바로 양위[受禪]의 의식을 행하였다. 다음해 갑진년甲辰年 :1184 4월에 개원하고 7월에 즉위하였다.

고토바 천황의 형제로는 다카쿠라의 셋째 아들이 있었지만, 법황이 이 천황을 정했다고 한다.79) 선제[안토쿠 천황]가 삼종三種의 신기神器를 가지고 갔기 때문에 신기가 없었다. 이것은 처음으로 천조踐祚의 관례를 어긴 것이지만, 고시라카와 법황이 국가의 본래 군주[本主]로서80) 정통한 황위를 전하였으며81) 스메오미카미 궁皇太神宮・아쓰타熱田의 신이 분명하게 가호하기 때문에 정식의 즉위라고 할 수 있다.

다이라 씨의 멸망 이후 나이시도코로內侍所[신경神鏡]와 신새神璽는 되돌아왔지만, 보검은 결국 바닷속에 빠져 발견되지 않았다. [그래서] 당시는 히노고자晝御坐 검82)을 보검 대신으로 했는데, 그 후 스메오미카미 궁의 계시에 의해 이세伊勢에서 다른 신검神劍을 바쳤다. 그것은 근년에 이르기까지83) 왕위를 지키는 보검이었다.

---

78) 당시 4세. 사태가 급박하기도 하여 친왕 선하宣下가 없었다.
79) 『우관초』 제5에는, "다카쿠라 상황의 황자는 세 명 있었다. 그 중 한 명守貞親王은 로쿠하라노니이六波羅二位 : 기요모리의 처 도키코가 양육하여 지금은 사이카이西海의 선상船上에 데리고 있었고, 두 사람은 교토에 있었다. 법황이 산노미야三宮 : 惟明親王와 시노미야四宮 : 尊成親王을 불러 보았는데, 시노미야가 낯가림도 하지 않고 법황의 얼굴을 보고 생긋 웃었다. 또한 점을 친 결과도 시노미야가 좋다고 나왔기 때문에" 시노미야를 선정했다고 기술되어 있다.
80) 여기에서는 원정의 주인으로서 직접 국정을 보는 최고위자를 가리킨다. 이것은 국가의 군주를 천황으로 보는 지카후사의 지론과 모순된다. 이것은 고토바 천황의 즉위를 정통한 것으로 주장하는 입장에 기인하고 있다.
81) 고토바는 태상법황 고시라카와인으로부터 양위를 받는다는 형태를 취하였다.
82) '히노고자晝御座'는 '히노오마시'라고도 읽는다. 세이료덴에 있는 방으로 천황이 낮에 머무르는 곳이다. 천황의 옥체 보전을 위하여 히노고자에 비치한 검이 히노고자 검이다.

삼종의 신기에 대해서는 여러 곳에서 기술하였다. 우선 나이시도코로는 신경이다. 야타 거울八咫鏡이라 한다. 본체는 스메오미카미 궁에 모셔져 있다. 궁중의 나이시도코로에 있는 것은 스진崇神 천황 때 만들어진 거울이다. 무라카미村上 천황 때인 덴토쿠天德 연간957~960에 화재를 만났지만, 그때까지는 둥근 원형으로 형태가 흐트러지는 일도 없었다. 고스자쿠인後朱雀院 때인 조큐長久 연간1040~1043에 다시 화재를 만났지만, 잿더미 속에서 빛을 발하고 있는 것을 집어내어 소중히 간직하였다. 그러나 본체는 무사하고 만대불변의 종묘에 봉안되어 있다.

보검도 본체인 아메노무라쿠모 검天叢雲劍〈후에는 구사나기草薙라고도 한다〉은 아쓰타 신궁熱田神宮에 모셔져 있다. 사이카이西海84)에 빠진 것은 [나이시도코로의 거울과] 동일하게 스진 천황 때에 새로 만들어진 검이다. 그렇다고 해도 분실한 것은 말세의 증거로 생각되어 유감스럽지만, 아쓰타의 신은 영험이 뚜렷하다. 옛날 신라국新羅國으로부터 도행道行이라는 승려가 와서 보검을 훔쳐낸 적이 있지만, 곧바로 신이神異가 나타나 검이 우리나라[일본]에서 벗어나는 일은 없었다.85)

거울과 검 이 두 개의 보물의 본체는 옛날과 다름없이 존재하고 있고, 대대로 천황의 유구한 수호신으로서 국토에 두루 그 위광을 미치고 있다. 따라서 분실한 보검도 원래대로 계속 존재하고 있다고 생각해야 할 것이다.

신새는 야사카니 곡옥八坂瓊曲玉이라 한다. 신대로부터 지금에 이르기까지 변함없이 대대로 천황의 몸을 떠나지 않는 수호신이므로 바닷속에서 떠오른 것도 당연한 일이다.

이상 삼종의 신기에 대해서는 바르게 알고 있어야 한다. 일반적으로

---

83) 쓰치미카도土御門 천황의 쇼겐承元 4년1210 11월. 분지文治 원년1185부터 25년.
84) 구체적으로는 나가토 국長門國 단노우라壇ノ浦. 현재 야마구치 현山口縣 시모노세키 시下關市 하야토모노세토早鞆瀨戸에 면한 해안.
85) 『일본서기』 덴지天智 천황 7년조, 『열전태신궁연기熱田太神宮緣記』에 관련 기술이 보인다.

올바른 지식을 갖고 있지 않은 사람들 사이에는, 상고上古의 신경은 덴토쿠天德·조큐長久의 화재를 만났고, 구사나기 보검은 바다에 빠졌다고 전해지고 있는 듯하다. 이것은 아무리 생각해도 잘못된 설이다. 이 나라는 삼종의 본체를 요체로 하고 복전福田[86]으로 삼고 있기 때문에 해와 달이 하늘을 정상으로 운행하는 한 그 어느 하나도 상실될 리가 없는 것이다. 아마테라스 오미카미의 칙에 "보위가 융성하여 하늘과 땅과 더불어 무궁할 것이다"라고 했으므로 이 점은 결코 의심할 여지가 없다. 앞으로도 깊게 믿어도 좋은 것이다.

다이라 씨가 아직 사이카이에 있던 무렵, 미나모토노 요시나카源義仲[87]라는 자가 다른 사람보다 먼저 교토에 들어가 병위兵威를 휘둘러 세상을 좌지우지하였다. 그는 정이대장군征夷大將軍, 세이이타이쇼군에 임명되었다.[88] 이 관직은 옛날 사카노우에노 다무라마로坂上田村丸 때까지는 동이東夷 정벌을 위하여 임명된 것이었다. 그 후 마사카도將門의 난 당시 우에몬노카미右衛門督 다다부미忠文 아손朝臣이 정동장군征東將軍을 겸하여 절도節刀[89]를 받은 이래 오랫동안 끊어져 임명되는 일이 없었는데[90] 요

---

86) 부처를 공양하여 얻는 복. 부처를 섬기면 복덕이 생기는 것이 밭에서 곡식이 나는 것과 같다는 뜻.

87) 1154~84. 통칭 기소 요시나카木曾義仲. 부친은 요시카타義賢. 1155년 무사시武藏 오쿠라大藏 전투에서 부친이 미나모토노 요시히라源義平·義朝의 아들에게 살해당한 후 시나노信濃 기소木曾의 호족 나카하라 가네토中原兼遠 슬하에서 성장하였다. 1180년 모치히토 왕의 영지令旨에 응하여 시나노에서 거병하였다. 1183년 다이라 씨를 격파하고 호쿠리쿠도北陸道: 富山·石川·福井·新潟縣로부터 입경入京하여, 한때 미나모토노 요리토모·다이라 씨와 전국을 3분하였다. 그러나 고시라카와와 반목하고 또한 부하들의 난폭한 행동 등으로 인해 교토에서의 세력이 약화되었다. 1184년 1월에는 정이대장군에 임명되었으나, 미나모토노 노리요리源範賴·요시쓰네義經가 이끄는 간토關東의 대군에 패배, 오미近江의 아와즈粟津에서 전사하였다.

88) 『백련초百練抄』 제10에 "주에이壽永 3년1184 정월 11일, 이요노카미伊予守 요시나카를 정이대장군에 임명한다는 선지를 내렸다"라고 기술되어 있고, 『제왕편년기帝王編年記』 권23에도 "정월 10일 이요노카미 요시나카가 정이대장군을 겸했다"라고 기술되어 있다.

89) 천황이 그 권력을 위임하는 증표로서 주는 것. 그 증표로서의 대도大刀. 견당사遣 唐使나 정이장군征夷將軍을 임명하여 파견할 경우 "절도를 하사한다"라고 하고, 임무가

시나카가 [그 후] 처음으로 임명되었던 것이다.

그러나 요시나카가 지나치게 심한 행동을 많이 해서 상황도 화가 났는지, 상황의 근신 중에서 병사를 모아 요시나카를 토벌하려는 자가 나타났다.[91] 하지만 이것은 성공하지 못하였고, 오히려 한탄스러운 일만 계속 일어났다.[92] 동국東國의 요리토모賴朝가 동생 노리요리範賴·요시쓰네義經 등을 교토에 파견했기 때문에 요시나카는 이윽고 멸망하였다. [노리요리·요시쓰네는] 요시나카를 멸망시킨 후 계속 사이카이로 향해 다이라 씨를 멸망시켰다.[93] 천명天命이 다했기 때문에 악역惡逆 다이라 씨 일족도 맥없이 멸망하였다. [이처럼] 세상이 어지럽고 백성이 안심힐 수 없는 것은 어쩔 수 없는 시운의 재난이기 때문에 그것에는 신도 힘이 미치지 못하는 것이다.

이리하여 다이라 씨가 멸망했기 때문에 천하는 원래대로 고시라카와 상황 뜻대로 되는가 싶었다. 하지만 요리토모의 훈공이 비할 바 없이 컸기 때문에 요리토모 스스로도 권력을 제멋대로 휘둘렀고, 상황도 또

끝나 복명하는 것을 "수도에 들어가 절도를 바치다"라고 한다.

90) 『오처경吾妻鏡』 주에이 3년1184 정월 10일조에, "이요노카미 요시나카가 정이대장군을 겸했다고 한다. 대략 선례를 살펴컨데, 진수부鎭守府의 선하宣下는 사카노우에坂上의 중흥 이후 후지와라노 노리스에藤原範季에 이르기까지 70번에 미쳤지만 정이사征夷使는 불과 두 번이었던 것 같다. 이른바 간무桓武 천황의 치세인 엔랴쿠延曆 16년916 11월 5일에 아제치按察使 겸 무쓰노카미陸奥守 사카노우에노 다무라마로坂上田村麻呂 경卿을 임명하였고, 스자쿠인朱雀院의 치세인 덴교天慶 3년940 정월 18일 산기 우에몬노카미右衛門督 후지와라노 다다부미藤原忠文 아손을 임명하였다. 그러나 그 후 황실 22대 245년 동안 이 관직에 임명된 사람은 없었다"라고 기술되어 있다.

91) 1183년 11월 인院의 근신인 다이라노 도모야스平知康 등이 인의 고쇼御所인 호주지도노法住寺殿를 성곽화하여 반反 요시나카의 군사를 일으켰다.

92) 1183년 11월 17일, 법황이 요시나카 추토 군대를 호주지法住寺에 집결시키자 요시나카가 이곳을 불질러 태우고 관백·나이다이진을 파면했으며 스스로 인院의 오우마야노벳토御廐別當:院의 말 사육을 담당하는 기관의 장관가 되었던 것 등을 말한다.

93) 1185년 3월 나가토長門 아카마가세키赤間關 단노우라壇ノ浦에서의 미나모토씨·다이라 씨[源平] 최후의 결전. 야시마屋島의 전투에서 패한 다이라 씨는 나가토 히코지마彦島에 집결하여 미나모토노 요시쓰네源義經가 이끄는 수군을 맞아 싸웠지만 패배하였다. 이 전투에서 안토쿠 천황은 바다에 빠져 죽었고 다이라 씨는 멸망하였다.

한 요리토모에게 완전히 위임했기 때문에 왕가王家의 권위는 점점 쇠퇴하였다. 요리토모는 전국에 슈고守護를 설치하고94) 고쿠시國司의 위세를 억제했기 때문에 국國의 이무吏務95)라고 해도 이름뿐으로 고쿠시는 무력해졌다. 모든 장원莊園·향보鄕保96)에 지토地頭97)를 임명했기 때문에 혼조本所98)는 없는 것과 같이 되었다.

---

94) 슈고守護·지토地頭 설치의 배경으로 요리토모와 유키이에·요시쓰네 사이의 불화가 있었다. 요리토모는 오에노 히로모토大江廣元의 건의를 받아들여 호조 마사토키北條時政로 하여금 전국[諸國]에 슈고를 설치하고 장원莊園에 지토를 설치하여 유키이에와 요시쓰네를 추포하도록 조정에 상주하였고, 고시라카와 법황은 이것을 어쩔 수 없이 허락하였다. 가마쿠라 막부의 공식기록『오처경』분지文治 원년1185 11월 28일조에 의하면, "전국에 예외없이 슈고·지토를 임명한다. 권문세가權門勢家의 장원莊園·공령公領을 불문하고 병량미〈段別 5升〉를 부과한다. 이러한 취지를 오늘밤 호조도노北條殿: 北條時政가 도추나곤藤中納言 쓰네후사經房에게 신청하였다"라고 기술되어 있다. 이 사료는 13세기 후반~14세기 초에 편찬된『오처경』의 문장으로, 여기에는 후세의 슈고·지토의 관념이 강하게 반영되어 그 신빙성에 의문이 제기되고 있다. 사실, 분지文治의 단계에서는 슈고라는 직명은 존재하지 않았고, 슈고의 전신이라 할 소쓰이부시總追捕使의 호칭만이 존재하였다. 슈고는 일반적으로 각 국國별로 설치되어 경비·검찰을 관장했다. 후에는 막부의 직속 가신인 고케닌御家人의 오반야쿠大番役: 京都의 경비 독촉의 직무도 담당했다. 다만 설치 당초는 슈고의 권한은 반드시 고정되어 있지 않았고, 간토關東: 鎌倉幕府의 유력한 고케닌이 이것에 임명되었다. 이후 점차 가마쿠라 막부의 권위를 빌어 슈고가 고쿠시의 직권을 침해하기에 이르고 고쿠시의 직무는 유명무실해졌다. 한편, 지토에 대해서는 분지 원년 당시에 설치된 것은 국國 규모의 군정관적軍政官的 존재인 구니지토國地頭였다고 보는 것이 통설이다.

95) 각 국에 있는 고쿠시의 직무.

96) 장원이 되지 않은 국가의 토지로서, 국아國衙가 관할하는 영지[국아령國衙領 또는 공령公領]를 구성한다.

97) 지토란 본래 현지現地, 혹은 현지를 강력하게 지배하는 지방유력자를 가리키는 명칭이었다. 다이라 씨 정권하에서 다이라 씨의 게닌家人이 지토에 임명된 적도 있었지만, 미나모토노 요리토모가 치안유지를 목적으로 헤이케平家 몰수지·모반인의 몰수지에 지토를 설치하여 제도화했다. 이 장원·공령公領: 國衙領 단위의 몰수지에 설치된 지토를 장향莊鄕 지토라고 한다. 분지文治 원년1185 11월에는 미나모토노 요시쓰네 추토를 계기로 칙허를 얻어 기나이畿內·서국西國에 국 단위로 지토를 설치했다. 이것을 구니지토國地頭라고 하는데, 각지에서 혼란이 일어나자 다음해 폐지되었다. 하지만 이후에도 장향 지토는 계속 유지되었다. 지토는 장원과 공령의 토지관리·조세징수·치안경찰의 권한을 가졌다.

98) 장원영주의 한 호칭. 헤이안 후기에 기진지계寄進地系 장원이 성행하자 현지의 재지영주在地領主로부터 기진을 받은 료케領家는 국아國衙 등으로부터 장원을 지키기 위하

요리토모는 종5위하 사키노우효에노스케前右兵衛佐였지만, 요시나카 추토의 공에 의해 위계를 뛰어넘어99) 정4위하에 서위되고, 다이라 씨 추토의 공에 의해 또 위계를 뛰어넘어 종2위에 서위되었다. 겐큐建久의 초년1190, 최초로 교토에 올라 곧바로 한 번에 곤노다이나곤權大納言에 임명되고 또한 우콘노다이쇼右近大將를 겸하였다. 요리토모는 몇 번이고 사양했지만 상황의 뜻에 의해 임명되었다고 한다. 요리토모는 곧 사퇴하고100) 원래의 가마쿠라鎌倉의 저택으로 돌아갔다. 그 후 정이대장군征夷大將軍에 임명되었다.101) 이후 천하의 일은 동방東方의 뜻대로 되었다.

다이라 씨의 난에 의하여 난토南都102)의 도다이지東大寺 · 고후쿠지興福寺가 불탔는데, 순조俊乘라는 상인上人이 권진勸進103)하고 조정으로부터도 윤허를 받았으며104) 요리토모도 기꺼이 이것을 지원했기 때문에 도다이지는 곧 재건되었다. 공양의 의식도 선례를 조사하여 행해졌다. 실로 세상에 드문 일이다. 요리토모도 한편으로는 결연結緣105)을 위해 다른 한편으로는 경비警備를 위해 재차 상경하였다.

[고시라카와] 법황이 사망하여 고토바 천황이 정치를 행하였다. 통산

여 보다 유력한 권문세가權門勢家에게 명목적으로 기진하고 혼케本家 혹은 혼조本所로 받들었다. 혼조는 장원의 보호에 힘쓰는 대신에 일정한 수익의 수취권을 얻었다. 한편, 혼조의 의미에 대해서는 용례에 따라 여러 가지 해석이 있다. 혼조를 혼케와 동일시하는 설, 혼케 중에서 실제로 장원의 지배권을 갖는 경우를 가리킨다는 설, 실제 장원의 지배권을 갖는 혼케 또는 료케를 가리킨다는 설, 막부와 고쿠시國司에 대해서 장원영주 일반을 가리킨다는 설, 고쿠시와 장원영주혼케 · 료케 등 상급의 권리[所職] 보유자를 막연히 가리킨다는 설 등이 있다. 본서에서는 마지막 경우에 해당된다.

99) 이 경우 종5위상, 정5위상 · 하, 종4위상 · 하의 5단계를 뛰어넘었다.

100) 곤노다이나곤 · 우콘노다이쇼는 내관內官이며, 임명된 이상 교토에 머물러 궁중에 출사하는 것이 원칙이다. 가마쿠라에 막부를 연 요리토모로서는 가마쿠라로의 귀임은 곧 사임을 뜻하는 것이다.

101) 겐큐建久 3년1192 7월.

102) 헤이조쿄平城京 즉 나라奈良.

103) 불사佛寺의 건립 등에 기부를 하도록 권함.

104) 지쇼治承 5년1181 6월, 도다이지 재흥 윤허의 칙서를 주었다.

105) 중생이 득도성불得道成佛하기 위하여 불佛:如來 · 법法:敎法 · 승僧:僧侶의 삼보三寶와 연을 맺는 것.

하면 황위에 있은 지 15년,[106) 태자에게 양위하고 통례대로 존호를 받았다. 고토바는 인院 안에서 또한 20여 년 정무를 보았지만, 조큐承久의 난1221에 의해 출가하고[107) 오키 국隱岐國 : 島根縣 隱岐群島에서 사망하였다. 향년 61세였다.

제83대 제45세 쓰치미카도인土御門院

휘는 다메히토爲仁. 고토바인의 태자. 모친은 조메이몬인承明門院 미나모토노 아리코源在子로 나이다이진 미치치카通親의 딸이다. 부친인 고토바인과 동일하게 쓰치미카도는 친왕의 선지 없이 입태자立太子의 의식만으로 천조踐祚하였다. 무오년戊午年 : 1198에 즉위하여 기미년己未年 : 1199에 개원하였다.

천하를 다스린 지 12년이었다. 쓰치미카도는 황태제에게 양위하고 통례대로 존호를 받았다. 이 미카도는 확실한 정적正嫡으로 심성도 바른 분이었지만, 고토바 상황이 동생 황자[108)를 총애했기 때문인지[109) 얼마 후 양위하였고, 쓰치미카도 자신의 아들은 입태자 의식도 없었다.

쓰치미카도는 조큐의 난 때 아직 시기가 도래하지 않았다[110)고 생각하고 여러 번 간언했지만 난이 패배로 끝났기 때문에 부친과 운명을 함께 하여 아와 국阿波國 : 德島縣에 유배되었다.[111) 37세로 사망하였다.

---

106) 법황 원정의 9년, 천황 친정의 6년을 합산한 뜻.

107) 조큐 3년1221 5월의 난. 동7월 출가.

108) 준토쿠順德.

109) 『육대승사기六代勝事記』에 "금상 폐하의 제운帝運이 아직 끝나지 않았는데도 물러나게 했다"라고 기술되어 있고, 『보력간기保曆間記』 4에는 "준토쿠인에게 양위하였다. 이것은 오로지 총애하는 자식에게 황위를 주려 했기 때문이라 한다"라고 기술되어 있다.

110) 지카후사는 조큐의 난에서 호조 씨北條氏 추토가 실패한 가장 큰 이유로서 '때' '시절'을 생각하고 있다.

111) 『보력간기』 권4에는 "나카노인中院 : 土御門은 이 일에 동의하지 않고 간언했기 때문에

제84대 준토쿠인順德院

휘는 모리나리守成. 고토바인의 셋째 아들. 모친은 슈메이몬인修明門院 후지와라노 시게코藤原重子로 증贈사다이진 후지와라노 노리스에藤原範季 의 딸이다. 경오년庚午年 : 1210에 즉위하여 신미년辛未年 : 1211에 개원하였다.

이때의 정이대장군은 요리토모의 차남인 사네토모實朝로 그는 우다이 진・사다이쇼까지 올랐는데, 형 사에몬노카미左衛門督 요리이에賴家의 아 들 구교公曉112)라는 승려에게 살해당했다. 그의 후계자가 없어 여기에서 장군가 미나모토노 요리토모를 계승할 직계 후손은 완전히 낧어져 버 렸다. 요리토모의 미망인으로 종2위 다이라노 마사코平政子113)라는 도키

수도에 머물도록 말했으나, 두 인院 : 後鳥羽・順德이 이렇게 된 이상 나 혼자 머무를 수 없다고 하며 윤10월 10일 아와 국으로 옮겼다"라고 기술되어 있다.

112) 1200~1219. 가마쿠라 막부의 2대 장군 미나모토노 요리이에源賴家의 차남. 겐큐元久 원년1204 7월, 부친 요리이에가 살해된 후 이듬해 조모祖母 호조 마사코北條政子의 주 선으로 쓰루가오카하치만 궁鶴岡八幡宮의 벳토別當 손교尊曉의 제자가 되었다. 이윽고 구교는 부친의 횡사가 사네토모와 호조 씨北條氏의 음모에 의한 것이었다고 생각하고 복수의 기회를 노리고 있었다. 조큐 원년1221 정월 27일 밤, 우다이진 취임 배하拜賀를 위해 쓰루가오카하치만 궁에 참배한 사네토모가 퇴출할 때, 구교는 직접 검을 들고 사 네토모를 살해하였다. 동시에 막부의 싯켄執權 호조 요시토키北條義時마저 살해할 계 획이었지만, 오인하여 문장박사文章博士 미나모토노 나카아키源仲章를 살해했다고『우 관초』에 적혀 있다. 구교는 미우라 요시무라三浦義村에게 사자를 보내 그 도움으로 장 군이 되려고 하였다. 그러나 요시무라는 구교의 요청을 받아들이지 않고 오히려 요시 토키에게 알렸으며, 나가오 사다카게長尾定景를 보내 쓰루가오카 뒷산에서 구교를 살 해하였다. 여기에서 미나모토 씨의 정통은 단절되었다. 일반적으로 요시토키가 구교를 부추겨 사네토모를 살해하게 하고, 또한 미우라 요시무라에게 명하여 구교를 죽였다 고 하지만, 확증은 없다. 거꾸로 미우라 요시무라가 구교에게 사네토모와 요시토키를 살해하게 하고, 구교를 장군으로 세워 막부의 실권을 잡으려 했지만, 구교가 요시토키 를 죽이지 못했기 때문에 배반하고 구교를 죽여 자신의 안전을 꾀했다는 해석도 상당 한 지지를 얻고 있다.

113) 호조 마사코北條政子. 1157~1225. 미나모토노 요리토모의 처. 니이노아마二位尼, 니 장군尼將軍, 아마쇼군이라고도 칭한다. 부친은 호조 도키마사北條時政. 1159년 헤이지의 난 후, 이즈 국에 유배되어 있던 미나모토노 요리토모와 마음이 통하여, 1180년 요리 토모의 막부 창립과 동시에 정실正室 : 御台所이 되었다. 1195년 요리토모를 따라 수도 에 올라 장녀 오히메大姬를 천황과 결혼시키려고 했으나 오히메가 갑자기 사망하여 이루지 못했다. 1199년 요리토모의 사후에 출가하고, 장군이 된 장남 요리이에賴家의

마사時政114)의 딸이 동국東國의 정치를 행하였다. 그 동생 요시토키義時
가 병마兵馬의 권한을 장악하였다. 그는 고토바 상황의 황자를 교토로부
터 맞이하여 장군으로 받들 것을 상주했지만,115) 상황의 칙허를 얻지
못하였다.116) 구조九條 섭정 미치이에道家 다이진은 요리토모의 시대부
터 외척으로서117) 막부幕府와 친밀했기 때문에 그 아들 요리쓰네賴經118)

후견으로서 동생 호조 요시토키北條義時와 함께 중신重臣의 합의제를 발족시켰다. 그
러나 후에 요리이에와 대립하여 이를 유폐시키고, 차남 사네토모를 장군에 앉혔다. 이
윽고 마사코는 요시토키와 결탁하여 부친 도키마사를 막부정치에서 추방하고, 사네토
모가 암살된 후에는 실질적인 장군이 되었다. 그녀는 조정과 막부 관계의 화해를 꾀하
여 1218년 수도에 올라 사네토모의 후계자로서 황족 출신의 장군[궁장군宮將軍, 미야쇼
군]의 옹립을 획책하였으나 이루지 못했다. 1221년 조큐承久의 난 때에는 막부의 싯켄
요시토키를 도와 가마쿠라鎌倉 막부의 직속 가신인 고케닌御家人을 규합하여 교토를
제압하는 데 성공하였다. 1224년 요시토키의 사후 호조 씨의 중심으로서 일족의 분쟁
을 피하고 싯켄 정치의 안정화를 도모하였다.

114) 1138~1215. 가마쿠라 막부의 초대 싯켄. 부친은 도키카타時方 혹은 도키이에時家.
호조 씨는 본래 이즈 국 다가타 군田方郡 호조北條를 본거로 한 현지 출신 지방 관리
[자이초간진在廳官人] 가문인데, 도키마사는 그 서류 출신이라는 설이 있다. 미나모토
노 요리토모가 이즈에 유배되어 있을 때 딸 마사코를 결혼시켰고, 1180년 요리토모의
거병에 참가하였다. 1185년 11월, 요리토모의 대리자로서 수도에 올라, 미나모토노 요
시쓰네源義經 편에 붙은 인院의 근신들의 처분과 구니지토國地頭의 설치를 요구하여
다음해 7개 구니지토 및 교토슈고京都守護로서 기나이畿內 지역의 치안유지를 담당하
였다. 1199년 요리토모의 사후 2대 장군 요리이에의 친재親裁를 중지시키고 중신重臣
의 합의제를 실시하였으며 자신도 그 일원이 되었다. 다음해에는 종5위하 도토미노카
미遠江守에 임명되었다. 1203년 히키 요시카즈比企能員를 멸망시키고 요리이에를 폐하
여 3대 장군 사네토모를 옹립하였다. 도키마사 자신은 장군가將軍家의 가정기관家政機
關인 만도코로政所의 장관[別當]으로서 막부의 실권을 장악하였다. 그러나 1205년 후
처인 마키노카타牧方와 획책하여 사네토모를 제거하고 사위인 히라가 도모마사平賀朝
雅를 장군으로 세우려다 실패하고 은퇴하였다.

115) 『오처경』 겐포建保 7년1219 2월 13일조에, "시나노젠지信濃前司, 二階堂 유키미쓰行光
가 상락하였다. 이것은 로쿠조노미야六條宮・레제노미야冷泉宮 두 분 중에서 간토關東
:鎌倉幕府의 장군으로 내려보내 주실 것을 젠조禪定 2위位 마사코가 상주하는 사절이
다"라고 기술되어 있다.

116) 『우관초』 제6에는 "'어찌 장래 이 일본국을 두 개로 나누게 될 일을 지금 할 수 있
겠는가'라 하며, 이것은 있어서는 안될 일이라 생각하고 '그렇게 할 수 없다'고 분부하
셨다"라고 기술되어 있다.

117) 섭정 미치이에의 외조부 뉴도入道 곤노추나곤權中納言 이치조 요시야스一條能保는
요리토모의 여동생의 남편이다. 미치이에의 부친은 구조 요시쓰네九條良經. 생모는 요

를 가마쿠라에 맞이하여 장군으로 하고, 요시토키 스스로 이를 보좌하였다. 막부의 정치는 만사 요시토키 뜻대로 하였다.

준토쿠 천황은 천하를 다스린 지 11년으로 퇴위했지만, 조큐의 난의 패배로 사도 국佐渡國 : 新潟縣 佐渡島에 유배되었다. 46세로 사망하였다.

이서裏書에는 다음과 같이 쓰여 있다.

사네토모實朝 사키노우다이쇼前右大將 정이대장군征夷大將軍 요리토모 경卿의 차남이다. 겐큐建久 10년1199 정월 요리토모가 사망하였다. 적자嫡子 요리이에賴家가 제국諸國의 수호守護를 봉행奉行하라는 선지宣旨가 내렸다〈당시 사콘노추조左近中將, 정5위하〉. 겐닌建仁 2년1202 7월 정이대장군에 임명되었다. 동3년에 병〈정신병〉에 걸렸다. 이즈 국伊豆國 슈센지修禪寺에 옮겨져 다음해 살해당했다.

요리이에가 병에 걸린 후 생모와 요시토키義時의 결정으로 사네토모實朝가 계승하였다. 종5위하에 임명되었고 바로 그 날 정이대장군에 임명되었다. 그후 점차 승진하였는데 이것에 대해서는 자세히 기술할 수 없다. 겐포建保 6년1218 12월 2일 우다이진에 임명되었다〈이전에 나이다이진·사다이쇼에 임명되어 있었고, 다이쇼를 계속 겸하였다〉. 동7년1219〈4월에 조큐承久 원년으로 개원하였다〉 정월 27일 다이진 배하拜賀[119]를 위하여 쓰루가오카하치만 궁鶴岡八幡宮을 참배하였다. 사네토모는 여로의 불편함 때문 이었는지 끝내 교토로 상경하지 않았다. 그래서 하치만 궁에 참배하는 것으로 배하를 대신했던 것 같다. 사네토모는 참배를 마치고 나오는 길에 하치만 궁의 벳토別當 구교公曉에게 살해당했다〈당시 28세였다고 한다〉.

오늘 호종扈從하는 사람들.[120]

시야스의 딸로 요리토모의 질녀에 해당한다. 1212년 나이다이진 사다이쇼, 1215년 우다이진 사다이쇼, 1218년 사다이쇼 사임, 사다이진, 1221년 섭정, 1237년 섭정을 노리자네敎實에게 넘기고 다음해 출가, 1252년 사망.

118) 후지와라노 요리쓰네藤源賴經. 당시 2세. 섭관가攝關家 장군 제1대. 조큐承久 원년 1219 6월.

119) 임관·서위된 자가 다이리內裏에 가서 인사를 올리는 것. 여기에서는 다이진 배하. 사네토모는 상경해서 배하하지 않고 쓰루가오카하치만 궁 참배로 대신했던 것이다.

120) 당일 하치만 궁 참배 행렬의 편성은 『오처경』 겐포 7년1219 정월 27일조에 상세하다.

공경公卿

곤노다이나곤權大納言 다다노부忠信〈보몬坊門〉 사에몬노카미左衛門督 사네우지實氏〈사이온지西園寺〉 사이쇼추조宰相中將 구니미치國通〈다카쿠라高倉〉 다이라 산미平三位 미쓰모리光盛〈이케池〉 교부쿄刑部卿 무네나가宗長〈나니와難波〉

덴조비토殿上人[121]

곤노스케추조權亮中將[122] 노부요시信能 아손朝臣 문장박사文章博士 나카아키仲章 아손 우마노곤노카미右馬權頭 요시시게能茂[123] 아손 이나바노쇼쇼因幡小將 다카쓰네高經[124] 이요노쇼쇼伊予小將 사네타네實種[125] 호키노젠지伯耆前司 모로타카師孝[126] 우효에노스케右兵衛佐 요리쓰네賴經

지게젠쿠地下前驅[127]

우쿄곤노다이부右京權大夫 요시토키義時 슈리다이부修理大夫 마사요시雅義[128] 가이우마노스케甲斐右馬助 무네야스宗泰[129] 무사시노카미武藏守 야스토키泰時[130] 지쿠고노젠지筑後前同 요리토키賴時 스루가사마노스케駿河左馬助 노리요시能利 구로도다이부藏人大夫 시게쓰나重綱 도쿠로도다이부藤藏人大夫 아리토시有俊 나가이長井 도토미젠지遠江前司 지카히로親廣 사가미노카미相模守 도키후사時房 아시카가足利 무사시노젠지武藏前同 요시우지義氏 단바노쿠로도다이부丹波藏人大夫 다다쿠니忠國[131] 사키노우마노스케前右馬助 유키미쓰行光 호키노젠지伯耆前同 가네토키包時 스루가노젠지駿河前同 스에토키季時 시나노노쿠로도다이부信濃藏人大夫 유키쿠니行國[132] 사가미노젠지相模前同 쓰네사다経定 미마사카노쿠로도다이부美作藏人大夫 기

───────────
본문의 이서는 『오처경』의 기록과 약간 차이가 있다.

121) 당상堂上, 도조이라고도 한다. 4위·5위 중에서 선발되는 천황의 측근으로 다이리 세이료덴의 덴조노마에 오르는 것이 허락된 자.

122) 주구곤노스케中宮權亮가 옳다.

123) 요리시게賴茂가 옳다.

124) 이가노쇼쇼伊賀少將 다카쓰네隆經가 옳다.

125) 사네마사實雅가 옳다.

126) 사키노이나바노카미前因幡守 모로노리師憲 아손朝臣이 옳다.

127) 지게地下는 세이료덴에 오르는 것이 허락되지 않는 관인. 젠쿠前驅는 기마騎馬로 선도하는 사람. 사키가케先驅라고도 함.

128) 슈리곤노다이부修理權大夫 고레요시惟義가 옳다.

129) 무네야스宗保가 옳다.

130) 지카히로親廣가 옳다.

131) 구니타다邦忠가 옳다.

132) 도키히로時廣가 옳다.

미치카公近133) 도코토藤勾当 요리후루輝峰 다이라노코토平勾当 도키모리時盛

    즈이진随身134)

후쇼府生 하타노 가네미네秦兼峰 반초番長 시모쓰케노노 아쓰히데下毛野篤秀
고노에近衛 하타노 기미우지秦公氏 동同 가네무라兼村 하리마노 사다후미播磨定
文135) 나카토미노 지카토中臣近任 시모쓰케노노 다메미쓰下毛野爲光136) 동同 다
메우지爲氏137)

    즈이효随兵138) 10인

다케다고로武田五郎 노부미쓰信光 가가미지로加々見次郎 나가키요長清 시키부다이
부式部大夫139) 가와고에지로河越次郎 조노스케城介 가게모리景盛 이즈미지로泉次郎 사
에몬노조左衛門尉 요리사다賴定 나가에 하치로長江八郎 모로가게師景140) 미우라코타
로三浦小太郎 효에노조兵衛尉 도모무라朝村 가토加藤 다이부호간大夫判官 모토사다元
定141) 오키지로隠岐次郎 사에몬노조左衛門尉 모토유키基行

    폐제廢帝.142) 휘는 가네나리懐成. 준토쿠인順徳院의 태자. 모친은 히가
시이치조인東一條院 후지와라노 미쓰코藤原充子143)로 고故 섭정 다이조다
이진 요시쓰네良經의 딸이다.

---

133) 도모치카朝近가 옳다.
134) 신변경호를 위해 귀인에게 지급된 사람을 가리킨다. 고노에후近衛府의 관인官人・도
    네리舎人가 배속되었다. 그 수에는 일정한 규정이 있었다. 아래 행의 가네미네와 아쓰
    히데바르게는 敦秀는 병기하고 있는 게로下臈의 즈진과는 별격別格으로 '관인'으로서 호
    종하고 있다. 관인은 6위 이하, '반초'는 고노에후의 도네리의 장.
135) 사다후미貞文가 옳다.
136) 아쓰미쓰敦光가 옳다.
137) 아쓰우지敦氏가 옳다.
138) 장군 출행시 말을 타고 종자從者를 거느리고 장군의 앞뒤를 경호하는 무사.
139) 시키부다이부 야스토키泰時, 가와고에지로 시게토키重時라고 해야 할 곳.
140) 나가에하치로長江八郎 모로카게, 가토다이부호간加藤大夫判官 모토사다의 이름은
    『오처경』에 보이지 않는다. 그 대신에 오스가타로大須賀太郎 미치노부道信, 오기노지
    로荻野次郎 가게사다景貞의 이름이 있다. 이 이서의 이동異同은 『오처경』의 전본에 의
    한 것으로, 신황정통기 자체에서 비롯된 것은 아니다.
141) 미쓰사다光定가 옳다.
142) 메이지明治 3년1870 7월, 황위에 올려 주쿄仲恭 천황이라 시호를 붙였다.
143) 다쓰코立子가 옳다.

조큐承久 3년1221 봄, 고토바 상황이 막부 타도의 거병을 결의했기 때문에 준토쿠인은 돌연 양위하였다.144) 준토쿠인은 자신도 자유로운 몸이 되어 막부와의 전투에 힘을 합치려고 생각했던 것 같다. 새 군주는 양위받았으나 즉위식도 올리기 전에 패전하여 외조부인 구조 미치이에九條道家의 저택으로 피신하였다. 삼종의 신기를 간인閑院의 다이리內裏145)에 내버려둔 채였다. 이러한 연유로 양위받은 후 77일간 신기를 전수하기는 했지만,146) 천황의 역대로는 세지 않는 것이다. 이것은 이토요飯豊 천황147)의 예에 따른 것이다. 이 폐제는 원복도 하지 않은 채 17세로 사망하였다.

이와 같은 세상의 혼란에 대해서 생각하건대, [자칫하면] 후세 사람들이 잘못된 평가를 하게 될 수 있다. 또한 [그로 인하여] 하극상이 일어나는 단서가 될 수도 있을 것이다.148) [따라서] 그 이치를 잘 분별해야 할 것이다. 요리토모의 훈공은 비할 바 없이 컸지만, [그 댓가로] 천하의 실권을 자기 한 손에 장악했기 때문에 군주로서 마음이 편치 않았을 것이다. 하물며 요리토모의 자손이 끊기고, 비구니의 몸인 미망인 마사코와 조정의 배신陪臣149)인 요시토키의 세상이 되었기 때문에, 고토바 상황이 요리토모의 영지를 삭감하고 상황 뜻대로 정치를 하려고 막부 타도의 뜻을 품은 것도 일단은 납득할 만한 일이다.

그러나 시라카와白河·도바鳥羽의 치세 무렵부터 [원정의 개시에 의해] 옛날 정치의 모습은 점차 쇠퇴하기 시작하였고,150) 고시라카와인後白河

---

144) 조큐承久 3년1221 4월 20일. 신제新帝[주쿄 천황] 4세.
145) 간인 사다이진 후유쓰구冬嗣의 저택으로, 다카쿠라高倉 천황 때부터 천황의 임시 거처, 즉 사토다이리里內裏가 되었다. 소실, 파손된 후 1212~1213년에 미나모토노 사네토모源實朝가 조영하였다.
146) 조큐 3년1221 7월 9일, 고호리카와後堀河 천황의 즉위까지 77일.
147) 제24대 겐소顯宗 천황조 참조.
148) 난신적자亂臣賊子에게 천황가를 업신여기는 구실을 줄 수도 있다.
149) 조정에서 보면 호조 씨는 가마쿠라 장군將軍의 가신.
150) 원정에 의해 천황의 대권大權과 섭정·관백이 보좌하는 바람직한 체제가 유명무실

院의 치세에 병란이 일어나 간신이 세상을 어지럽히고 천하의 백성은 거의 모두 도탄에 빠졌다. 요리토모는 일신의 전력을 기울여 난을 평정하였다. 왕실은 옛날의 모습으로 돌아가지는 않았더라도, 수도의 전란은 진정되고 만민의 부담도 가벼워졌다. 윗사람도 아랫사람도 병화에 쫓기는 근심이 사라지고 전국의 모든 사람들이 요리토모의 덕을 칭송하였기 때문에, 사네토모가 죽은 후에도 막부에 등을 돌리는 사람은 없었다. 이를 능가할 정도의 덕정德政151)을 행하지 않고 어떻게 쉽사리 막부를 무너뜨릴 수 있겠는가? 또한 설령 멸망시킬 수 있다고 해도 백성이 편안하지 않다면 하늘[上天]도 결코 견들시 않을 것이다.

다음으로, 왕자王者의 군사는 죄 있는 자만을 토벌하며 죄 없는 자를 멸망시키는 일은 하지 않는다. 요리토모가 고관에 오르고 슈고守護152)의 직職에 임명되었던 것도 모두 고시라카와 법황의 칙재勅裁에 의한 것이다. 요리토모가 제멋대로 빼앗은 것이라 할 수 없다.

[또한 요리토모의 사후] 미망인 마사코가 요리토모의 가독家督을 적절히 조처하고, 요시토키가 오랫동안 권력을 잡아 인망에 어긋나지 않았기 때문에 신하로서 잘못이 있다고는 할 수 없다. 하나의 이유153)만으로 막부를 추토하려 한 것은 군주의 과실이라 하겠다. [이 경우는] 모반을 일으킨 조정의 적[朝敵]이 우연히 전쟁에 승리한 것154)과 똑같이 논할 수 없다.

이렇게 보면, 고토바 상황의 막부 타도의 기도는 때가 이르지 않고 하늘도 허락하지 않았던 것은 의심할 여지가 없다. 그러나 신하된 몸으로 군주를 업신여기는 것은 최악의 비도非道이다. 결국에는 황실의 위덕威德에 따르지 않을 수 없을 것이다. [군주가 취할 길은] 우선 진정한 덕정

해진 것을 가리킨다.
151) 무사도 포함하여 만민이 구가할 만한 선정善政의 뜻.
152) 정확하게는 제국총슈고직諸國總守護職.
153) 겐지源氏 장군의 단절 등.
154) 아시카가 다카우지足利高氏를 가리킨 말.

을 행하고 조정의 권위[朝威]를 확립하며 적을 무너뜨릴 정도의 정세를 만드는 것이다. 거병은 그 후의 일이라 생각한다. 또한 세상의 정세를 잘 살펴 병사를 움직일 것인가 거둘 것인가 사심私心 없이 천명에 맡기고 민의에 따라야 할 것이다.155)

마침내 황위 계승의 도道도 정로正路에 돌아오고, 자손인 고다이고後醍醐 천황에 의해 공무일통公武一統156)의 성운聖運이 열려 고토바 상황의 본래 뜻[本意]157)이 결국 실현되었다고 해도, 일시 [조큐의 난의] 비운을 겪은 것은 참으로 안타까운 일이다.

제85대 고호리카와인後堀河院

휘는 유타히토茂仁. 2품品 모리사다守貞 친왕〈노치노타카쿠라인後高倉院이라 칭한다〉의 셋째 아들. 모친은 기타시라카와인北白河院 후지와라노진시藤原陳子로 뉴도入道 주나곤中納言 후지와라노 모토이에藤原基家의 딸이다.

모리사다 친왕은 다카쿠라인高倉院의 셋째 아들로 고토바인과 한 배에서 태어난 형이지만, 고시라카와인이 선정하지 않아 황위에 오를 수 없었던 사람이다. 조큐의 난 후 고토바인의 혈통을 제외하면 이 친왕밖에는 황윤이 없었다. 그러므로 그 아들 고호리카와後堀河를 황위에 즉위시켰다. 이미 출가하여 뉴도入道 친왕158)의 존호를 받고 있던 모리사다는 태상천황의 존호를 얻어159) 정치를 행하였다. [이와 같이 실제로는 황위

---

155) 『주역周易』에는 "하늘에 따르고 사람에 응한다"라고 기술되어 있다. 사리사욕을 벗어나 겸허한 태도를 가지고 천명이 지시하는 것에 맡기며, 만인이 회구하는 바를 깨달아 그것에 따라 행동한다는 뜻.
156) 고다이고 천황의 겐무建武 중흥.
157) 호조 씨를 추토하여 정권을 되찾는 것.
158) 친왕 선하宣下 후 출가한 친왕. 법친왕法親王은 출가 후에 친왕 선하가 있는 친왕.

에 오르지 않았음에도 불구하고 후에 천황의 존호를 얻은] 추호追號의 예는 다음
과 같다. 즉 몬무文武 천황의 부친 구사카베草壁 태자를 후에 나가오카長
岡 천황이라 하며, 아와지淡路 폐제[준닌淳仁 천황]의 부친 도네리舍人 친왕
을 후에 진쿄盡敬 천황이라 하며, 고닌光仁 천황의 부친 시키施基 황자를
후에 다와라田原 천황이라 추호하였다. 또한 사와라早良의 폐태자에게는
후에 그 원령을 가라앉히기 위해서 스도崇道 천황의 존호를 바쳤다. 원
호院號 추증追贈의 예로서는 고이치조인小一條院의 경우가 있었다.

고호리카와 천황은 신사년辛巳年 : 1221에 즉위하여 임오년壬午年 : 1222에
개원하였다. 천하를 다스린 지 11년, 태자에게 양위하고 선례대로 존호
를 받았다. 잠시 정치를 관장했지만, 21세의 젊은 나이160)에 사망하였다.

제86대 시조인四條院

휘는 미쓰히토秀仁. 고호리카와인의 태자. 모친은 소헤키몬인藻壁門院
후지와라노 손시藤原尊子로 섭정 사다이진 구조 미치이에九條道家의 딸이
다. 임진년壬辰年 : 1232에 즉위하여 선례대로 다음해 계사년癸巳年 : 1233에
개원하였다. 1년 정도 지나 고호리카와 상황이 사망하니 천황의 외조부
미치이에 다이진이 왕실의 권력을 잡아 예전의 섭정 시대와 같이 정치
를 행하였다.161) 동국東國에서 맞이한 정이대장군 요리쓰네賴經도 이 다

---

159) 『황연대략기皇年代略記』에는 "조큐 3년 신사辛巳 8월 11일, 황친皇親 뉴도入道 모리
사다 친왕〈고타카쿠라인의 셋째 아들〉에 존호를 올려 태상천황〈노치노타카쿠라인이
이 사람이다〉으로 하였다"라고 기술되어 있다. 당시 고호리카와 천황은 10세. 세 상황
이 모두 수도를 나갔기 때문에 부군父君이 원정院政을 행하게 되었다. 모리사다의 원
정은 그가 일찍이 천황의 자리에 오른 적도 없었고, 이미 출가해 있던 신분이라는 점
에서 전례가 없는 것이었다. 여기에서 원정이라는 조정의 정치형태를 선례로 받아들
이는 막부의 입장을 살필 수 있다.
160) 고호리카와 천황은 10세에 즉위, 치세 11년, 원정 2년이기 때문에 23세가 옳다.
161) 미치이에는 조큐 3년1221 4월 20일, 주쿄仲恭 천황의 즉위와 함께 섭정, 같은 해 7월

이진의 자식이었기 때문에 문무文武162)를 통틀어 권세를 누렸다고 한다.163)

시조 천황은 천하를 다스린 지 10년, 갑자기 사망하였다. 당시 12세였다.

제87대 제46세 고사가인後嵯峨院

휘는 구니히토邦仁. 쓰치미카도인土御門院의 둘째 아들. 모친은 증贈황태후 미나모토노 미치코源通子로, 증贈사다이진 미치무네通宗의 딸이며 나이다이진 미나모토노 미치치카源通親의 손녀이다. 고사가 천황은 조큐의 난 당시 2세였다. 미치치카 다이진의 넷째 아들 다이나곤 미치카타通方는 부친 쓰치미카도의 방계의 친척이고 모친 증황후와도 인척관계에 있었기 때문에164) [천황을] 은밀히 양육하였다. 18세165) 때 이 다이나곤도 세상을 떠나 천황의 신변에 의지할 만한 사람이 없었기 때문에 고사가는 조모祖母 조메이몬인承明門院의 거처로 옮겼다.

고사가가 22세가 되던 해1242 정월 10일, 시조인四條院이 갑자기 사망하였다. 황위를 계승할 자식도 형제도 없는 상태였다. 준토쿠인順德院은

8일 사임. 안테이安貞 2년1228 12월 관백 모토후사基房의 사후 관백에 취임. 가테이嘉禎 원년1235 3월 섭정 노리자네教實〈미치이에의 맏아들〉의 사후 섭정에 재임, 같은 해 3월 사임. 『증경增鏡』「후지고모로藤衣」에 의하면, "미치이에가 다시 섭정전攝政殿, 싯쇼도노가 되었다. 이리하여 세 번 정치를 행하게 되었다. 기타노만도코로北の政所의 부친은 사이온지 긴쓰네西園寺公經 다이진이므로 미치이에와 함께 세상을 마음대로 다스리게 되었다"라고 기술되어 있다. 섭정에 재임하던 시대와 같이 자기 생각대로 정치를 하게 되었다는 의미.

162) 공가公家와 무가武家, 조정과 막부.

163) 『보력간기保曆間記』에는 "관백 미치이에가 옛날처럼 섭정하였다. 간토關東 : 鎌倉幕府의 요리쓰네 경卿도 이 아들이기 때문에 공가 · 무가가 하나가 되었다"라고 기술되어 있다.

164) 부친 쓰치미카도 천황은 미치카타의 조카, 모친 미치코는 미치카타의 질녀. 그 사이에 태어난 둘째 아들이 고사가 천황이다.

165) 19세가 옳다. 미치카타는 1238년 12월 28일 사망. 천황은 1220년 2월 26일 탄생.

[조큐의 난 후] 여전히 사도佐渡에 유배중이었지만, 그의 황자들은 다수 수도에 있었기.166) 뉴도 섭정 미치이에 다이진은 그 외가167)였기 때문에 이 혈통을 황위에 올려 시조인 재위중과 동일하게 정권을 자기 손에 독점하려고 그 뜻을 가마쿠라 막부鎌倉幕府에 전하였다. 그러나 호조 요시토키北條義時의 아들인 야스토키泰時는 고사가를 황위에 앉혔다. [이 조치는] 실로 천명天命과 정리正理에 합당한 것이었다. 쓰치미카도인은 준토쿠인의 형으로 성품도 온후하고 효행도 깊은168) 사람이었기 때문에, 아마테라스 오미카미의 뜻[冥慮]169)을 대신하여 야스토키가 도리에 합당한 결정을 내린 것이었다.

무릇 야스토키는 심성이 바르고 정직한 정치를 하며 사람에게 자비를 베풀고 사치를 하지 않는 인물이었다. 공가公家에 대해서 존중하고170) 혼조本所의 고충을 없앴기171) 때문에 바람 앞에 먼지가 남지 않듯이 천하는 곧바로 진정되었다.172) 이리하여 오랫동안 평화가 유지된 것

---

166) 주쿄 천황은 사망했지만, 손가쿠尊覺·가쿠에覺惠 법친왕, 요시노리善統 친왕, 다다나리忠成·히코나리彥成 두 친왕이 교토에 거주.

167) 미치이에는 다다나리忠成 친왕을 받들려고 하였다. 준토쿠 천황의 중궁 이치조인一條院은 미치이에의 누이. 다다나리 왕은 후지와라노 기요스에藤原淸季의 딸의 자식. 미치이에와 직접적인 혈연관계는 없지만 준토쿠 천황의 외척이라는 뜻.

168) 부친 고토바인이 유배된 이상 자기 혼자 수도에 머무르는 것이 옳지 않다고 생각하고 스스로 아와阿波에 유배갔던 것을 가리킨다.

169) 황통 계승의 최대 요건인 아마테라스 오미카미의 신의神意·신려神慮. 쓰치미카도 천황이 태자이고 현명했던 것의 여경餘慶이라는 것이다.

170) 조큐의 난 당시 병사를 이끌고 상락하려고 하다가 가마쿠라에 돌아가 "천자가 직접 원정"을 할 경우 어떻게 할 것인지 요시토키에게 물었던 것. 황위 후계자 선정에 성의를 다하여 쓰루가오카하치만 궁鶴岡八幡宮의 신의神意를 물었던 것 등.

171) 장원영주에 대한 지토地頭의 불법 행위를 금지했던 것.

172) 야스토키의 정치의 성과로는 무가 정권 최초의 성문법인 고세이바이시키모쿠御成敗式目의 제정이 유명하다. 법령 제정 이후에도 그의 사망에 이르는 10년 정도 기간에 백 수십 개 조의 법령이 입법되었다. 그 내용의 중점은 조큐의 난 후의 장원영주와 고케닌御家人 사이의 긴장된 이해관계를 조정하는 한편, 소송 수속을 명확히 하여 재판의 공정을 꾀하는 데 있었다. 호조 씨의 정치적 지위의 상승에 따라서 그를 성인화聖人化하는 많은 에피소드가 탄생하여 『신황정통기』 집필 당시는 이미 공가·무가를 통하여 '옛날 좋았던 시대'의 한 상징으로 의식되고 있었던 것으로 보인다.

은 오로지 야스토키의 힘에 의한 것이라 전해진다. 배신陪臣으로서 오랫동안 권력을 장악한 것은 일본과 중국 두 나라에 선례가 없는 일이다. 그의 주군이었던 미나모토노 요리토모조차 [아들 요리이에·사네토모] 2대로 단절되었다. 요시토키義時는 어떤 과보果報를 타고 났는지, 뜻하지 않게 [가마쿠라 막부의 싯켄執權으로서] 가업家業을 열고 병마兵馬의 권력을 장악하였다. 이것은 선례가 드문 일이다. 하지만 그는 특별한 재능과 덕목을 지닌 인물은 아니었다. 권세에 우쭐대는 마음 때문이었는지 [조큐의 난 후] 2년만에 죽었다.173) 하지만 그 뒤를 이은 야스토키는 덕정을 최우선으로 행하고 법규174)를 엄정히 하였다. 자신의 본분을 분별할 뿐만 아니라, [호조 씨] 일족 및 모든 무사에 이르기까지 훈계하여 고위·고관을 바라는 자가 없었다.175) 그 후 호조 씨의 정치가 점차 쇠퇴하여 마침내 멸망한 것176)은 천명이 다한 것이라 해야 한다. 7대177)에 걸쳐 정권을 유지할 수 있었던 것은 야스토키의 여훈餘薰178)에 의한 것이며, [멸망을] 한탄할 일이 아니다.

　무릇 호겐保元·헤이지平治 이래 혼란한 세상에 만약 요리토모라는 자

---

173) 요시토키는 막부의 최고 권력자로서 싯켄직執權職을 획득하였고, 조큐의 난에서 승리했다는 자부심이 있었다. 그러나 지카후사는 요시토키가 바로 그 자부심 때문에 힘들게 손에 넣었던 지위와 명예를 2년만에 잃어버리게 되었다고 평가하고 있다.

174) 조에이貞永 원년1232 8월, 51개조의 법령[式目] 제정. 이것을 조에이시키모쿠貞永式目 혹은 고세이바이시키모쿠御成敗式目라고 한다. 무가정치의 기준이 되었다.

175) 야스토키 자신은 정4위하, 사쿄곤노다이부左京權大夫에 오른 것에 불과하며 이후의 호조씨 일족도 대체로 이것을 따랐다. 또한 고케닌의 임관에 대해서는 요리토모 이래 엄격한 제한이 가해져, 막부를 거치지 않는 이른바 제멋대로의 임관은 엄중히 단속되고 있었다. 야스토키가 제정한 고세이바이시키모쿠에도 막부가 발행하는 추거장推擧狀에 대해 규정하고 있다. 이것은 막부의 고케닌 통제의 중요한 일환으로 행해진 것이지만, 낮은 관위 그 자체를 지카후사는 크게 상찬하고 있다. 이러한 태도는 본문에 많이 보인다.

176) 호조 씨는 도키마사時政부터 다카토키高時까지 9대. 그 중 싯켄직은 7대. 야스토키는 2대 싯켄. 대가 내려가면서 점차 정치가 쇠퇴했다는 것.

177) 이 7대는 야스토키 이후를 7대로 헤아린 것이다.

178) 여경餘慶과 같은 뜻. 즉 선조의 훈공의 여덕餘德이 그 자손에게 행복을 가져다 주는 것.

도 나오지 않고 야스토키라는 자도 없었다고 한다면, 도대체 일본국日本國의 인민은 어떻게 되었을까? 이 이치를 알지 못하는 사람은 까닭없이 황실의 권위[皇威]가 쇠퇴하고 막부의 권력[武備]이 승리했다고 생각하지만 이것은 잘못이다.

지금까지 여러 곳에서 서술했지만, 황위는 양위에 의하여 정통한 자에게 돌아가게 되어 있어도 정통의 천자가 될 사람은 그럴 만한 자격을 갖추고 있어야만 한다. 신은 사람을 편안히 하는 것을 본서本誓로 한다. 천하의 만민은 모두 신물神物이다.179) 천황은 존귀하지만 천자 한 사람을 즐겁게 하고 만민을 괴롭게 하는 것은 하늘도 허락하지 않고 신도 축복을 내리지 않는다. 그러므로 그 정치의 좋고 나쁨에 따라 천황의 운이 열리고 막히는 것이 걸려 있다고 생각된다.180) 하물며 신하로서는 군주를 공경하고 백성을 어여삐 여기며, 하늘을 두려워하여 몸을 낮추며, 발소리를 죽여서 땅을 밟고, 해와 달의 빛을 우러러보고 내 마음이 더럽혀져 그 빛을 받을 수 없는 것이 아닐까 두려워하며, 비와 이슬의 혜택을 보아도 자신의 행동이 바르지 않기 때문에 그 혜택을 입을 수 없는 것은 아닐까 반성하지 않으면 안 된다.

아침·저녁으로 나가타長田·사타狹田181)의 벼를 먹는 것도 천황의 은혜[皇恩]이다. 낮·밤으로 이쿠이生井·사쿠이榮井182)의 물을 마시는 것도 신의 축복[神德]이다. 이 마음가짐을 잊고 사욕에 쫓겨 사사로운 것

---

179) 『어진좌전기御鎭坐傳記』에는 "사람은 곧 천하의 신물神物이다. 심신心神을 다치게 해서는 안 된다"라고 기술되어 있다. 백성이 있고 나서야 천하가 있다는 것을 말한다.

180) 『육대승사기六代勝事記』의 "신하의 불충不忠은 실로 나라의 수치이지만, 보조寶祚 : 寶位의 길고 짧음은 반드시 정치의 선악에 의한다"라는 기술과 상통한다. 『육대승사기』는 조큐의 난 직후1222~24 귀족에 의해 쓰여진 것으로, 유교적 덕치주의의 입장에서 위정자의 덕실德失을 강력하게 비판한 저술로 유명하다.

181) 넓은 논과 좁은 논. 혹은 모두 다카마노하라高天原의 비옥한 논[美田]의 칭호라고도 한다. 식사를 한다는 의미.

182) 우물'井'은 청량한 물을 채우고 있는 곳. 기년제祈年祭의 축사祝詞에도 보인다. 그 물을 마심으로써 생기를 얻어 장수 무궁해지는 우물. 물을 마신다는 의미.

을 앞세우고 공적公的인 것을 등한히 한다면 결코 오랫동안 세상에 살수 없다. 하물며 국정을 다루는 사람183)으로서 혹은 병권을 행사하는 사람184)으로서 정로를 밟지 않는다면 어찌 그 운을 다할 수 있겠는가?

야스토키의 옛 치세를 떠올리면 거기에 진실한 도리가 있는 것을 발견할 수 있다. 그 자손은 야스토키 만큼의 사려가 없지만, 야스토키가 정한 법대로 행하였기 때문에 미흡하나마 오랫동안 정권을 유지할 수 있었던 것이다. 외국은 질서가 없이 난역亂逆이 계속되고 군신·부자간의 올바른 규율이 행해지지 않은 예가 많기 때문에 선례로 삼을 만한 것이 없다. 우리나라[일본]는 아마테라스 오미카미의 서약이 역력히 존재하고 있고 상하의 본분이 엄연히 정해져 있다. 더욱이 선악의 응보가 분명하고 인과의 법칙도 사라지지 않았다. 하물며 먼 옛날 일도 아니므로 근대近代의 득실185)을 살펴 장래의 감계鑑誡186)로 삼아야 할 것이다.

무릇 고사가 천황은 정로에 돌아가 황위를 계승하였는데, 그에 앞서 [그것을 보여주는] 여러 가지 길조187)가 있었다. 또한 [고사가의 부친인] 쓰치미카도인도 아와 국阿波國으로부터 서약문188)을 써서 이와시미즈하치만궁에 올렸다. 그 후 기원이 이루어졌기 때문에 쓰치미카도는 [서약문에서 했던] 약속들을 실행하였다. 이것은 감명할 만한 일이다. 마침내 황통은 오랫동안 고사가 천황의 혈통으로 정해지게 되었다. 천황은 임인년壬寅年 : 1242에 즉위하여 계묘년癸卯年 : 1243 봄에 개원하였다.

---

183) 섭관·다이진 등.
184) 장군·싯켄 등.
185) 호겐·헤이지 이후 지카후사 당대에 이르기까지 정치의 내용.
186) 교훈. 거울. 『정자통正字通』에는 "고금의 성패成敗를 살펴보고 법계法戒로 삼는 것을 모두 감鑑이라 한다"는 기술이 보인다.
187) 『증경增鏡』에는 "동백나무 잎의 모습이 두 번 바뀌었다"고 기술되어 있다. 황위계승을 의미하는 신탁을 얻은 것.
188) 신의 뜻에 의해 나의 자식이 황위에 오를 때에는 나는 이러이러한 일을 하여 신의 배려에 보답하겠노라는 취지의 기원을 담은 서약문. 많은 경우 사전社殿의 조영·수축이나 사령社領의 기진 등을 서약한다. 고몬告文 혹은 기쇼몬起請文.

고사가 천황은 천하를 다스린 지 4년만에 어린 황태자에게 양위하였다. [신불에 대하여] 경건한 마음을 가졌기 때문인 것 같다.[189] 선례대로 존호를 받고 상황으로서 원院 안에서 정치를 행하였다. 고사가 상황은 출가하여[190] 법황이 된 후에도 변함없이 집정하였는데, 그 정치는 26년에 미쳤다. 시라카와・도바 이후 지금까지 가장 안정된 훌륭한 치세였다고 할 수 있을 것이다. 53세로 사망하였다.

제88대 고후카쿠사인後深草院

휘는 히사히토久仁. 고사가인의 둘째 아들. 모친은 오미야인大宮院 후지와라노 기쓰시藤原姞子로 다이조다이진 사이온지 사네우지西園寺實氏의 딸이다. 병오년丙午年:1246에 4세로 즉위하여 정미년丁未年:1247에 개원하였다.

천하를 다스린 지 13년이었다. 천황은 황후의 배[191]에서 태어난 맏아들이었지만 병약했기 때문에[192] 한 배에서 태어난 동생 쓰네히토恒仁 친왕을 황태자로 세워 양위하였다. 선례대로 존호를 받았다. 고후카쿠사는 후에 후시미인伏見院의 치세 때 잠시 동안 정무를 관장하지만,[193]

---

189) 고사가 천황은 중궁 오미야인大宮院과의 사이에 황자가 태어나기를 신불에 기원하면서 황자가 탄생할 때에는 그 황자에게 양위할 것을 서약했다고 한다. 그 서약을 실천한 것은 신불에 대하여 경건한 태도를 가진 것을 보여준다. 양위했을 당시 황태자는 4세.

190) 분에이文永 5년1268 10월 5일 출가. 49세.

191) 원문에는 기사이바라后腹. 황후의 배에서 태어난 것, 혹은 그 황자・황녀. 한 배에서 태어난 동생으로 쓰네무네恒宗 친왕, 가메야마인龜山院, 마사무네雅尊 친왕, 사다요시貞良 친왕, 여동생으로 겟카몬인月華門院이 있다.

192) 『증경』과 『오대제왕물어五代帝王物語』에 의하면, 고후카쿠사 천황은 학질로 사망하였고 동생 가메야마 천황도 학질이 지병이었다고 한다.

193) 후시미 천황이 즉위한 쇼오正應 원년1288 3월 15일부터 동 3년1290 2월 11일에 출가할 때까지 약 2년간.

출가하고 정무를 천황에게 반려하였다. 58세로 사망하였다.

제89대 제47세 가메야마인亀山院

휘는 쓰네히토恒仁. 고후카쿠사인과 한 배에서 태어난 동생이다. 기미
년己未年 : 1259에 즉위하여 경신년庚申年 : 1260에 개원하였다. 고사가 상황은
이 천황을 후계자[치천治天의 군君][194]로 삼으려 했는지, 가메야마인이 황
후와의 사이에 낳은 황자[195]를 몸소 양육하여 이윽고 입태자立太子의 식
을 올리게 하였다. 고후카쿠사인〈당시 신인新院이라 불려졌다〉에도 이
미 황자가 태어나 있었지만, 다음 황위를 약속받은 것은 가메야마인의
황자였다〈황태자는 고우다後宇多, 입태자 당시 2세. 고후카쿠사의 황
자[196]는 후의 후시미伏見, 당시 4세〉.

고사가인이 사망한 후 고후카쿠사인과 가메야마인 두 형제간에 분쟁
이 일어났다. 그래서 간토関東[가마쿠라 막부][197]는 두 사람의 모친인 오미
야인大宮院에게 고사가인의 생전의 뜻이 어디에 있었는지를 물었다. 오
미야인의 회답은 원래 고사가인이 지금의 [가메야마] 천황에게 넘길 의

---

194) 이 무렵 조정의 실권은 이른바 치천治天의 군君['지텐노키미'라고 읽는다]으로 일컬
어지는 한 사람의 상황 혹은 천황에게 귀속하였다. 천황의 친정親政이 행해질 때에는
천황 자신이 동시에 치천의 군이지만, 많은 경우 현재 천황의 부친인 상황 즉 원院이
치천의 군이 된다. 따라서 이후 두 황통의 분열 시기가 되면, 많은 원 중에서 어느 원
이 치천의 군으로 정해질 것인가를 둘러싸고 막부에 대한 공작 등 치열한 정쟁이 펼
쳐진다. 치천의 군이 되기 위해서는 자기 자식을 즉위시켜야만 한다. 그를 위해서는
우선 황태자의 자리를 차지해야만 한다. 자기 자식을 황태자로만 한다면 그 즉위에 따
라 치천의 군의 위치가 자동적으로 확보되기 때문에 두 황통에 속하는 많은 황자 중
에서 누가 황태자가 될 것인가가 쟁점이 되는 것이다. 본문의 경우, 고사가인의 다음
치천의 군의 지위가 가메야마에게 약속되었던 것이다.
195) 황후 교고쿠인京極院 소생인 요히토世仁 친왕. 분에이 4년1267 12월 1일 탄생. 다음
해 8월 25일 입태자.
196) 모리히토煕仁 친왕. 분에이 2년1265 4월 23일 탄생.
197) 싯켄 호조 도키무네北條時宗 이하 막부의 수뇌부

향이었다는 것이었기에 사태가 수습되어 금중禁中198)에서 정무를 보게
되었다.

가메야마 천황은 천하를 다스린 지 15년. 황태자에게 양위하고 선례
대로 존호를 받았다. 가메야마는 인院 안에서 13년간 정무를 보았는데,
정국의 변화199)에 의하여 [치천의 군을] 물러난 후 출가하였다. 57세로 사
망하였다.

제90대 제48세 고우다인後宇多院

휘는 요히토世仁. 가메야마의 태자. 모친은 황후 후지와라노 기시藤原
僖子〈후에 교고쿠인京極院이라 한다〉로 사다이진 도인 사네오洞院實雄의
딸이다. 갑술년甲戌年 : 1274에 즉위하여 을해년乙亥年 : 1275에 개원하였다.

병자년丙子年 : 1276, 송나라의 유제幼帝 덕우德祐 2년에 해당하는 해에 북
적北狄의 인종인 몽고蒙古에서 일어난 원나라가 송나라를 멸망시켰다200)
〈금나라의 건국에 의해 송나라는 동남의 항주杭州에 수도를 옮겨 150년
이 되었다. 몽고는 우선 금나라를 멸망시키고 후에 양자강을 건너 송나
라를 공격했는데 이해 마침내 송나라가 멸망당했다〉. 신사년辛巳年 : 1281
〈고안弘安 4년이다〉 몽고의 군대가 다수의 병선을 갖추어 우리나래[일본]

---

198) 금문禁門의 안. 금문은 허가된 정신廷臣 이외의 출입을 금지하는 궁문. 조메이몬承明
門의 안을 금리禁裏・금중禁中이라 한다. 여기에서는 궁중과 같은 뜻. 즉 천황의 친정
이 행해진 것을 말한다.

199) 막부의 신청에 의해 다이카쿠지大覺寺 : 가메야마의 혈통 황통과 지묘인持明院 : 고후카
쿠사의 혈통 황통의 교체가 정해져, 후시미 천황의 즉위와 고후카쿠사인의 원정으로 바
뀐 것. 당시 가메야마가 막부에 대하여 다른 뜻을 가지고 있다는 풍문까지 떠돌아 상
황은 어쩔 수 없이 정무로부터 물러났던 것이다. 쇼오 2년1289 9월 7일 출가.

200) 몽고의 태조는 남송의 연호로 개희開禧 2년1206에 즉위하였다. 세조 쿠빌라이는 경염
景炎 원년1276 공종恭宗을 사로잡았다. 그 후 문천상文天祥이 단종端宗을 도와 즉위시켰
지만, 남송은 마침내 상흥祥興 2년1279 몽고에 의해 완전히 멸망당했다.

를 침범하였다.201) 쓰쿠시筑紫:九州에서 격렬한 전투가 있었다. 이때 신명神明이 위광을 펼치고 형체를 드러내어 적을 막았다.202) 그리하여 갑자기 태풍이 일어나 수십만 척의 적선賊船이 모두 침몰하고 파괴되었다.203) 말세라고는 해도 신명의 위덕威德은 불가사의하다. ["하늘과 땅과 더불어 무궁할 것이다"는 아마테라스 오미카미의] 서약204)이 변치 않은 것을 이로써 알 수 있을 것이다.

이 천황은 천하를 다스린 지 13년, 본의 아니게205) 국정에서 벗어난 지 10여 년이 되었다. 이후 고니조後二條 미카도가 즉위한 것에 의해 [고우다인의] 치천治天의 군君으로서 정치를 행하였다.206) 고우다인은 황후 유기몬인遊義門院이 사망하여 그 슬픔이 너무 컸기 때문에 출가하였다.207) 고우다는 우다宇多·엔유圓融 두 법황의 예를 따라 도지東寺에서 전前 대승정大僧正 젠조禪助208)로부터 전법관정傳法灌頂을 받았다.209) 이것

---

201) 몽고가 최초로 일본을 침략한 것은 분에이 11년1274의 일이다. 이른바 '분에이노에키文永の役'. 고안 4년1281의 '고안노에키弘安の役'는 제2차 침략 사건이다.

202) 『팔번우동훈八幡愚童訓』 및 『증경』에 의하면, 7월 29일에 스메오미카미 궁皇太神宮과 이와시미즈하치만 궁石淸水八幡宮이 크게 울고 하얀 화살이 서쪽을 향해 날아갔다고 한다. 동시대인들은 우연히 발생한 태풍을 신국神國 일본을 가호하는 신명이 나아가 적을 물리친 신병神兵으로 간주하였다.

203) 『팔번우동훈』에는 "적선이 모두 표류하여 바다에 가라앉았다"라고 기술되어 있다. 이때 우연히 불어닥친 태풍으로 몽고가 이끄는 총 14만의 일본원정군은 막대한 피해를 입고 철퇴하였다. 당시 사료에 산견되는 '가미카제神風'가 그것이다.

204) 이른바 아마테라스 오미카미의 '천양무궁天壤無窮'의 신칙神勅에 보이는 서약.

205) 지묘인 황통의 치세가 계속되었던 것.

206) 쇼안正安 3년1301 3월 24일, 즉위와 동시에 원정院政.

207) 고후카쿠사 천황의 황녀, 고우다 천황의 황후로 고니조 천황의 양모 도쿠지德治 2년1307 7월 24일 사망. 『증경』「우라치도리浦千鳥」에는 "고우다인은 안절부절하지 못하고 기도·제사·불제祓除에 힘을 쓰라고 독려했지만 효험이 없자 하염없이 실의에 빠졌다. 그 때문에 고우다인은 출가하여 오로지 불도에 전념하는 히지리聖:덕이 높은 승려가 되었다"라고 기술되어 있다.

208) 『인화사제원가기仁和寺諸院家記』에 의하면, 나이다이진 미치나리通成 공公의 자식, 1259년 법안法眼, 1263년 권소승도權少僧都, 1265년 히미쓰쇼곤인秘密莊嚴院에서 관정灌頂, 1267년 대승도大僧都, 1270년 법인法印, 1286년 권법무權法務, 1287년 권승정權僧正, 1290년 승정僧正, 1292년 도지東寺 초자長者, 1293년 대승정大僧正, 1294년 이치노초자一長者, 법무法務, 1311년 닌나지仁和寺 벳토別當.

은 실로 보기 드문 장엄한 광경이었다. 당일 의식에는 고다이고後醍醐 미카도가 나카쓰카사中務 친왕으로서 왕경王卿의 자리210)에 참석해 있었다. 그 모습이 마치 오늘의 일처럼 생생하게 떠오른다.211)

[다음해] 고니조인後二條院이 사망한 후에는 고우다는 더욱 세속의 일을 피하여, 사가嵯峨212)의 깊숙한 곳 다이카쿠지大覺寺라는 곳에 고닌弘仁·간표寬平213)의 유적을 찾아 많은 방사坊舍를 짓고 이곳에 거주하였다.214) 그 후 고다이고 미카도가 즉위했기 때문에 또한 잠시 [치천의 군으로서] 정치를 행하였는데, 3년 정도 되어 천황에게 치세를 넘겼다. 무릇 이 고우다인은 중고中古 이래 보기 드문 현명한 군주라고 할 만하다. 학문에 있어서도 고산조인後三條院 이후 이 고우다인 만큼 재능이 뛰어난 천자가 있었다고 들은 바가 없다.

『관평어유계寬平御遺誡』에는 제황帝皇의 학문은 『군서치요群書治要』만으로 충분하며, 여러 잡문雜文을 배우는 것은 오히려 정치에 장애가 될 것이라고 기술되어 있다.215) 그러나 엔기延喜216)·덴랴쿠天曆217)·간코寬

---

209) 당시 행사의 모습은 『후우다원어관정기後宇多院御灌頂記』에 상세하다.
210) 조정의 의식 등에 친왕이나 공경公卿이 앉도록 정해진 자리. 『후우다원어관정기』에는 "이어서 왕경이 앉았다(북문으로 들어와 착석하였다). 친왕은 서쪽 자리에 앉았다. 공경은 동쪽 자리에 앉았다"라고 기술되어 있다. 지카후사는 당시 단조다이히쓰彈正大弼:彈正臺의 次官, 덴조비토殿上人의 일원으로서 이 법회에 참석하였다. 당시 16세.
211) 당시 법회에 참석하고 있던 지카후사는 『신황정통기』 집필 당시 이미 타계한 고다이고 천황의 청년기의 모습을 떠올리며 감회를 기술한 것이다.
212) 교토 시京都市 북서부, 우쿄 구右京區의 지명. 오이 강大堰川를 사이에 두고 아라시 산嵐山을 마주하고 있으며, 세료지淸涼寺·덴류지天龍寺·다이카쿠지大覺寺 등이 있는 명승지.
213) 사가嵯峨 천황과 우다宇多 천황.
214) 『대각사문적약기大覺寺門跡略記』에는 "젠코元亨 원년1321 4월, 다이카쿠지에 이르러 가람伽藍·승방僧坊을 조영하고 또한 승려의 정원을 정하였다"라고 기술되어 있다. 고우다인은 이곳에서 밀교의 수행에 정진하였다.
215) 『관평어유계』에는 "천자는 경사백가經史百家에 통하지 않더라도 한탄할 것은 없다. 다만 군서치요는 읽어 익혀야 한다. 잡문 때문에 세월을 소비해서는 안 된다"라고 기술되어 있다.
216) 다이고醍醐 천황.
217) 무라카미村上 천황.

弘[218) · 엔큐延久[219)의 미카도는 모두 재능이 뛰어나고 널리 여러 학문에 정통하였으며 정치도 훌륭하게 행하였다. 앞의 2대[다이고·무라카미 천황]는 물론이고, 이어서 간코·엔큐의 미카도[이치조·고산조 천황]도 현명한 국왕이라 칭해진다. 일본과 중국의 고사古事[220)를 알지 못하면 정치의 도가 어두워지며 황실의 권위[皇威]도 쇠퇴하는 것은 당연한 이치이다.

『상서尚書』에서는 고대의 요堯·순舜·우禹의 덕을 칭송하여 "고사古事를 배워 그것을 따랐다"[221)고 하며, 부열傳說[222)은 은나라 고종에게 "고사를 스승으로 삼지 않고 오랫동안 천하를 유지했다는 말을 들은 바가 없다"[223)라고 가르쳤다고 한다. 또한 당나라 시대에 천자 측근의 환관宦官으로서 궁정에 권세를 휘두른 구사량仇士良[224)이란 악인이 있었는데, 그는 자신의 패거리들에게 훈계하기를, "황제에게 책을 보이지 말아라. 부질없는 놀이와 유흥에 빠지게 해서 마음을 어지럽혀야 한다. 만약 황제가 책을 보고 학문의 도를 알게 되면 우리들은 쫓겨날 것이다"[225)라고 말했다고 한다. 지금 세상에도 있을 법한 이야기이다.

---

218) 이치조一條 천황.
219) 고산조後三條 천황.
220) 정치에 도움이 되는 역사상의 사상事象·언행이나 그것에 대한 학문 등 넓은 의미를 가리킨다.
221) 『상서』 요전堯典에 "왈약계고제요曰若稽古帝堯", 순전舜典에 "왈약계고제순曰若稽古帝舜", 대우모大禹謨에 "왈약계고대우曰若稽古大禹", 고도모皐陶謨에 "왈약계고고도曰若稽古皐陶"라고 기술되어 있다. 요전堯典 「공안국전孔安國傳」에 "약若은 따르다[順], 계稽는 생각하다[考]이다. 고도古道를 잘 따르고 생각하여 이것을 행한 자가 제요帝堯이다"라고 기술되어 있다.
222) 은殷나라 고종高宗 때의 현명한 재상. 고종이 어느 날 꿈을 깨고 꿈에 본 성인聖人의 모습을 그리게 하여 이를 찾았는데, 마침내 부암傳巖의 들에서 부열을 찾았다고 한다.
223) 『상서』 열명說命 하편下篇에, "부열이 말하기를, '왕은 많이 듣도록 힘써 일을 세우고, 고훈古訓을 배워 [교훈을] 얻는다. 고사를 스승으로 여기지 않고 세상을 오랫동안 다스린 것을 들은 바가 없다'고 했다"라고 기술되어 있다.
224) 구사량은 감로甘露의 변變: 835을 통하여 궁중의 실권을 장악하고, 문종이 죽은 후에는 황태자 성미成美를 제치고 무종武宗을 즉위시켰다. 당나라 시대의 환관으로서 극도로 전횡을 일삼았던 인물이다. 그는 두 명의 왕, 한 명의 비妃, 네 명의 재상을 죽이고, 황제로 하여금 "지금 짐은 가노家奴에게 명령을 받는다"라고 탄식케 할 정도였다.
225) 『당서唐書』 권207 구사량전仇士良傳.

우다 천황이 『군서치요』에 대해서 한 말[제왕의 학문은 『군서치요』만으로 충분하다는 말]은 다소 지나치게 제한적인 것으로 보인다. 다만 이 책은 당나라 태종이 당시의 명신名臣 위징魏徵에게 명하여 찬집하게 한 것인 만큼 전 50권 가운데 경經·사史·제자諸子에 이르기까지 각 방면의 훌륭한 문장을 싣고 있다. 유서儒書와 삼사三史226)는 보통 사람도 배우지만 이 책에 실려 있는 제자諸子 등은 보는 사람이 적다. 그 중에는 이름도 듣지 못한 것도 있다. 하물며 천자로서 정치를 행하기 위하여 이와 같은 것까지 읽을 필요는 없을 것이다. 우다 천황의 본뜻은 『군서치요』 이외는 읽지 말라는 것이 아니라 경전·사서의 학문 이외에 이 책에 실려 있는 제자 등의 잡서까지는 읽을 필요가 없다는 것이다.

우다 천황은 특히 넓게 학문을 하여 지카나리愛成227)라는 박사에게 주역周易의 심오한 도가까지 배운 분이다. 다이고 천황도 넓게 학문을 한 것은 새삼스럽게 말할 필요도 없다. 스가와라노 미치자네菅原道眞가 천황을 보좌하였고, [미치자네가 좌천된] 이후에도 기노 하세오紀長谷雄228)와 미요시 기요유키三善淸行229) 등의 명유名儒가 있었으므로 당시 학문의 융성함이 상고上古와 같았다. 우다 천황의 유계遺戒에 대하여 "천자는 학문을 너무 넓게 할 필요가 없다"고 해석하는 사람도 있지만, 이것은 매우 어리석은 말이다. 무슨 일이든 본래의 문의文意를 바르게 이해하고 깊이 생각해야 할 것이다.

이 고우다인은 재위중에 정치를 행하지 않았고,230) 또한 상황으로 10

---

226) 『사기史記』 『전한서前漢書』 『후한서後漢書』.

227) 본성은 무토베 씨六人部氏. 형 나가사다永貞와 함께 요시부치善淵 아손朝臣의 성을 받았다. 종5위상, 다이가쿠하카세大學博士.

228) 845~912. 헤이안 초기의 한학자로서 일찍이 문장생文章生이 되었고, 문장박사文章博士·다이가쿠노카미大學頭가 되어 후에 종3위 주나곤中納言에 올랐다.

229) 847~918. 헤이안 초기의 한학자로서 900년에 문장박사, 917년에 산기가 되었다. 『연희격延喜格』의 편찬에 참가하였고, 914년 다이고 천황에게 올린 의견봉사意見封事 12개조는 특히 유명하다.

230) 당시는 가메야마 상황의 원정이었다.

여 년 동안 한거하고 있었기 때문에[231] 충분히 학문을 연마하고 지식을 넓게 습득하였다. [고우다인은] 출가한 후에도 오로지 학문에 매진하였다. 상황이 출가한 예로는 쇼무聖武·고켄孝謙·헤이제이平城·세이와淸和·우다宇多·스자쿠朱雀·엔유圓融·가잔花山·고산조後三條·시라카와白河·도바鳥羽·스토쿠崇德·고시라카와後白河·고사가後嵯峨·고후카쿠사後深草·가메야마龜山 상황이 있다. 다이고醍醐·이치조一條 천황은 병이 중하여 사망 직전에 출가한 것이었다. 이와 같이 그 예는 적지 않지만, 고우다인처럼 계율을 철저히 지키고 계속 밀교의 깊은 뜻[奧義]을 닦아 스스로 다이아자리大阿闍梨[232]로서 다른 승려에게 전법관정을 수여할 정도에 이른 것은 극히 드문 일이다. 그 자식인 고다이고 천황의 치세에 공가일통公家一統의 시운이 열린 것도 고우다인의 유덕遺德의 여훈餘薰이라 생각된다.

고우다인은 겐코元亨 연간 말 갑자년甲子年 : 1324 6월, 58세로 사망하였다.

제91대 후시미인伏見院

휘는 히로히토熙仁. 고후카쿠사인後深草院의 첫째 아들. 모친은 겐키몬인女輝門院 후지와라노 야스코藤原愔子로 사다이진 도인 사네오洞院實雄의 딸이다.

고사가인이 가메야마인을 치천의 군의 계승자로 정했기 때문에 고후카쿠사인의 혈통을 황위에 올리는 것이 마음에 걸렸지만, 가메야마인은 형 고후카쿠사인에게 동생으로서의 예절을 다하려 했는지, 이 히로히토

---

231) 고우다인 자신은 상황이었지만 그 사이 14년간은 지묘인 황통의 후시미伏見·고후시미後伏見 천황의 치세였다.

232) 전법관정 다이아자리의 약칭. 금강金剛·태장胎藏 양부兩部의 대법大法을 전법傳法한 최상위[極位]. 천황 자신이 관정을 받을 뿐만 아니라 다이아자리로서 많은 사람들에게 관정을 한 사실은 『대각사문적약기』 등에 상세하게 기술되어 있다.

친왕을 양자로 삼아 고우다 천황의 황태자[東宮]로 세웠던 것이다.233)
[그럼에도 불구하고] 그 후 고우다 천황의 뜻에 어긋나게 막부가 양위를
권고하여 [후시미 천황이] 천조賤祚하였다. 후시미 천황은 정해년丁亥年 : 1287
에 즉위하여 무자년戊子年 : 1288에 개원하였다. 황태자도 이 천황의 황자
[다네히토胤仁]가 임명되었다.234)

후시미 천황은 천하를 다스린 지 11년이었다. 황태자에게 양위하고
선례대로 존호를 받았다. 후시미 상황은 인院 안에서 정무를 보았지만
얼마 지나지 않아 세상이 바뀌었다.235) 하지만 6년 후에는 [하나조노花園
천황의 즉위1308와 함께] 또 다시 후시미 상황의 치세가 되있다. 간도關東236)
도 가메야마 상황이 정통을 이어받은 것을 알면서도, 이 무렵 다이카쿠
지 황통의 치세에 불신감을 갖게 되었는지,237) 가메야마・고후카쿠사
두 인院의 혈통이 번갈아 황위에 오르도록 조치를 취했다고 한다.238) 후
시미 상황은 후에 출가하여 50세로 사망하였다.239)

제92대 고후시미인後伏見院

휘는 다네히토胤仁. 후시미인의 첫째 아들. 모친은 에후쿠몬인永福門院
후지와라노 쇼시藤原鏡子로 뉴도入道 다이조다이진 사이온지 사네카네西

---

233) 이것은 막부의 싯켄 호조 도키무네北條時宗의 방책이있다. 실제로 양자로 삼았디는
 확증은 없다.
234) 고사가인의 유조에 반하여 또 다시 지묘인 황통의 다네히토 친왕이 입태자되었던 것.
235) 고후시미 천황의 치세는 불과 3년으로 1301년 고니조後二條 천황이 즉위하였다. 즉
 치세가 다이카쿠지 황통으로 바뀌어 시세時勢가 변한 것이다.
236) 싯켄 호조 사다토키北條貞時 이하 막부의 수뇌부.
237) 후시미 천황의 신청에 의해, 막부가 다이카쿠지 황통으로부터 공격받을 지도 모른
 다고 염려한 것을 가리킨다.
238) 10년을 한도로 두 황통이 번갈아 즉위하도록 한다는 호조 사다토키의 방침.
239) 『제왕편년기帝王編年記』 후시미인조에 의하면, 53세가 옳다.

園寺實兼의 딸이다. 생모는 준삼궁準三宮 후지와라노 쓰네코藤原經子로 뉴도 산기 후지와라노 쓰네우지藤原經氏의 딸이다. 고후시미는 무술년戊戌年 : 1298에 즉위하여 기해년己亥年 : 1299에 개원하였다.

고후시미 천황은 천하를 다스린 지 3년에 양위하고 상황이 되었다.[240] 선례대로 존호를 받았다. 쇼와正和 연간1312~1317에 부친 후시미 상황으로부터 치세의 권한을 넘겨받았다.[241] 당시의 미카도御門는 동생 하나조노인花園院이었지만, 하나조노인이 형 고후시미 상황에게 양자養子의 예를 취하게 되었다고 한다. 겐코元弘의 난[242]으로 세상이 어지러워졌을 때에도 고후시미는 또한 잠시 치천의 군이 되었다.[243] 세상이 바뀌었어도[244] 고후시미는 변함없이 교토에 살고 있었지만 후에 출가하여[245] 49세로 사망하였다.

제93대 고니조인後二條院

휘는 구니하루邦治. 고우다인의 첫째 아들. 모친은 세이카몬인西花門院 미나모토노 모토코源基子로 나이다이진 호리카와 도모모리堀河具守의 딸

---

240) 막부에서 사자를 보내 양위를 재촉하였다. 『제왕편년기』 고후시미인조에 "치세 3년. 쇼안正安 원년1299부터 동 3년1301에 이른다"라고 기술되어 있다.

241) 쇼와 2년1313년 정무를 위양받아 분포文保 2년1318까지 원정을 행하였다.

242) 가마쿠라 막부 멸망의 요인이 된 반란. 겐코 원년1331 고다이고 천황은 두 번째의 막부 타도를 기도하다 발각되자 가사기 산笠置山으로 피신하여 저항했지만 이것도 함락되었다. 고다이고 천황은 어쩔 수 없이 고곤光嚴에게 양위하고 오키隱岐에 유배되었다. 그러나 1332년말 모리요시護良 친왕과 구스노키 마사시게楠木正成 등이 각지에서 거병하였고, 1333년에 고다이고가 오키를 탈출했으며, 아시카가足利・닛타新田 등 유력한 고케닌들이 고다이고 편에 가담하면서 막부는 멸망하였다.

243) 겐코 원년1331 8월 고다이고 천황이 가사기 산으로 피한 이후부터 동3년1333 5월 교토에 돌아올 때까지 약 2년간.

244) 고다이고 천황에 의한 겐무建武 정권이 성립하고 가즈히토量仁 친왕이 고곤光嚴 상황으로 있다가 퇴위한 것.

245) 겐코 3년1333 6월 26일, 46세.

이다. 신축년辛丑年 : 1301에 즉위하여 임인년壬寅年 : 1302에 개원하였다.
천하를 다스린 지 6년에 일찍 세상을 떠났다. 향년 24세였다.

제94대의 천황246)

휘는 도미히토富仁. 후시미인의 셋째 아들. 모친은 겐신몬인顯新門院 후
지와라노 스에코藤原季子로 사다이진 도인 사네오洞院實雄의 딸이다. 무신
년戊申年 : 1301에 즉위하여 개원하였다.

　　이서裏書에는 다음과 같이 쓰여 있다.
　　천자가 그의 선대先代의 선양禪讓을 받아 천자의 자리를 계승[踐祚]하되 그
다음해에 즉위卽位하는 것이 [고대 중국의] 오랜 예禮이다. 그러나 본조[일본]
에서는 선양받은 그 해에 즉위하고 이듬해에 개원하는 것이 지금까지의 통례
이다. 다만 선양한 해에 즉위하고 개원한 것도 선례가 없지는 않다. [예를 들
면]겐메이元明 천황이 와도和銅 8년715 9월에 선양하였고, 당일 겐쇼元正 천황이
즉위하여 레이키靈龜라고 개원하였다. 겐쇼 천황이 요로養老 8년724 2월에 선양
하였고, 당일 쇼무聖武 천황이 즉위하여 진키神龜라고 개원하였다. 쇼무 천황은
덴표칸포天平感寶 원년749 4월247)에 선양하였고, 같은 해 7월 고켄孝謙 천황이
즉위하여 덴표쇼호天平勝寶라고 개원하였 다. 쇼토쿠稱德 천황이 진고케운神護
景雲 4년770 8월 붕어하였고, 같은 해 10월 고닌光仁 천황이 즉위하여 11월에
호키寶龜라고 개원하였다. 고니조後二條 천황이 도쿠지德治 3년1308 8월에 붕어
하였고, 같은 달 새 군주248)가 즉위하여 10월에 엔쿄延慶라고 개원하였다. 또
한 즉위한 다음해에 개원하지 않은 예도 있다. [예를 들면] 아와지淡路 폐세廢
제帝[준닌淳仁 천황]가 즉위하였지만 개원하지 않았다. 우다宇多 천황이 닌나仁和
3년887에 즉위하였지만 개원하지 않고 그 다음 다음해에 간표寬平라고 개원하

---

246) 하나조노花園 천황. 지카후사가 정통기를 집필했을 당시 하나조노 천황은 교토에 건
　　재하고 있었다. 천황은 1348년에 53세로 사망하였다.
247) 덴표칸포 원년 7월 2일에 선양했으므로 4월이 아니라 7월이 옳다.
248) 하나조노 천황. 8월 25일 붕어, 8월 26일 즉위.

였다. 시라카와白河 천황이 엔큐延久 4년1072에 즉위하였지만 개원하지 않고 그 다음 다음해에 조호承保라고 개원했던 것 등의 예가 있다. 그리고 즉위하기 이전에 개원한 예도 있다. 즉 고토바後鳥羽 천황이 주에이壽永 2년1183 8월에 선양을 받고 다음해 4월에 겐랴쿠元曆라고 개원하였으며 7월에 즉위하였다. 이것은 정상적인 절차가 아니었다.

[하나조노花園] 천황의 부친인 후시미 상황이 치세의 권한을 가지고 있었지만, 출가한 후 [하나조노의] 형인 [고후시미後伏見] 상황에게 양위하여 상황의 치세가 되었다. [하나조노] 천황은 [후시미] 법황이 사망해도 료안諒闇249)의 의식을 행하지 않았다. [그 이유는] 형인 [고후시미] 상황의 양자로 되어 있었기 때문이라 한다. 이것은 전례가 없는 일이다.250)
　이 천황은 천하를 다스린 지 11년에 양위하였다. 선례대로 존호를 받았다. 세상이 바뀌어 [겐무建武 신정이 시작되자] 출가하였다.251)

제95대 제49세 고다이고後醍醐 천황

　휘는 다카하루尊治. 고우다인의 둘째 아들. 모친은 단텐몬인談天門院 후지와라노 다다코藤原忠子로 나이다이진 가잔인 모로쓰구花山院師繼의 딸이다. 조부 가메야마 상황이 [천황을] 양육하였다.
　고안弘安 연간에 시세가 일변하여252) 치세의 권한을 잃은 가메야마・고우다인은 자주 간토關東에 사신을 보냈다. [막부는 다이카쿠지 황통을 부활

---

249) 천자가 상복喪服을 입는 기간 또는 그 방.
250) 비록 형식적인 부자간의 관계는 끊어졌다고 해도, 혈연상 하나조노 천황이 후시미 상황의 친아들이라는 점에서 이 조치를 납득하기 어렵다는 지카후사의 생각이 담겨 있다.
251) 다이카쿠지 황통의 고다이고 천황의 겐무 중흥이 성립한 후 겐무 2년1335 11월 22일에 출가하였다.
252) 고안 10년1287 10월, 후시미 천황의 즉위와 함께 세상은 다이카쿠지 황통으로부터 지묘인 황통으로 바뀌었다.

해야 한다는] 다이카쿠지의 합당한 주장에 따라야 한다고 생각했는지, 돌연 황태자를 다이카쿠지 황통에서 세우기로 하였다. 가메야마 상황은 이 다카하루 친왕을 황태자에 앉히기를 바래 이와시미즈하치만 궁石淸水八幡宮에 기원문[告文]을 올리기도 했지만, 특별한 이유도 없이 형[구니하루邦治 친왕]을 제쳐놓을 수 없어서 결국 고니조인後二條院을 황태자로 세웠던 것이다. 하지만 부친인 고우다 상황도 [가메야마인과 동일하게] 다카하루 친왕에게 많은 희망을 걸고 있었다. [이 때문에] 친왕은 원복元服 이후 무라카미村上 천황의 선례253)에 따라 다자이노소치大宰帥로서 조정의 의식과 연회에 참가하였고, 후에는 나카쓰카사쿄中務卿도 겸임하였다.

고니조인이 일찍 세상을 떠나자 고우다 상황은 슬퍼하면서도 [다이카쿠지 황통의 희망을] 모두 이 다카하루 친왕의 장래에 걸었다. 이윽고 황태자[儲君] 선정을 하게 되었을 때 고니조인의 맏아들 구니요시邦良 친왕을 추대하려는 움직임이 나타났지만, 상황은 "생각하는 바가 있다"고 하여 다카하루 친왕을 황태자로 세웠다. 그리고 "구니요시 친왕은 아직 어리다. 따라서 지금 황태자로 세우는 정식의 의식은 행하지 않겠지만, 조만간 이 구니요시 친왕의 혈통에게 정통을 계승하도록 하겠다. 그러나 만약 구니요시 친왕이 일찍 세상을 떠나는 일이 생기면 그 대신에 다카하루 친왕의 자손이 [다이카쿠지 황통을] 계승하도록 하라"라고 써두었던 것이다.254) 상황은 구니요시 친왕이 각기병脚氣病255)에 걸려 있어 그 앞날

---

253) 무라카미 천황이 스자쿠朱雀 천황의 동생으로서 다자이노소치에 임명되고, 이윽고 황태제가 되어 즉위한 가례佳例.

254) 이 부분은 고후카쿠사 황통을 시지하는 지가추시기 주관적으로 해석한 측면이 강하다. 고우다 법황은 쇼추正中 원년1324 6월 25일 사망. 그에 앞서 도쿠지德治 3년1308 윤8월 3일 영지 처분에 대하여 정해 두었다. 이해 8월 25일 고니조 천황 사망, 같은 달 26일 하나조노 천황 천조踐祚, 9월 19일 구니하루邦治 친왕 입태자 등 상황이 급변해 간다. 고니조 천황이 젊은 나이로 재위한 채 사망했기 때문에 그 뒤를 지묘인 황통의 하나조노 천황이 계승하는 것은 일단 기정사실로 하고, 황태자에는 고니조 천황의 첫째 황자인 구니요시 친왕이 유력하였지만, 다이카쿠지 황통이 다시 두 파로 나뉘어 다투는 사태가 되었다. 그런데 도쿠지 3년1308 8월 3일 고우다 법황이 정한 영지 처분장의 말미에는, "[다카하루 친왕] 일대一代에 한하여 영지를 지배한 후에는 모두 구니요

에 불안을 느꼈기 때문일 것이다.

　고다이고 천황은 학문을 매우 좋아했던 부친 고우다인의 뒤를 훌륭하게 계승하고 있었다. 더욱이 보기 드물게 여러 방면의 도에 조예가 깊었다. 불교에도 뜻을 두어 특히 진언밀교眞言密敎에 귀의하고 있었다. 처음에는 고우다 법황에게 사사師事했는데, 나중에는 전前 대승정 젠조禪助에게 허가許可256)까지 받았다. 한 나라의 천자가 관정을 받은 예는 중국에도 있다.257) 본조[일본]에도 세이와淸和 천황이 궁중에 지카쿠慈覺 대사[엔닌圓仁]를 불러 천황을 비롯하여 주진코忠仁公[후지와라노 요시후사藤原良房] 등이 이 의식을 받은 적이 있는데, 그 경우는 결연관정結緣灌頂258)이었다고 한다. 고다이고 천황은 정식의 수직授職259)을 원했지만 결국은 허가의 의식을 받게 되었던 것이다. 또한 천황은 진언종의 각 유파에 그치지 않고 다른 종파에도 깊은 관심을 가져 일본·중국을 불문하고 선종의 승려260)에 이르기까지 많은 고승을 주변에 불러들였다. [고다이

시邦良 친왕에게 양여해야 한다. 다카하루 친왕의 자손으로 현명하고 재능이 있으면 잠시 친왕으로서 조정에 출사하여 군주를 보좌하라. 우순虞舜·하우夏禹의 시대 같이 천하를 구가한다면, 스메미오야皇祖 아마테라스 오미카미의 생각[明鑑]에 맡겨야 한다. 제멋대로 참월해서는 안 된다. 또한 고니조인노미야後二條宮를 실제 아들과 같이 대해야 한다. 반드시 [고니조인을] 보호하고 효행을 생각하여 짐의 뜻을 이루도록 해야 한다"라고 쓰여 있다. 분포文保 2년1318 3월 고다이고다카하루 친왕 천황이 31세로 즉위하였다. 구니요시 친왕은 당시 19세였다. 본문에 기술되어 있는 "만약 구니요시 친왕이 일찍 세상을 떠나는 일이 생기면" 운운은 실제로 언급되어 있지 않다. 또한 "다카하루 친왕의 자손이 [다이카쿠지 황통을] 계승하도록 하라"는 말도 명시되어 있지 않다. 다만 고다이고 천황의 자손의 황위 계승을 완전히 부정한 것이 아니라, '스메미오야의 생각'에 맡기고 있을 뿐이다. 이것을 고다이고 천황 편인 지카후사는 주관적으로 확대 해석했다고 할 수 있다. 구니요시 친왕은 27세로 사망하였다.

255) 학슬병鶴膝病. 무릎이 붓고 아프며 정강이가 마르는 병.
256) 밀인허가密印許可 혹은 허가관정許可灌頂.
257) 『동요기東要記』 상上에 의하면, 당나라 현종玄宗 황제가 처음으로 관정을 받았고, 숙종肅宗·대종代宗이 계속 이어서 수법受法했다고 한다.
258) 널리 일반 사람에게 불교의 인연을 맺게 하기 위하여 행하는 관정.
259) 결연관정보다 한 단계 높은 전법관정傳法灌頂을 가리킴. 수직관정授職灌頂이라고도 한다. 진언밀교에서 불법을 수행한 뛰어난 행자行者에 대하여 아자리의 지위를 계승시키기 위한 관정.

고 천황과 같이] 일본·중국의 도에 두루 정통한 천자는 중고中古 이래 없을 것이다.261)

고다이고 천황은 무오년戊午年 : 1318에 즉위하여 기미년己未年 : 1319 여름 4월에 겐오元應라고 개원하였다. 즉위 후 잠시 동안은 고우다인이 정치를 행했지만,262) 2년 정도 지나 치세는 천황에게 넘겨졌다. 그 후 예전 시대와 같이263) [천황 친정의 관례에 따라] 기로쿠쇼記錄所를 설치하고, 여기에서 천황은 이른 아침부터 심야까지 정무에 힘써 백성의 근심에 귀를 기울였다. 그리하여 천하의 모든 사람들이 하나같이 천황의 성덕을 칭송하였고, 바야흐로 조정 본래의 정치가 실현될 때가 왔다고 상하 만민 모두가 기대하였다.

이러한 가운데 고우다인이 사망하자 황태자 구니요시 친왕의 측근들264)이 고다이고 천황에 대하여 데면데면한 태도를 취하였다. 이윽고 [천황과 황태자의 관계는] 간토關東[막부]에 사자를 보내 황위를 다툴265) 만큼 험악해졌다. 간토에도 황태자를 편드는 무리들이 있었는데, 이것이 천황이 분노한 발단266)이 되었다. 겐코元亨 갑자년甲子年 : 1324 9월말 마침내 막부 타도의 계획이 드러났다. 은밀히 천황의 명령을 받아 일을 추

---

260) 다이토大燈 국사 슈호묘초宗峰妙超, 원元나라 선승 명극초준明極楚俊 등이 궁정에 들어와 선화禪話를 하였다.

261) 제58대 고코光孝 천황 이후인 중고 이후, 고다이고 천황은 어느 천황보다도 뛰어난 명군明君이었다고 평가하고 있다. 지카후사는 고다이고 천황이 이상적인 천황의 모습에 가깝다는 것을 말하고 있는 것이다.

262) 분포文保 2년1318 3월부터 겐코元亨 원년1321 12월까지.

263) 제71대 고산조인後三條院조 참조.

264) 나카미카도 쓰네쓰구中御門經繼, 나카미카도 도시아키中御門俊顯, 로쿠조 아리타다六條有忠, 시조 다카히사四條隆久 등.

265) 『화원원신기花園院宸記』쇼추正中 2년1325 정월 13일조에 의하면, "가까운 시일에 요시다 사다후사吉田定房가 간토에 내려갈 것이라는 풍문이 있다. 그러자 황태자도 또한 로쿠조 아리타다六條有忠를 재빨리 내려 보낸다고 한다. 근년에 양쪽의 사자가 동시에 간토에 달려 내려가니, 세간에서는 이것을 경마競馬라 부른다"라고 기술되어 있다.

266) 천황이 막부 타도의 의지를 굳히게 된 발단. 이른바 쇼추正中의 변變. 겐코元亨 4년1324 9월, 막부의 호조 씨 타도를 획책한 사건. 같은 해 12월 9일에 쇼추로 개원하였다.

진하고 있던 자들 중에 무참한 희생자도 나왔지만,[267] 이때에는 큰 사건이 되지 않고 끝날 수 있었다.[268] 그 후 얼마 지나지 않아 황태자가 사망하였다. [황태자 구니요시는] 아마테라스 오미카미의 뜻[神慮]에도 부응하지 않고 고우다 법황의 유훈에도 어긋나는 행동을 했다고 생각된다. [황태자가 사망한] 지금이야말로 고다이고 천황이 의심할 여지없이 정통 군주로 정해진 것이다. 그러나 [뜻밖에도] 고후시미인後伏見院의 첫째 황자인 가즈히토量仁 친왕이 황태자로 정해졌다.[269]

이리하여 겐코元弘 신미년辛未年 : 1331 8월 천황은 돌연히 교토京都를 탈출하여 나라奈良에 행행하였다. 그러나 그곳이 여의치 않아[270] 가사기笠置라는 산사山寺[271] 부근에 임시 황거[行宮]를 정하고 [천황을 위해서 충성할] 뜻이 있는 무사[兵]들을 불러 모았다. 수 차례 전투를 치렀지만, 같은 해 9월 동국東國으로부터 대군이 올라와 가사기 성을 지키기 어려웠기 때문에[272] 천황은 그곳을 나와 다른 곳으로 향하였다. 하지만 도중 예기치 않은 일이 일어나[273] [고다이고 천황은] 조큐承久의 난 이래 막부가

---

267) 도키 요리사다土岐頼貞·다지미 구니나가多治見國長의 자살, 히노 쓰케토모日野資朝·후지와라노 도시모토藤原俊基의 체포 등.

268) 막부 타도의 계획이 발각되자 천황은 주나곤中納言 후지와라노 노부후사藤原宣房를 막부에 내려보내 맹세의 서신을 전했다.

269) 다이카쿠지·지묘인 두 황통의 교체 문제는 여전히 미해결 상태였다. 일찍이 분포文保 원년1317 4월, 막부는 간토의 사자를 상락시켜 두 황통이 교대로 황위에 오르는 데 합의를 보게 했지만, 두 황통의 대립은 이후에도 계속되었다.

270) 고후쿠지興福寺 세력의 지지를 얻으려 했으나 슈토衆徒들이 응하지 않았다. 『태평기』 권2에 의하면, "사이시쓰西室 겐지쓰顯實 승정은 간토의 일족으로 권세 있는 문주門主이기 때문에 그 위세를 두려워했는지 천황측에 참여하는 슈토도 없었다. 이리하여 난토南都 : 奈良의 황거로 정할 수 없었다"라고 기술되어 있다.

271) 가사기데라笠置寺. 교토 부京都府 가사기초笠置町의 가사기 산笠置山에 있는 사찰. 나라·헤이안 시대의 대석불군大石佛群이 있다. 가마쿠라 시대에 조케이貞慶가 중흥하여 미륵신앙이 융성하였다. 1331년 고다이고 천황이 여기에서 막부 타도를 획책한 것이 원인이 되어 사찰이 소실되었다.

272) 9월 28일 막부의 호조 씨가 이끄는 군대가 가사기 성을 공격한 것.

273) 가와치河內 : 大阪府에 가려고 하다가 신슈深須 뉴도入道의 배반으로 막부의 군사에

차지하고 있던 로쿠하라六波羅274)에 연행되어 버렸다. 천황을 따르고 있던 공경公卿·덴조비토殿上人들도 어떤 자는 체포되고 어떤 자는 몸을 숨겼다.

이리하여 [막부는] 황태자 가즈히토 친왕을 즉위시키고,275) 다음해 봄에는 고다이고 천황을 오키 국隱岐國：島根縣 隱岐群島에 옮겼다. 천황의 황자들도 여기저기 유배되었는데,276) 효부쿄兵部卿 모리요시護良 친왕277)만은 여러 산을 돌며 각지의 의병義兵을 일으키려고 기도하였다.

[당시] 가와치 국河內國：大阪府 동부에 다치바나노 마사시게橘正成278)라는 자가 있었는데 천황에 대한 충성심이 깊었다. 그는 가와치河內와 야마토大和：奈良縣의 경계에 있는 곤고 산金剛山279)이란 곳에 성을 쌓고 그 주변

체포되었던 것.

274) 로쿠하라탄다이六波羅探題. 공가公家 귀족의 감시, 막부와의 연락, 교토의 경비, 기나이畿內 서국西國의 정무·군사를 관장하는 가마쿠라 막부의 출장기관. 교토 가모 강賀茂川의 동쪽, 로쿠하라미쓰지六波羅蜜寺 부근에 있으며 예전 다이라노 기요모리平淸盛의 저택이 있었던 지역이다.

275) 고곤인光嚴院. 겐코元弘 원년1331 9월 20일.

276) 다카요시尊良 친왕은 도사土佐, 무네요시宗良 친왕은 사누키讚岐, 쓰네요시恒良 친왕은 다지마但馬에 유배되었다.

277) 1308~35. 오토노미야大塔宮라고 한다. 고다이고 천황의 황자로 생모는 후지와라노 게이시藤原經子. 20세에 천태좌주天台座主가 되었다. 고다이고 천황의 막부 타도 운동을 한편에서 이끌었지만, 아시카가 다카우지足利尊氏에게 패하여 가마쿠라에 유배되었다. 1335년 호조 도키유키北條時行가 일으킨 나카센다이中先代의 난 때 아시카가 다다요시足利直義에게 살해당했다.

278) 구스노키 마사시게楠木正成. ?~1336. 가와치河內：大阪府 사카무라坂村 출생, 부친은 마사토正遠라고 전해지지만 전반생前半生은 상세하지 않다. 겐코元弘 원년1331 린센지 령臨川寺領 이즈미和泉 와카마쓰 장원若松莊에 '아쿠토惡黨 구스노효에노조楠兵衛尉'로서 난입한 것이 확인된다. 1333년에 지하야 성千早城에서 가마쿠라 막부군과 싸웠다. 고다이고 천황의 겐무 정권하에서 이례적인 승진을 하여, 기로쿠쇼記錄所 요류도寄人, 잣쇼케쓰단쇼雜訴決斷所 부교닌奉行人, 가와치河內·이즈미和泉의 슈고守護가 되었다. 1336년 아시카가足利 군사와 전투 중 셋쓰攝津 미나토 강湊川에서 전사했다. 후에 '충신'으로서 칭송받고 메이지 시대 이후 도덕 교육에서 다루어졌다.

279) 오사카 부 동부와 나라 현의 경계에 있는 가쓰라기 산계葛城山系의 주봉主峰. 구스노키 마사시게의 근거지 지하야 성은 가와치 평야에 면한 서쪽 중복에 있었다. 산록에는 아카사카 성지赤坂城址·곤고지金剛寺·간신지觀心寺가 있다.

지역을 자주 공략하였다. 막부는 여러 지방의 병사들을 모아 마사시게를 공격했지만 성의 수비가 견고하여 쉽게 함락시킬 수 없었다. [바야흐로] 세상은 혼란에 빠져들었던 것이다.

다음해 계유년癸酉年：1333 봄, 천황은 은밀히 배를 타고 오키隱岐를 탈출하여 호키伯耆：鳥取縣 서부에 상륙하였다. 이 지방에는 미나모토노 나가토시源長年280)라는 자가 있었는데, 천황의 편이 되어 센조 산船上山281)에 임시 황거를 세우고 천황을 모셨다. 그 부근의 군병들이 잠시 공격하였지만 얼마 지나지 않아 모두 귀순하였다. 한편, 기나이畿内 주변에서도 뜻있는 무사들이 기회가 있을 때마다 거병하여 전투도 자주 일어났다. 급기야 수도[교토]에까지 전란이 미치자 상황282)도 새 천황283)도 로쿠하라에 거처를 옮겼다. 호키의 고다이고 천황도 군사를 출진시켰다. 기나이 근국近國284)의 뜻있는 무사들은 야하타 산八幡山285)에 진을 폈다.

이때 반도坂東에서 [진압을 위하여] 수도에 오른 무사들 중에 후지와라노 지카미쓰藤原親光286)라는 자도 야하타 산의 진영에 가담하는 등 천황측에

---

280) 나와 나가토시名和長年. ?~1336. 나와 씨는 해운업으로 부를 축적한 호키伯耆의 호족. 겐코 3년1333 윤2월, 고다이고 천황이 오키를 탈출하여 호키에 상륙하자 센조 산에서 맞이하였다. 천황의 신임이 두터워 호키노카미伯耆守에 임명되었고, 겐무 정권하에서 기로쿠쇼記錄所・무샤도코로武者所・온쇼가타恩賞方・잣쇼케쓰단쇼雜訴決斷所 등에서 활약하였다. 1336년 아시카가 다카우지足利尊氏가 겐무 정권에 반기를 들자 구스노키 마사시게와 함께 공격하여 패퇴시켰다. 그러나 6월 다카우지 군사와 전투 중 산조三條 이노쿠마猪隈에서 패하여 전사하였다.

281) 돗토리 현鳥取縣 아카사키초赤碕町.

282) 고후시미 상황과 하노조노 상황.

283) 고곤 천황.

284) 야마시로山城・야마토大和・가와치河内・이즈미和泉・셋쓰攝津의 다섯 개 기나이 지방[五畿内].

285) 이와시미즈하치만 궁이 있는 오토코 산男山.

286) 유키 지카미쓰結城親光. ?~1336. 무네히로宗廣의 아들. 지카토모親朝의 동생. 겐코의 난에 막부군을 따라 서상西上했지만, 고다이고 천황 편에 붙어 로쿠하라 공격에 가담하였다. 천황의 신임을 얻어 1334년 온쇼가타恩賞方의 요류도寄人, 잣쇼케쓰단쇼슈雜訴決斷所衆에 임명되는 등 높은 대우를 받았다. 구스노키 마사시게 등과 함께 '삼목일초三木一草'라고 불렸다.

참가하는 자가 점점 늘어났다. [그 가운데] 미나모토노源[아시카가足利] 다카우지高氏는 옛날 미나모토노 요시이에源義家의 둘째 아들 요시쿠니義國[287]를 시조로 하는 미나모토 씨 적류嫡流의 출신이었다. 또한 요시쿠니의 손자 요시우지義氏[288]는 다이라노[호조北條] 요시토키平義時 아손朝臣의 외손자였다. 그러므로 요시토키 등 [호조 씨]의 세상이 되어 미나모토 씨의 혈통을 가진 용사勇士들을 억누르는[289] 가운데에도 요시우지는 요시토키의 외손자로서 우대되어 많은 영지를 받았다. 그 후 대대로 [아시카가 씨와 호조 씨는] 친밀한 관계를 계속 유지하였다.

다카우지도 [고다이고 천황군의 토벌을 위해] 수도에 올라가라는 명령을 받았는데, [호조 씨의] 의심을 풀기 위해 다른 마음[異心]이 없다는 취지의 신에 대한 서약문[告文]을 쓰고 출진하였다.[290] 그러나 서약문에서 신에게 서약한 말도 가볍게 저버리고 변심하여 천황측에 투항하였다. 관군官軍의 세력이 확대되자, 5월 8일경 수도에 있던 간토의 군사는 모두 패배하여 두 상황과 새 천황을 받들고 간토를 향해 도망하였다. 도중 오미국近江國:滋賀縣 반바馬場라는 곳에서 천황 측에 속한 군사들[291]이 공격하자 간토의 무사들은 싸우지도 않고 다수가 자살하였다. 두 상황과 새 천황은 관군의 보호를 받으며 수도에 돌아왔다. 이리하여 수도로부터 서쪽 지역이 진압되었다는 소식을 들은 고다이고 천황은 재차 궁중으

287) 바르게는 셋째 아들. 아시카가 시키부다이유足利式部大夫라 불린다. 모친은 주구노스케中宮亮 아리쓰나有綱의 딸. 가가노스케加賀介, 종5위하.

288) 1189~1254. 부친은 요시카네義兼. 모친은 호조 도키마사北條時政의 딸. 호조 야스토키北條泰時의 딸을 처로 삼았다. 무사시노카미武藏守・무쓰노카미陸奧守・사마노카미左馬頭 등을 역임하고 정4위하에 서임되었다. 와다和田의 난, 조큐承久의 난, 호지保治 전투 등에서 막부의 주요한 인물로 활약하였다.

289) 와다 요시모리和田義盛・미우라 요시토키三浦義時・히라가 도모마사平賀朝雅 등에 대한 요시토키의 태도에 보인다.

290) 『태평기太平記』 권9에는, "아들 센주오千壽王와 부인 아카하시 소슈赤橋相州의 여동생을 가마쿠라에 남겨두고, 한 장의 서약문[起請文]을 써서 사가미 뉴도相模入道:北條高時에게 보냈다. 이에 사가미 뉴도가 의심을 풀고 기뻐하였다"라고 기술되어 있다.

291) 가메야마 천황의 다섯째 황자, 모리나리守成 친왕을 받드는 의병.

로 돌아왔다. 실로 전례가 없는 쾌거였다.[292]

한편, 간토에는 고즈케 국上野國 : 群馬縣에 미나모토노源[닛타新田] 요시사다義貞[293]라는 자가 있었다. 다카우지와 같은 미나모토 씨 일족이다. 그는 세상의 혼란 속에서 무명武名을 올려 가문을 일으키려고 약간의 군사를 이끌고 가마쿠라를 향해 출진하였다. [그러자] 호조 다카토키 등의 운명도 이제 다했다는 것을 깨달은 간토 지역의 무사들이 마치 바람에 풀이 휘어지듯이 요시사다를 따랐다.[294] 5월 22일에는 다카토키를 비롯한 호조 씨 일족이 모두 자살하여 가마쿠라도 평정되었다.

미리 약속을 했던 것도 아닌데도, 같은 달 규슈九州 각지로부터 무쓰陸奧[295]・데와出羽[296]의 끝에 이르기까지 전란은 평정되었다. 6, 7천 리里 [즉 규슈로부터 도호쿠東北 지방에 이르는 일본 전국]에 걸쳐 막부 타도의 군사가 일제히 일어서는 것을 보면, 시운이 이르렀다는 것[297]이 이런 것일까 하는 불가사의함을 느끼게 된다.

[한편] 고다이고 천황은 이러한 사태도 모르고 있다가 셋쓰 국攝津國 : 大阪府 서남부와 兵庫縣 동남부 니시노미야西宮라는 곳에서 소식을 접했다. [그 후 천황

---

292) 조큐의 난에서 유배당한 세 상황을 비롯하여 먼 지방에 가있던 상황・천황이 다시 무사히 교토에 돌아온 예는 없다.

293) 1301~38. 부친은 도모우지朝氏. 닛타 씨는 고즈케 국上野國 닛타 장원新田莊을 중심으로 한 호족. 요시사다는 겐코의 난에서 지하야 성千早城 공격에 참가했지만, 고즈케로 돌아온 후 가마쿠라를 공격하여 막부를 멸망시켰다. 고다이고 천황의 겐무 정권하에서 고즈케・에치고越後・하리마播磨의 고쿠시國司가 되었고, 아시카가 다카우지와 대립하여 1335년 하코네箱根 전투에서 패하였다. 다음해 규슈에서 상락上洛하는 다카우지를 효고兵庫에서 맞아싸웠지만 또다시 패하여 쓰네요시恒良 친왕을 받들고 호쿠리쿠北陸에 내려갔다. 1338년 후지시마藤島에서 시바 다카쓰네斯波高經에게 패하여 전사했다.

294) 『태평기』 권10에 의하면, 겐코 3년1333 5월에 출진할 때에는 "150여 기騎에 불과했던" 것이 "자진해서 달려와 그날 저녁 무렵에 20만 7천여 기"가 되었고, "세키토關戶에 하루 머물며 도착한 군사들을 기록하니 60만 7천여 기였다"라고 한다.

295) 후쿠시마 현福島縣・미야기 현宮城縣・이와테 현岩手縣・아오모리 현青森縣 및 아키타 현秋田縣의 일부.

296) 야마가타 현山形縣 및 아키타 현의 대부분

297) 막부의 호조 씨의 멸망과 고다이고 천황에 의한 조정의 권위의 회복.

은] 6월 4일 교토의 도지東寺에 들어갔다. 재경在京하는 사람들이 여기에 모여들어 [천황은] 위엄있는 의식을 갖추고 당당히 원래의 궁전으로 돌아왔다. 이윽고 천황은 상벌을 정하였는데, 두 상황[고후시미·하나조노]과 새 천황[고곤]에 대해서는 관대한 처분을 내려 교토의 거주를 인정하였다. 그러나 새 천황은 정당하게 즉위하지 않은 거짓 군주[僞主]라 하여 정식 즉위[正位]로는 인정하지 않았다.[298] [새 천황의 치세 기간에] 행해진 쇼쿄正慶의 개원도 인정하지 않고 예전 그대로 겐코元弘의 연호를 칭하였다. [새 천황의 치세 기간에] 승진한 사람들도 모두 겐코 원년1331 8월 이전 상태로 되돌려졌다.

헤이지平治의 난1159 후 다이라 씨가 천하를 전횡한 지 26년, 분지文治 연간1185~1189 초에 요리토모賴朝가 권력을 잡은 이후 부자가 이은 지 37년, 조큐承久의 난 후 요시토키義時가 정권을 담당한 지 113년, 모두 합쳐 170여 년 동안 공가公家가 천하를 통일한 적은 없었지만, 지금 이 천황의 치세에 이르러 손바닥을 뒤집는 것보다도 쉽게 [공가]일통一統을 이루었던 것이다. 종묘의 뜻도 때를 기다려 비로소 실현할 수 있다는 것[299]을 천하 만민이 모두 깨달아 천황의 성덕을 칭송하였다.

같은 해 겨울 10월, 우선 도호쿠 지방 진압을 위하여 산기 우콘노추조右近中將 미나모토노源[기타바타케北畠] 아키이에顯家 경卿을 무쓰노카미陸奧守에 임명하여 파견하였다.[300] 아키이에는 중국과 일본의 학문을 닦아 조정朝政을 보좌하는 것을 업으로 하는 집안[301]에 태어났기 때문에 지방행정의 경험도 없고 군사업무에도 종사한 적이 없었다. 그리하여 천

---

298) 겐코元弘 3년1333 5월 25일 호키伯耆로부터 조詔를 내려 폐위하였다.

299) 종묘 즉 아마테라스 오미카미의 뜻에 의하여 공가 일통이 성립했다고 생각하고, 조큐의 난의 기도가 시기상조였던 것에 비하여 겐무의 성공은 시기에 부합했다고 간주하고 있다.

300) 아키이에는 6월 12일, 사추조左中將 겸 단조다이히쓰彈正大弼, 8월 5일 종3위에 서임 겸 무쓰노카미, 9월 10일 단조다이히쓰를 사직. 지카후사 자신의 아들이지만 '경卿'이라 한 것은 공적公的인 사실의 표현이다.

301) 지카후사의 집안은 대대로 나곤納言에 임명되었다. 조정 정신廷臣의 우두머리인 섭정·관백 후지와라 씨의 다음에 있는 가문이라는 의식이 담긴 표현이다.

황의 명령을 수 차 사퇴하였지만, 천황은 "지금은 이미 공가公家 일통의 세상이다. [조정을 받드는 자에게] 문무文武의 구별은 있을 수 없다. 옛날에는 황자·황손 혹은 다이진의 자식들을 다수 군사의 대장大將에도 임명하였다. 지금부터 그대는 무인으로서도 [황실의] 수호자[藩屏]가 되어줄 것을 기대한다"라고 분부하며, 몸소 군대 깃발의 이름[旗銘]을 쓰고 많은 무기를 하사하였다. [고큐슈國守 자신이] 실제로 부임지에 내려가는 것도 중단된 지 오래되었기 때문에302) 멀리 옛날의 예를 찾아 작별 인사의 의식303)을 행하였다. 이때 천황은 아키이에를 앞으로 불러 친히 말씀을 전하고 의복과 말 등을 하사하였다.

아키이에는 도호쿠 진압을 위하여 황자의 파견을 주청하였고, 황자 [노리요시義良 친왕]와 함께 도호쿠에 내려갔다. 이 친왕은 언급하기도 황공한 지금의 황제이므로 더 이상 자세히 기술하지 않겠다. 아키이에가 현지에 도착하자 오우奧羽: 陸奧·出羽 지방은 모두 황실의 권위[皇威]에 복종하였다.

또한 [같은 해] 12월에는 사마노카미左馬頭 아시카가 다다요시足利直義 아손朝臣304)이 사가미노카미相模守에 임명되어 4품 고즈케노타이슈上野大

---

302) 자신은 교토에 있으면서 부임지에 내려가지 않고, 모쿠다이目代 등으로 하여금 현지의 업무를 대리시키는 관행인 요닌遙任을 가리킴. 헤이안 시대 초기에 제도화되어 친왕의 고쿠시 임명 제도는 요닌을 전제로 설치되었다. 10세기 헤이안 중기 이후 성행하였다.

303) '마카리모시罷申'라 한다. 출발에 즈음하여 천황에게 작별 인사를 올리는 의식.

304) 1306~52. 부친은 사다우지貞氏. 모친은 우에스기 기요코上杉淸子. 형 다카우지의 아들 다다후유直冬·모토우지基氏를 양자로 삼았다. 1333년 다카우지와 함께 로쿠하라六波羅를 공격. 같은 해 12월, 나리요시成良 친왕을 받들고 가마쿠라에 내려와 가마쿠라부鎌倉府를 열었다. 무로마치室町 막부에서는 히키쓰케카타引付方·안도카타安堵方를 거점으로 행정·재판권을 장악했다. 1338년 고다이고 천황의 명복을 기원하기 위해 전국에 안코쿠지安國寺 리쇼 탑利生塔을 건립하였다. 1342년 무소 소세키夢窓疎石와 협의하여 덴류지 선天龍寺船을 원나라에 파견하였다. 1349년 다카우지의 집사 고노 모로나오高師直와의 대립이 표면화하여 이윽고 전국의 무사를 다카우지 파와 다다요시 파로 2분하는 내란[觀應의 擾亂]으로 발전하였다. 1352년 가마쿠라에서 다카우지에게 독살당했다.

守 나리요시成良 친왕305)을 받들고 [간토에] 내려갔다. 이 친왕은 후에 잠시 정이대장군征夷大將軍을 겸하였다〈다다요시는 다카우지의 동생이다〉.

무릇 다카우지가 천황의 아군에 가담했던 공적은 확실히 인정해야 한다. 그러나 다카우지는 지나치게 천황의 총애를 받고 은상도 특별하게 수여받았기 때문에 마치 천하를 평정한 요리토모賴朝 경卿과 같은 심경이 되었던 것일까. 어느 사이에 그는 위계를 건너뛰어 4위에 서임되고 사효에노카미左兵衛督에 임명되었다. [그러나] 그 배하拜賀의 의식도 하기 전에 종3위가 되고, 또한 산기 종2위까지 승진하였다. [관위만이 아니래] 3개 국의 고쿠슈國守 · 슈고守護를 겸하고306) 많은 영지를 받았다. 동생 다다요시도 사마노카미左馬頭에 임명되고 종4위에 서임되었다.
옛날 요리토모는 비할 바 없이 훌륭한 훈공을 세웠지만, [무사개] 고위 고관에 오른 것은 정치를 어지럽히는 일이었다. 그의 자손이 빨리 끊어진 것은 그가 고관에 올랐기 때문이라 전해진다. 다카우지의 선조인 아시카가 씨 일족은 요리토모 · 사네토모의 시대에는 장군의 친족이었지만 아무런 특별 대우도 받지 못했고, 단지 일개 고케닌御家人307)에 속할 뿐이었다. 사네토모 공公이 쓰루가오카하치만 궁鶴岡八幡宮에서 배하의

---

305) 『겸창장군차제鎌倉將軍次第』에 의하면, 1333년 친왕, 1334년 고즈케노타이슈上野大守, 1335년 정이대장군에 임명되었다. 4품에 임명된 시기는 미상.
306) 『태평기』권12에 의하면, "먼저 큰 공을 세운 자의 은상을 행한다고 하여 아시카가 다카우지에게 무사시武藏:東京都 · 埼玉 · 神奈川縣 동부 · 히타치常陸:茨城縣 · 시모사下總:千葉縣 북부 · 茨城縣 남부 · 東京都 동부의 세 국"을 주었다. 고쿠슈는 주로 문관적 임무를 맡고 슈고는 본래의 무사적 임무를 맡는 것으로, 조정의 고쿠슈와 막부의 슈고를 겸하는 새로운 지방관으로 임명한 것이었다.
307) 가마쿠라 막부의 장군과 주종관계主從關係를 맺은 무사. 장군의 직속 가신을 가리킨다. 고케닌이 되는 데에는 장군을 알현하고 명부名簿를 바치는 절차가 요구되었지만, 막부 성립기에는 긴급한 군사동원의 필요에서 절차가 생략되는 경우도 많았다. 특히 서국西國 지방에서는 슈고守護에 의한 명부의 제출이나 교토오반야쿠京都大番役 복무의 실적만으로 고케닌으로 인정받은 자가 적지 않았다. 고케닌은 전시의 군역이나 오반야쿠 등의 여러 군역을 근무했고, 장군은 그 반대급부로서 혼료本領의 안도安堵나 신은新恩의 급여를 행하였다.

의식을 행한 날에도 [아시카가의 선조는 일반 고케닌의 자격으로] 지게젠쿠地下前驅 20인의 한 사람으로 참가하였다.308) 설령 요리토모의 자손이라 칭하는 자가 나타난다고 해도 새삼 등용할 필요가 있다고는 생각하지 않는다. 하물며 아시카가 씨는 오랫동안 고케닌에 불과했던 집안이다.309) 더욱이 이렇다 할 큰 공도 없는 아시카가 다카우지에게 왜 특별한 은상이 내리는지 의아해 하는 자도 많았다고 한다.

간토의 다카토키高時의 천명이 이미 다하고 고다이고 천황의 운세가 열린 것은 결코 사람의 힘에 의한 것이 아니다. 무사들은 말하자면 수대에 걸친 조정의 적[朝敵]이다. 그 무사가 천황의 아군에 들어와 가문이 보전된 것만도 충분한 황은皇恩이라 할 수 있을 것이다. 더욱이 충성을 다하고 노고를 쌓아야만 도리에 합당한 보답도 얻을 수 있을 것이다. 그럼에도 하늘의 공적을 훔쳐 자신의 공적으로 생각하고 있다. [옛날 자신의 공을 자랑하지 않고 죽어 겸양의 미덕을 보인] 개자추介子推310)의 훈계를 배우려는 무사는 없다. 이리하여 아시카가 씨뿐 아니라 다른 무사들도 다수 승진하였고 그 가운데 승전昇殿을 허락받는 자도 나타났다. 그러므로 어떤 자가 말하기를,311) "공가公家의 세상으로 돌아왔다고만 생각하고 있었는데, 사실은 더 한층 무사의 세상이 되어 버렸다"고 했다고 한다.

무릇 정도政道란 이미 몇 차례 기술했지만, 정직과 자비를 근본으로 하여 결단력312)이 있어야 한다. 이것은 아마테라스 오미카미의 명확한 가르침이다.313) 결단이라 해도 여러 방법이 있다. 첫째로, 관직에는 그

---

308) 『신황정통기』 제84대 준토쿠인順德院조의 이서裏書에는 '지게젠쿠地下前驅' 중에 아시카가足利 무사시노젠지武藏前司 요시우지義氏의 이름이 보인다.

309) 아시카가 씨는 가마쿠라 막부에 출사한 이래 140년간 줄곧 고케닌이었다.

310) 춘추시대의 사람. 진문공晉文公을 따라 19년간 망명하였는데, 문공이 귀국하여 왕이 된 후에 봉록을 주지 않았기 때문에 그 어머니와 함께 면산縣山에 은둔하였다. 문공이 나중에 그를 찾았으나 찾지 못하자 개자추를 나오게 하려고 산에 불을 질렀는데, 개자추는 끝내 나오지 않고 불타 죽었다.

311) 특정한 인물이 아니라 겐무 중흥에 대한 공경 일반의 생각을 대변한 것이다.

312) 실제 정치를 훌륭하게 운영하는 것을 가리킴.

자리에 어울리는 인재를 등용하는 것이다. 만일 관직에 인재만 있으면 천자는 팔짱을 끼고 앉아 정치를 할 수 있을 것이다.[314] 그러므로 일본도 외국도 이것을 치세의 근본으로 여긴다. 둘째로, 국國이나 군郡을 신하에게 은급恩給으로 내릴 때에는 사사로운 정[私情]에 의해서는 안 되며 반드시 그럴 만한 정당한 이유가 있어야 한다. 셋째로, 공이 있는 자에게는 반드시 상을 주고 죄가 있는 자에게는 반드시 벌을 내려야 한다.[315] 선을 권하고 악을 응징하는 도가 이것이다. 이 가운데 어느 하나라도 어긋나면 그것을 어지러운 정치[亂政]라고 하는 것이다.

상고上古에는 훈공이 있다고 해서 관위를 승진시키는 일은 없었다. 보통의 관위 이외에 훈위勳位[316]라는 제도를 두고 1등부터 12등까지 서열을 만들었다. [본래의 위계에서는] 무위無位라도 큰 훈공에 의해서 1등을 수여받은 사람은 정3위와 종3위의 중간에 상당하는 대우를 받을 수 있었다. 또한 본래의 위계 이외에 훈위를 겸하는 것도 가능했다.[317]

관위에 대해서 말하자면, 위로는 삼공三公[318]으로부터 아래로는 각 관청[諸司]의 최하급 관리[一分]에 이르는 계열을 내관內官[319]이라 하고, 각 지방[諸國]의 [장관인] 가미守로부터 시쇼史生[320]·군지郡司에 이르는 계열을 외관外官[321]이라 한다. 천문의 형상과 지리의 형세에 따라서 각

---

313) 아마테라스 오미카미의 삼종의 신기에 관한 신칙.
314) 『상서尙書』 무성편武成篇에 "소매를 늘어뜨리고 팔장을 낀 채 천하를 다스린다"라는 기술이 보인다.
315) 『한서漢書』 선제기宣帝紀 찬贊에 "선제의 정치는 상과 벌을 엄정히 하였다[信賞必罰]", 『한서』 가의전賈誼傳에 "포상을 하여 선을 권하고 형벌을 가하여 악을 징계한다"라고 기술되어 있다.
316) 군진軍陣의 훈공을 포상하기 위한 위계. 통상의 관위정1위로부터 少初位까지 18階를 문위文位라고 하며, 그것과 대비하여 이것을 무위武位라고 할 수 있다.
317) 제49대 고닌光仁 천황조에 '정3위 훈2등 다이나곤'이 보인다.
318) 다이조다이진·사다이진·우다이진.
319) 궁중 혹은 경사京師에 근무하는 정신廷臣.
320) 관청의 문서를 관장하는 하급 관리.
321) 내관과 대비하여 지방관을 총칭함. 국아國衙의 장관[고쿠시國司 또는 가미守]으로부터 스케介·조掾·사칸目을 거쳐 최하급인 시쇼史生까지와, 군아郡衙의 장관[군지郡司]

각 정해진 직무가 있기 때문에[322] 그것에 적합한 재능이 없는 자를 임용해서는 안 되는 것이었다. "작호爵號[名][323]와 거복車服[器][324]은 [군주가 관장하는 것으로] 다른 사람[신하]에게 빌려줄 수 없다"[325]라고도 하고, "하늘이 하는 일[天工]을 사람이 대신한다"[326]라고도 한다. 군주가 함부로 관위를 수여하는 것을 유거謬擧라고 하고, 신하가 멋대로 관위를 받는 것을 시록尸祿이라 한다.[327] 유거와 시록은 모두 국가가 멸망하는 단초이자 왕업王業이 단절되는 원인이 된다고 한다.

[그런데] 중고中古가 되자 다이라노 마사카도平將門를 추토한 상으로 후지와라노 히데사토藤原秀鄕를 정4위하[328]에 서임하고, 무사시武藏 : 東京都 · 埼玉 · 神奈川縣 동부 · 시모쓰케下野 : 栃木縣의 두 국의 가미守를 겸하게 하였다. 또한 다이라노 사다모리平貞盛를 정5위하에 서임하고 진수부장군鎭守府將軍에 임명하였다. 또한 아베노 사다토安倍貞任가 오슈奥州 : 陸奥 · 出羽에서 일으킨 난을 12년간의 전투 끝에 진압하고 개선한 미나모토노 요리요시源賴義를 정4위하에 서임하고 이요노카미伊予守에 임명하였다. 그들의 공적은 높았지만 주어진 것은 임기 4, 5년에 불과하였다. 이것조차 [훈공에 대하여 관위를 가지고 보답하지 않는다는] 상고上古의 법에서 벗어나

으로부터 스케少領 · 조主政 · 사칸主帳까지를 가리킨다.

322) 주관周官에 천天 · 지地 · 춘春 · 하夏 · 추秋 · 동冬의 6관官의 명칭과 함께 360관官으로 나누고 있는 것과 같은 사례.

323) 관위의 명칭.

324) 작호에 따른 부속물로서 수레 · 의복 · 훈장 등.

325) 『춘추좌씨전春秋左氏傳』 성공成公 2년조에 "오로지 그릇과 이름은 다른 사람에게 빌려줄 수 없고 군주가 관장하는 것이다唯器與名 不可以假人, 君之所司也"라고 기술되어 있다.

326) 『상서尙書』 고요모皐陶謨에 "서관庶官 : 百官을 비워서는 안 된다〈관위에 적합한 인재가 있어야 한다는 뜻〉. 하늘의 일을 사람이 대신하는 것이다無曠庶官, 天工人其代之"라고 기술되어 있다. 사람은 하늘을 대신하여 관직을 운영하고 있다는 뜻.

327) 『문선文選』 37, 「조자건구자시표曹子建求自試表」에 "그러므로 군주는 관위를 헛되게 주지 않고, 신하는 헛되게 받지 않는다. 헛되게 주는 것을 유거라고 하고, 헛되게 받는 것을 시록이라 한다故君無虛授, 臣無虛受. 虛授謂之謬擧, 虛受謂之尸祿"라고 기술되어 있다.

328) 종4위하의 오류.

있었다.

호겐保元의 난 후의 은상에서는 미나모토노 요시토모源義朝가 사마노 카미左馬頭에, 다이라노 기요모리平淸盛가 다자이노다이니大宰大貳에 임명되었으며, 그 외에 즈료受領·게비이시檢非違使에 임명된 자도 있었다.329) 이때 이미 관위가 어지러워지기 시작했다고 할 수 있을 것이다.

[더욱이] 헤이지平治의 난 후 황실의 권위[皇威]가 급속하게 쇠퇴함에 따라 기요모리는 천하의 권력을 찬탈하여 다이조다이진에 오르고 자식들도 다이진·다이쇼가 되었던 것330)은 새삼 말할 필요도 없을 것이다. 하지만 [다이라 씨가] 조정의 적[朝敵]이 되어 이윽고 일족이 멸망한 것을 보면 후대의 선례로 삼기는 어렵다. 요리토모의 경우, 그는 일신의 힘으로 다이라 씨의 난을 평정하여 20여 년 동안 다이라 씨의 전횡에 시달린 조정의 울분을 풀었다. [이것은] 옛날 진무神武 천황의 치세에 우마시마미노 미코토宇麻志麻見命가 기나이畿內를 평정하고, 또한 고교쿠皇極 천황의 치세에 다이쇼쿠칸大織冠 후지와라노 가마타리藤原鎌足가 소가 씨蘇我氏 일족을 멸하여 황실의 위기를 구한 이후 유례없을 정도의 훈공이라 할 수 있을 것이다.

그 요리토모조차 수도에 올랐을 때 다이나곤大納言·우다이쇼右大將에 임명되는 것을 한사코 고사했지만,331) 강권에 못이겨 그 관직에 임명된 것이었다. 이것은 조정에게도 요리토모에게도 장래의 화근이 되어 버렸다.332) 요리토모의 아들 요리이에·사네토모는 그 뒤를 따라 다이진·다이쇼에 올랐지만 얼마 안 되어 죽고 그 후계자도 끊어졌다.333) [이것

---

329) 『병범기兵範記』 호겐保元 원년1156 8월 9일조에 보인다.
330) 『신황정통기』 제78대 니조인二條院조.
331) 『신황정통기』 제82대 고토바인後鳥羽院조.
332) 조정으로서는 고래古來의 법을 넘어선 은상을 준 것, 요리토모로서는 신분에 상응하지 않는 고위·고관에 오른 것으로, 양쪽 모두에 좋지 않은 재앙을 가져오는 결과가 되었다는 의미.
333) 『신황정통기』 제84대 준토쿠인順德院조.

은] 하늘의 뜻[天意]을 어겼기 때문일 것이다. 조정이 이같은 [무사를 고관에 임명하는] 선례를 만들어 버렸기 때문에 큰 공이 없는 자들까지도 모두 고관에 임명될 것이라 생각하게 되었다.

[하지만] 요리토모는 자신은 고관에 올랐어도 형제·일족이 고관에 오르는 것을 엄격히 금지하였다. [그래서] 그의 동생 요시쓰네義經는 5위의 게비이시檢非違使에 머물렀고,334) 노리요리範賴는 미카와노카미三河守가 되었지만, 요리토모가 배하하는 날335) 일반 고케닌과 함께 젠쿠前驅336)의 행렬에 참가하였던 것이다. [그럼에도 불구하고] 교만한 마음이 보였기 때문인지 요리토모는 이 두 동생을 결국 죽여 버렸다.337) 그들 이외에도 일반 친족까지 다수 멸망시킨 것338)은 [미나모토 씨의 이름을 빌어] 우쭐되는 자가 나오는 것을 막고 막부의 영속과 가문의 안태를 꾀하려 했기 때문일 것이다.

미나모토 씨의 시조 쓰네모토經基는 [세이와淸和 천황의] 황손이었지만,339) 조헤이承平의 난340) 때 정동장군征東將軍 후지와라노 다다부미藤原忠文 아손朝臣의 부장副將으로서 그 지휘하에 출병하였다. 그 후 [세이와 겐지淸和源氏는] 무용武勇의 가문이 되었다. 쓰네모토의 아들 미쓰나카滿仲로부터 요리노부賴信·요리요시賴義·요시이에義家로 자손이 대를 이어 오

---

334) 『오처경』 겐랴쿠元曆 원년1184 8월 17일조.

335) 『오처경』 분지文治 6년1190 12월 1일조. 요리토모는 1190년 12월 1일, 배하를 위하여 인院의 고쇼御所에 들어갔다. 그때 행렬의 젠쿠 10인 가운데 '사키노스루가노카미前參河守 노리요리'가 보인다.

336) 젠쿠는 대략 5인 내지 10인으로 항상 다수가 근무하였다. 그 중의 한 사람으로 노리요리를 참가시켰다는 것은 요리토모의 동생이면서도 전혀 특별하게 취급하지 않았던 것을 보여준다.

337) 요시쓰네의 멸망에 대해서는 『오처경』 분지文治 5년1189 윤4월 30일조에, 노리요리의 주살에 대해서는 『보력간기』에 상세하게 기술되어 있다.

338) 요시나카義仲, 유키이에行家, 요시히로義廣 등.

339) 세이와 천황의 황자 사다스미貞純 친왕의 아들.

340) 다이라노 마사카도平將門의 난. 같은 시기에 서국西國에서 일어난 후지와라노 스미토모藤原純友의 난과 함께 조헤이·덴교天慶의 난931~947이라고도 한다.

랫동안 무용을 가지고 조정을 받들었다. 위로도 조정의 위세가 위엄있고 아래로도 신하의 본분을 잘 지켜 미나모토 씨 가문은 항상 안태하였다. [그러나] 다메요시爲義는 호겐의 난에서 [스토쿠崇德 상황 편에] 가담하여 죽임을 당하였고, 그 아들 요시토모義朝도 또한 공을 세우려 급급하다 [헤이지의 난에서] 멸망하였다. 그들이 [가문의 영속을 바랬던] 선조의 본래 뜻[本意]을 어겼던 것은 의심할 여지가 없다.

[그러므로] 선인의 행적을 잘 알고 득실을 생각하여 자신을 세우고 가문을 온전히 하도록 힘쓰는 것이야말로 현명한 도이다. [그러나] 어리석은 자들은 기요모리淸盛·요리토모賴朝의 승신을 보고 그것을 당연하게 생각하고, 다메요시·요시토모의 모반을 보고 그들이 멸망한 까닭을 알지 못한다. 최근의 일로서, 후시미인伏見院의 치세에 미나모토노 다메요리源爲賴341)라는 자가 다이리에 난입하여 자살한 사건이 있었다.342) 그가 일찍이 [기원을 담아] 여러 신사에 바친 화살에도, 그날 밤 쏘았던 화살에도 다이조다이진 미나모토노 다메요리라는 글자가 새겨져 있었다고 한다. 실로 우스운 이야기이지만, 인심이 어지러워진 세태를 [다이조다이진이라 자칭한] 이 사례를 통해 엿볼 수 있을 것이다.

호조 요시토키北條義時 등은 [그 권세로 보아] 원하는 대로 승진할 수 있었음에도 불구하고 정4위하 우쿄노곤노다이부右京權大夫에 머물렀다. 더욱이 야스토키泰時의 치세에는 자손의 장래를 생각하여 엄하게 훈계했기 때문인지 [호조 씨의] 멸망에 이르기까지 끝내 고관에 오르지 않고 상하의 예절을 어지럽히지 않았다. 근년 오사라기 고레사다大佛維貞라는

---

341) 가이 겐지甲斐源氏 오가사와라 씨小笠原氏의 일족, 아사하라 하치로淺原八郎.

342) 후시미 천황의 쇼오正應 3년1290 3월 10일, 아사하라 다메요리淺原爲賴 등 몇몇 무사들이 도미노코지富小路의 다이리에 침입하여 후시미 천황을 살해하려고 기도했으나 경호 무사들에게 포위되어 자살한 사건. 진상은 밝혀지지 않았지만 그 정치적 파장은 매우 컸다. 지묘인 황통은 이 사건의 배후에 다이카쿠지 황통인 가메야마龜山·고우다後宇多 두 상황이 있다고 줄곧 선전하였고, 사이온지 긴히라西園寺公衡는 가메야마 상황을 로쿠하라六波羅에 감금할 것을 주장하였다. 이에 놀란 두 상황은 사건과 무관하다는 취지의 서약서를 막부에 보내어 위기를 모면하였다.

자가 막부의 추거에 의해 슈리노다이부修理大夫에 임명된 것조차 세상의 지탄을 받았는데, 그는 임관된 지 얼마 안 되어 세상을 떠났다.343) 부조父祖가 정한 규정을 어기는 자는 가문을 멸망시킨다는 것을 보여주는 예이다.

사람은 과거를 잊기 쉽지만 하늘은 결코 도를 저버리지 않는다.344) "그렇다면 왜 하늘은 이 세상을 정리正理에 따라 만들지 않는 것인가?"라는 의문을 품을 것이다. [그러나] 사람의 선악善惡은 그 자신의 과보果報에 좌우되며 세상의 혼란은 일시적인 재난인 것이다. [그것은] 천도天道도 신명神明도 어찌 할 수 없는 일이지만, 사악한 자는 오래지 않아 멸망하고 혼란한 세상도 올바른 상태[正]로 돌아가게 되어 있다. 이것이 고금古今의 이치이다. 이 이치를 잘 분별하여 아는 것을 계고稽古라고 한다.

상고上古345)의 시대에 사람을 관직에 선발하는 기준은 우선 그 사람의 덕행을 비교하고, 덕행이 동일하면 재능이 있는 쪽을 선발하며, 만약 재능도 동일하다면 출사한 경험이 많은 쪽을 선발하였다. 또한 덕의德義·청렴淸廉·공평公平·근면勤勉의 네 가지를 중점으로 선발했다고도 한다. 격조格條346)에 "아침에는 신분이 미천한 자[시양廝養347)]도 저녁에는 공경公卿이 된다"348)는 말이 있는데, 이것도 덕행·재능이 뛰어난 자를 신분

343) 『북조구대기北條九代記』에 "고레사다維貞. 종4위하, 슈리노다이부. 본명은 사다무네貞宗"라고 기술되어 있다. 종4위하에 서위된 것은 가랴쿠嘉曆 2년1327 7월로, 같은 해 9월 7일 사망하였다. 종4위하 슈리노다이부는 호조 씨 종가의 싯켄직執權職이 오를 수 있는 최상위 지위이다.
344) 『주역周易』 건괘乾卦에 있는 '천행건天行健', 즉 하늘은 고금古今을 불문하고 항상 바른 순서[正順]를 잃지 않는다는 말.
345) 다이호大寶 율령이 시행된 무렵. 구체적으로는 다이호 율령의 선서령選敍令에 의한 상고의 인재 등용을 가리킨다.
346) 율령 이후의 법령으로, 시무時務에 따라 별칙別勅을 내려 법제화한 것.
347) 군중軍中에서 나무를 해오거나 밥을 짓거나 하는 천한 일에 종사하는 자.
348) 『본조문수本朝文粋』 2 덴초天長 4년827 6월 13일 다이조칸푸太政官符에 보인다 : "朝爲廝養, 夕登公卿".

에 관계없이 고관에 발탁한다는 뜻이다. 간코寬弘 연간1004~1012 이전에는 재능만 갖추고 있으면 출신의 귀천과 관계없이 장상將相349)에 오른 사람도 있었다. 간코 연간 이후에는 대대로 이어온 가계家系[후다이譜第]350)가 중시되었고, 그 조건에 맞는 자 중에서 재능도 있고 덕성도 갖추어 그 직을 수행할 수 있는 인재가 선발되었던 것이다.

"7개 국의 즈료受領를 역임하고 그 직책을 훌륭하게 완수한 자를 비로소 산기參議에 임명한다"351)라는 말이 있다. 이것은 말세에 관위가 문란해지는 것을 훈계하려고 산기를 한 예로 든 것이다. [이와 관련하여 다음과 같은 이야기가 전해진다.] 시라카와인白河院의 치세에 슈리노다이부修理大夫 후지와라노 아키스에藤原顯季352)라는 사람이 있었다. 그는 시라카와인의 유모의 남편353)으로서 당시 비할 바 없는 권세를 가지고 있었는데, 7개 국의 즈료 역임의 공로에 의해 산기에 임명받고자 신청하였다. 그러나 시라카와인은 "그것은 문필의 재능이 뛰어나야 가능하다"고 하여 거절하였고, 아키스에도 또한 그에 따라 단념하였다. 이 사람은 가인歌人으로서도 명성이 있었을 정도의 인물이고, 문필의 재능이 뛰어나지 않았다고도 생각되지 않는다. 또한 산기가 될 수 없을 정도의 인물도 아니었지만,354) 일본과 중국[和漢]의 학문에 부족한 것이 있었을 지도 모

---

349) 다이쇼나 산기.

350) 대대로 그 관직을 가업으로 하는 가문의 출신자인 것.

351) 『직원초』상上 산기조에 "산기에 임명하는 데 몇 가지 경로가 있다. 사다이벤左大辨・우다이벤右大辨 및 고노에추조近衛中將로서 재능이 있는 자, 구로도토藏人頭 및 7개 국의 구몬[公文 : 고쿠시의 임기가 종료되었을 때 그간의 치적을 인정하는 증빙 문서로 게유解由라고 한다]을 받은 즈료 등이 그것이다"라고 기술되어 있다.

352) 양부養父는 산기 사네스에實季. 실제 부친은 정4위하 미노노카미美濃守 다카쓰네隆經. 아키스에는 사누키讚岐, 아와安房, 오와리尾張, 이요伊予, 하리마播磨의 고쿠시國司 등을 거쳐 1094년 슈리노다이부, 1101년 미마사카노카미美作守 겸 슈리노다이부, 1102년 인노벳토院別當, 1103년 도구노스케春宮亮, 1104년 종3위, 1108년 정3위, 1111년 다자이노다이니大宰大貳에 임명되었다. 『후습유집後拾遺集』『신고금집新古今集』『신칙선집新勅選集』등의 작자이며 가집家集이 있다. 가학자歌學者 아키스케顯輔는 그 아들이다.

353) 자식의 잘못.

354) 양부 사네스에도 산기였고 본인도 후에 정3위가 되었으므로, 아키스에가 산기가 되

른다. [이 예를 통하여] 시라카와인의 치세까지는 고관에 오르는 데에 얼마나 엄격한 조건이 따랐는지 알 수 있을 것이다.

[중고中古 이후] 가계[譜第]를 중시하는 풍조가 강해져 현재賢才가 발탁되기 어려워졌기 때문에 상고上古보다 못하다고 비난하는 사람들도 있지만, 옛날 그대로 따라서는 오히려 관위가 더욱 문란해질 것이므로 출신을 중시하는 것도 합당한 일이다. 다만 재능도 뛰어나고 덕성도 갖추고 있어서 등용되더라도 사람들이 비난하지 않을 정도의 인재라면, 지금이라도 굳이 출신 가문을 가리지 않고 발탁해도 무방하리라 생각한다. [그러나] 이러한 경우가 아니라 단지 일시적인 훈공 등에 의해, 조정 대대로의 배신陪臣인 무가에게 고관을 수여하는 것은 국정의 문란을 가져올 뿐만 아니라 그 사람 본인을 위해서도 좋지 않으므로 삼가야 할 것이다.

중국에서도 한나라 고조高祖는 마구 공신들에게 큰 봉토를 주고 대신大臣·재상宰相의 지위까지 임명하였다.[355] 그래서 그들은 교만해졌고 교만해지자 멸망하였다. 그로 인하여 나중에는 [초창 이래의] 공신이 거의 사라져 버렸던 것이다. 이러한 사실에서 깊이 깨달은 후한後漢의 광무제光武帝는 공신에게 봉토와 관작을 주더라도 공신의 필두인 등우鄧禹에게조차 불과 4개 현縣의 봉토를 주었고,[356] 관리에는 공이 있는 무장을 제쳐두고 문관을 우선적으로 기용하였다. 이러한 정책에 의해서 소위 이십팔장二十八將이라 불리는 무장의 가문이 옛날의 훈공도 헛되지 않게 오랫동안 번영하였고, 조정에 많은 명사名士가 기용되어 무능하다는 오명을 듣는 자가 없었다고 한다.[357] 이십팔장 중에서도 등우와 가복賈復은 관리에도 기용되었는데,[358] 이것은 한조漢朝의 옛날조차 문무 양면의 재능을 갖춘 인

어서는 안 될 정도의 인물은 아니었던 것.
355) 『후한서』 권22 이십팔장전론二十八將傳論에 보인다.
356) 『후한서』 권16 등우전鄧禹傳에 의하면, 등우는 고밀高密·창안昌安·이안夷安·순자淳子의 4현에 봉해졌다. 등우는 남양南陽 신야新野 태생. 후한 중흥의 제일 공신이다.
357) 『후한서』 권22 이십팔장전론차하二十八將傳論次下에 보인다.

물이 적었던 것을 말해준다.

다음으로 공전功田359)이라는 것에 대해서 살펴본다. 옛날에는 공적의 내용에 따라 대·상·중·하의 네 개의 구별이 있어서 경지 소유권의 세수世數에 확실한 단계가 정해져 있었다. 즉 대공전大功田은 영구 소유를 인정받았고, 상공전上功田 이하는 혹은 3대 혹은 손자의 대[2대]까지 상속을 허용받거나 본인의 생존기간으로 한정되는 것도 있었다. 무릇 천하를 다스린다는 것은 국國·군郡의 경지의 사유를 금하고, 조세를 면제받는 토지[不輸地]360)가 정당한 이유없이 증가하는 것을 막는 데에 있다.

국에는 가미守, 군에는 료領361)라는 행정관이 있어서 한 국의 모든 사람들이 그 명령에 따르고 있었기 때문에 법을 어기는 백성이 나타나지 않았던 것이다. [더욱이] 이렇게 고쿠시國司의 근무상태362)를 조사하여 상벌을 내렸기 때문에 천하를 손바닥 보듯이 손쉽게 다스렸다. 공전 중에는 여러 원院363)과 궁宮364)에 봉호封戶를 하사하였고, 친왕과 다이진에게도 동일하게 봉호를 하사한 적이 있었다.

공전 이외에 관전官田365)·직전職田366)이라는 토지가 있었는데, 이것들도 모두 조정의 허가를 받아 일정한 토지로부터의 조세[正稅]를 급여받을 뿐으로 국國은 일체 고쿠시의 행정권 아래에 있었다. 다만 대공전

---

358) 『후한서』 권17 가복전賈復傳에 보인다. 공경과 더불어 국가의 대사를 논하는 고관이
　　되었던 것. 가복은 남양南陽 관군冠軍 태생.
359) 위전位田·직전職田에 대해서 국가에 공로가 있는 자에게 내리는 토지.
360) 영제令制에 의하면, 조세가 면제되는 불수조전不輸租田은 신전神田, 사전寺田, 직분
　　전職分田 등이다.
361) 구니에 대·상·중·하의 구별이 있어 각 구니에 가미守: 國司 1인을 두었고, 군郡에
　　대·상·중·하가 있어 각각 다이료大領 1인과 쇼료少領 1인을, 소군小郡에는 료領 1
　　인을 두었다.
362) 공功·우遇·행行·능能의 네 가지에 대해서 그 근무 상태를 평가한다.
363) 인院, 뇨인女院 등의 제원諸院.
364) 삼궁三宮, 동궁東宮 등의 제궁諸宮.
365) 바르게는 위전位田이다.
366) 직분전으로, 조세를 납부하는 수조輸租와 조세를 면제받는 불수조不輸租가 있다.

만은 오늘날 장원과 같이 고쿠시의 간섭을 받지 않고 자손에게 상속되었다. [그러나] 중고中古 이후 많은 장원이 설립되어367) 조세 면제 토지[不輸地]가 확대되면서부터 나라가 어지러워지기 시작하였다.

상고上古에는 토지에 대한 법이 엄격했기 때문인지, 스이코推古 천황의 치세에 소가노 우마코노오오미蘇我馬子大臣가 "내가 급여받은 봉호의 일부를 사원에 기진嗇進하고 싶다"고 주청하였지만 결국 칙허를 받을 수 없었다.368) [또한] 고닌光仁 천황은 신사와 사원에 토지를 기진할 때 '영永'이란 표현을 사용하면서 이 글자의 의미를 ['영구히'가 아니라] 자신의 치세 1대를 통해서라는 의미라고 밝혔다고 한다.369)

고산조인後三條院의 치세에 [사유지가 증대하는] 폐해를 고치려고 기로쿠쇼記錄所를 설치하고, 여기에서 전국의 장원·공령公領의 토지문서를 조사하여 많은 장원을 폐지시킨 적이 있지만, 시라카와白河·도바鳥羽 두 상

---

367) 본문에서 중고란 고코 천황의 치세884~887 이후를 가리킨다. 장원이 설립되기 시작한 정확한 시기는 불명확하지만, 『유취삼대격類聚三代格』엔기延喜 2년902 3월 13일 다이조칸太政官에서 내린 간푸官符에 "여러 원院·궁宮·왕신가王臣家들이 제국諸國 부내部內에 원래 가지고 있던 경지에 스스로 장가庄家를 세우거나 혹은 새롭게 산야를 점유하여 그 지리地利를 거두고 있다(…하략…)"라는 기술이 보인다. 이미 이 무렵에 장원 설립의 움직임이 나타난 것을 엿볼 수 있다.

368) 『일본서기』 권22 스이코 천황 32년624 9월 3일조에 "당시 사원 46개 소의 승려 816인, 비구니 569인 도합 1385인 있었다"고 보인다. 이어서 동 10월 1일조에는, 소가노오오미 우마코蘇我大臣馬子가 법두法頭 아즈미노무라지阿曇連를 천황에게 보내 가즈라키현葛城縣이 소가 씨의 본거지와 인연이 있다고 하여 그곳을 봉현封縣으로 받고 싶다고 천황에게 상주케 하였지만, 천황이 후세의 악명惡名를 우려하여 허락하지 않았다고 기술되어 있다. 우마코는 열렬한 불교신자였기 때문에 자기의 사원을 가지고 있었을 것이고, 그 사원의 사령寺領으로서 청했을 것이다.

369) 『속일본기』 권36, 호키寶龜 11년780 6월 5일조는, "'봉호 100호戶를 아키시노데라秋篠寺에 시입施入한다. 임시로 식봉食封을 시입하는 것에 대해서는 그 연한年限을 영조令條에서 정하고 있다. 요즈음은 시입이 예전과 많이 달라졌다. 천지天地가 영구히 계속되는 것처럼 제왕의 치세[代]가 이어지고 있다. 만물은 천하의 것으로 한 사람이 사용할 것이 아니다. 하지만 생각하는 바가 있어 오랫동안永' 위의 봉호를 시입하는 것이다. 여기서 '오랫동안永'이라 하는 것은 일대一代일 뿐이다. 지금부터 항례恒例로 정하라. 이보다 이전의 시입도 이후의 시입도 오로지 이것에 준하도록 하라'고 명하였다'라고 기술되어 있다.

황의 치세에 이르러 장원의 신설이 성행하여 하나의 국 안에서 고쿠시의 위령威令이 미치는 곳이 불과 백분의 일이었다. 이후 고쿠시는 부임국에 내려가지도 않고 능력이 없는 대리자[간다이眼代370)]를 파견하여 행정을 맡겼다. 이러하니 어찌 나라의 혼란이 일어나지 않을 수 있겠는가? 하물며 분지文治 연간1185~1189 초기에 국에 슈고직守護職을 임명하고 장원·향보鄕保에 지토地頭를 설치한 이후 고래古來의 정치방식은 완전히 사라져 정도政道를 행할 길이 끊어져 버렸다.371)

[한편] 뜻밖에도 [공가]일통의 세상으로 돌아가 이번이야말로 오랫동안 쌓인 폐해를 고칠 수 있는 기회였지만, [실상] 그것까지 바라는 것은 과분한 일이었다. 오늘날은 혼조本所의 영지조차 모두 훈공의 은상지에 편입되어 수 대에 걸친 권문세가權門勢家도 경제적으로 궁핍해져 명목만 남게 된 자도 생겨났다. 이와 같이 군공軍功을 뽐내는 자들이 군주를 가볍게 여김으로써 황실의 권위[皇威]도 더욱 땅에 떨어졌다고 생각된다. [이처럼 공가일통의 실현에 공을 세운 무사에게 큰 은상을 주었기 때문에] 공이 없더라도 예전부터 유력한 무사들을 끌어오기 위해서는 영지를 주어야만 한다. 어떤 자는 혼료本領372)이므로 돌려달라고 하거나, 자신의 영지 부근에 있다고 해서 그 토지를 바라는 자도 있다. 몰수지[闕所]의 배분만으로는 부족하여, 마침내 국·군에 딸려 있는 영지[公領]나 권문세가가 세습하고 있는 영지까지 앞다투어 신청한다고 한다. 세상이 조금은 안

---

370) 본래 간다이는 고쿠시의 대리인 모쿠다이目代와 구별하기 위하여 무가의 슈고다이守護代·지토다이地頭代를 가리키는 용어이다. 따라서 바르게는 '모쿠다이'가 옳다.

371) 내관內官과 외관外官에 의해 정치를 행하는 체제가 막부에 의해 외관이 완전히 무력화되어 지방정치의 방식이 무너진 것을 의미한다.

372) 중세 재지영주在地領主의 전형인 개발영주開發領主가 개발에 입각하여 사적私的 영유령有領를 확립하고 또 대대로 전령傳領한 토지를 혼료本領 혹은 근본사령根本私領, 개발사령開發私領이라고도 한다. 가마쿠라 시대 말기에 성립한 소송관계 해설서인『사태미련서沙汰未練書, 사타미렌쇼』에는 고케닌御家人의 혼료에 대하여, "혼료란 개발영주로서 대대로 무가武家의 온구다시부미御下文를 받은 소령所領의 전답을 말한다"고 규정하고 있다. 여기에서 혼료는 고케닌의 근본사령에 다름아니며, 그 영유와 전령을 위해서는 막부가 보증하는 안도장安堵狀이 필요했던 것을 보여주고 있다.

정되는가 싶다가 점점 혼란스러워지고 조금은 편안해지는가 싶다가 더욱 위태로워지니, 이것이 바로 말세의 모습인가 그저 슬플 따름이다.

무릇 왕토王土에 태어나 충성을 다하고 목숨을 버리는 것은 신하로서의 도리이다. 이것을 자신의 명예로 여겨 은상을 바라서는 안 된다. 하지만 전사자의 유족을 동정하고 뒤를 잇는 사람을 격려하려고 은상을 줄 수도 있으며, 이는 군주의 정치에 속한다. 신하가 자기 스스로 은상을 앞다투어 구할 일은 아니다. 하물며 이렇다 할 공적도 없이 과분한 은상을 바라는 것은 스스로를 위기에 빠트리는 발단이 된다. 그러나 이 전철을 밟지 않는 자는 좀체 찾기 어려운 것 같다.

중고中古까지도 [조정은] 너무 유력한 신하가 나타나는 것을 경계하였다. 지나치게 강대해지면 자연히 자만심을 가지게 되며, 마침내 자신도 가문도 멸망시키는 예가 많다. 이것을 보면 조정이 경계한 것도 지당한 일이다. 도바인鳥羽院의 치세373) 때의 일이었다고 생각되는데, 전국의 무사가 미나모토 씨·다이라 씨의 휘하에 들어가는 것을 금지하는 법령[制符]을 거듭 발포하였다.374) [원래] 미나모토 씨·다이라 씨 두 가문은 오랫동안 무용을 가지고 조정을 섬기고 있었는데, 병사를 움직일 때에는 천황의 선지을 받아 전국의 무사[兵]를 동원하였다. [그러나] 근대近代375)에 들어서 이윽고 두 가문과 사사로이 주종관계主從關係를 맺는 무사가 많아졌기 때문에 이 법령이 내려졌던 것이다. [이렇게 강대한 무력을 내세우는 미나모토 씨·다이라 씨 두 가문이 출현하여] 결국 오늘날 난세의 원인이 되었으니, 이제 와서 이야기한들 아무 소용이 없게 되었다.

요즘에는 한 번이라도 전투에 참가하거나 혹은 자신의 이에노코家

---

373) 1103~1156. 재위 1107~1123. 시라카와白河 법황의 사후 1129년부터 원정을 개시하여 스토쿠·고노에·고시라카와 3대에 걸쳐 조정의 정치를 주도하였다.
374) 도바인의 금지 명령이 있었던 것은 확인되지 않지만, 그 무렵의 일반적인 상황으로 인정할 수 있다.
375) 『신황정통기』에서 말하는 '근대'란 호겐保元의 난1156·헤이지平治의 난1159 무렵 이후를 가리킨다.

子・로주郎從376)가 전사하는 일이 있으면, "나의 전공戰功은 일본국의 전부를 [은상으로] 받을 만하며, 혹은 전국의 반을 받아도 충분하지 않다"고 말하는 것이 유행하고 있다고 한다. 설마 정말로 그렇게 생각하고 있는 것은 아니겠지만, 이러한 말이 이윽고 난세의 원인이 되기도 한다. 또한 조정의 권위[朝威]가 경시되고 있는 것을 이것을 통해 짐작할 수 있다. [옛말에도] "말을 조심하는 것은 군자君子의 제일 요건이다"377)고 한다. 잠시라도 군주를 업신여기고 다른 사람을 거만하게 대하는 일이 있어서는 안 된다. 앞에서 기술했듯이, "단단한 얼음도 서리를 밟는 것으로부터 만들어진다"는 말처럼, 난신적자亂臣賊子라는 것도 처음에는 마음과 말을 조심하지 않은 데에서 생겨나는 것이다. 세상의 쇠퇴는 해와 달의 빛이 변한다든가 풀과 나무의 색이 바뀐다든가 하는 것과 다르다. 사람의 마음이 점차 사악해지는 것을 말세末世라고 하는 것이다.

옛날 허유許由라는 사람은 요제堯帝가 그에게 나라를 넘기려 한다는 것을 듣고서 영천潁川의 물로 귀를 씻었다. 이것을 들은 소부巢父는 이 물을 더럽게 여겨 강을 건너지도 않았다고 한다.378) 그들의 오장육부가 [보통 사람들과] 달랐던 것은 아니다. 단지 평소부터 정신을 잘 수양했기에 그럴 수 있었을 것이다. 옛 선인들의 마음을 생각하면 그저 두려움이 앞설 따름이다. 무릇 자기 한 몸의 은상을 자랑스럽게 여기더라도 [그 결과 은상을 받지 못하는] 만인의 원한을 사는 것을 어찌 생각하지 않는

---

376) 무가사회에서 주인의 일족・종자從者를 총칭한 용어. 이에노코는 일족의 서자庶子로, 적류인 소료惣領：本家에 종속하는 자를 가리킨다. 로주는 로토郎党, 郎等라고도 쓰며, 혈연관계가 없는 종자 즉 부하를 가리킨다. 모두 주인의 통솔하에 전투집단을 형성하였다.

377)『주역周易』계사繫辭 상上："言行君子之樞機。樞機之發榮辱之主也, 言行君子之所以動天地也, 可不愼乎."

378)『사기史記』백이전伯夷傳. 허유와 소부는 요제 때의 고사高士. 허유는 요제가 천하를 그에게 양여하려 하자 거절하고 기산箕山에 들어가 숨어 살았다. 소부도 마찬가지였다. 소부란 산속에 숨어 세상의 이익을 돌아보지 않고 나무 위에 집을 지어 거기서 잤다는 데에서 생긴 이름이다.

것일까? 군주는 천하 만민의 주인이므로 한정된 국토를 무수한 사람들에게 나누어 주어야 하지만, 그것이 가능하지 않은 것은 충분히 미루어 짐작할 수 있다.

가령 한 사람이 한 개 국씩 받기를 원한다면 일본 66개 국은 66인 분으로 그칠 것이다. 한 개의 군씩 하더라도 일본은 594개 군[379]밖에 없기 때문에 594인이 기뻐할지언정 나머지 천만의 사람들은 기뻐할 수 없다. 하물며 [한 사람이] 일본의 반이나 국토 전부를 바란다면 제왕은 어느 곳을 통치할 것인가? [군주를 업신여기는] 이러한 마음이 싹터 그것을 말해도 부끄러운 기색이 없는 태도야말로 모반의 시작이라 할 것이다. 옛날 다이라노 마사카도는 히에이 산에 올라 교토를 내려보고 홀연히 모반을 결심했다고 하는데, 그것도 이와 유사한 예일 것이다. [다만] 옛날에는 사람들이 올바른 마음을 가지고 있었기 때문에 마사카도의 최후에 대한 견문을 통해 스스로 경계하였을 것이다. [그러나] 지금은 사람들의 마음이 그와 같지 않으니 세상은 쇠퇴해 갈 수밖에 없다.

한나라 고조高祖가 천하를 장악했던 것은 소하蕭何·장량張良·한신韓信의 힘이다. 이들을 3걸傑이라 한다. 걸이란 만인보다 뛰어난 자질을 가진 자를 가리키는 말이다. 그 중에서도 장량은 고조의 군사軍師로서 활약하여, "본영本營[帷帳]에서 작전을 지휘하여 천 리 떨어진 전장터의 승리를 이끈 것이 바로 이 자이다"[380]라고 고조가 말했을 정도였다. 그러나 장량은 자신의 공을 내세우지 않고 류留라는 작은 현의 급부를 희망하여 하사받았다. [그 덕분에] 장량은 많은 공신들이 다수 멸망하는 가운데에도 자신을 보전할 수 있었던 것이다.

지금부터 멀지 않은 시대의 일로, [일본에도] 요리토모의 무렵까지는

---

379) 『연희식延喜式』 권22 민부民部 상上에 국·군의 명칭이 보이는데, 여기에는 이키壹岐·쓰시마對馬 두 섬의 4군을 더하여 590군으로 기술되어 있다. 한편 『화명유취초和名類聚抄』(931~938 성립)에는 592군, 『습개초拾芥抄』(가마쿠라 말기 성립)에는 604군으로 기술되어 있다.
380) 『사기史記』 고조본기高祖本紀.

다음과 같은 예가 있었다. 분지文治 연간1185~1189의 일이었다고 생각되는데, 요리토모 자신이 오슈奧州의 후지와라노 야스히라藤原泰衡 추토를 위해 진군했을 때381) 다이라노 시게타다平重忠382)가 선진先陣에 나서 훌륭한 군공을 세웠다. 따라서 그가 원한다면 [오슈의] 54군 중 어느 곳이라도 받을 수 있었을 텐데도, 시게타다는 나가오카 군長岡郡이라는 아주 작은 곳을 희망하여 하사받았다고 한다. 이것은 조금이라도 많은 사람이 은상을 받을 수 있게 하기 위함이었을 것이다. 시게타다는 사려깊은 사람이었다고 하겠다.

또한 [요리토모가] 구마가이 나오자네熊谷直實383)에게 은상지를 하사한 구다시부미下文384)에, "그대야말로 일본 제일의 용사이다"는 말이 쓰여 있었다.385) 어느 해 그 구다시부미를 조정에 주상한 사람이 있었는데, [이것을 보고] "칭찬의 말은 화려한 데 비해 은상으로 준 곳은 너무나 작다. 이것이야말로 명예를 중시하고 이익을 가볍게 여기는 것으로 참으로 훌륭한 일이다"라고 사람들이 입을 모아 칭찬하였다고 한다. 사람들이 어떤 생각으로 이렇게 칭찬했는지 자못 흥미롭다.

---

381) 요리토모는 분지 5년1189 7월 19일에 가마쿠라鎌倉를 출발하였다.
382) 1164~1205. 하타케야마 시게타다畠山重忠. 1180년 이시바시 산石橋山 전투에서는 미나모토노 요리토모에게 적대했지만, 후에 귀복하였다. 미나모토노 요시나카源義仲 추토 때에 미나모토노 요시쓰네源義經에 속하여 무공을 세웠고, 1189년 오슈 전투에서도 훈공이 있었다.
383) ?~1208. 사타케 히데요시佐竹秀義 추토에 공을 세워 일족에게 빼앗겼던 혼료本領 무사시武藏 구마가이 향熊谷鄉을 되찾았다. 이치노타니一谷 전투에서 다이라노 아쓰모리平敦盛를 토벌한 일화는 유명하다.
384) 가마쿠라 막부가 장군가將軍家의 가정기관家政機關인 만도코로政所를 거쳐 영지를 수여할 때 내리는 문서. 문서의 처음과 끝에 '구다시下'라는 문자가 있다.
385) 『오처경』주에이壽永 원년1182 6월 5일조에는 요리토모가 나오자네에게 내린 지쇼治承 5년1181 5월 30일자의 구다시부미 전문이 실려 있는데, 여기에는 "일본 제일의 용사이다"는 말은 보이지 않는다. 다만 "혼자서 천 명과 싸우는 명성을 올렸다[一人當千顯高名]"는 구절이 있으며, 아마도 이것이 오전誤傳된 것으로 생각된다. 나오자네는 이때 은상으로 무사시 국武藏國 오사토 군大里郡 구마가이 향熊谷鄉의 지토직地頭職에 임명되었다.

[오늘날은] 이 정도의 마음을 가진 사람은 말할 것도 없고, 사사건건 군주를 업신여기고 스스로 공을 내세우는 자만 많아졌다. [이익을 가볍게 여겼던] 일찍이 동국 무사의 풍격도 완전히 변하였고, [관위에 엄격했던] 공가의 옛날 모습도 없다. 앞으로 세상이 어떻게 될 것인가 한탄하는 자들도 많다. 하지만 [어쨌든] 겐무建武 신정新政 기간386)은 실로 공가일통의 세상이 되었으며, 천하의 사람들이 너도 나도 교토에 모여들어 크게 번성하였다.

[그런데] 겐무 을해년1335 가을 무렵, 멸망한 호조 다카토키北條高時의 잔당이 모반을 일으켜 가마쿠라鎌倉에 쳐들어갔다.387) 아시카가 다다요시足利直義는 나리요시成良 친왕을 받들고 미카와 국三河國 : 愛知縣 동남부까지 달아났다. 효부쿄兵部卿 모리요시護良 친왕은 사정이 있어 가마쿠라에 유폐중이었는데,388) 다다요시는 친왕을 데려가지 않고 살해하였다. 혼란의 와중이었지만, 일찍부터 아시카가가 친왕에 대해서 가지고 있던 숙한宿恨을 이 기회에 풀었을 것이다. [한편] 수도에서도 일찍이 모반에 가담한 혐의를 받아 구속되어 있던 사람 가운데 곤노다이나곤權大納言 사이온지 긴무네西園寺公宗389)가 있었는데, 그도 이 소동 중에 처형되었다. [사이온지 가문은] 조큐의 난 이후 7대에 걸쳐 간토와 친밀했던 공가인

---

386) 고다이고 천황이 겐코元弘 3년1333 6월 교토에 되돌아온 후 겐무建武 2년1335 7월 호조 도키유키北條時行의 난에 이르기까지 3년이 겐무 신정 기간이다.

387) 겐무 2년1335 7월, 다카토키의 아들 호조 도키유키가 일으킨 나카센다이中先代의 난.

388) 고다이고 천황의 막부 타도 운동을 한편에서 이끌었지만, 아시카가 다카우지에게 패하여 가마쿠라에 유배되어 있었다.

389) 1310~1335. 부친은 사네히라實衡. 사추조左中將·산기로부터 1325년 곤노추나곤權中納言, 1330년 곤노다이나곤權大納言, 정2위에 올랐다. 1333년 막부 멸망 직후 관직을 물러났지만 잠시 후 다시 임명되었다. 1335년 고후시미인後伏見院을 받들고 반反 고다이고 천황 모반을 획책했지만, 동생 긴시게公重의 밀고로 발각되어 체포되었다. 이리하여 이즈모 국出雲國 유배가 정해졌지만, 1336년 나와 나가토시名和長年에게 참수당했다. 긴무네는 사이온지 가문의 정통을 전하여 비파琵琶·와카和歌 등 풍류에도 뛰어났다. 그의 사후 사이온지 가문의 가독은 긴시게에게 넘어갔다.

데,390) 다카토키도 [호조 씨] 7대로 멸망한 것을 보면, 이는 양가의 묘한 인연이라 생각하지 않을 수 없다.

[공경을 처형한 예는 드물어] 고닌弘仁 연간810~823에 사형이 폐지된 이후391) [헤이지平治의 난1159에서] 후지와라노 노부요리藤原信賴가 처형되었을 때392) 당시 사람들은 매우 이례적인 일로 여겼다. [사이온지 가문은] 오랫동안 천황의 외척으로서 높게 평가받았고 다이나곤大納言 이상에 오르는 가문이었기 때문에 동일한 사형이라도 사람들 눈에 띄지 않는 방법을 택해야 했음에도 불구하고, [이번에 공가를 처형한 방식은 이례적인 일로] 명령을 받아

---

390) 사이온지 가문은 후지와라 홋케藤原北家 간인류閑院流이다. 섭관가攝關家 다음의 가격家格인 청화가淸華家, 세이카케에 속한다. 선조는 사이온지 긴자네西園寺公實의 3남인 미치스에通季. 미치스에의 증손 긴쓰네公經는 친親 가마쿠라 막부 노선을 택하여 조큐의 난에서는 교토의 정세를 가마쿠라에 전하였고, 고호리카와後堀河 천황의 옹립에도 협력하였다. 이 때문에 막부의 절대적인 신뢰를 얻어 조정의 중심이 되었고 다이조다이진에까지 승진하였다. 이후 사이온지 가문은 고사가後嵯峨 천황을 비롯하여 역대 천황의 외척으로서 대대로 다이조다이진에 승진하였고, 조정과 막부의 교섭역인 간토모시쓰기關東申次를 세습하였으며, 섭관가를 능가하는 권세를 누렸다. 그러나 막부의 멸망에 의해서 세력을 상실했기 때문에 긴무네公宗가 모반을 기도하다 처형되었다. 『태평기』권13에 의하면, "조큐의 전란 당시 사이온지의 다이조다이진 긴쓰네가 간토에 은밀하게 알렸기 때문에 호조 요시토키北條義時가 전란에서 승리했던 바, 자손 7대까지 사이온지를 믿어야 한다고 말하였다. 그리하여 지금까지 무가는 [사이온지 가문을] 특별하게 생각하였다"라고 기술되어 있다. 사이온지 7대는 긴쓰네公經—사네우지實氏—긴토모公相—사네카네實兼—긴히라公衡—사네히라實衡—긴무네公宗.

391) 『일본영이기日本靈異記』하권 제39에는 "국황國皇의 법에 의하면 사람을 죽인 죄인은 반드시 법에 따라 처형한다. [그러나] 이[사가嵯峨] 천황은 고닌弘仁의 연호를 만들어 세상에 전하고, 처형해야 마땅한 사람을 유배보내 그 생명을 살려 다스렸다. 이로 보아 명백히 성군聖君인 것을 알 수 있다"라고 기술되어 있다. 실제로 사가 천황의 치세809~823〈정확하게는 구스코藥子의 변變[고닌 원년810, 헤이제이平城 상황과 후지와라노 구스코藤原藥子 및 그 오빠 나카나리仲成가 사가 천황측에 대항하여 일으킨 거병]에 따른 나카나리의 처형 이후〉로부터 고시라카와 천황의 치세1155~1158〈정확하게는 호겐保元의 난1156에서 미나모토노 다메요시源爲義·다이라노 다다마사平忠正 등의 참형〉에 이르기까지 사형이 행해지지 않았다. 하지만 그것에 관한 내규는 보이지 않는다.

392) 『신황정통기』제78대 니조인二條院조에 상세하다. 사가 천황의 고닌 연간 이후 처음 사형을 행한 것은 호겐의 난에서이다. 『백련초百錬抄』호겐 원년1156 7월조에, "29일, 미나모토노 다메요시 이하를 참형에 처하였다. 사가 천황 이후 처형을 행한 적이 없었다"라고 기술되어 있다. 본문은 공경의 처형에 대해서 언급한 것으로 생각된다.

처형을 수행한 자의 과실393)이라는 평판이 떠돌았다.

다카우지는 [호조 도키유키의 난 추토의] 명을 받아 동국東國으로 향했는데, [출발에 즈음하여] 정이장군征夷將軍과 제국諸國의 소쓰이부시惣追捕使의 직책을 희망하였다. 그러나 [이것은 각하되어] 정동장군征東將軍에 임명되었고 나머지는 모두 허가받지 못하였다.394) 잠시 후에 동국은 평정되었지만, 다카우지는 자신이 바라는 바를 달성하지 못해 모반을 일으켰다는 소문이 들렸다. [그리하여] 11월 10일 무렵 다카우지는 닛타 요시사다新田義貞 추토를 상주하고 곧바로 토벌군을 상경시켰기 때문에 교토는 혼란에 빠졌다. [조정은] 다카우지 토벌을 위하여 나카쓰카사쿄中務卿 다카요시尊良 친왕을 상장군上將軍으로 하여395) 공경도 포함한 많은 군사를 파견하였다.396) 무가로는 요시사다를 비롯하여 많은 무사들을 파견했지만, 12월의 전투에서 관군은 패퇴하였다.

[관군은] 교토 주변의 거점에 방어의 진을 쳤지만, 다음해 병자년1336 정월 10일 또 다시 패하였고 적군[朝敵]은 이미 교토에 접근하였다. 그 때문에 [천황은] 히에이 산比叡山 히가시사카모토東坂本로 피난하고 히에이샤日吉社를 거처로 삼았다. [이 전투에서] 다이리도 타버리고 수 대에 걸쳐 전해진 귀중한 보물도 많이 상실되었다. 이것은 예부터 일찍이 예가 없을 정도의 모반이었다.

이 동안 무쓰노카미陸奧守 진수부장군鎭守府將軍 기타바타케 아키이에北畠顯家 경卿은 난의 소식을 듣고서 노리요시義良 친왕을 받들고 무쓰陸

---

393)『태평기』권12에는 "[나와名和] 나가토시長年에게 명하여 [긴무네를] 이즈모 국出雲國에 유배보내라는 결정이 내렸다"고 기술되어 있지만, 긴무네는 로쿠조六條가와라河原에서 참수되었다. 사형에 처한 것은 명령 위반으로, 칙명을 받은 나가토시 등의 과실이라는 뜻.

394)『태평기』권13에 의하면, 다카우지는 정이장군과 간토핫카코쿠칸레이關東八個國管領를 희망하여 간레이管領는 허가받았지만 정이장군은 차후로 넘겨졌다고 기술되어 있다.

395) 군대의 총대장.『태평기』권14에 의하면, 친왕을 동국 간레이東國管領에, 요시사다를 대장군大將軍에 임명했다고 기술되어 있다.

396) 도카이도東海道와 도잔도東山道로부터 출진하였다.

奥・데와出羽의 군병을 이끌어 공격하였다. 같은 달[정월] 13일에는 오미 국近江國: 滋賀縣에 도착하여 천황에게 보고하였다. 다음날 14일에는 비와 호琵琶湖를 건너 사카모토坂本에 이르자 관군이 크게 힘을 얻었고 산몬山 門397)의 슈토衆徒들까지 만세를 불렀다. 같은 달 16일부터 전투가 시작 되어 30일에 마침내 적군[朝敵]을 물리쳤다. 이윽고 그날 밤 천황은 교 토로 돌아왔다. 다카우지의 군사들이 여전히 셋쓰 국攝津國: 大阪府 서남부와 兵庫縣 동남부에 있다는 보고를 듣고 다시 [천황은] 여러 장수를 파견하여 2 월 13일에 평정하였다. 적군은 배를 타고 서국西國: 九州으로 패퇴하였다.

  [셋쓰로 파견되었던] 여러 장수와 관군은 조금씩 교토에 돌아왔지만, [천 황은] 동국이 불안하다고 생각하고 다시 노리요시 친왕과 아키이에를 무쓰398)에 돌아가도록 명하였다. 요시사다는 쓰쿠시筑紫: 九州에 파견되 었다. 이리하여 친왕은 원복하여 일약 3품에 서임되었고399) 무쓰의 다 이슈太守에 임명되었다. 친왕을 무쓰의 다이슈에 임명한 것은 처음이지 만,400) 친왕에게는 인연이 깊은 곳이라는 이유로 임명하였다. 이때의 공을 칭송하기 위하여 친형인 4품 나리요시成良 친왕을 뛰어넘어 3품에 서임한 것이었다. [그러나] 아키이에 경은 생각하는 바가 있어 상을 받으 려 하지 않았다고 한다.

  쓰쿠시를 향해 내려간 요시사다義貞 아손은 [도중] 하리마 국播磨國: 兵庫 縣 서남부에 적군[朝敵]의 한패가 있어서 우선 이것을 퇴치하려 했지만, 헛 되이 시간이 경과되어 5월이 되어 버렸다.401) [그 사이에] 다카우지는 서

---

397) 히에이 산 엔랴쿠지延曆寺.
398) 무쓰의 진수부鎭守府. 3월 10일에 칙서勅書가 내렸다.
399) 4품을 뛰어넘어 곧바로 서임되었다.
400) 종래 친왕이 태수 즉 고쿠슈國守에 임명된 것은 고즈케上野・히타치常陸・가즈사上 總의 세 국에 한정되어 있었다. 고다이고 천황이 친왕을 무쓰의 고쿠슈에 임명한 것은 전례가 없는 일이다. 무쓰는 동국지방 지배의 거점으로, 이곳을 확보하는 것은 고다이 고 천황측에게 중대한 의미가 있었기 때문이다.
401) 아시카가 다카우지를 철저하게 추토하지 않았기 때문에 다카우지가 규슈로 달아나 재기의 기회를 얻게 되었던 사실을 가리킨다.

국의 흉도興徒를 결집하여402) 다시 공격해 왔다. [이를 맞아 싸운] 관군은 전세가 불리하여 교토로 퇴각하였고, 같은 달 27일 고다이고 천황은 또 다시 산몬으로 피난하였다. 8월에 이르기까지 몇 차례 전투가 있었지만 관군의 형세는 호전되지 않았다.403) 그리하여 수도에서는 [다카우지가] 겐코元弘 위주僞主404)의 동생으로 셋째 황자인 유타히토豊仁 친왕405)을 옹립하여 즉위시켰다.

10월 10일 무렵 고다이고 천황은 [다카우지의 제안에 따라 강화를 하려고] 교토에 돌아왔다. 매우 한탄할 만한 결말이었지만, 그러나 천황은 나름 대로 장래의 방책을 생각하고 있었다. 즉 황태자 쓰네요시恒良 친왕은 사에몬노카미左衛門督 사네요實世 이하의 공가, 사추죠左中將 요시사다를 비롯한 무사들을 거느리고 북쪽 지방[北國 : 北陸道]406)으로 향하고 있었던 것이다. [다카우지는] 천황에게 상황의 존호를 받들고 천황의 마음을 달래기 위하여 나리요시 친왕을 [고묘光明 천황의] 황태자에 임명하였다.

같은 해 12월, 천황은 은밀히 교토를 빠져나와 가와치 국河內國의 구스노키 마사시게楠木正成 일족을 이끌고 요시노芳野407)에 들어가 임시 거처를 정하였다. [다카우지에 의해 추대된 상황의 명칭을 버리고] 원래대로 재위

<hr />

402) 다카우지는 고곤인光嚴院의 인젠院宣을 손에 넣음으로써 규슈·주고쿠中國 지방의 군사를 지휘하에 두었던 것이다.

403) 다카우지는 6월 14일 교토에 들어가 도지東寺에 진을 쳤다. 그 후 8월 15일 고묘인光明院 : 豊仁親王을 즉위시켰는데, 이 동안 교토에서 공방전이 벌어져 지쿠사 다다아키千種忠顯·나와 나가토시名和長年 등이 전사하였다.

404) 고다이고 천황에 의하여 천황 재위를 부정당한 고곤光嚴 천황,

405) 고묘光明 천황.

406) 『원홍일기이서元弘日記裏書』에 "엔겐延元 원년1336 10월 9일, 황태자 및 다카요시尊良 친왕, 요시사다 등은 에치젠 국越前國 : 福井縣 북부으로 향하였다"고 기술되어 있다. 또한 『매송론梅松論』 하下에는 "겐무 3년1336 11월 22일 밤, 천황은 강화한다고 하며 수도로 돌아가니 무가武家의 무리들이 맞이하기 위하여 가모 강加茂川 주변에 나왔다. 같은 날 밤 요시사다는 은밀히 천황의 칙을 받고, 황태자와 이치노미야一宮를 받들어 간토를 노리며 호쿠리쿠도北陸道 : 富山·石川·福井·新潟縣에 내려갔다"라고 기술되어 있다.

407) 요시노吉野. 나라 현奈良縣 요시노초吉野町.

하는 천황의 격식을 취하였다. [그 상징인] 나이시도코로內侍所 : 神鏡도 가지고 왔고, 신새神璽도 신변에 두었다. 실로 기이하고 특별한 일이었다. 천황이 요시노에 가기 전에 의병을 일으킨 무사도 있었다. 천황이 요시노에 간 이후에는 여러 지역에 뜻있는 자들이 많이 나타났다. [그러나 대세는 바뀌지 않고 헛되이] 다음해도 저물었다.

무인년1338 봄 2월, 진수부대장군鎭守府大將軍 아키이에 경이 또 다시 친왕[노리요시]을 받들고 재차 교토를 향하여 출정하였다. [아키이에가 이끄는 오슈군奧州軍은] 도카이도東海道를 모두 평정하고, 이세伊勢 : 三重縣 동부·이가伊賀 : 三重縣 서북부를 거쳐 야마토大和에 들어가 나라奈良 : 平城京에 도착하였다.408) 그 후 곳곳에서 몇 차례 전투를 거듭했지만, [아키이에는] 같은 해 5월 이즈미 국和泉國 : 大阪府 남부의 전투에서 시운이 따르지 않아 전사하였다.409) 육체는 이끼 아래에서 썩어 가고 단지 [충효의 도를 다한] 그 명성만을 헛되이 남기니 이 얼마나 비정한 세상인가.

[아키이에의 사후에도] 관군은 합심하여 오토코 산의 이와시미즈하치만 궁에 진을 치고 잠시 동안 전투를 계속하였지만, 적군이 잠입하여 사단社壇을 불태웠기 때문에 성과없이 퇴각하였다.410) 북쪽 지방[北國 : 北陸道]에 있던 요시사다에게도 여러 번 교토를 향해 공격하도록 명했지만 그것도 이루어지지 않았다. 요시사다는 이렇다 할 전공도 세우지 못하고 전사했다는 소식이 들렸다. 이제 뭐라고 형용할 수 없는 [비관적인] 상태가 되었다.

그러나 그렇다고 사태를 이대로 내버려둘 수도 없어 [고다이고 천황은]

---

408) 겐무 3년1336 1월 8일 가마쿠라를 출발, 도카이도를 거쳐 미노美濃 : 岐阜縣 남부의 아오노가하라靑野原 전투에서 승리하고, 2월 21일 나라에 도착한 후 요시노에 들어가지 않고 직접 교토를 공격하려고 했다.

409) 향년 21세.

410) 아키이에의 전사 후 미나모토노 모치사다源持定·이에후사家房, 기타바타케 아키노부北畠顯信·아키쿠니顯國 등이 이와시미즈하치만 궁에 모였지만, 7월 5일 밤 방화 때문에 사전社殿이 불탔고 11일에 퇴각하였다.

무쓰의 노리요시 친왕을 동국에 파견하기로 결정하였다. 사쇼쇼左少將 아키노부顯信411) 아손朝臣을 종3위 주조中將에 승진시키고 무쓰노스케陸奥 介 진수부장군을 겸임시켜 [친왕과 함께] 파견하였다. [천황은] 동국의 관군 이 모두 아키노부의 지휘에 따를 것을 명하였다. [또한] 천황은 노리요시 친왕을 황태자로 임명할 것을 정했지만, "동국에 내려가는 도중에 황태 자로 임명되면 지장이 있을 것이다. 도착한 후에 공표하라"고 명하였다. 노리요시 친왕에게는 이복형도 많았고, 친형도 이전 황태자 쓰네요시 · 나리요시 친왕 두 사람이 있었지만,412) 이처럼 다음 천황으로 정해진 것도 하늘이 명하는 바로서 그저 황공할 따름이다.

[친왕의 일행은] 7월말 무렵 이세에 도착하여 대신궁大神宮의 신 앞에서 경 과를 보고하고 승선의 준비를 갖추어 9월초에 출항하였다. [그러나] 9월 10 일 무렵의 일이었을까, 가즈사上總: 千葉縣 중부의 연안에 당도했을 때 돌연 기 상이 악화되어 바다가 몹시 거칠어졌다. 그래서 이즈伊豆: 靜岡縣 남부와 伊豆諸島 의 곶岬 부근으로 떠밀려 표류하다가 큰 풍랑을 만나 많은 배가 행방도 알 수 없게 된 가운데, 친왕이 탄 배는 무사히 이세에 도착할 수 있었다. 아키 노부 아손은 원래부터 친왕을 받들어 같은 배에 타고 있었다.

이때 같은 폭풍을 만나 표류하다가 [친왕의 일행과는 반대로] 동쪽 방향 으로 히타치 국常陸國: 茨城縣의 연안에 도착한 배가 있었다.413) 이리저리 배들이 표류하는 가운데414) 이 두 척의 배가 같은 바람에 의해 동서로 갈라진 것은 말세에는 보기 드문 [신묘한] 일로 생각된다. 황태자로 정해

---

411) 지카후사의 둘째 아들로 아키이에의 동생.
412) 쓰네요시 친왕은 겐무 원년1334 1월 23일, 나리요시 친왕은 1336년 11월 14일[북조北 朝의 옹립], 황태자에 임명되었다. 두 친왕은 엔겐延元 3년1338 4월 교토에서 다카우지 에 의해 연이어 독살되었다. 이후 노리요시가 황태자에 임명될 때까지 공석이었다.
413) 지카후사 자신이 탄 배. 가스미가우라霞浦 연안에 있는 도조 장원東條庄에 표착하 였다.
414) 예를 들어 무네요시宗良 친왕의 배는 도토미遠江國: 靜岡縣 서부 시라하白羽, 닛타 요 시오키新田義興의 배는 무사시 국武藏國: 東京都 · 埼玉 · 神奈川縣 동부 이시하마石浜, 그 외에 아와 국安房國: 千葉縣에 표착한 배도 있었다.

진 친왕이 전례없이 동국의 촌구석에 계시는 것이 염려되었는데, [과연] 아마테라스 오미카미가 [친왕을 동국에 보내지 않고] 이세에 머물게 하셨던 것 같다. [그 덕분에] 후에 요시노에 돌아간 친왕이 고다이고 천황 서거 직전에 황위에 오를 수 있었던 것이다. 이것을 함께 생각하면, 신의 뜻의 고마움을 절실히 느낄 수 있다.

한편, 히타치 국에 도착한 일행은 그곳이 본래 목적지였기 때문에 주변의 뜻있는 자들을 결집하여 의병을 강화하였다. 다음해 봄에는 오슈奧州:陸奧·出羽·시모쓰케下野:栃木縣 두개 국의 고쿠슈國守415)도 각각 현지에 부임하였다.

한편, 옛 수도 교토에서는 무인년戊寅年:1338 겨울에 개원하여 랴쿠오曆應라는 연호를 사용하였다. 요시노에서는 본래대로 엔겐延元의 연호를 사용했기 때문에, 이후 일본 각지에서는 제각기 두 가지의 연호를 사용하게 되었다. 중국에서는 이러한 예도 많았지만 일본에서는 일찍이 없었다. 그러나 [정통의 천자 고다이고 천황이 거주한 지] 4년이나 된 [요시노가 있는] 야마토 국大和國은 원래부터 황도皇都이다. 나이시도코로內侍所:神鏡와 신새神璽도 요시노에 있기 때문에 이곳이야말로 유일한 황도인 것이다.

같은 해 8월 16일, [고다이고 천황이] 감기에 걸려 붕어했다는 소식을 들었다.416) 온갖 세상사가 꿈과 같이 허무한 것을 일찍이 알고 있었지만, 예전에 천황과 함께 보낸 많은 일들이 눈 앞을 스쳐 지나가는 느낌이 든다. 늙은 내 몸의 눈물을 멈출 길이 없고 붓을 잡은 손마저 제대로 움직일 수 없다. 예부터 "중니仲尼:孔子는 획린獲麟에서 붓을 멈추었다"417)라고 한다. 그러므로 이 글도 여기에서 멈추고 싶지만, 신황정통

---

415) 무쓰노스케陸奧介 기타바타케 아키노부北畠顯信와 시모쓰케노카미下野守 사추조左中將 미치요道世로 추정.
416) 당시 지카후사는 히타치 국常陸國에 있었다. 『원홍일기이서』에 "엔겐 4년1339 8월 16일 주상主上이 요시노 행궁에서 붕어하였다. 향년 52세. 노리요시 친왕이 천조踐祚하였다. 12세"라고 기술되어 있다.

神皇正統의 진정한 원리를 기술하고 자설自說의 결말을 명확히 하고자 굳이 붓을 잡는 것이다.

이미 자신의 죽음이 임박한 것을 깨달았는지 천황은 사망 전날, 황태자 노리요시 친왕을 사다이진 후지와라노 쓰네타다藤原經忠418)의 저택으로 옮기게 하고 삼종의 신기를 전하였다. 생전의 분부대로 시호를 고다이고 천황이라 칭한다.

고다이고 천황은 천하를 다스린 지 21년, 52세로 사망하였다.

옛날 주아이仲哀 천황은 구마소熊襲를 토벌하던 중 [수도에서 멀리 떨어진] 행궁에서 사망하였다.419) 하지만 [천황의 비妃] 진구神功 황후는 그 후 얼마 지나지 않아 삼한을 평정하고 여러 황자들의 난을 진압하여 태중胎中 천황420)의 치세가 도래하였다. 고다이고 천황은 성운聖運을 타고나, [다이라 씨 이래 무가에 의해 170여 년 끊겨져 있던] 일통의 치세를 실현하고, 몸소 정통의 황위를 정하였다. 공도 없고 덕도 없는 도적이 우쭐하여 4년간 천황의 마음을 괴롭히고 불편한 세월을 보내도록 했으니,421) 천황이 품은 원한이 어찌 헛되이 사라져 버리겠는가. 지금의 미카도御門 [고무라카미後村上 천황]도 또한 아마테라스 오미카미 이래의 정통을 계승하고 있으므로 그 위광에 맞설 자가 결코 있을 수 없다. 지금은 확실히 혼란한 상태이지만, 이윽고 시운이 도래하여 평안해질 것이다.

---

417) 공자는 그의 저서 『춘추』를 애공哀公 14년B.C. 481 봄, "서쪽으로 사냥을 나가 기린麒麟을 잡았다獲"는 한 구절로 끝을 맺고 있다. 이 고사에서 유래하는 '획린獲麟'이란 말은 전화하여 일의 종말이나 사람의 사망을 의미하기도 한다. 지카후사가 고다이고 천황의 사망 기사에 이 구절을 인용한 것은 이러한 의미도 포함되어 있었을 것이다.
418) 관백 이에히라家平의 아들. 1335년에 사다이진에 임명되었고, 1337년에 요시노 궁吉野宮으로 왔다.
419) 행궁에서 사망한 주아이 천황 이후 난이 진정되어 오진應神 천황의 치세를 맞이한 고사는, 행궁에서 사망한 고다이고 천황 이후 고무라카미後村上 천황에 의해 통일될 것을 기약한다는 의미가 담겨 있다.
420) 오진 천황. 당시 진구 황후의 태중胎中에 있었기 때문에 붙여진 이름이다.
421) 아시카가 다카우지를 가리킴. 겐무 2년1335 10월 다카우지가 가마쿠라에서 반란을 일으킨 후 고다이고 천황 사망까지 4년.

제96대 제50세의 천황[고무라카미 천황]

휘는 노리요시義良. 고다이고 천황의 일곱 번째 아들. 모친은 준삼궁準三宮 후지와라노 렌시藤原廉子422)이다. 이 천황을 회임했을 때 태양을 품는 꿈을 꾸었다고 한다. 그 때문에 황자가 여러 명 있는 중에서 이 사람만이 황위를 계승하지 않을까 하는 풍문이 일찍부터 있었다.

겐코元弘, 계유년癸酉年 : 1333, [노리요시 친왕은] 동국의 무쓰·데와의 지배를 위해 현지에 부임하였다. 갑술년甲戌年 : 1334 여름 친왕에 임명되었고, 병자년丙子年 : 1336 봄 수도에 돌아와 다이리에서 원복의 의식을 치렀다. 가관加冠의 역할은 사다이진 고노에 쓰네타다近衛經忠가 맡았다. [친왕은] 곧바로 3품에 서임되고 무쓰의 다이슈太守에 임명되었다. 무인년戊寅年 : 1338 봄, 재차 서쪽으로 올라 요시노의 궁정에 들어갔다. 가을 7월에는 이세를 넘어 세 번째의 동정東征을 기도했지만 도중에 이세에 돌아와 기묘년己卯年 : 1339 3월 다시 요시노에 들어갔다. [같은 해] 가을 8월 15일, 고다이고 천황의 양위를 받아 황위에 올랐다.

---

422) 렌시의 부친에 대해서는 전혀 언급하지 않고 있다. 그것은 렌시가 후지와라노 긴스미藤原公廉의 딸이자 긴카타公賢의 양녀로서 황후가 되었지만, 이 두 사람은 모두 교토 쪽 인물로 요시노 쪽과 무관했기 때문이다.

[원본에는 다음과 같이 쓰여 있다]

이 기록은 상·중·하 3권이다. 기타바타케 다이나곤 뉴도北畠大納言入道423)
〈지카후사 경親房卿. 겐무建武 3년1336 천황이 히에이 산比叡山에 행행했을 때
행궁에서 1위에 서임되었다. 이것은 출가한 후의 일이라 한다.424) 또한
그 후 남조의 요시노 조정에서 준삼후準三后에 임명하는 선지를 받았다고
한다〉425)가 난잔南山426)에서 저술하였다.

---

423) 지카후사는 겐코元亨 3년1323 정월 곤노다이나곤權大納言. 쇼추正中 원년1324 4월 다
    이나곤大納言. 겐토쿠元德 2년1330 9월 요요시世良 친왕의 사망을 계기로 출가.
424) 지카후사는 겐무 3년1336 1월 10일에 서임되었다. 일단 출가한 자가 특별한 대우를
    받았다는 것을 강조하고 있다.
425) 쇼헤이正平 6년1351 12월 교토의 아시카가 측과 강화를 진행하는 중에 임명되었을 것
    이다. 『원태력園太曆』의 동년 12월 22일조에 '준후準后'라고 보인다.
426) 이것은 정통기가 성립한 후 교토의 어떤 자가 서사했을 때의 기술이다. 여기에서 난
    잔이 요시노 산吉野山을 가리키는 것으로 이해하고 정통기가 요시노에서 저술되었다고
    보는 것은 옳지 않다. 난잔은 포괄적으로 남방·남조를 가리키는 용어로 생각된다.

해제

기타바타케 지카후사와 『신황정통기』

기타바타케 지카후사北畠親房, 1293~1354의 『신황정통기神皇正統記』〈이하 『정통기』로 약칭함〉는 전통시대 이래 일본에서 가장 널리 알려진 역사 서의 하나이다.

『정통기』는 『우관초愚管抄』 『독사여론讀史余論』과 함께 전근대 일본의 3 대 사론서史論書로 꼽히듯이, 지카후사 당대의 정치·사회문제에 대한 날 카로운 비판과 주장을 담고 있는 일본의 통사通史라는 점에 특징이 있다.

또한 지카후사는 남북조동란南北朝動亂, 1336~1392이라는 일본 역사상 커 다란 변혁기에 고다이고後醍醐 천황과 함께 격동하는 현실을 몸소 헤쳐 나간 역사의 한 주역이었다. 『정통기』의 고다이고 천황대 기술은 내란 의 주역에 의해서 기록된 생생한 일차 자료인 셈이다.

지카후사가 역사의 현장에 뛰어든 냉철한 정치가였을 뿐만 아니라, 당대 최고 수준의 사상과 학문을 갖춘 귀족 지식인이었다는 점도 『정통 기』에 대한 관심을 끄는 요인이다. 『정통기』는 지카후사로 대표되는 중세 귀족의 사상과 학문을 잘 보여주는 텍스트이기도 하다.

하지만『정통기』가 오랫동안 일본인에게 관심과 주목의 대상이 되었던 가장 큰 이유는, 무엇보다도 천황의 절대적인 권위와 황위 계승의 역사를 주제로 논했기 때문일 것이다.『정통기』는 후세인들에게 신국사상神國思想의 교범으로 간주되었으며, 에도江戸 시대에 들어서는 국체론國体論의 형성에 영향을 미쳤다. 또한 근대 천황제와 쇼와昭和 군국주의 시대에 지카후사는 고다이고 천황과 일심동체로 남조南朝의 정통을 주장하며 싸운 비극의 충신이란 이미지로 그려지기도 하였다. 패전 이후 오늘날에 이르러 이와 같은 풍조는 거의 사라졌지만,『정통기』가 일본 천황제의 역사를 살필 때에 빼놓을 수 없는 가장 중요한 서적의 하나라는 사실은 예나 지금이나 변함이 없다.

1. 기타바타케 지카후사와 『신황정통기』

1) 기타바타케 지카후사의 생애

기타바타케 지카후사는 가마쿠라鎌倉 말기에 접어든 1293년永仁元, 부친 미나모토노 모로시게源師重와 모친 뉴도入道 사쇼쇼左少将 다카시게隆重의 사이에서 태어났다. 기타바타케北畠의 성은 지카후사의 증조부에 해당하는 마사이에雅家가 나카노인 미치카타中院通方의 가문에서 분립하면서부터 사용하기 시작하였다. 나카노인 가문은 고토바後鳥羽 원정院政의 실권을 장악했던 미나모토노 미치치카源通親의 네 분가[堀川・久我・土御門・中院] 중 하나이며, 미치치카 자신은 무라카미 겐지村上源氏에 속하였다. 무라카미 겐지는 헤이안平安 시대 무라카미村上 천황의 손자 모로후사師房가 미나모토源

의 성을 받은 이래 궁정에서 섭관가攝關家 후지와라 씨藤原氏에 버금가는 지위를 차지했던 가문이다. 기타바타케 가문은 그 서류庶流이긴 하지만 대대로 높은 지위에 임명되고 있고, 지카후사의 부친 모로시게도 공경公卿으로서 정2위 곤노다이나곤權大納言에까지 올랐다.

이와 같이 자부심 높은 가문의 태생인 지카후사는 뛰어난 재능과 학식에 의해 일찍부터 궁정 귀족들 사이에서 두각을 나타냈다. 1308년延慶元 16세로 종3위가 되어 공경의 자리에 올랐으며, 1325년正中2 33세로 다이나곤大納言에 임명되었다. 그의 부친·조부·증조부 3대가 최대한 오를 수 있는 극관極官인 곤노다이나곤을 뛰어넘은 것이다. 관직 임명이 출신 가문에 의해 정해져 있던 당시 궁정사회에서 지카후사가 금새 부친을 넘는 지위에 오를 수 있었던 배후에는 바로 고다이고 천황이 있었다.

지카후사에 대한 천황의 신뢰는 특별하여 둘째 황자인 요요시世良 친왕의 양육을 전적으로 의뢰받았고, 다이나곤에 올랐던 해에는 무라카미 겐지의 종가宗家: 長者의 지위를 나타내는 준나인淳和院·쇼가쿠인奬學院의 장관長官: 別當에도 임명되었다. 서류 출신이면서 무라카미 겐지를 대표하는 지위를 천황으로부터 인정받았던 것이다.

그러나 1330년元德元, 지카후사는 요요시 친왕의 사망을 계기로 돌연 출가한다. 지카후사는 법명法名을 소겐宗玄이라 하였으며, 출가에 의해 실제로 정계에서 은퇴하였다. 지카후사가 출가한 다음해, 고다이고 천황의 두 번째 막부 타도 계획이 발각되어 천황이 오키隱岐: 島根縣 隱岐群島로 유배된 이후 1333년元弘 3 5월에 교토京都를 탈환하기까지 격동의 시기에 지카후사의 행적은 알려지지 않는다.

지카후사가 다시 정치의 무대에 등장한 것은 겐무建武 신정新政의 발족 직후이다. 1333년 10월, 신정 발족 후 4개월만에 지카후사는 황자 노리요시義良 친왕을 받들고 무쓰陸奧: 福島縣·宮城縣·岩手縣·青森縣 및 秋田縣의 일부에 내려갔다. 지카후사의 맏아들 아키이에顯家가 16세로 진수부장군鎭守府將軍이 되어 노리요시를 받들었지만, 실제로는 41세의 지카후사가 출가한 몸으로 모든 지휘를 맡았다. 지카후사에게 주어진 임무는 아시카가 씨足利氏가 무사정권의 근거지로 삼으려고 하는 간토關東 지역을 견제하고, 신정권의 전국지배체제를 강화하는 일이었다. 지카후사는 중앙정치에 직접 참여하지 않고 무쓰에 내려가 지방 무사를 통할한다고 하는, 여태껏 경험한 적이 없는 완전히 새로운 임무를 떠맡게 되었던 것이다.

겐무 신정은 1335년建武 2, 아시카가 다카우지足利尊氏가 반기를 들면서 혼란의 소용돌이에 빠지게 된다. 다카우지가 간토에서 교토를 향해 원정길에 오르자 무쓰의 기타바타케 아키이에는 그 배후를 추격하여 다카우지를 규슈九州까지 패퇴시켰다. 그러나 아키이에가 무쓰로 돌아간 후 전열을 가다듬은 다카우지가 다시 규슈로부터 교토를 공략, 제압하였기 때문에 고다이고 천황은 요시노吉野 : 奈良縣 吉野町로 피했고, 지카후사는 차남 아키노부顯信와 함께 이세伊勢 : 三重縣 동부로 피하였다. 이세 지방은 이세 신궁伊勢神宮의 신관神官 와타라이 이에유키度會家行를 비롯하여 지카후사를 지지하는 자가 적지 않았다. 지카후사가 신도神道에 대한 이해를 심화시켜 『원원집元元集』, 1337~1338 성립을 저술할 수 있었던 계기도 이곳에서 마련되었다.

신정이 파탄된 후 2년간 이세에 체류하던 지카후사는 1338년延元 3 9월, 동국東國 지방의 무사를 통할하기 위해 히타치常陸 : 茨城縣에 내려갔다. 그 배경에는 급속한 전황의 악화가 있었다. 같은 해 5월 아들 아키이에가 재차 무쓰에서 교토로 진군했으나 전사하였고, 이어서 윤7월에는 호쿠리쿠北陸 : 富山 · 石川 · 福井 · 新潟縣을 지키고 있던 닛타 요시사다新田義貞도 전사해버렸기 때문에 남조의 군사력은 크게 열세에 놓이게 되었다. 지카후사가 히타치에 내려간 것도 약체화된 남조군의 재건을 꾀하기 위한 시도였다. 이때에 히타치로 향하는 지카후사와 함께, 무쓰 지배의 임무를 띤 차남 아키노부와 노리요시 친왕 일행이 동시에 이세에서 출범했으나, 도중에 폭풍을 만나 친왕과 아키노부 일행이 탄 배는 이세로 돌아가고 자신이 탄

배만이 히타치에 도착하였다. 지카후사는 히타치의 오다 성小田城을 근거지로 하여 북조군北朝軍과 대치하면서 유키 지카토모結城親朝를 비롯한 동국의 무사들에게 남조로 귀속할 것을 호소한다.

지카후사는 1338년 10월경부터 1341년興國 2 11월까지 약 3년간 오다 성에 체류하였다. 『정통기』는 바로 이곳에서 한시도 방심할 수 없는 전쟁의 와중에 집필되었던 것이다. 지카후사가 언제부터 집필을 시작했는지는 알 수 없지만, 『정통기』가 탈고된 것은 1339년延元 4 가을이다. 그리고 그 직전인 1339년 8월, 요시노에서 고다이고 천황이 52세로 사망하였다. 이미 이세에서 요시노로 돌아와 있던 노리요시 친왕은 천황의 사망 하루 전날 양위를 받고 즉위하였다. 즉 당시 12세의 고무라카미後村上 천황이다.

오다 성에 체류하는 동안 지카후사는 무쓰 지방 시라카와白河의 유키 지카토모에게 줄기차게 서신을 보내 원군을 청하였으나, 지카토모를 비롯한 주위의 동국 무사들은 영지와 관위 승진을 요구할 뿐 관망하는 자세를 취하고 있었다. 『정통기』를 저술한 다음해 지카후사가 『직원초職原抄』, 1340라는 관직 해설서를 저술한 것도 이러한 무사들에게 관직 수여의 원칙과 질서를 깨우치려는 데 주된 목적이 있었다.

그러나 지카후사의 집요한 노력도 보람 없이 결국 1341년 11월, 북조군의 압박을 받아 오다 성에서 부근의 세키 성關城으로 피신하기에 이른다. 그 후 지카후사는 북조군에 둘러싸인 채 세키 성에서 2년간 농성을 하였지만, 이미 대세를 바꿀 수 없는 상태였다. 1343년興國 4 8월에는 그간 희망을 걸었던 유키 지카토모가 북조군에 가담, 11월에 세키 성과 다이호 성大寶城이 잇달아 함락되면서 지카후사의 필사적인 동국 경영은 완전히 실패로 끝났다. 세키 성 농성 기간에 특기할 만한 사실은, 지카후사가 오다 성에서 집필했던 『정통기』를 보정補正하여 1343년 7월에 개정본을 펴냈다는 것이다.

한편, 세키 성을 가까스로 탈출한 지카후사는 1344년興國 5 1월까지는 요시노에 돌아왔던 것 같다. 그 후 남조의 전황은 더욱 악화되어 1348년正平 3 정월, 남조군의 중심인 구스노키 마사시게楠木正行가 가와치河內 : 大阪府에서 전사하였고, 아시카가 다카우지의 집사執事 고노 모로나오高師直가 여세를 몰아 요시노를 공격해 오자 고무라카미 천황 이하는 아노賀名生 : 奈良縣 吉野郡 西吉野村의 깊은 산 속으로 피하지 않을 수 없었다. 1351년正平 6, 지카후사는 아시카가 다카우지와 고노 모로나오 및 다카우지의 동생 다다요시直義와의 대립이 전개되는 가운데 다카우지와 강화를 맺었지만, 다음해 스스로 협정을 어기고 교토를 기습 점령하였다. 북조군의 내분에 편승한 지카후사의 교토 탈환으로 그의 숙원이 이루어지는 듯했으나 곧바로 다카우지 측의 반격을 받아 물거품이 되었고, 지카후사가 이끄는 남조는 다시 아노로 퇴각해야만 했다. 지카후사는 노년의 몸으로 남조를 유지하는 데 진력하다가 1354년正平 9 4월, 62세의 나이로 아노에서 사망하였다. 상급 귀족으로서의 뛰어난 학식과 사상, 남다른 국가의식과 역사관의 소유자였던 지카후사는 결국 정치·군사의 조직자로서는 좌절하고 말았던 것이다.

2) 저술의 목적

『정통기』의 최고最古의 사본寫本으로 알려진 시라야마 본白山本 : 白山比咩神社藏의 간기刊記 : 奧書에는 다음의 기사가 실려 있다.

이 기록은 지난 엔겐延元 4년1339 가을, 어느 동몽童蒙에게 보이기 위해서 노필老筆을 휘갈긴 것이다. 여숙旅宿하는지라 한 권의 문서도 참작하지 못하고, 간신히 가장 간략한 황대기皇代記를 구해서 그 편목에 따라 대강 내용을 적었다. 그 후 다시 보지 못했는데 이미 5년이 지난 지금 듣기에, 뜻하지 않게 이것을 돌려가며 서사書寫하는 자들이 있다고 한다. 놀라서 보았더니 잘못된 부분이 많아 계미癸未, 1343 가을 7월에 약간 수정하여 이것을 원본으로 삼는다. 이 전에 본 사람들은 이에 유의하기 바랄 따름이다.[1]

즉, 지카후사는 1339년 가을 오다 성 안에서 매우 간략한 '황대기'만을 참고하여 '어느 동몽'에게 보일 생각으로『정통기』를 집필하였고, 그 후 5년 후인 1343년 7월, 피신중이던 세키 성에서 당시 돌아다니고 있던 사본을 보고 그것을 다시 수정하였음을 알 수 있다. 오늘날 지카후사의 자필본은 1339년 초고본도, 1343년 수정본도 전해지지 않는다. 다만 수정본 계통의 진본傳本이 다수 전해지고 있고,[2] 초고본일명 「阿刀本」 계통의 전본은 전체의 극히 일부밖에 전해지지 않아 그 본래의 내용을 확인할 길이 없다. 어쨌든 중요한 문제는 지카후사가 1339년에『정통기』를 저술했던 목적이 무엇인가라는 점이다. 그 실마리는 '동몽'으로 표현되어 있는 독자의 대상이 과연 누구인가에 달려 있다.

그런데 이 '동몽'이 가리키는 대상에 대해서 아직 학계에서는 확실한 정설이 자리잡고 있지 않은 상태이다. 한편에서는 이 '동몽'이 고무라카미 천황을 가리키는 용어로서, 지카후사는 당시 12세의 어린 천황에게 군덕君德의 함양을 깨우치기 위하여『정통기』를 저술하였다고 본다.[3]

---

1) 永原慶二·大隅和雄,「中世の歷史感覺と政治思想」,『日本の名著』9 慈圓·北畠親房, 中央公論社, 1971, 50면; 岩佐正 校注,『神皇正統記』, 岩波書店, 1975,「解說」, 269면.

2) 현존하는 가장 오래된 전본은 1438년永亨 10에 서사書寫된 시라야마 본白山本이다. 그 원전은 지카후사 사후 2년 후인 엔분延文 원년1356에 작성된 것으로 오늘날 현존하지 않는다. 시라야마 본은『정통기』의 원래 모습을 비교적 충실히 전하고 있는 것으로 평가되고 있다. 한편, 서사 연도가 적혀 있지 않으나 시라야마 본과 거의 같은 무렵에 서사된 전본으로 보이는 고쿠가쿠인 대학國學院大學 소장본[구舊 이노쿠마 본猪熊本: 猪熊信男氏舊藏本]이 있다. 이것 또한 선본善本으로 평가되며, 본 역서가 의거한『日本古典文學大系』所收『신황정통기』의 저본이 되어 있다.

3) 이것은 오랫동안 통설로 받아들여진 견해로서 근년의 몇 가지 대표적인 연구를 들면 다음과 같다. 坂本太郎,『日本の修史と史學』, 至文堂, 1958, 127면; 我妻建治,「『神皇正統記』の著作對象」,『神皇正統記論考』, 吉川弘文館, 1981, 149~150면; 平田俊春,「神皇正統記の「或童蒙」の再檢討」,『南朝史論考』, 錦正社, 1994, 349~350면.

이 해석은 『정통기』의 본문에서 주로 다루어지고 있는 주제가 바로 군덕의 문제라는 데에 근거를 두고 있다. 여기서 『정통기』는 고무라카미의 '제왕학帝王學의 서적'으로 평가된다.

또 다른 한편에서는 '동몽'이란 다름아닌 동국의 무사들, 특히 지카후사가 통할하려고 애썼던 유키 지카토모였다고 해석한다.[4] 이것은 지카후사가 처한 당시의 상황에 주목한 해석으로, 동국의 숨가쁜 전쟁터에서 그것도 재차 수정까지 하면서 『정통기』를 집필해야 했던 필요성을 무사들과의 관계에서 찾는 견해이다. 즉 남조의 지카후사에게 협력하지 않으면서 관직을 먼저 요구하는 지카토모를 비롯한 동국의 무사들에게, 유일의 정통한 군주는 북조가 아니라 남조의 천황인 것, 관직은 남조에 충성을 한 후에 엄정한 기준에서 수여된다는 것을 주장, 설득하려고 『정통기』를 저술했다는 것이다. 지카후사가 『정통기』를 저술한 이듬해 『직원초』라는 관직 해설서를 썼다는 사실도 이 견해에 설득력을 더해 준다.

역자는 지카후사가 의도한 『정통기』의 독자는 일차적으로는 동국의 무사들이었으나, 그와 동시에 이차적으로는 요시노에 있는 고무라카미 천황에게도 올릴 것을 염두에 두고 집필했다고 추정한다. 그 이유는 『정통기』의 주제가 크게 보아 남조의 정통성을 주장하는 부분과 위정자의 도덕을 논하는 부분의 이원적인 구성을 취하고 있기 때문이다. 또한 집필을 끝낸 시점은 고다이고 천황이 사망한 직후이자 12세의 고무라카미 천황이 어린 군주로 즉위하였던 때로서, 그것은 고무라카미와 『정통기』와의 연관성을 더욱 높이는 계기로 작용했을 것이기 때문이다. 다만 그렇다고 해서 지카후사가 오로지 천황 개인만을 독자로 기대하였던 것은 아니었을 것이다. 지카후사는 요시노의 새로운 지배체제의 출범을 맞이하여, 고무라카미 천황을 정점으로 한 남조의 위정자, 나아

---

4) 松本新八郎, 「神皇正統記の『童蒙』」, 『日本古典文學大系』 87, 『月報』 所收, 1965;
   佐藤進一, 『南北朝の動亂』 『日本の歷史』 9, 中央公論社, 1965, 231~233면; 永原慶
   二·大隅和雄, 「中世の歷史感覺と政治思想」, 50~53면.

가 남조 정권을 지지하는 세력 전체를 염두에 두고 자신의 정도론을 피력했던 것으로 생각된다.[5]

요컨대 『정통기』는 한편에서는 동국의 무사들에게 남조의 정통성을 주장하여 남조로 귀속할 것을 꾀하고, 다른 한편에서는 고무라카미 천황을 정점으로 한 남조 정권에 대해서 지카후사 자신의 정도론을 편다는 목적을 가지고 있던 저술이었다고 하겠다. 그리고 이 두 가지 목적은, 무로마치 막부室町幕府의 북조측에 대항하여 남조의 지배체제를 확립할 과제를 짊어진 지카후사에게는 어느 하나도 경시할 수 없었을 것이다. 지카후사는 남조 정권의 앞으로의 향방을 위해서도, 또한 동국의 무사들을 남조측에 귀속시키기 위해서도, 위정자가 취해야 할 정치 본연의 자세를 강조할 필요가 있었다고 생각된다.

이상과 같은 지카후사의 정치적 활동 및 집필 상황과 그 의도는 역사서로서의 『정통기』에 다음과 같은 몇 가지 특징을 부여하고 있다.

첫째, 『정통기』에는 지카후사가 이끄는 남조 정권의 강렬한 정치적 위기감이 반영되어 있다는 점이다. 『정통기』가 집필된 시기는 남조의 명운을 짊어진 지카후사가 동국 지방의 전쟁터 한가운데에서 북조군과 대치하고 있던 때이고, 특히 탈고 직전에는 남조의 지도자인 고다이고 천황이 죽고 그 후계자로서 어린 군주가 즉위하는 등 정권의 존망이 매우 위태로운 상황이었음에 주목해야 한다. 『정통기』는 위기에 빠진 남조의 정통성을 주장할 목적으로 집필된 것임은 이론의 여지가 없다. 『정통기』의 주제는 그 서명이 말해주듯이 남조의 고무라카미 천황에 이르는 황위의 정통한 계승의 역사이며, 그것은 결코 단순한 관념적 역사해석이나 역사이론이 아니었던 것이다.

---

5) 나가하라 게이지永原慶二는 1343년 11월에 세키 성이 함락된 직후 요시노에 돌아간 지카후사가 고무라카미 천황을 대상으로 다시 새롭게 가필했을 것으로 추정한다(『日本の名著』 9 慈圓・北畠親房, 付錄 「中世貴族の思考形式」, 11면). 하지만 현재 이를 뒷받침할 근거가 없는 이상, 저술 당초부터 『정통기』가 오늘날에 전해지는 바와 같은 이원적 구성을 취하고 있었다고 보아야 할 것이다.

둘째, 『정통기』는 당면한 현실의 정치문제를 생각하기 위해 과거의 역사를 살펴보려는 경향을 강하게 띠고 있다고 하겠다. 즉 역사에 접근하는 기본적 태도로서 현실의 정치문제에 대한 관심이 우선되고 있는 것이다. 북조측에 대항하여 남조 정권의 지배를 확립하기 위해서는 동국의 무사들을 비롯한 여러 세력을 결집하여야 하며 그를 위한 제반 정책을 제시하여야 했다. 『정통기』가 위정자의 도덕이나 임관任官·상벌賞罰 등에 관한 정도론政道論을 역사를 통해 두루 피력하고 있는 것은 당연한 일이다. 이런 점에서 『정통기』는 기전도紀傳道나 문장도文章道 등의 학문과 지식에 의거해 정연한 형식을 갖추려고 한 기존의 역사서와는 구별된다.6)

셋째, 지카후사는 정도론을 펴는 데에 그치지 않고, 몸소 급박한 정치 현실 속에서 그것을 헤쳐 나가는 행동적 지식인이자 냉철한 정치가로서 역사서를 집필하였다는 점이다. 조큐承久의 난1221 직전 공가公家 사회의 위기의식의 산물이라고 할 『우관초愚管抄』의 저자인 지엔慈圓, 1155~1225이 승려의 몸으로 현실 정치와 일정한 거리를 두고 있던 것과는 대조적이다. 『우관초』에 비해 『정통기』가 정치적·이념적 지침서의 성격이 짙은 것은 그 때문일 것이다.

넷째, 역사서를 집필하는 주변 여건에서 비롯된 『정통기』의 결점을 지적하지 않을 수 없다. 지카후사는 정치가이자 군사지도자로서 어려운 난국을 헤쳐나가는 와중에 『정통기』를 집필하였던 것으로, 집필 당시 참조할 만한 자료가 거의 전무한 상태였다. 기존 연구에 의하면, 지카후사는 이세에서 히타치에 내려갈 당시 지참했던 평소 자신의 메모나 논설 따위를 가지고, '황대기'의 편목에 전적으로 의거하면서 기술했던 것이다.7) 이렇게 집필 여건이 열악했기 때문에 『정통기』가 역사서술로서 소략하고 불완전한 것은 부인할 수 없다.

---

6) 大隅和雄, 『愚管抄を讀む-中世日本の歷史觀』, 平凡社, 1986, 243면.
7) 平田俊春, 「神皇正統記の成立」, 『神皇正統記の基礎的硏究』, 雄山閣出版, 1979, 27~43면.

2. 『신황정통기』의 역사서술

1) 서술의 형식

『정통기』는 전체적으로 신대사神代史와 인황人皇의 시대로 구성되어 있는데, 각각 다시 두 개의 부분으로 세분할 수 있다.[8] 신대사의 앞부분은 서론으로서 여기에서 저자의 서술의도를 밝히고 있고, 이어서 신대 부분은 일본의 국가창생의 근원을 밝힌다는 취지에서 천지개벽 이래 천신天神 7대부터 지신地神 5대에 이르기까지 기술하고 있다. 또한 인황의 시대에서는 제1대 진무神武 천황부터 제96대 고무라카미 천황까지 역대 천황의 계보와 사적을 재위순으로 기술하고 있는데, 이 가운데 제95대 고다이고 천황조는 특별한 위치를 차지하고 있다. 이 부분은 이전 시대에 비해 내용이 매우 상세하여 전체 인황의 시대 가운데 약 15% 남짓 되는 분량을 차지하며, 역대 천황의 사적을 전사前史로 한 지카후사의 '현대사' 기술이라는 성격을 갖는다.

『정통기』의 구성은, 지카후사 자신이 "가장 간략한 황대기를 구해서 그 편목에 따라 대강 내용을 적었다"고 말하고 있듯이, 당시 그가 입수한 특정한 '황대기'를 기초로 한 것이었다. 황대기란 역대 천황의 기사를 중심으로 한 연대기年代記로서, 간단한 연표적인 것부터 개설적인 것까지 여러 형태가 있다. 『우관초』에서는 제1부에 「황제연대기皇帝年代記」라는 제목 아래 진무 천황부터 고호리카와後堀河 천황까지의 역대 천황에 대해서 그 계보와 치세의 주요한 사항을 열거하고 있는데,[9] 『정통

---

8) 본 역서가 의거한 『日本古典文學大系』所收 『신황정통기』의 저본은 총 3권 3책이며 표제에 상·중·하로 적혀 있다. 목차에 제시한 대로 상권은 신대부터 인황 제29대까지, 중권은 제30대부터 제73대까지, 하권은 제74대부터 제96대까지이다.

9) 岡見正雄·赤松俊秀 校注, 『愚管抄』 卷1~卷2, 『日本古典文學大系』 86, 岩波書店, 1967, 44~128면.

기』의 기초가 된 '황대기'도 그와 유사한 형태였을 것이다. 히라타 도시하루平田俊春의 연구에 의하면, 현존하는 연대기 가운데 『제왕편년기帝王編年記』가 『정통기』가 의거한 '황대기'에 가장 근접한 것으로 알려져 있다.[10] 이와 같은 황대기, 황제연대기, 제왕편년기 등으로 불리는 연대기라는 역사서술의 형식이 『정통기』의 기본 골격을 이루고 있는 것은 틀림없는 사실이다. 역사서로서의 『정통기』의 성립을 이해하기 위해서 우선 사학사적 관점에서 연대기에 대해 생각해 볼 필요가 여기에 있다.

고대 일본의 정사正史인 『육국사六國史』:日本書紀, 續日本記, 日本後紀, 續日本後紀, 日本文德天皇實錄, 日代實錄는 역대 천황의 치세를 기록한 편년체 사서로서, 고대 귀족들은 일본 국가의 성립을 알기 위해서나 혹은 정무 처리를 위해서 항시 참조해야 할 필독서였다. 하지만 국사 편찬이 『일본삼대실록日本三代實錄』을 마지막으로 중단된 이후, 『유취국사類聚國史』와 같이 『육국사』의 기사를 분류하여 재편성한 것이나, 혹은 『육국사』의 기사를 초록한 『일본기략日本紀略』과 같은 간략한 역사서가 쓰여지고, 『본조세기本朝世紀』와 같이 『육국사』 이후의 역사를 이어서 기술하려는 시도가 나타나게 되었다. 그러한 움직임 속에서 헤이안平安 말기인 11세기 후반 이후, 역대 천황별로 기본적인 사항을 정리한 통사通史로서 연대기가 만들어지게 된다. 일본 국가의 역사를 천황별로 요약하는 연대기의 형식은 당시 귀족들에게 일종의 역사편람이나 연표와 같은 실용서로서 요청된 것이었다.[11] 연대기라는 역사서술 형식이 중세에 걸쳐 수없이 많이 만들어진 시대적 배경이다.[12]

연대기는 요컨대 국가에 의한 역사 편찬이 어려워진 시대에 나타난 정사의 요약이라고 할 수 있는 것으로, 이 점에서는 군주의 치세 기록

---

10) 平田俊春, 「神皇正統記の成立」, 『神皇正統記の基礎的研究』, 19~26면.
11) 大隅和雄, 『愚管抄を讀む―中世日本の歷史觀』, 267~268면.
12) 고대말에서 중세에 걸쳐 만들어진 현존 연대기류는 100종 이상에 달한다고 한다(平田俊春, 「神皇正統記と北畠親房の博覽强記」, 『南朝史論考』, 錦正社, 1994, 289면).

이 바로 '사史'였던 고대의 역사의식을 이어받고 있다. 연대기가 역대 천황을 1대도 빠짐없이 기술하는 형태를 취하면서, 천황에 대해 특별히 새로운 주장을 담고 있지 않은 것은 당연한 결과이다.

그러나 『정통기』는 역대 천황에 대해서, 대수代數·세수世數·칭호稱號·휘諱·계보상의 위치·즉위년·개원년·수도·재위년수·향년 등 여러 항목을 기술하는 연대기의 기본적인 틀을 유지하면서도, 각 항목 사이에 저자의 독자적인 논술을 삽입하고 있는 점에서 단순한 역사 요약으로서 연대기와는 다른 것이었다. 또한 지카후사는 "신대 이래 정리正理에 의해 황통이 계승되는 이치를 기술하려 한다"라고 『정통기』의 서술 의도를 밝히면서, 그것이 세상의 혼란을 바로잡기 위한 길이라는 데 의의를 부여하고 있다.[13] 본래 지카후사가 연대기의 형식에 의거하면서 기술하려 한 것은 역대 천황의 황위계승 속에 일본 국가의 근본이 나타나 있다는 점에 있었으므로, 제1대부터 제96대까지 역대 천황을 열거한 것은 일본의 역사를 천황의 연대기로서 요약하고자 한 것이 아니라 천황의 계보 그 자체에 중요한 의미를 부여했기 때문이었다.[14]

『정통기』를 연대기와 구별짓는 또 다른 점은 고다이고 천황대의 기술에서 엿볼 수 있다. 보통의 연대기라면 역대 천황의 하나로서 고다이고의 간단한 계보와 사적을 기술하였겠지만, 『정통기』는 지카후사 자신의 정도론을 중심으로 매우 상세하게 기술하고 있는 것이다. 즉 겐코元弘의 난, 겐무 신정과 그 파탄, 남북조의 대립에 이르는 경과를 상술하면서, 남조가 정통왕조인 것을 역설하고 아시카가 씨에 대해서 비판을 전개하는 한편, 고다이고 천황의 겐무 신정이 왜 성공하지 못했는가에 대한 역사적 반성 위에서 남조가 취해야 할 올바른 정도政道를 시무책의

---

13) 『정통기』 서론 : "[일본의 국가의 근원이 담긴 신도의] 근원을 알지 못한다면 그로 인해 세상이 혼란해질 것이다. 그 악폐를 구제하기 위하여 신도에 관해서 조금 기술하려고 한다"(『神皇正統記 增鏡』『日本古典文學大系』 87, 49면. 이하, 『정통기』의 인용문은 日本古典文學大系本에 의함. 본 역서, 29면).
14) 大隅和雄, 『愚管抄を讀む』, 269~270면.

형태로 제시하고 있다.15)

　이상과 같이『정통기』는 연대기의 서술형식을 바탕으로 하면서도 그것을 뛰어넘어 무엇인가를 주장하려는 점에 의의를 갖는 것이었다.『정통기』를 단순한 연대기의 연장으로서가 아니라 연대기적 서술형식을 가진 사론서로서 이해할 때,『정통기』는 체제상 구체적으로 어떠한 특징을 갖고 있을까? 이에 관해서는『우관초』와 비교하면서 검토하기로 한다.

　『우관초』는 제1부에서「황제연대기」를 기술하고, 제2부에서는 도리道理의 추이를 중심으로 한 역사를 서술하며, 제3부에서는 도리에 관한 총론과 시무책을 서술하고 있다.「황제연대기」속에 천황의 사항에 덧붙여 천태좌주天台座主의 임명이 추가되어 있는 점이 특색이기는 하지만, 전반적인 내용으로 볼 때 이 부분은 다른 연대기의 연장선이라 할 수 있으며, 저자의 사론은 "이 일에 관해서는 별권에서 자세히 적었다"16)는 식으로 제2부와 제3부에서 별도로 종합하여 기술하는 체제를 갖추고 있다. 따라서 독자는 연대기적인 간략한 역사사실을 알고 난 후, 저자의 독자적인 관점에 따른 역사사실의 정리와 역사전개의 이해, 그리고 그에 입각한 총론적 결론을 접하게 된다.

　이에 반해『정통기』는 연대기 부분과 별도로 자신의 논을 전개하는 식의 체제상의 배려를 하고 있지 않다. 역대 천황의 계보에 따라 천황의 사적에 관련되거나 부수된 사항을 그때 그때 설명하면서 저자의 평을 덧붙이는 형태를 취하고 있기 때문에, 전체적으로 일관된 체계가 없으며 산만하고 불균형한 감을 떨칠 수 없다.『우관초』가 기존의 연대기 자체를 불완전하나마 하나의 전체적인 체제 속에 자리매김하고 있다면,『정통기』는 연대기적 서술형식에 전적으로 의존하면서 그 안에서 특정 사상事象에 대한 보다 상세한 설명을 하거나 임의적으로 자신의 논평을

---

15)『정통기』제95대 고다이고 천황, 173~187면. 본 역서, 267~291면.
16)『우관초』권2 제81대 안토쿠安德 천황(『日本古典文學大系』86, 117면. 이하,『우관초』의 인용문은 日本古典文學大系本에 의함).

삽입하고 있는 데에 불과한 것이다. 체제면에서 본다면, 『정통기』는 『우관초』의 배려와 독창성에 미치지 못한다고 하겠다.

다만 한 가지 특기할 만한 점은 『정통기』의 전반부인 서론과 신대의 기술이다. 『우관초』에서는 그 존재를 자명한 전제로 하면서 기술을 생략했던 신대사는 물론, 서론조차 기술하고 있지 않다. 그 때문에 독자는 『우관초』의 제1부를 전부 읽더라도 저자의 서술의도와 주장을 파악하기 어려운 것이 사실이다. 한편, 『제왕편년기』와 같은 연대기는 형식상 서론과 신대를 기술하고 있지만, 서론은 저술의 의의를 표방한 장식적인 문구의 나열에 지나지 않고 신대의 부분도 최소한의 기본적인 사항을 열거하고 있을 뿐이다.[17]

그러나 『정통기』는 단순히 형식상, 혹은 인황의 시대보다 앞선 시대라는 시간상의 배려에서 전반부를 구성한 것은 아니었다. 『정통기』의 서론 부분은 독자에게 전체 서술의 의도와 방향을 뚜렷하게 제시한다는 중요한 역할을 하고 있다. 즉 여기서는 일본 국가의 기원과 국호의 유래, 세계 속에서의 일본의 위치와 '신국'으로서의 특성, 그러한 국가의 근원으로서의 정통한 황위계승과 그 원리에 대한 기술의 의의 및 '신황정통기'라는 서명의 의미 등이 매우 정연한 논지로 기술되어 있다.[18] 이어서 신대사 기술은 기존 연대기에서와 같은 단편적인 기사의 나열이 아니라 간결하면서도 수미일관된 저자의 신도론神道論의 집약으로서,[19] 지카후사는 이 부분을 『정통기』 안에서 상당히 비중있게 다루고 있다. 『정통기』에서 신대사는 단순히 인황의 시대 이전의 세계가 아

---

17) 『제왕편년기帝王編年記』 『新訂增補 國史大系』 第12卷, 吉川弘文館, 1932, 1~13면.
18) 『정통기』 서론, 41~49면. 본 역서, 11~29면.
19) 지카후사는 이세伊勢에서 『유취신기본원類聚神祇本源』을 바탕으로 『일본서기日本書紀』 『구사본기舊事本紀』 『고어습유古語拾遺』 등을 덧붙여 자신의 통일적인 신대사神代史의 체계를 『원원집元元集』에 기술하였는데, 이것을 일본어로 알기 쉽게 정리한 것이 『정통기』 신대사의 초고라고 할 『소운편紹運篇』이었다. 그리하여 『정통기』의 신대사는 일본 최초의 신대 통사로서 성립했던 것이다(平田俊春, 「神皇正統記神代史の成立過程」, 『神皇正統記の基礎的研究』, 165~272면).

니라, 일본 국가의 근원과 역사의 원리가 제시된 초역사적 세계였던 것이다.[20]

따라서 독자는 『정통기』의 서론과 신대사를 읽고, 일본 국가 본연의 모습은 어떠한 것이며 일본의 역사가 어떻게 전개될 것이라는 예상을 하면서 인황의 시대를 통해 그것을 확인하는 입장에 놓이게 된다. 『정통기』가 『우관초』와 같이 전체적으로 독특한 체제를 갖추고 있지는 않지만, 연대기적인 틀 속에서나마 특정한 원리와 주장에 입각하여 연역적으로 서술하는 방식을 취한 점은 주목할 만하다.

2) 서술의 내용과 특징

『정통기』의 서술 내용은 크게 두 가지로 나눌 수 있다. 그 하나는 고무라카미 천황의 정통성 주장과 관련된 부분이고, 다른 하나는 남조의 정치에 관한 자신의 견해를 역사에 가탁하여 서술하고 있는 부분이다. 하지만 이러한 주된 서술내용 이외에도, 『정통기』에는 일본의 역사사상歷史事象을 외국과 비교한 부분이 있으며, 저자 자신의 가문이나 사사로운 사항에 대해 주정적主情的으로 서술한 부분도 발견된다.

(1) 역사의 이론화

『정통기』의 주제는 한마디로 말해 황위의 '정통'한 계승의 역사라고 할 수 있다. 신대 이래 황통이 전해져 고무라카미 천황에 이르는 경과와 그 원리인 '정리正理'가 핵심적 주제이다. 지카후사는 다이카쿠지大覺寺 황통인 남조의 천황이 지묘인持明院 황통인 북조에 대해서 일본의 정

---

20) 大隅和雄, 『愚管抄を讀む』, 255~264면.

통한 군주임을 주장하였는데, 그것을 역사적으로 뒷받침하기 위한 역사의 이론화 내지 역사해석이 바로 정통론이다.

지카후사가 주장하는 '정통'의 첫째 개념은 혈통상의 방계傍系에 대한 정계正系 즉 적류嫡流를 의미한다. 그것은 "황통에 직계 자손이 있을 경우는 방계의 황자, 황손이 아무리 현명하더라도 결코 황위를 바래서는 안 된다"[21]는 말에 단적으로 드러나 있다. 또한 지카후사는 황위계승 방식에 대해서, '대代'와 '세世'를 구분하여 '대'는 황위의 역대歷代이고 '세'는 부자父子의 세대世代로서 '세'야말로 '진정한 계승'이라고 중시한다.[22]

왜 이러한 구별이 필요한 것인가는 본문에서 쉽게 짐작할 수 있다. 『정통기』에서는 제87대인 고사가後嵯峨 천황을 46세로 하고, 가메야마龜山 이래 고무라카미에 이르는 다이카쿠지 황통에만 차례로 47세부터 50세를 표기하고 있을 뿐, 그 사이에 있는 고후카쿠사後深草 이래의 지묘인 황통에 대해서는 역대의 수만을 기입하고 있다. 즉 남조의 고무라카미 천황을 '세'='진정한 계승'으로 하고, 여기서 거슬러 올라가면 역대 가운데에도 정계다이카쿠지 황통와 방계지묘인 황통가 나뉘게 되며, 이로써 '정통한' 황위의 계승은 바로 다이카쿠지 황통에 있음을 나타낼 수 있었던 것이다. 『정통기』에서는 "한 종성種姓 중에서 때때로 방류傍·에 황위가 전해지는 일이 있어도 또한 저절로 본류正·에 돌아와 연면히 이어지고 있다"[23]고 기술하고 있는데, 이것은 황통 가운데 다이카쿠지 황통의 고무라카미 천황이야말로 방류인 지묘인 황통에 대하여 본류 즉 정통에 돌아온 것임을 나타내려는 의도가 깔린 말이었다.

그러나 이러한 방법은 결국 계보상의 형식적인 조작에 지나지 않았기 때문에, 지카후사는 이념적 측면에서 고무라카미의 정통성을 뒷받침할 필요가 있었다. 여기서 도입된 것이 '정통'의 또 다른 개념인 도덕적

---

21) 『정통기』 제27대 게이타이繼體 천황, 90면. 본 역서, 105면.
22) 『정통기』 제14대 주아이仲哀 천황, 77면. 본 역서, 79면.
23) 『정통기』 서론, 49면. 본 역서, 28면.

정당성이다. 그는 "방류가 황위를 계승한" 역사상의 세 사건을 사례로 들면서, '천황의 잘못'으로 인하여 치세가 길지 않은 경우도 있었으며, 또한 마침내 정로正路에 돌아오기는 했지만 일시 정통이 침륜沈淪하는 경우도 있었다고 설명한다.[24] 마침내 정통에 돌아오기는 하지만, 천황의 군덕과 정치 여하에 따라 치세의 연수가 짧아지거나 황위가 직계에 전해지지 않게 된다는 해석이다.[25] 요컨대 황위는 황족내의 정계로 계승된다는 혈통상의 원리 이외에, 유덕有德한 황족 계통에 황위가 계승된다는 도덕적 원리를 제시한 것이다. 그리고 그와 같은 황위계승의 원리에 따라 "아마테라스 오미카미天照大神 이래의 정통을 이어받고 있는"[26] 지금의 고무라카미 천황에 이르고 있는 것이므로 이 다이카쿠지 황통이야말로 혈통상으로나 도덕적으로 정통한 황통이라는 논지인 것이다. 지카후사가 "선善을 쌓는 집안에 여경餘慶이 있고 불선不善을 쌓는 집안에 여앙餘殃이 있다"[27]는 도덕적 응보관에 입각하여, 고무라카미의 조부이자 고다이고의 부친에 해당하는 고우다後宇多 천황의 '유덕有德의 여훈餘薰'[28]을 애써 강조하고 있는 것도 그 때문이다.

황위계승 문제에 군덕의 유무有無를 결부시킨 것은 조큐의 난을 역사적 계기로 하여 무가武家의 공가公家 정치 비판의 근거가 된 제덕론帝德論=덕치주의德治主義에 대응하는 의미가 담겨 있었다고 보인다. 군주가 덕정을 행하지 않으면 그 통치를 인정받지 못한다는 제덕론은 가마쿠라鎌倉 후기 이후 특히 남북조 동란기에 널리 받아들여진 정치사상이었다.[29] 따라서 무가정권武家政權을 타도하고 조정(남조)의 정통성 확립을 실현해야 할 과제가 있는 지카후사가 단순히 천황가 혈통의 역사적 연

---

24) 『정통기』 제58대 고코光孝 천황, 124면. 본 역서, 174~175면.
25) 『정통기』 제52대 사가嵯峨 천황, 116면. 본 역서, 160면.
26) 『정통기』 제95대 고다이고 천황, 192면. 본 역서, 299면.
27) 『정통기』 제16대 오진應神 천황, 83면. 본 역서, 91~92면.
28) 『정통기』 제90대 고우다인後宇多院, 168면. 본 역서, 259면.
29) 玉懸博之, 「『神皇正統記』の歷史觀」, 『日本思想史硏究』 1, 1967, 40~42면.

속성 혹은 황실의 전통적 권위만을 내세워서는 당시 상황에서 충분한 설득력을 갖기 어려웠다. 막부로부터 통치의 정당성 근거를 박탈하기 위해서도, 또한 경합하고 있는 북조에 대해서 남조의 정통성을 명확히 하기 위해서도, 단순한 혈통적 계보에 의존하는 것이 아니라 정치의 도덕적 정당성을 주장해야 했던 것이다.

그런데 지카후사가 『정통기』를 저술했던 해에 고무라카미 천황은 12세에 불과했기 때문에 천황 개인의 군덕이라는 측면에서 그 정통을 논증하고 사람들을 설득하기는 어려웠다. 이 문제를 해결하기 위해서 나온 것이 바로 신기론神器論이다. 『정통기』에는 아마테라스 오미카미가 황손皇孫에게 내린 삼종三種의 신기神器가 황위의 영원성과 군주의 덕목(정직, 자비, 지혜) 혹은 결단을 나타내 주는 황위의 상징으로서 전해져 왔다는 내용이 기술되어 있다.[30] '정통'한 천황은 당연히 신기를 보지해야 하며, 신기를 갖지 않은 천황은 '정통'으로 인정할 수 없는 것이었다. 이러한 논리에서 지카후사는, 고다이고가 요시노에 들어가면서 "나이시도코로內侍所 : 神鏡도 옮기고 신새神璽도 소지하였다"는 점, 그리고 고무라카미 천황은 정식으로 그 신기를 물려받았다는 사실을 강조한다.[31] 신기의 전수와 보지에 고다이고 · 고무라카미의 황위의 정통성 근거를 찾고 있는 것이다. 그리하여 지금의 천황과 함께 신경神鏡 · 신새가 존재하는 요시노야말로 유일한 '황도皇都'[32]라고 주장했던 것이다.

이상에서 살폈듯이, 『정통기』에 기술되어 있는 정통(정리)론이나 신기론은 황위계승의 역사와 그 원리에 대한 지카후사의 독특한 해석이지만, 그것은 어디까지나 남조의 고무라카미 천황의 정통성을 역사적으로 뒷받침하려는 시도였다. 저자의 역사해석은 역사 그 자체를 논한 것이 아니라, 현실의 정치적 필요에 따라 역사를 의도적으로 재구성한 것

---

30) 『정통기』 신대, 60~61면. 본 역서, 49~51면.
31) 『정통기』 제95대 고다이고 천황, 189, 191면. 본 역서, 296, 299면.
32) 위의 책, 191면. 본 역서, 298면.

이라 할 수 있다. 이렇게 역사를 특정한 논증을 위한 재료로 사용할 때 발생하는 문제가 역사이론(해석)과 역사사실과의 괴리·모순이다.

『정통기』에서는 황위와 군덕을 연계시켜 덕이 뛰어난 천황은 "수명이 길다"33)든가, 정치가 어지러우면 "치세의 연수가 짧아진다"34)라고 말하고 있으나, '악왕惡王'인 요제이陽成 천황은 치세 8년에 81세까지 재세한 반면, 그 뒤에 즉위한 고코光孝 천황은 유덕한 군주였음에도 치세 3년에 재세가 57세에 그치고 있다.35) 원래 이 해석은 사실을 두루 검토하여 내린 것이 아니었지만, 그에 반하는 사실에 접해서도 저자는 아무 동요없이 태연히 기술하고 있을 따름이다.

또한 황위의 정통성을 보증하는 것이 신기라는 논리로 역사를 설명하는 데에도 사실과의 모순이 발생한다. 이미 고토바後鳥羽 천황이 신기가 없는 상태에서 즉위한 역사적 사실이 존재하기 때문이다. 이것에 대해서는 "처음으로 즉위의 관례를 어긴 것이지만, 고시라카와後白河 법황法皇이 국가의 본래 군주[本主]로서 정통한 황위를 전하였으며 스메오미카미 궁皇太神宮·아쓰타熱田의 신이 분명하게 가호하기 때문에 정식의 즉위라고 할 수 있다"36)라고 궁색한 설명을 하고 있다. 지카후사는 신기가 있는 곳이 정통이다는 논리가 여기서 성립하지 않는 것을 알면서도 자신의 신기론에 대해 추호의 의문도 제기하지 않는다. 지카후사에게 중요한 것은 역사이론의 타당성 여부가 아니라 고무라카미 천황의 정통성 주장을 위한 역사의 이론화였기 때문이다.

『정통기』에서의 역사의 이론화와 역사사실과의 관계를 가장 잘 보여주는 것이 신기의 상실에 대한 설명이다. 삼종의 신기를 황위 즉 고무라카미 천황의 정통성의 보증이자 황위의 영원성의 상징으로 강조하는

---

33) 『정통기』제59대 우다宇多 천황, 128면. 본 역서, 183면.
34) 『정통기』제52대 사가嵯峨 천황, 116면. 본 역서, 160면.
35) 『정통기』제57대 요제이陽成 천황, 제58대 고코光孝 천황, 122~125면. 본 역서, 172~177면.
36) 『정통기』제82대 고토바인後鳥羽院, 153면. 본 역서, 231면.

지카후사에게 있어서 그 어느 하나라도 신기의 상실이란 있을 수 없는 일이었다. 그러나 신검神劍의 상실은 다이라 씨平氏의 멸망에 따른 역사적 사실로서 존재하는 것이므로 이에 대한 설명이 불가피했다. 여기서 그는 안토쿠安德 천황과 함께 사이카이西海에 빠진 신검이 분실되었지만, 신경의 본체가 스메오미카미 궁에 있는 것과 마찬가지로 신검의 본체가 아쓰타 신궁에 있다는 것을 근거로, "따라서 분실된 보검도 원래대로 계속 존재하고 있다고 생각해야 한다"고 강변한다. 또한 상고上古의 신경이 불타고 보검(본체)이 분실되었다고 하는 일반의 전승을 "해와 달이 운행하는 한 그 어느 것도 상실될 리가 없다"고 부정하고, 그 근거로서 삼종의 신기는 황위와 함께 영원할 것이라는 '아마테라스 오미카미의 신칙神勅'을 제시한다.37)

이와 같은 일종의 종교적 교리에 입각한 독단적인 설명은 신기의 상실이라는 부정할 수 없는 중대한 사실을 애써 외면하려는 태도라고 하겠다. 동일한 역사사실에 대하여 『우관초』에서는, 보검의 분실이 무사가 군주의 수호자가 되는 세상이 되었음을 보여주는 것으로 해석하고 있다.38) 이것은 역사사실을 일단 주어진 것으로서 있는 그대로 받아들이고 그 의미를 생각하는 태도로서, 『정통기』의 그것과는 매우 대조적이다. 『정통기』의 역사서술은 사실보다 이론(해석)이 선행하며, 이론에 부합하지 않는 사실은 외면하거나 부정하려는 경향이 농후한 것이다.

(2) 역사에의 가탁

『정통기』의 서술 내용의 또 하나의 근간은 역사에 가탁하여 정도론을 전개하는 부분이다. 지카후사는 역사상의 위정자에 대한 비판을 통해 정치 본연의 자세에 대한 자신의 견해를 밝히고 있다. 그 대표적인

---

37) 위의 책, 153~154면. 본 역서, 232~233면.
38) 『우관초』 권5, 고토바後鳥羽, 265면.

예는 조큐의 난에 대한 기술이다.

그는 난의 원인에 대해서, 미나모토노 요리토모源賴朝에 이어 호조 요시토키北條義時·호조 야스토키北條泰時가 천하의 실권을 장악한 것에 대해 불만을 품은 고토바 상황이 조정의 권위 회복을 위해 막부 타도를 꾀한 것이라 보고, 이것은 군주로서의 '과실'이었다고 평가한다. 그 이유로서 요리토모도 호조 씨北條氏도 신하로서의 잘못이 없고 인망에 어긋나지 않는 '덕정德政'을 펼친 것을 든다. 따라서 조정이 막부정치보다 앞선 덕정을 펴지 않고 막부를 타도하려 한 것이 잘못이라는 것이다.[39]

지카후사의 이러한 평가는 현실의 정치를 어떻게 해야 할 것인가에 대한 자신의 견해를 바탕에 둔 것이었다. 즉 그는 현재 신하의 몸으로 군주를 업신여기고 있는 아시카가 다카우지에 대해서, 군주로서 취해야 할 것은 우선 진정한 덕정을 행하고 그것에 의해 조정의 권위를 확립하여 적을 타도할 만큼의 정세를 만드는 것이며, 또한 군사를 동원할 때에도 민의의 동향을 따라야 할 것이라는 정치의 자세와 방도를 논하고 있는 것이다. 조큐의 난에 대한 기술은 기본적으로는 저자의 이러한 정도론을 피력하기 위한 방편으로서의 의미를 갖는 것이었다.

여기에서 우리는 지카후사의 역사에 대한 기본입장을 간취할 수 있다. 그것은 역사상의 선례, 구체적으로는 위정자에 대한 비판을 통해 현실 정치에 도움이 되게 하려는 의도이며, 그 비판의 근거는 유교의 덕정 이념이라는 것이다. 그가 삼종의 신기에 정직·자비·지혜(결단)라는 군주로서의 도덕적 덕목을 부여한 것도 그 때문이다. 유교라는 특정의 이념에 입각하여 현실의 정치를 바라보고, 취해야 할 지침을 역사에 가탁하여 제시하려는 지카후사에게 과거의 역사적 사실 그 자체의 탐구는 중요하지 않다. 『정통기』의 주된 관심은 역사상의 인물에 대한 도덕적 평가 즉 포폄襃貶을 통한 현실의 감계鑑戒에 있는 것으로, 그 인물이 살던 시대나 그

---

39) 『정통기』제84대 준토쿠인順德院, 159~160면. 본 역서, 243~245면.

와 관계된 사건 자체에 대한 이해가 아닌 것이다. 이러한 『정통기』의 역사서술의 특징을 다음의 몇 가지 예를 통해 살펴보기로 한다.

『정통기』에서는 다이고醍醐 천황대에 스가와라노 미치자네菅原道眞가 후지와라노 도키히라藤原時平의 '참언'에 의해 좌천, 유배당한 사건을 다음과 같이 기술하고 있다. 즉, 다이고 천황이 참언에 넘어간 것은 나이어린 탓에 발생한 '성인·현자'의 '한 가지 과실'로 평하고 이를 군주의 감계로 삼는 한편, 사건을 모의한 사람들의 죽음을 두고서 '신벌神罰'을 받은 것으로 필주筆誅를 가한다. 한편 '천하만민의 인망'이 있던 미치자네가 끝내 유배지에서 놀아오지 못한 채 사망한 것에 대해서는, 그가 덴만텐진天滿天神이 되어 말세의 사람들을 인도하기 위해서였다는 종교적인 해석을 내리고 있다.[40]

역사적 사건의 의미보다 인물에 대한 평가에 관심이 향하는 『정통기』의 서술태도는 스자쿠朱雀 천황대에 발생한 다이라노 마사카도平將門의 난과 후지와라노 스미토모藤原純友의 난에 대한 기술에서도 엿볼 수 있다. 여기서는 두 난의 경과에 대한 간략한 설명을 한 뒤에, "천황도 성품이 온화하고 섭정인 다다히라忠平도 그릇된 정치를 하지 않았는데도 이러한 난이 일어난 것은 우연한 재난이라고 생각된다"고 맺고 있다.[41] 두 사건 자체에 대한 평가는 내리지 않은 상태에서 단지 위정자에 대한 도덕적 평가에 머물고 있을 뿐이며, 따라서 이 사건은 '우연한 재난'으로밖에 인식되지 않았던 것이다. 마사카도·스미토모의 난에 대한 기술은 단순히 스자쿠 천황대에 일어난 사건에 대한 사실의 나열에 불과하며, 그 사실의 정확성이나 의미는 저자의 관심에서 벗어나 있다.

이와 유사한 예로서, 호겐保元·헤이지平治의 난의 기술에서도 저자가 특히 유의하고 있는 것은 부친을 살해한 미나모토노 요시토모源義朝의 행위와 이를 간언하지 않은 후지와라노 미치노리藤原通憲에 대한 도덕적

---

40) 『정통기』 제60대 다이고醍醐 천황, 128~129면. 본 역서, 184~186면.
41) 『정통기』 제61대 스자쿠朱雀 천황, 130~131면. 본 역서, 187~189면.

비판이지, 이 사건 자체에 대한 이해가 아니다. 난의 경과에 대한 설명은 비교적 상세하지만, 다른 역사적 사건에 대한 설명과 마찬가지로, 저자가 새롭게 사실史實을 추구하거나 검증하려고 노력한 흔적은 보이지 않는다. 지카후사는 이렇게 도덕적 명분을 강조하는 입장에서 호겐·헤이지의 난 이후 천하가 어지럽게 된 원인을 '명행名行', 즉 본분에 따른 올바른 행동이 문란해진 탓으로 돌리고 있다.[42]

지카후사가 역사상의 위정자에 대한 '포폄'에 주의를 기울였던 것은 궁극적으로는 천황의 군덕君德과 인신人臣의 보익輔翼이라는 윤리적 실천을 강조하기 위함이었다. 이러한 입장에서 지카후사는 당대의 고다이고 천황과 아시카가 다카우지·다다요시直義를 다음과 같이 비판한다.

우선 천황은 정직·자비·지혜(결단)의 군덕을 갖추고 관료의 선임·국토의 분배·신상필벌信賞必罰 등을 엄격히 해야 하지만, 이 치세의 원칙에 따르지 않았기 때문에 겐무의 정치가 어지러워졌다고 본다. 지카후사에 따르면, 고다이고 천황은 아시카가 씨를 비롯한 무사들에 대해서 가문의 서열과 신분질서를 무시한 관위(직) 임명과 함께 훈공에 비해 과다한 은상을 수여한 실책을 범했던 것이고,[43] 그 근원은 천황의 독재정치에 있었다. 사실 지카후사는 무라카미村上 천황의 조에서, "우리나라[일본]는 신대로부터의 서약으로, 아마테라스 오미카미의 자손이 황위를 계승하며 신하는 아메노코야네노 미코토天兒屋根命:藤原氏의 조상신의 자손이 천황을 보좌하도록 되어 있다"[44]라고 기술하고 있듯이, 일본의 바람직한 정치형태로서 후지와라 씨藤原氏의 섭관攝關:攝政·關白 정치를 지지하고 있었다. 지카후사는 유덕한 군주를 섭관가攝關家가 신하로서 보좌하는 정치를 이상으로 삼았으며,[45] 친정 체제하의 독재정치를 편 고

---

42) 『정통기』 제78대 니조인二條院, 149면. 본 역서, 223~224면.
43) 『정통기』 제95대 고다이고 천황, 177~178면. 본 역서, 274~276면
44) 『정통기』 제62대 무라카미村上 천황, 134면. 본 역서, 195면.
45) 玉懸博之, 「『神皇正統記』の歷史觀」, 50면.

다이고를 비판했던 것이다.

또한 다른 한편으로 지카후사는 "미나모토 씨源氏는 새롭게 생겨난 신하이다. 덕도 없고 공도 없는 자가 고관에 올라 거만하게 행동하는 일이 있으면 두 신[아마테라스 오미카미와 아메노코야네노 미코토]의 질책을 받을 것이다"46)라고 미나모토 씨[아시카가 다카우지]의 고관 획득을 비난하고 있다. 후지와라 씨에 버금가는 명문 귀족 출신인 지카후사의 입장에서 볼 때, 관료의 선임은 '대대로 이어온 가계家系[譜第]'를 제일의 요건으로 해야 하며, 신분이 낮은 무사란 본래 고위고관에 올라서는 안 될 존재였다. 그러나 다카우지와 다다요시는 군주에 충성을 다해야 할 신하로서, 더욱이 '배신陪臣'에 불과한 몸으로서 부당하게도 고위고관을 요구하고 은상으로 많은 영지를 차지하였으며, 이것으로 인해 오늘의 난세가 초래되었다는 것이다.

지카후사는 고다이고 천황과 아시카가 씨 등의 무사에 대해서, 군주가 관위를 자의적으로 수여하는 것과 신하가 부당하게 관위를 요구하는 것 모두 "국가가 멸망하는 단초이자 왕업王業이 단절되는 원인"47)이라고 비판하고 있다. 지카후사는 결국 이와 같은 정치 현실에 대한 비판의식으로부터 과거의 역사상의 인물에 대한 도덕적 비판을 전개했던 것이다. 고다이고 천황의 조에서 미나모토 씨 장군가將軍家가 3대로 끝난 것이 요리토모의 고관 획득에서 비롯된 것으로 설명하거나, 고관에 승진한 다이라노 기요모리平清盛·미나모토노 요시토모를 비판하는 반면, 스스로 자제했던 하타케야마 시게타다畠山重忠와 호조 요시토키·야스토키의 행위를 칭찬하고 있는 것48)도 그 사실을 잘 말해준다.

이상에서 살핀 바와 같이, 『정통기』는 역사에 가탁하여 자신의 정도론을 전개하면서 위정자를 중심으로 한 역사상의 인물에 대한 도덕적

---

46) 『정통기』 제62대 무라카미 천황, 134면. 본 역서, 195면.
47) 『정통기』 제95대 고다이고 천황, 178면. 본 역서, 277면.
48) 『정통기』 제95대 고다이고 천황, 178~180면, 186면. 본 역서, 278~281, 290면.

평가 즉 '포폄'에 주의를 기울이고 있는 반면, 사건 자체의 이해나 시대의 변화에 대해서는 그다지 관심을 두지 않고 있다. 지카후사 자신이 직접 관계된 고다이고 천황대의 기술 내용은 당대의 현대사로서 매우 상세한 것이 사실이다. 하지만 그것도 또한 역사상의 인물의 선례를 통해 현실의 정치에 대한 감계를 꾀한다는 기본적인 문제관심에서 벗어나 있지 않다. 그리고 이러한 '포폄' 위주의 역사서술로 일관하고 있는 것과 관련하여, '사실史實' 자체의 추구가 결여되어 있는 점도 『정통기』의 역사서술이 지닌 특징의 하나로 지적할 수 있겠다. 우리는 대체로 『정통기』의 기술로부터 다른 사서에서 발견되지 않는 보다 새롭고 정확한 역사사실을 기대하기는 어려운 것이다.

(3) 역사사상歷史事象의 비교

지카후사가 남조의 정통성을 주장하기 위해서, 혹은 정치는 어떻게 해야 할 것인가를 논하기 위해서 그 방편으로 일본의 역사를 서술하였고, 그에 수반하여 나타난 역사서술의 특징이나 문제점은 이상에서 살핀 대로이다. 하지만 『정통기』에는 이러한 정치적 의도와는 관계 없이 여러 역사사상을 비교론적 시각에서 서술한 부분이 있는 것도 간과할 수 없다.

『정통기』에는 일본의 연대를 중국의 연대, 때로는 인도의 그것과 비교하거나, 일본과 동시대의 중국 사정을 기술하고 있는 부분이 많다. 이것은 비단 『정통기』만의 특징이 아니라 『제왕편년기』와 같은 일부 연대기에서도 엿볼 수 있는 것이다.[49] 『우관초』에서는 그 서두에 「황제연대기」에 앞서 「한가연대漢家年代」라는 항목을 두고 중국의 왕조를 열기하고 있는데, 이것은 중국을 역사적 세계의 중심으로 생각하고 있던 지

---

49) 平田俊春, 「神皇正統記の成立」, 『神皇正統記の基礎的研究』, 19~27면.

엔 개인의 의식에 그치지 않고 당시 지식인들의 일반적인 의식의 일단으로 보아야 할 것이며, 『정통기』를 저술한 지카후사도 예외가 아니었음을 짐작케 한다. 그러나 『정통기』는 마치 오늘날의 세계사연표를 떠올리게 하는 단순한 연대 비교나 동시대적 사건 배열의 차원에 머무르지 않고, 일본과 중국의 비교되는 역사사상을 논점별로 설명하여 그 공통점이나 차이점을 명확히 하고 있다. 비교 대상의 다양함과 서술의 논리성에 있어서 『정통기』는 연대기적 서술과는 확연히 구별되며, 사론서로서도 주목할 만한 역사서술이라 하겠다.

예를 들면, 『정통기』의 서론에서는 일본의 천지개벽에 대해 설명하면서 중국과 인도의 그것과 비교하고 있다. 즉 중국의 유서儒書가 아닌 도가道家의 서적에서 말하는 혼돈미분混沌未分의 형태, 천天·지地·인人의 시초에 관한 설명은 일본 신대의 기원에 대한 설명과 매우 유사하다고 지적하는 동시에, 국가의 시초에 천신天神의 후손들이 세계를 건립한 점에서 일본과 인도의 개벽설은 닮은 점이 있다고 한다. 그러나 동시에, 일본은 아마쓰미오야天祖:國常立尊 이래 황위의 계승에 어지러움이 없이 하나의 황통으로 이어진 점에서 인도와는 다르다고 지적하는 것을 잊지 않는다. 지카후사가 일본의 천지개벽설을 설명하면서 중국·인도의 그것과 비교한 것은 궁극적으로는 일본의 특수성을 부각시키기 위한 것이었다. 그는 위의 기술에 이어서, 중국에서는 그 후 천자의 씨성氏性과 왕조의 교체가 빈번하였고, 인도에서도 국가 초기의 국왕의 혈통이 끊어진 것을 들면서, "우리나라[일본]만이 천지개벽 이래 [아마테라스 오미카미의 뜻에 따라] 황위를 계승하는 데 어지러움이 없다"고 맺고 있는 것이다.50) 지카후사가 각국의 개벽설이나 왕조 교체를 거론한 것은 외국과의 비교를 통하여 일본의 황위계승에 특수한 의미와 가치를 부여하려는 의도에서였음을 알 수 있다.

이와 비슷한 예로서 『정통기』에서 천황의 사적과 관련하여 중국과 일

---

50) 『정통기』 서론, 45~49면. 본 역서, 21~28면.

본의 사례를 비교한 경우가 발견된다. 고교쿠皇極 천황이 재차 즉위하여 사이메이齊明 천황이 된 '중조重祚'에 대해서, 중국의 중조의 예를 검토하면서 다음과 같이 설명한다. 중국의 경우 당대唐代의 중종中宗·예종睿宗의 예와 같이 중조하더라도 2대로 세지 않고 1대씩 세고 있는 것과 달리, 일본에서는 "고교쿠 천황이 중조하면 사이메이 천황이라 하고, 고켄孝謙 천황이 중조하면 쇼토쿠稱德 천황이라 부른다. 이처럼 부르는 방식이 중국과는 다르다"고 하고, 그 이유를 "[천황 개인보다도] 황위의 계승 자체를 중요하게 생각하고 있기 때문일 것"이라고 설명한다.[51] 이 설명의 타당성 여부는 차치하고, 지카후사의 관심이 황위의 계승이라는 일본특수주의적인 것에 향하고 있는 것을 엿볼 수 있다.

그렇다고 『정통기』의 비교론적 서술이 모두 일본의 특수성을 강조하기 위한 것만은 아니다. 그 가운데에는 동일한 차원에서 중국과 일본의 역사를 비교하는 경우도 있다. 『정통기』는 쇼토쿠[고켄] 천황의 재위중에 발생한 승려 도쿄道鏡의 사건을 설명하면서, 이 여제와 약 60년 정도 사이를 두었던 중국의 측천무후則天武后의 시대에 승려의 관직 취임과 그로 인한 정치 문란이 일어난 것을 들어, "중국과 일본과 매우 흡사한 사건"이었다고 설명하고 있다.[52] 또한 부레쓰武烈 천황의 악행에 의해 인덕이 높았던 닌토쿠仁德 천황의 혈통이 끊긴 것에 대해 설명하면서, 중국 상고上古의 성현이 부덕한 자손에게 천자의 자리를 전해주지 않았던 것이나, 인도의 아육왕阿育王의 혈통이 자손의 악행으로 인해 끊긴 예에 견주고 있다.[53]

그 외에도 중국측 사서에 기술된 일본에 관한 기록과 일본측의 기록을 비교하면서 그 내용의 신빙성 여부를 확정하려 하거나,[54] 혹은 일본

---

51) 『정통기』 제38대 사이메이齊明 천황, 98~99면. 본 역서, 120~121면.
52) 『정통기』 제48대 쇼토쿠稱德 천황, 105~106면. 본 역서, 136~139면.
53) 『정통기』 제26대 부레쓰武烈 천황, 88~89면. 본 역서, 102~104면.
54) 『정통기』 제16대 오진 천황조에는, "『후한서』 이후의 중국의 사서는 일본에 대해서 대략 기술하게 되었다. 그 기술이 일본측의 기록과 꼭 맞는 것도 있고, 또한 납득할 수

의 국호의 유래에 대해서 『한서漢書』『후한서後漢書』『당서唐書』(정확하게는『신당서新唐書』) 등 중국측 사서의 기록과 일본측 기록과의 비교검증을 하는[55] 등 객관적인 입장에서 서술한 부분도 간과할 수 없다.

이상과 같이 외국의 역사사상과의 비교를 통하여 일본의 특수성을 강조하든, 혹은 특정한 의도 없이 사실의 인지 차원에서 역사사상을 비교하든, 『정통기』의 서술의 한 특징으로서 '비교'의 방법은 충분히 주목할 만하다.

(4) 문장의 표현

마지막으로, 『정통기』의 서술의 특징과 관련하여 문장의 표현에 대해서 살펴보기로 한다. 『정통기』는 '황대기'라는 연대기에 의거하여 일본어로 쓴 역사서로서, 그 문장은 사실의 기술이든 저자의 논평이든 대체로 간결명료하고 논리정연하여 이해하기 쉬운 이른바 '명문名文'[56]으로 알려져 있다. 동일한 사론서인 『우관초』의 문장이 장황하고 난해한 곳이 많은 것과는 대조적이다. 이러한 차이는 저자의 문장술의 문제라기 보다는 각각의 저술 대상과 목적의 차이에서 비롯된 것으로 생각된다.

지엔의 주관적인 의도가 고토바 상황의 막부 타도 운동을 저지하는 데에 있던 것은 분명하지만, 『우관초』를 직접 누군가에게 읽혀 특정한 목적을 달성하겠다는 의식은 전혀 없었다. 개인의 일기식 기술이나 장대한 독백·문답 등이 많은 것에서 엿볼 수 있듯이, 『우관초』는 기본적으로 한 개인이 스스로 역사를 성찰한 것이었다.[57] 그러나 『정통기』의

없는 것도 있다. 『당서』(정확하게는 『신당서』 동이전)에는 일본의 황대기를 신대로부터 고코 천황의 시대까지 명확하게 싣고 있다"고 기술되어 있다(80면. 본 역서, 85면).
55) 『정통기』 서론, 43면. 본 역서, 16~18면.
56) 伊豆公夫, 「『神皇正統記』の史觀と封建主義」, 『新版日本史學史』, 校倉書房, 1972, 189면.
57) 永原慶二·大隅和雄, 「中世の歴史感覺と政治思想」, 24~25면.

경우는, 한편으로는 동국의 무사들 다른 한편으로는 고무라카미 천황 이하 남조 정권을 독자 대상으로 하여, 그들에게 남조의 정통성 및 정치 본연의 자세를 논한다는 뚜렷한 목적의식을 가지고 있었다. 따라서 독자를 향하여 자신의 생각을 설득력 있고 이해하기 쉽게 설명하여 그들을 납득시켜야 할 필요가 있었고, 여기서 가급적 간결명료하고 평탄한 표현을 사용하게 되었던 것이다.

그러나 한편, 『정통기』에는 극히 주관적인 감정과 정서가 반영된 서술도 없지 않다. 지카후사는 고다이고 천황의 죽음을 접하여, "예전에 천황과 함께 보낸 많은 일들이 눈 앞을 스쳐 지나가는 느낌이 든다. 늙은 내 몸의 눈물을 멈출 길이 없고 붓을 잡은 손마저 제대로 움직일 수 없다"[58]고 기술하고 있다. 이것은 문학에 가까운 주정적 표현으로, 천황의 죽음에 대한 지카후사의 인간적인 정회를 느끼게 한다. 일찍이 고우다 상황의 전법관정傳法灌頂 의식에 당시 나카쓰카사 친왕中務親王이었던 고다이고가 참석했던 것에 대해서, "그 모습이 마치 오늘의 일처럼 생생하게 떠오른다"[59]고 말한 적이 있지만, 천황의 죽음에 접하여 주마 등과 같이 회상되었던 것 중에는 이러한 모습도 있었을 것이다.

『정통기』의 주정적인 서술은 지카후사 자신의 가문과 장남 아키이에顯家의 죽음에 대한 기술에서도 나타난다. 지카후사는 무라카미 천황의 조에서 도모히라 친왕具平親王 이하 지카후사의 선조에 대해서 상술하고, 미나모토 씨의 성을 하사받은 가운데 도모히라 친왕의 아들 모로히사師房:村上源氏의 始祖의 자손만이 끊이지 않고 십수 대 이어지고 있는 것을 자부하면서, 그 이유로서 "오늘날까지 일본과 중국[和漢]의 학문을 가장 중시하고 보국報國의 충절을 제일로 여기는 성심이 강했기 때문일 것"[60]이라고 설명하고 있다. 이 부분은 엄밀히 말해 저자의 가문에 속하는

---

58) 『정통기』 제95대 고다이고 천황, 191면. 본 역서, 298면.
59) 『정통기』 제90대 고우다인, 166면. 본 역서, 256면.
60) 『정통기』 제62대 무라카미 천황, 135면. 본 역서, 196~197면.

사항을 특필한 것으로, 다분히 명문 귀족으로서의 자신의 가문에 대한 자부심과 사사로운 정에 입각한 서술이라고 할 수 있다. 또한 그 연장 선상에서 아키이에의 전공戰功을 현양하고, 그가 전사한 사실에 덧붙여 "육체는 이끼 아래에서 썩어 가고 단지 [충효의 도를 다한] 그 명성만을 헛되이 남기니 이 얼마나 비정한 세상인가"[61]라고 만감이 교차된 표현을 하고 있다.

자신의 가문에 관한 사항이나, 고다이고 천황의 죽음과 자신의 아들의 죽음이라는 가히 충격적인 사건에 대해서는, 역시 지카후사도 객관석이고 냉정한 판단력을 유지하기는 어려웠으리라 짐작된다. 여기서 우리는 냉철한 정치가 혹은 이지적인 역사가가 아닌, 잠시 인간적인 정회에 빠진 지카후사를 본다.

---

61) 『정통기』 제95대 고다이고 천황, 189~190면. 본 역서, 296면.

신황정통기 神皇正統記 │ 찾아보기 │